U0535669

Der Traum vom Jahre Null

Autoren, Bestseller, Leser:
Die Neuordnung der Bücherwelt
in Ost und West nach 1945

德国出版零时年

作家、读者、畅销书，巨变后的图书世界

[德]克里斯蒂安·亚当 著
王琳琳 李晓艳 田汝丽 译

陕西新华出版传媒集团
陕西人民出版社

图书在版编目(CIP)数据

德国出版零时年：作家、读者、畅销书，巨变后的图书世界／（德）克里斯蒂安·亚当著；王琳琳，李晓艳，田汝丽译．—西安：陕西人民出版社，2022.2
ISBN 978-7-224-14182-5

Ⅰ.①德… Ⅱ.①克… ②王… ③李… ④田… Ⅲ.①出版工作-史料-德国 Ⅳ.①G239.516

中国版本图书馆 CIP 数据核字（2021）第 116239 号

著作权合同登记号　　图字：25-2021-200

Der Traum vom Jahre Null. Autoren, Bestseller, Leser: Die Neuordnung der Bücherwelt in Ost und West nach 1945 by Christian Adam
First published under the imprint Galiani Berlin
Copyright ©2016, Verlag Kiepenheuer & Witsch GmbH & Co. KG, Cologne/Germany
The simplified Chinese translation rights arranged through Bardon-Chinese Media Agency, Taipei

出　品　人：宋亚萍
总　策　划：刘景巍
策划编辑：管中洣
责任编辑：管中洣　张阿敏
封面设计：姚肖朋

德国出版零时年
——作家、读者、畅销书，巨变后的图书世界

作　　者	［德］克里斯蒂安·亚当
出版发行	陕西新华出版传媒集团　陕西人民出版社
	（西安市北大街147号　邮编：710003）
印　　刷	西安市建明工贸有限责任公司
开　　本	787毫米×1092毫米　32开
印　　张	14.25
字　　数	318千字
版　　次	2022年2月第1版
印　　次	2022年2月第1次印刷
书　　号	ISBN 978-7-224-14182-5
定　　价	86.00元

如有印装质量问题，请与本社联系调换．电话：029-87205094

·目 录

致谢	/ 001
I "我们并非从零时年开始"	/ 001
II 图书世界的新秩序：1945年后的文学出版政策与市场	/ 011
避坑落井：从禁止到改造	/ 013
占领区内的许可证颁发和去纳粹化	/ 018
同一个民族的分道扬镳："焚书和焚书还不尽相同"	/ 021
不尽相同：东西部占领区图书市场的法律规定	/ 023
民主德国文学政策的制度化	/ 027
差异：计划或市场？集体或个体？	/ 029
III 填饱饥饿的图书市场：占领区的第一次出版大丰收	/ 033
为争取许可证而斗争	/ 035
"死亡是永久的。请小心驾驶！"	/ 038
出版商鲜为人知的过去	/ 042
流亡中的(反)家乡小说：《第七个十字架》	/ 045

畅销书或者从批量印刷图书中诞生的口袋书 / 048
转折点：特奥多尔·普利维尔的《斯大林格勒》 / 053
受盟军委托：欧根·科贡和他的《党卫队——国家》 / 058

IV 讲述战争和集中营里的故事 / 061

《安妮日记》：被害者迟来的声誉 / 063
奥斯维辛之后的诗？奥斯维辛之后的畅销书！ / 066
通俗文学的迷茫：《在施普雷河河畔》 / 070
"民主德国的孔萨利克"：哈里·图尔克 / 074
创伤与反思：埃里希·马里亚·雷马克的
《生死存亡的年代》 / 080
《赤手斗群狼》：民主德国出版的畅销书 / 085
"对公众的治愈效应"：舞台上的纳粹过往 / 089

V 作者的"回归"：流亡与留守作家的定位 / 095

两德机构中的纳粹 / 097
与歌德一起上法庭：恩斯特·冯·萨洛蒙和其他 / 100
"鲜血与耻辱的味道"：内心流亡与托马斯·曼 / 104
保罗·E.H.吕特：伪造的文学史 / 107
《深渊书简》：虚构的诗人 / 110

CONTENTS
目录

在自己的国家里避难:重回家乡的怀抱 / 112

民主德国的家乡艺术?本诺·弗尔克纳和他的纳粹过往 / 118

Ⅵ **有关战争和战俘营的叙述:沉默** / 121

战友间的比较:弗朗茨·约瑟夫·施特劳斯和

汉斯·黑尔穆特·基斯特 / 123

约瑟夫·马丁·鲍尔的《极地重生》或此书究竟

讲述了谁的故事? / 130

《堤坝冲开时》:埃德温·埃里克·德温格尔 / 136

从战地记者到明星作家:海因茨·G.孔萨利克及其团队 / 142

Ⅶ **寄本书去那边吧!阻碍重重的文学交流** / 149

圆滑的生意:民主德国与联邦德国的早期文学交流 / 151

用图书换啤酒杯垫子 / 154

民主德国与联邦德国的海关和审查 / 159

抵制垃圾,向低俗宣战:教室里的大搜查 / 164

《士兵》:以其他手段延续战地军邮 / 167

民主德国的手册小说:《反攻虚无》《自由还是香蕉》 / 171

有着不光彩过去的畅销书销量冠军:

库尔特·赫尔瓦特·巴尔 / 174

| VIII | 冷战的军械库：体系斗争中的作家们 | / 177 |

《良心在骚动》：鲁道夫·彼得斯哈根　　　　　　／ 179
《骗子手》：哈里·图尔克的阴暗面　　　　　　　／ 186
真空地带的间谍交换：《红雪》作家金特·霍费　　／ 192
不同世界间的漫游者：汉斯·冯·厄廷根　　　　　／ 196
"铁幕在我们之中"：反共信号下的鼓动　　　　　／ 200
从一无所有中崛起？出版商约瑟夫·卡斯帕·维奇　／ 203
联邦德国的东线外军处：联邦德国作家和盖伦组织　／ 210

| IX | 模糊的事实：有关事与人的书 | / 215 |

集德国戏剧于一身：以绍尔布鲁赫为例　　　　　　／ 217
《众神、挖掘者和学者》：逃向过往　　　　　　　／ 222
所有（德国）纪实文学之母：申钦格尔的《苯胺》　／ 226
纪实文学"发明者"的幸存/人生谎言：埃科出版社的
　《圣经的确有道理》　　　　　　　　　　　　／ 233
社会主义的通俗专业书籍：《佩尔隆女士》和其他历史　／ 239
德国统一社会党下的《微生物猎人传》：
　维尔纳·奎德瑙的《罗伯特·科赫》　　　　　／ 242
经常出入国境的畅销书作者：巴尔克豪森、施图克、
　布劳希奇　　　　　　　　　　　　　　　　　／ 245

CONTENTS
目录

关于鱼和马的新闻？汉斯·哈斯与克莱门斯·拉尔　　　　　／ 248

X 小小的逃避：讨喜的世界娱乐文学　　　　　　　　　／ 253
从德国看世界：安娜玛丽·泽林科的《黛丝蕾》　　　　／ 255
"有时候我认为，这根本不算什么"：胡戈·哈通的
　《我经常想念皮萝施卡》　　　　　　　　　　　　　／ 260
《在痕迹消失之前》："诗歌三部曲"作者的初次亮相　／ 265
"真正的家乡小说"：埃尔泽·许克-德希奥的欢快的故事／ 269
《飘》：米切尔的第二次成功和其他的故事　　　　　　／ 273
约翰·克尼特尔的两种生活：《维亚玛拉》以及其他的成就／ 277
"咬到流苏"：洛塔尔·布兰法勒特与《安热莉克》　　／ 280
迪娜赫·内尔肯："……1945 年之前家喻户晓"　　　／ 284
比尔森布劳的正义：埃姆·韦尔克　　　　　　　　　　／ 287
社会主义娱乐？埃尔弗里德·布吕宁小说里的妇女解放　／ 292
早期联邦德国和民主德国的阅读需求　　　　　　　　　／ 297

XI "文学晨曦计划"：文学史家、教科书作者、教师和过去／ 303
阿尔诺·穆洛特：从民族文学史到联邦德国教科书　　　／ 308
"我们不是去纳粹化机构"：弗伦策尔夫妇和他们的
　《德语文学编年史》　　　　　　　　　　　　　　　／ 313

005

父辈和子辈：朗根布赫尔 & 朗根布赫尔　　　　　　／316
从突击队到图书俱乐部：格哈德·舒曼　　　　　　／321

XII 来自灰色地带的回忆或望向前方的迟疑　　　／327

《维尔纳·霍尔特历险记》：迪特尔·诺尔的历险阅读教材　／329
埃尔温·施特里马特和他的现代"痴儿西木"　　　　／334
一顶"时髦的无知小帽子"或者说君特·格拉斯的前线剧团　／337
向前看的《败兵》：汉斯·维尔纳·里希特和四七社　／341
失败的 1×1：沃尔夫冈·克彭的"失败三部曲"　　／346
《亚当，你到过哪里？》：向海因里希·伯尔和当兵的
　　那代人提出的问题　　　　　　　　　　　　／350
"去纳粹化的帝国写作协会"？阿尔弗雷德·安德施和
　　"其他人"　　　　　　　　　　　　　　　　／353

XIII 梦醒　　　　　　　　　　　　　　　　　／357

附录　　　　　　　　　　　　　　　　　　　／365

精选畅销书及其销量　　　　　　　　　　　　　／367
注释　　　　　　　　　　　　　　　　　　　　／370
人名和作品索引　　　　　　　　　　　　　　　／428

致 谢

  我要感谢我的朋友和前同事马提亚斯·布朗,他给了我很大的启发,还为本书提供了诸多批判性的文献。此外,我要感谢克里斯蒂娜·罗特海尔姆,她不仅以民主德国情报信息研究人员的身份协助我的工作,还为我提供了有关民主德国出版情况的信息,正是通过她,我才与布鲁诺·布兰德尔取得了联系,我非常感谢布兰德尔能够接受国家出版社的采访。我还要感谢沃尔夫冈·朗根布赫尔为我提供了有关他和他父亲的简历信息。

  最后我要感谢埃尔弗里德·布吕宁,她已于2014年去世。我很高兴能在2011年拜访她,并对她进行详细的采访,她是1933—1945年那12年黑暗岁月的最后一批见证者之一。

Der Traum vom Jahre Null

Autoren, Bestseller, Leser:
Die Neuordnung der Bücherwelt
in Ost und West nach 1945

I "我们并非从零时年开始"

20世纪80年代中期的某一天,我从联邦德国出发前往民主德国旅行。在去往边检站前,我像所有人一样填写清单,把旅途中携带的随身物品详细列出。清单表是和入境文件一起收到的,携带入境的书籍当然也是检查对象。民主德国发给入境人员的小册子中对违禁物品有如下描述:"一切含有复仇主义、法西斯主义、色情淫秽内容或以其他方式损害民主德国及公民利益的、不利于维护安定的书籍等资料禁止入境。"[1]我当时带了一本德国当代作家小说选作为旅行读物,海关检查员饶有兴味地翻看了这本书,书中有一篇恩斯特·云格尔的文章,他看后问了一个不可思议的问题:"这个人是法西斯分子吧?"幸运的是,这本书最终并没有引起那位海关检查员的关注,它还是回到了我的手中。

与此同时,我回忆起自己在联邦德国的高中德语课上的一个类似经历。那时我们刚好读完了布莱希特的《高加索灰阑记》,

班里同学对作品进行讨论时,老师用一句话打断了一名学生的分析:"你知道布莱希特是一个共产主义者吗?"这句话一度令我不知所措,难道我该用完全不同的视角来评判这部剧作吗?

有一点我很清楚,那就是在德国有两类完全不同的文学作品,它们分别灌输两种完全不同的价值观,这是第二次世界大战和纳粹统治的结果。1933年至1945年这12年间,文化领域的野蛮思想造成了文学在两个德国不同的发展方向。然而有一个共同的关注点,那就是为了更好地了解这两个完全不同的世界,人们是否应当回到"零点"?

对于我来说,1933年5月焚烧禁书的熊熊大火是12年纳粹统治中最令人难以忘记的画面。一系列由大学生发动的"反非德国精神"运动开启了史无前例的迫害时代的序幕。被纳粹视为敌人的持不同政见者、犹太作家以及其他少数派的作品均被销毁。这些作品的作者有的遭到谴责排斥,有的甚至还被谋杀。大部分德国文学精英被迫流亡国外,留守德国的则选择缄口不言。图书世界在1945年5月纳粹德国投降前也被迫接受纳粹的一体化思想并遵循纳粹分子的法律和观念。战后,书籍和书籍的出版者们再次成为焦点:战胜国想消除那些在他们看来"有害"的势力,并试图通过新的书籍和文学对德国人进行精神改造。1948年,一个来德国的美国出版商代表团指出,直至30年代初,德国的图书业都处于世界一流水平,但之后却在很短的时间内遭到了"纳粹化"和"去纳粹化"两次重击,这让"图书行业里大部分的包括商业运作和出版方面的顶级人才消失殆尽"[2]。对于持毫不怀疑的修正主义态度的美国人来说,恢复民主化对德国出版业来说是如同接管政权一样的具有决定性意义的事件。从那时起,也包括

I
"我们并非从零时年开始"

战后社会中的其他领域，人们开始使用"零时"一词。在这个所谓的归零时刻发生了什么？1945年后，文学在两个德国是怎样一幅发展图景？12年的纳粹统治又对图书市场和活跃在其中的人们造成了怎样的影响？

在1945年至1947年间联邦德国颁发的200多项文学奖的获奖者中，流亡作家和未受纳粹影响的年轻作家只占了约三分之一的比例，另外约三分之二都是内心流亡者或亲纳粹的作家。早在一篇30年前发表的文章中，就有学者将文学奖视为"复辟的风向标"[3]。年轻的联邦德国文坛上充斥着回归过去的传统主义思潮。民主德国却刚好相反，大部分的奖项颁发给了流亡国外的作家。令人惊讶的是，"亲纳粹作家"[4]占了9%，只比联邦德国稍微低一点。因此我们可以得出这样的结论：战后的图书世界与1933年之前相比已经大不相同，不过这也谈不上是一个完全没有前提的新开始。

如果我们想了解哪些书籍在1945年到1957年这个时间段比较典型，对读者影响较大的话，单纯考察经典文学通常会给人们传递一个不完整的，甚至错误的信息，还要对那些广泛流传的大众文学作品进行研究。这里就有一个问题，即那些获奖的文学作品是否能成为畅销的大众文学？如果对这一时间段出版的书籍进行粗略分类的话可以得到以下结果：截至20世纪60年代初，联邦德国总销量超过100万册的16本书中，只有2本是流亡作家托马斯·曼和埃里希·马里亚·雷马克的作品，有6本在1933年前就已经出版，并在第三帝国时期继续销售，其中有2本是赖纳·马里亚·里尔克和鲁道夫·宾丁的作品；这16本畅销书中有2本在纳粹时期首次出版，1945年后仍在销售，分别是埃姆·韦尔克的《库默罗的异教徒》和卡尔·阿洛伊斯·申钦格尔的《苯胺》；还有 6 本百万级畅销书是在 1945 年后首次出版的。而在民主德国，我们也可以发现类似的情况。作为院士，埃姆·韦尔克在民主德国享有盛誉，他的作品被拍成战后最伟大的德语电影之一。

纵观德国图书市场，除了由 1933 年至 1945 年这个所谓的停顿时期所造成的深层断裂外，同时也存在着许多延续。我们可以从作者和出版业从业者的生平中清晰地发现，1945 年后他们中的大部分人仍继续活跃在该领域，前途几乎没有受到任何影响。

今天，包括文化领域在内的任何一个社会领域的人肯定都不

文学奖的获奖情况显示了流亡作家在两德的不同地位，但与纳粹政权有联系的作家所占的比重则大致相同。

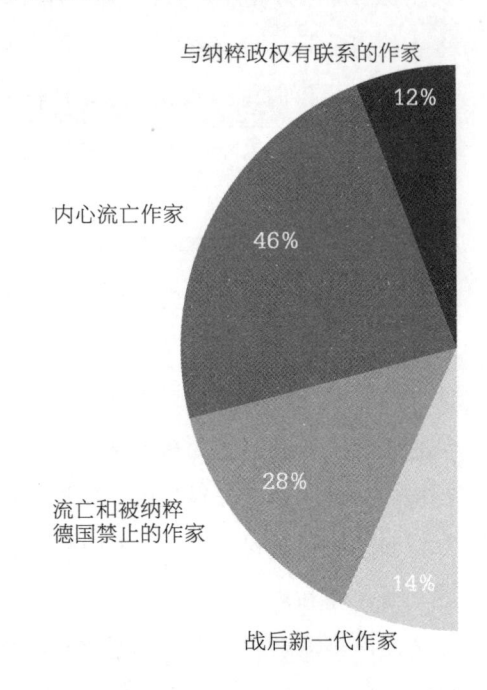

与纳粹政权有联系的作家 12%
内心流亡作家 46%
流亡和被纳粹德国禁止的作家 28%
战后新一代作家 14%

1945 年至 1957 年间颁发的文学奖的获奖者
联邦德国共 239 个奖项

I
"我们并非从零时年开始"

会严肃对待"零时"这回事。早在 50 多年前德国人就已经可以理直气壮地说:"我们并非是从零时年开始。"[5]然而迄今为止,我们还从未研究过那些广泛流传的文学作品中的断裂和连续问题。因此,本书以两德从战后直至 20 世纪 60 年代初的文学作品为考察对象,放宽文学定义的外延,将纪实文学、连载小说等也收入其中。基于对书籍版次的调查,书中列出了一份畅销书单,包括大约 400 本销量在 10 万册以上的书。要调查出 20 世纪五六十年代书籍的可靠版次并不比更早的年代容易,因为即使出版社在书上标明了版次,受许可证发行制度的限制,以及众多高产图书俱乐部发行版本的影响,数据的可靠性也有待考证。因此,本书中使

与纳粹政权有联系的作家 9%
内心流亡作家 14%
流亡和被纳粹德国禁止的作家 48%
战后新一代作家 29%

数据来源于屈尔施纳于 1958 年出版的《德国文学日历》。是否为纳粹党是"与纳粹政权有联系"的判断标准。

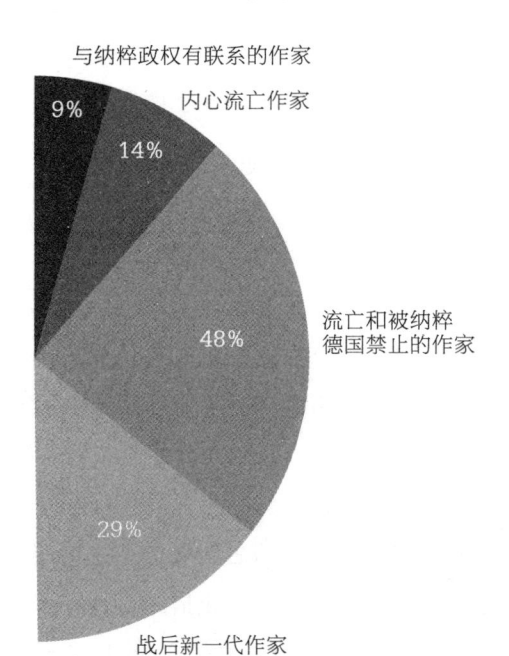

1945 年至 1957 年间颁发的文学奖的获奖者
民主德国共 187 个奖项

用的数据只表明一种趋势。在这个书单的基础上，本书导出了一份图表（见"早期联邦德国和民主德国的阅读需求"一节），该表细致明了地展示了战后两德文学领域的概况。在单个章节中我们将把这个概况转化成对具体问题和文本的分析。德国以外的文学不是本书的主要研究对象，但是在涉及第三帝国文学时会提到一些。[6]由于两德分属不同的政治体制，在民主德国的外国文学中，苏联文学占主导地位，在联邦德国则是美国文学。

除了对畅销书单上的书籍进行纯粹的数量考察外，我们还对战后文学和其中的参与者提出了另外一个问题，即两个德国在战后分别继承了哪些遗产？又摒弃了哪些纳粹残余？其中一种观点认为，个人的连续性在联邦德国作家身上体现得较为明显。在民主德国，许多作家的生平则存在着严重的断层。如上图所示，在民主德国，流亡者和反抗者有着较强的影响力，而内心流亡作家和与纳粹政权有联系的作家则在联邦德国占据主导地位。

在民主德国，书籍的社会功能被大肆宣扬，例如"好书是人民手中的武器"[7]。这句话出自身为医生、作家以及民主德国文化政治家的弗里德里希·沃尔夫。戈培尔纳粹宣传部的标语是"书籍是精神之剑"。这两句话的意思极为相似，但我们不能将两者简单地等同起来，它们之间的联系我将在下文进行分析。

纵观1933年之后的岁月，我们可以发现，图书世界存在一定的惯性，比如一些遭到禁止或排斥的书籍在之后很长一段时间内还可以买到，它们成功地绕过了许多纳粹的禁止措施，这种惯性也适用于解释后来所谓的"停顿"现象，具体来说就是解释1945年后的文学出版商和图书市场的惯性力，以及40年代早期出现的趋势如何在战后延续。

I
"我们并非从零时年开始"

在文学文本这一层面上，很快出现了一个关键性的问题，那就是怎样处理已经成为历史的战争和大屠杀？两德在对待德国人的罪行和责任问题上有何区别？他们是选择书写罪行与责任，还是对此保持沉默？

曾做过战地记者，战后成为《新周刊》明星记者的本诺·文茨哈默编写过一部编年史。他将1954年的两个德国看作一个整体，"这首蹩脚的摇摆华尔兹风格的伤感歌曲唱遍了德国各地的狂欢节：'我们所有人，所有人都上了天堂……'"[8]这首曲子出自科隆狂欢节最著名的作曲家尤普·施米茨，词作者是库尔特·费尔茨。"你们所做的，都记录在时代的书本里，不管你们是舒尔茨还是米勒。"这是战后9年中一种压抑情绪的表达：罪过、恶行（不管它曾经是什么），都不会被忘却。这首歌曲的副歌部分在两德都得到了好评，歌词如下："我们所有，所有的人都去了天堂/因为我们如此地听话，因为我们如此地听话/彼得自己也看到了/他说：'我愿意让你们进来，你们是人间最纯洁的小天使！'"参加狂欢的人宽恕了往日里犯下的所有过失。在歌曲的最后一段，时代背景更加明晰："当我思考，以后会发生什么/如果人们能从歌中吸取教训/那么朋友和敌人会团结起来/直至和平的阳光普照/所有的大门都将敞开/在这个壮丽的时代/愉快地合唱/向着闪烁的群星/我们都来了，都来了。"[9]

本书不仅对选出的作品和人物进行分析，探讨"罪责"问题，还试图描绘出一幅那个年代流行文学的概览图。在考察德国国内文学批评的基础上，日耳曼学者汉斯·迈尔提出了"德国文学的零时年之梦"[10]的说法，这无疑是对德国战后文学的贴切表达，我也将它引入了这本书的书名。

Der Traum vom Jahre Null

Autoren, Bestseller, Leser:
Die Neuordnung der Bücherwelt
in Ost und West nach 1945

II 图书世界的新秩序:
1945年后的文学出版政策与市场

避坑落井：从禁止到改造

二战后，战胜国同盟从纳粹手中接管了图书市场。此前12年的纳粹统治催生出了一个复杂矛盾的管理体制，这一体制的基本理念与园丁的工作理念极为相似，即不需要的东西就要被"剔除淘汰"。文学理所当然也应当被规范，以迎合纳粹的统治理念。不管是在书籍还是人民面前，纳粹分子都有恃无恐。通过禁止和毁灭行为，他们实现了最大化的"完美"。在管控文学出版市场方面，纳粹最重要的工具，一个是制定可疑作者和作品的黑名单，一个是支持符合纳粹思想理念的"好作品"。

美国人也对书籍的社会功能与意义进行了评估，他们认为德国人具有"集体性格"，"可以通过大众传播教育的手段进行改造"[1]。美国人想通过这个"治疗过程"来阻止德国人再次对其他民族发动战争。"这就抛出了一个问题，即整个民族的疾病是否可以，以及在何种程度上可以被治愈？或者说德国人的性格是否可以,以及在何种程度上可以被改变?"² 美国人和英国人对书籍价值的看法让人想起某些将书籍视为文化财产的理念:书籍"在家家户户广泛流传","与其他媒体相比,书籍会对德国读者的思想造成更深远的影响"。³ 德国人历来重视书籍的教化功能。书籍是"德国科学和技术的矛头、德国文化的先锋、德国贸易的灯塔"⁴。1948年夏,一个来德国考察的美国出版商代表团得出以上的结论。虽然面临广播、电影等其他大众媒体的竞争,但无论对于德国人还是美国人来说,书籍都不是媒体传播的边缘地带,而是文化认同的核心,谁想有所改变,就必须在这方面采取激进措施。纳粹投降前的1944年11月,盟军颁布了第191号法令,其中规定禁止"印刷、生产、出版、销售、租借书籍及其他出版物"⁵。这项法令旨在保障盟军的安全,帝国宣传部的"一切活动"也均遭禁止。戈培尔领导的宣传部大概是所有纳粹宣传活动的大本营,它的影响力以某种方式持续到了现在:这个被他的追随者称为"博士"的人,亲手塑造了一个强有力的思想控制者的形象,这一形象一直流传至战后——仅在这一点上他战胜了无数的对手。

在美国人中流行着一种观点,即通过书籍可以更好地了解受过良好教育的人和当时的纳粹分子,而了解这些人是对德国人进行的精神改造能否成功的关键。一些研究将纳粹分子视为狂热的阅读者:"作为阅读者,纳粹分子肯定比非纳粹分子要贪婪得多。由此可见,通过提供合适的文学书籍改造这些人是何等正确。"⁶

盟军首先要做的是清理门户,第一步就是全面禁止一切出版活动。此外,盟军还没收了所有不符合他们口味的书籍,并用新的、服务于改造目的的书籍来补充需求。违反第191号法令在当

II
图书世界的新秩序：1945年后的文学出版政策与市场

时不是轻罪，截至1946年11月，约有40多位书商和出版人因未经军管政府允许擅自行动而遭到强制劳动甚至入狱监禁的惩处。[7]这样的惩罚对这些人来说算是轻的了，因为该项法律的惩罚手段中还明确包括死刑。1945年9月，苏联占领军总司令朱可夫将军颁布了"消灭纳粹和军国主义文学"[8]的命令，要求没收所有战争小说以及"包含法西斯宣传、种族理论以及暴力侵占外国倾向的文学书籍"。该命令涉及所有的书店、图书馆以及个人。这些战后采取的激进措施，目的在于通过媒体对大众施加影响，出发点是通过一种简单的刺激反应模式来决定思想，即如果刺激（书籍输入）改变，人的反应（政治立场）也会改变。

1946年5月，四个战胜国的代表修订了之前的法规，并联名签署了管制委员会有关"没收含有纳粹和军国主义内容的文学书籍"[9]的第4号命令。该命令明确指出纳粹思想以及包含纳粹思想的书籍的危险性，涉及的对象与朱可夫的命令中的基本相同，包含了各种书店、出版社、图书室、图书馆，但私人书摊未被列入检查范围。在涉及"哪些书籍该被列为禁书"的问题时，当然绕不开逐个审查和烦琐的清单拟定工作。当时最全面的清单是由莱比锡的德意志图书馆制定的，该图书馆被称为"书籍保卫者"。苏占区的人民教育管理处颁布的则是涉及范围最广的清单，包含上千种书，并且经过了多次补充。由于该清单涉及1933年以来出版的约100万本图书，工作量十分庞大，因此制定者不得不指出由于编写困难造成的不完善性，称其不能"免除图书馆、图书室、书店负责人对未列入其中的书籍应尽的审查义务"[10]。该清单通过征求各个占领区的意见，旨在提供一个大体的导向。1948年，许多参观者抱怨莱比锡书展上不再提供这份清单——这其中也有许多来自西部占领区的参观者。[11]

美国人将《纳粹和军国主义书籍清单》作为审查标准并付诸实施，该清单包含约 1000 部具有代表性的作品，包括众所周知的纳粹分子如希特勒、戈培尔、墨索里尼的出版物以及纳粹党官方文件等。[12]某位作者的某部或全部作品都可能被禁。在英法占领区，这些出版物清单经过德国专业人士的修订并计划出版，以便在一定程度上减少书店经营过程中的麻烦。然而这种做法却违背了军管政府的意图，这份由巴伐利亚书商代表共同拟定的清单虽然已经部分付诸实施，但军管政府突然宣布，他们不想要"黑名单"，书商和出版人应当担负起各自的责任，出版与基本政治路线以及政治形势相符合的书籍。[13]这其实是一种虚假的民主，虽然出于教育改造的目的，一些书籍应当被禁止，但却必须掩盖禁令本身及其发布者，这可能也是害怕与纳粹的手段过于接近的原因吧。一些官员已经意识到了这个问题，比如对于战后初期美占区的纸张配额制度："军管政府希望看到一个思想自由的德国，但是因为纸张短缺而对纸张分配进行操控的做法与纳粹帝国文献处的做法极其相似，因此应当避免。"[14]

在发布的众多清单中，还有一份名为《剔除文献清单》的文献。该文献 1946 年由柏林市政府出版，标明"只用于公务范畴"，其中明确提到了朱可夫 1945 年 9 月的命令。[15]战争结束之初，这份作者和作品清单就在两个反法西斯文化革新组织——文联和艺术创作处的共同参与下出炉了。名单分为四个不同类别：所有作品被完全禁止的作者，被禁止的个别作品，所有作品被完全禁止的出版社，在特定条件下允许传播的书籍。这份清单被发给了各类图书馆馆员。清单的编者在简短的序言中介绍了使用方式，他

II
图书世界的新秩序：1945年后的文学出版政策与市场

们要清除的不光是"无可辩驳的纳粹书籍"，还包括"在意识形态上可能腐蚀、误导年轻人和成年人的书籍"。[16]传播纳粹思想的人成了焦点，甚至连书市上的常青树、过世多年的《罗马之战》的作者费利克斯·达恩也被卷入其中。一些改变过政治倾向的作者也遭到审查。"不过法拉达是个例外，鲁道夫·迪茨（法拉达的真名）曾遭到纳粹官方仇视，宣传部曾不止一次地试图禁止他的所有作品，但因为法拉达在国外很受欢迎，能为国家带来可观的外汇收入，因此才得以幸免。"法拉达的作品中只有几本被禁，如《农民、官僚、炸弹》和《铁汉古斯塔夫》。[17]值得一提的是，法拉达在纳粹宣传部中有一位强有力的支持者，他就是戈培尔。戈培尔非常认可法拉达的作品，因此也试图保护他。

可以说《剔除文献清单》提供了一份被禁作者的索引，该清单对每一位作者都做了简短的特征描述，如"殖民政客"埃尔温·巴尔特·冯·韦雷纳尔普，"种族活动家"戈特弗里德·本恩，"种族主义倾向者"维尔纳·博伊梅尔堡，"见风使舵的写手"阿诺尔特·布龙宁，"纳粹青年海军作家"弗里茨·奥托·布施，"种族主义、反布尔什维克主义者"埃德温·埃里克·德温格尔，"纳粹作家"保罗·克莱丝汀·艾丁格霍夫，"叛变分子"恩斯特·格莱泽，"纳粹作家和官员"埃里希和赫尔穆特·朗根布赫尔，"纳粹女作家"屈尼·特雷梅尔－埃格特，"纳粹经济政客"安东·齐施卡等。虽然受到了以上批判，但他们中的一些人（特别在西部占领区）并未受影响，不久便又开始发表作品。

占领区内的许可证颁发和去纳粹化

第191号法令中颁布的出版禁令只是一个基础,其中除了关于销毁违禁书籍的规定外,还建立了一个出版传播活动的准入系统。根据1945年12月的"第1号信息控制规定"[18],一切出版活动都要经过军管政府的书面许可。同时规定,所有出版物必须标明军管政府颁发的许可证号。至于如何发放许可证则由各个占领区自己决定。美占区对出版物的预审以及内容上的审查已于1945年10月废止,英占区是在两年之后,法占区则是在三年之后。在苏联占领区,也就是后来的民主德国,直到1989年才废止。在西部占领区,1949年联邦德国建立时,废止了出版社建立需要通过战胜国颁发许可证的制度。[19]而在东部占领区,这种严格的准入制度一直持续到了民主德国解体。

那么,两个德国在战后的几十年里都继承了怎样的"遗产"呢?回答这个问题首先要对决定两个德国命运的各个"遗产管理

II
图书世界的新秩序：1945年后的文学出版政策与市场

者"进行考察。如果说各战胜国在开始还可以保持一致的话，它们之间很快就出现了明显的分歧。

除了出版活动许可制度外，活跃于文化传播领域的人也必须经受严格审查——不管是要建立出版社还是要经营一个租书店，申请书上都必须附上申请人的"去纳粹化通知书"。不同的占领区对于活跃分子的去纳粹化方式也不尽相同，[20]尽管盟国管制委员会的第38号指令明确指出了这一目标："作案者"群体的定义以及赎罪措施尽可能遵循统一的标准[21]。该指令中还对"应负责任的群体"做了描述，从负主要责任者到受波及者（活跃分子，军国主义者，纳粹受益者），从罪行较轻的从犯到免除罪责者。苏联占领区有别于其他占领区的地方在于，较早地让德国人参与了去纳粹化运动，他们一方面在特定的领域内采取了去纳粹化措施，另一方面对仅是"形式上"的纳粹党员进行了宽大处理，不过苏占区/民主德国在某些社会领域的改造却更加彻底。如何看待和处理纳粹遗留以及被卷入纳粹统治的人们的未来，在整个德国都是一个普遍存在的问题。

美国人非常重视自己占领区内的去纳粹化运动。早在1945年，他们就引入了《问卷》一书，该书包含131个问题，如同一场"良心考试"。恩斯特·冯·萨洛蒙在书中将自己与纳粹划清界限的经历进行了文学化的处理，该作品很快跻身畅销书行列。1946年3月，美国占领区内的去纳粹化运动交由德国人接管，每个18岁以上的德国人都必须填一份报名表，并到任何一级县市级法庭申辩。法占区的德国人也较早地参与到了去纳粹化的运动中，从1947年起，那里也产生了与美国法庭类似的机构。当然该运动肯定优先考虑法国的经济利益和安全。英占区虽然也有类似的法庭辩护的形式,但采取的措施没有美国和苏联坚定。

去纳粹化第一阶段的结束导致了两个德国的产生。那么,去纳粹化运动真的卓有成效吗?答案是这次运动至少促进了联邦德国民主政体的产生。而在民主德国,"国家大力宣传的反法西斯主义……试图让民主德国的去纳粹化运动显得比联邦德国更加合理"[22]。然而结果却不尽如人意。

同一个民族的分道扬镳：
"焚书和焚书还不尽相同"

    战后的第一次全德作家大会，清晰地展现了战后两年两个德国在文学领域截然不同的道路。1947年10月，在德国作家保护协会和文联共同举办的集会上，人们强烈呼吁德国人应该成为独立的文化民族："是的，我们相信这个说着同一种语言，根植于瓦尔特·冯·德尔·福格尔魏德、沃尔弗拉姆·冯·埃申巴赫、歌德、荷尔德林等诗人传统的不朽共同体。"[23]然而两个阵营之间其实已经有了很深的裂隙。美国记者梅尔文·J. 拉斯基指出："冷战已经蔓延到了文学世界。"他将"自由"作为自己发言的主题："我要说的是自由独立的作家以及他们为文化自由所做出的不懈努力。"[24]其中他提出了诸如作家、出版商、作者的基本权利等问题。拉斯基从刚刚覆灭的纳粹政权谈到了美国的自由权利直至苏联作家："他们也熟悉压迫和审查，他们也在为文化自由而斗争。我认为，我们所有人都必须对他们表示坦率的同情。众所周知,在政治审查员及其背后的警察监视下工作是多么令人沮丧。"然而,这次充满希望的、涉及所有占领区的第一次全德作家大会并没有达成实质性的一致。"政治上的差异影响到了文学生活。不同的社会经济和政治意识形态框架将思想和文学上的对立带入了一个新的领域。"[25] 一些报告也试图找到一条"中间"路线,柏林的杂文家阿诺尔德·鲍尔指出了这种趋势:"有两种相互对立的原则,一个是西方原则,这种原则支持出版商自由交易;另一个是东方原则,这种原则只给获得许可的私人出版社非常有限的活动权利,而党派、文化组织和工会的出版社大都是受到计划和控制的国有出版社。我们要坚持联合,抵制分裂!"[26]

显而易见,战争结束之初,人们对和平的渴求是何等强烈——虽然,或者说正是因为存在着东西方两个阵营的对峙。阿诺尔德·鲍尔很清楚,即使是在经历了纳粹的灾难后,艺术和文学生活也不能通过规定来"调整"。尽管如此,他仍旧发问:"盟军给我们颁发了出版执照,但我们这些西方自由出版商却并没有一直承担相应的责任,难道不应该由超越党派的文化意识人士组织给我们提供建议吗?另一方面,那些被管理的出版商难道不应该也更加宽容一些吗?"

然而情况却恰恰相反,在经历了第三帝国后,并没有出现所谓的"不要审查!"或者"不要焚书!"人们并没有彻底拒绝暴力。后来成为建设出版社总编的沃尔夫冈·哈里希在他的发言中一再提到暴力的合法性。"焚书和焚书还不尽相同。比如1933年焚烧托马斯·曼的书和1945年焚烧阿尔弗雷德·罗森贝格的书就是两码事,"听众对此报以掌声,"我认为暴力不应当在任何情况下都被谴责。"[27]

不尽相同：
东西部占领区图书市场的法律规定

对西部占领区来说，随着联邦德国政权的建立，战胜国同盟对其图书市场生产和销售的直接影响也随之结束。"出版商不再需要获得许可证，不再受纸张分配的制约，也不再需要考虑审查"[28]。赫尔穆特·派奇在他对战后德国文学的深入研究中指出："之前遭到纳粹禁止的作家又可以发表作品，被禁止的书籍也得以再次出版……文学市场的自由化表现在方方面面——从作者到出版商、评论者，再到读者，那些想摆脱战胜国同盟思想改造的人也有机会创作、传播和接受相应的读物。最具代表性的是法西斯和战争题材的自传文学的发展。1945年只出版了一些集中营回忆录；1946年又出版了一些内心流亡者的日记；1947年出版的，一部分是关于政治和种族迫害的回忆录，另一部分是内心流亡者的日记，另外还新增了十分之一有关战俘、逃亡和驱逐主题的回忆录；1948年出版了第一批著名纳粹分子的辩护录，1949

年这种书籍的份额占到了55%；1949年，出版纳粹名人，特别是外交官和军官回忆录的浪潮开始出现。"[29]

在国家对文学的控制方面，联邦德国至少第一眼看上去持拒绝态度。而在民主德国，这一先前由盟军引入的控制机制在进行了一番调整后得以继续推行——直至民主德国政权解体。

苏联很早就开始与德国人联合。德国人民教育集中管理处下设的文化顾问委员会负责出版管理，然后由当局颁发许可，后来这些权利逐渐完全转交到德国人手中。[30]言论控制的支持者认为，对待一个刚刚摆脱专制的民族，使用自由化的手段是无法达到理想效果的。在这些人看来，当时的德国人还不具备成为自由的公民的条件："在我们德国人还不具备条件的情况下，不能完全照搬别国的做法。一个政治稳定、思想成熟的民族，比一个在刚刚过去的时间里表现出如此可怕的意识形态和政治上的不稳定的民族更经得起用自由化的手段来衡量……"[31]由此看来，必须谴责将独立出版商转变为自由企业的想法："他们嘴里说着自由，脑子里却想着生意，他们谈论着个性化，想的却是那些流俗化的、没有任何担当的文学。"[32]

在联邦德国，《基本法》[33]中书面确认的言论自由权在一定程度上限制了1953年的《传播危害青少年作品法》，部分取代了1949年在莱茵兰－普法尔茨州实行的州级法规。联邦法律规定："危害青少年思想道德发展的出版物必须收录到禁书清单中，尤其是那些颂扬犯罪、战争和种族仇恨的书籍。"这些法律条文同时设置了严格的收录标准，书籍不得"单纯因为其政治、社会、宗教或世界观的内容"被列为禁书。即使被收入禁书清单也不意味着被完全禁止，只是为了排除潜在购买群体中的未成年人。书籍

II
图书世界的新秩序：1945年后的文学出版政策与市场

的分类与筛选由联邦检查机构负责。文化团体、图书贸易团体、出版团体、青年团体、教师团体以及宗教团体（主要是基督教教会），都参与到了决策当中。检查部门不受各种指示的制约，按照规定，涉及的出版商和作者均有机会对检查程序发表评论。此外该法律还规定了申诉的可能性，人们可以对法律以及检查部门的工作提出异议。当时很快就出现了有关该法律是否过于激进的讨论。批评者指出，针对印刷品上的宣传广告和展览禁令实际上是对成年人言论自由的侵犯。报纸评论上有批评者认为："这是在保护青少年的幌子下的一种反对言论自由的愚蠢行为。"[34]

与纳粹时代的大规模禁令相比，联邦德国时期的干预显得非常可笑，个别手段（在今天看来）相当荒谬，例如我们很难理解在20世纪80年代禁止《O的故事》和《约瑟芬·木岑巴赫》的行为。[35]这并不意味着对《基本法》第5条中书面确认的言论自由的限制，而是反映出这些年来社会对待性话题的态度发生了改变。"通过图片宣扬裸露文化的书籍"刚开始在法律中还属于"严重危害青少年身心健康"的范畴，无一例外都要被收入黑名单。但1973年，这一段被删除——出现在出版物上的裸体画面已如潮水般势不可当。

尽管如此，一些禁止措施还是显露出了联邦德国当局真实的意图。第一任联邦检测机构负责人编写的题为《糟粕法》[36]的法律评论——作者竟然使用了"糟粕"这个在公开的法律条文中从未出现过的术语！与糟粕书籍的斗争源于廉价小说的发明，而《保护青少年免受糟粕书籍危害法》以及相应的检查机构的诞生则可以追溯到魏玛共和国。在纳粹实施干预和控制措施后，这部1935年颁布的法律已经变得多余。现在，两个德国在1945年后又重复了魏玛共和国当年的做法。

1955年9月15日,民主德国颁布的《青少年保护条例》开始生效,其中涉及了几个有关糟粕书籍的规定。在法律执行过程中,东柏林政府要比联邦德国的管理部门激进得多,他们甚至全面禁止出版和引进这种读物。保护条例实际上就等同于全面禁止。于是人们又制定了一个弹性条款——这一点后面还会讲到,它可以应用在完全不同的书籍上。

该条例第3条第2款中提到的"糟粕制品"指"撰写或制作的包含暴力倾向、蔑视人类、种族仇恨、凶杀或其他犯罪以及性变态内容的,严重伤害爱好和平的人们和身心健康的儿童的反人文主义书籍、图片及其他作品。同时也包含颂扬法西斯和军国主义意识形态的图片、书籍及其他作品"[37]。该条例还规定"学校、俱乐部和其他机构的负责人必须定期对糟粕制品进行检查"。上课前,老师必须检查学生的书包。[38]在民主德国对学生的鉴定中,有单独的一栏用来填写书包检查的结果。联邦德国也推行过类似的措施,主要是那些20世纪50年代有教会背景的道德监察员负责检查有害的青少年书籍和读物(比如流行漫画),相比较而言,"检查书包还属于比较柔和的措施"[39]。

民主德国文学政策的制度化

如果说恩斯特·罗沃尔特将西部占领区中盟军的特别法律视为"好书的专制"的话,那么东部占领区的干部们则竭力将其发展完善成了"社会主义好书的专制"。1950年,《关于发展德意志民族进步民主文化以及进一步改善知识分子工作和生活条件的规定》颁布。在整个20世纪中,这是德国第二次试图通过法律和法规控制难以规范的精神和文学领域。该规定出台后,即使是畅销书的销售也要实行计划经济:"必须确保1950年至少出版10部德国进步作家的作品。"[40]该规定明确了诸多有利于图书行业从业人员的非常具体的措施,"获得许可的出版商以及出版社主编、公共图书馆馆员"的生活用品供应与从事繁重劳动的工人同等对待,这项规定对脑力劳动者无疑有很大益处。该法律条文还带有一种战斗檄文的特点:它坚决要求保持德国本民族文化的特点,与西方划清界限,坚决反对"美帝国主义"文化的不良影响。就这样，战争结束不到 5 年，人们又陷入了一场被称为"冷战"的战争。人们用语言和相应的图片使这一斗争合法化："文化的较量要求坚决抵制世界主义的趋势。美帝国主义企图摧毁我们的文化自信和德意志民族的反抗力量，以便为它的殖民和战争计划做准备。"这些言辞显示出民主德国当权者对于"外来渗透"的非常具体的恐惧，它与当年纳粹对"外族"的警告如出一辙。当然这也与一系列强烈的反美浪潮有关，这些运动可以追溯到魏玛共和国时代，在纳粹时期由于显而易见的权力政治利益而得到了培植。

1951 年，民主德国通过立法建立了文学与出版事业局[41]，该组织取代了文化咨询委员会，主要负责管理书籍出版，并为出版社提供咨询服务。此外该机构还为苏联以及其他的人民民主国家的书籍出版提供支持。然而该机构最重要的任务却是为"得到文学与出版事业局许可的出版项目"分配纸张配额。而没有纸张就没有书籍。直至民主德国解体，纸张管理一直都是最有力的控制手段，这种手段早在 1945 年前就被证明行之有效。战争时期由于原材料紧缺，出版社出版书籍必须获得纳粹宣传部下设机构颁发的纸张配额许可，这一手段是纳粹德国控制图书出版的杀手锏。当时第三帝国还没有对出版物进行普遍预审的制度。

1956—1958 年，文学与出版事业局经过两次机构调整。1963 年，文化部下设出版和图书贸易局。[42]该局的建立标志着苏联对占领区内图书市场的操控在一定程度上已经结束，这也是政治意识形态和经济领导的首次联合。[43]迪特里希·勒费尔在对《民主德国的图书与阅读》的研究中特别指出：贸易局本身"也不是做出最重要决定的主管机关"，涉及原则性问题时还要由上级领导机关来拍板。

差异：计划或市场？集体或个体？

在民主德国，文学出版领域如其他社会领域一样也必须接受国家的调控。《关于发展进步文学的规定》指出："应有计划地继续发展进步文学，为德国的自由与统一而奋斗，为五年计划以及所有社会生活领域的民主化任务服务。"[44]"提高文学作品质量"，"有计划地支持出版社出版苏联和其他国家的人民民主进步作家的作品"，这意味着图书市场应受到国家的调控，并遵循明确的"社会主义文学的"这一政治规定。

文学与出版事业局负责人弗里茨·阿佩尔特明确指出了他的看法。在社会主义建设的大背景下，人们不能"再用资本主义的老一套营销模式，也不能再通过销量来衡量一本书的意义。这也反映了出版社在图书内容方面的规划何等必要，规划中要包括不同的文学作品类别，还要考虑到作品的意义、社会价值和出版的必要性"[45]。民主德国的图书出版不再根据读者的需求，而是以政治规定为导向，那些熟悉政策的人，不管是出版商还是作者在战后整个德国都异常吃香。由于各种操控手段日益精细，这种以政治规定为导向的局面在民主德国又持续了好多年。如果要对此种现象做出正面评价的话，那就是在民主德国形成了一种独立于市场规则的文学："在美学和艺术上拥有高品位的文学从不考虑市场需求。"

与民主德国相反，在联邦德国，自由市场得到发展，图书市场在货币改革后出现了第一场危机——作为消费品的书籍突然面临到处都能买得到的其他产品的竞争，出版社开始担心自己的图书销量。西方的图书市场从货币改革开始直到20世纪60年代都处在"一种稳定的扩张当中"。[46] 赖因哈德·维特曼在《德国图书贸易史》一书中指出："联邦德国图书市场的结构转变最显著的特征，首先是新的营销方式和图书形式的产生，比如图书俱乐部和口袋书。其次是主要出现在出版社和中间图书贸易中的集中和合理化趋势，以及严格以市场为导向的供应政策。最后是与其他行业供应商以及大企业日益激烈的竞争。"在商业层面，很多从业者在1945年前都有类似的职业经历。战后，联邦德国的出版商和书商继续推进了1945年前就开始的专业化进程。如果说民主德国的图书市场完全接受国家的政治调控，那么在联邦德国的图书市场上，人们往往出于经济利益考虑而选择回避某些有关过去的问题。

赫尔穆特·派奇在他的战后德国文学研究中勾画出了两种完全不同的立场。民主德国的代表人物约翰内斯·R.贝歇尔提出了"文学社会"的概念，其重点是"社会"，这意味着"文学领域的参与者认同那些在历史层面上有必要被认同的事物时，文学才能够发挥作用"[47]，这里的"社会"是社会主义意义上的社会，文学的

II
图书世界的新秩序：1945年后的文学出版政策与市场

生产者和接受者在其中是和谐统一的。而在联邦德国，经济利益使艺术退化成了艺术行业。联邦德国的代表人物则认为——派奇引用了当时联邦总统特奥多尔·豪斯的话——正是由于自由市场的存在，才保障了作者、读者以及言论的自由。在民主德国，书籍具有更多的社会的、集体的因素，而在联邦德国，书籍是一种非常私人的阅读对象。当然这两个层面不大可能完全分离，一部作品里常常可以同时表现出这两个层面的特点。

首先，这两套文学传播体系并不是完全水火不容，而是相互交错、互为补充："1950年的跨区贸易协定已经为文学交流奠定了基础，然而两德内部却各自存在一系列障碍和困难。"[48]人们通常将审查或输入控制仅仅归于民主德国国家机构的行为，但实际上在联邦德国也有一系列限制或禁止民主德国文学传播的规定，另一方面民主德国的文学领域也并没有完全与经济利益脱钩。最重要的区别在于，私营企业的份额逐年减少（它们逐渐被排挤出图书贸易领域），而以执政的德国统一社会党（SED）、卫星党以及群众团体如自由德国青年联盟（FDJ）或自由德国工会联盟（FDGB）为背景的利益集团则很快主导了大部分的图书市场。

同时，值得深思的是两德的作家以什么样的形式交流。第一次全德作家大会没有取得任何进展，人们最终分道扬镳。在联邦德国，四七社内部也是四分五裂，该团体的中心是文学，但没有形成任何纲领性的东西。四七社始于当年作家汉斯·维尔纳·里希特创办某杂志项目失败后提出的新计划，最终发展成了联邦德国后来几十年里最重要的文学机构。"里希特不能容忍任何原则性的讨论，不管是美学的还是政治的，因为他害怕这种讨论会让整个团体解散。"[49]这个团体1947年的成立和20年后的解散都或多或少带有偶然因素:"(四七社)不会继续存在了,因为里希特再也不发邀请函了。"⁵⁰虽然这个团体没有外在的形式,但是它对德国战后文学却有着不可估量的意义。

民主德国主要是比特费尔德作家会议,该会议由德国统一社会党领导层组织。在"拿起笔来吧,朋友,社会主义德国的民族文化需要你!"⁵¹的标语的号召下,作家们被要求参与到社会主义建设的事业中来,具体来说就是积极参与到民主德国人民的日常工作和生活中来。反过来,人民群众也应当更直接地接触文化。会议的重点不是美学问题而是大的纲领路线问题。虽然该会议以及由此开辟的比特费尔德路线已经处在本书所研究的时间段的末尾,但它却展示了另外一条完全不同的道路:在民主德国,文学市场的发展处于国家的直接领导之下。

民主德国国务委员会委员长瓦尔特·乌布利希认为,最晚在60年代就已经出现了两个完全不同的世界:"与两个德国政权相对应的是两种完全不相融合的文化,随着社会主义社会的发展,我们要系统地、有计划地建立适合我们统治秩序的、不受资本主义意识形态和腐朽文化影响的社会主义文化。"1967年4月,他在第七届党代会上指出:"那些垄断联邦德国文化领域的腐朽娱乐艺术愚弄和操控人民,与晚期资本主义文化的哲学和美学观点一样,都是与社会主义文化完全不相融合的。"⁵²

最晚在这个时间点上,民主德国官方宣布,他们已经摒弃了共同的纳粹遗产,逐步对文化领域实施行政化管理。联邦德国也有类似行动。然而至少一部分决定文学领域论调的自诩的精英们认为,比起一直循规蹈矩的德意志"民族文学",他们与国际化的现代性的联系更加紧密。

Der Traum vom Jahre Null

Autoren, Bestseller, Leser:
Die Neuordnung der Bücherwelt
in Ost und West nach 1945

III 填饱饥饿的图书市场：占领区的第一次出版大丰收

为争取许可证而斗争

纵观1945年战后千疮百孔的德国，人们会惊讶地发现，一些生活领域竟如此飞快地恢复了生机。"经历了战时的瓦解崩溃，德国出版业在之后的两年中从外部设施到出版社数量和出版书籍版次等方面都取得了令人瞩目的成绩。可以毫不夸张地说，回顾德国出版业的发展，甚至给人这样一种印象：好像在所有百废待兴的工业领域中，只有一个行业繁荣兴旺，那就是印刷用纸的生产。"[1] 通过回顾第一次全德作家大会，人们得出了这样的结论。虽然有诸多限制，但图书出版业已然在一定程度上充斥着淘金的氛围。弗里茨·奥斯卡·赫尔曼·库凯也被这种氛围所感染。库凯1899年生于柏林，20世纪20年代在乌尔斯坦出版社供职，积累了诸多生产和销售方面的经验，后来又在柏林恩格尔哈特啤酒厂广告部门工作。1945年后，他作为"出版、销售和广告顾问"为"大柏林和占领区的近29家出版社"[2] 工作。彼时他曾负责过马克思·费希纳编写的《怎么会有这样的事?》一书的出版与销售工作。"(这部作品)共发行了 100 万册……是战后和平环境下第一部大量出版的作品"。马克思·费希纳后来成了民主德国司法部长,他的这本书里包含了约瑟夫·戈培尔有关"纳粹统治内部运转之观察分析"[3]的日记节选。在书籍出版大获成功后,库凯踌躇满志,创办了文化杂志《靛蓝》。除此之外,他还计划筹建一座面向大众的图书馆。"在战争中,许多私人图书馆和公共书店遭到了不同程度的破坏,根本无法满足大众的阅读需求。世界文学经典为发展国民教育提供了宝贵的材料,同时也几乎不需要经过政治审查。"在给苏联军管宣传部门领导和文化顾问团的报告中,库凯如此介绍他的出版社计划,"我的意图是,以杂志的形式出版一系列经典作品,价格要足够低廉,……以便让每一个德国人,即便是低收入者也能订阅。单本杂志可以在不增加额外成本的基础上经过特殊程序汇编成书籍,以便成为人们书架上有价值的经典收藏。作为普通教育的辅助,每本杂志中还应包含一篇优秀的传记,包括全世界在政治、经济和文化领域对人们的生活产生重大影响的人物。"[4]这些计划听起来多少有些夸夸其谈,不过,这本杂志至少被图书市场上的活跃分子视为民众必需的精神食粮。要知道,在纳粹统治和战争时期,书籍属于紧缺物资,而一切的前提都是等待许可证的发放。靛蓝杂志社后来的作为不得而知,弗里茨·库凯也很快转入了其他行业。

与此同时,战胜国同盟开始面向所有德国出版社实行许可证发放制度。在民主德国,首批获得许可证的出版社包括苏联军事管理出版社、文联出版社、共产党中央委员会新路线出版社(后改名为迪茨出版社)、德国国民教育中央管理教科书出版社。[5]

III
填饱饥饿的图书市场：占领区的第一次出版大丰收

德国农民出版社也获得了早期的出版许可。[6]第一批许可证的发放清楚地表明，政治影响和国民宣传作用是苏联军管当局优先考虑的因素。优先获得许可证的都是后来出现在"党派和组织下属出版社"名单中的出版单位。苏联方面原本计划严格限制私人出版社的许可证发放，然而这一举措很快就陷入了僵局，因为这种措施会导致许多有名望的出版人逃到西方占领区，因此海岛、水手、雷克拉姆、布莱特科普夫和海尔特以及齐本豪尔等出版社首先获得了许可证，其他几家历史悠久的出版社如布洛克豪斯、伯劳、辛斯特洛夫也紧随其后。[7]到1946年12月，共有55家出版社获得了许可证。一名苏联军管代表在柏林的出版商大会上骄傲地宣称，在短短一年半的时间里，它们已经在苏联占领区出版了2500多万册图书。[8]

东西两大阵营的宣传攻势不相上下，格鲁施卡在他的战后调查中指出："以书籍为媒的操控意味着出版人担当教育者的角色，他们有目的地发起特定书籍的阅读，并为国民'良知''心性''精神'的发展承担某种责任。这种启发民智的开路先锋理念与美国以书籍为媒体的交际控制理念如出一辙。"[9]

"以书籍为媒体的交际"这个概念听起来相当现代，然而实际上它却与苏联在其占领区所奉行的，甚至与"第三帝国"时期某些意识形态操控者所推行的教育手段极为相似。对于一些纳粹文化政策的代言人来说，读者的愿望根本不值一提，例如一位名叫阿尔弗雷德·罗森堡的纳粹主义官员曾极力试图将与意识形态不符的、不受欢迎的书籍清除出图书市场，同时将读者引向纳粹意义上的"好书"。

"死亡是永久的。请小心驾驶！"

上面的标题是当年美国的一场交通安全运动中使用的宣传标语，它被玩笑式地改成了"'德施'①是永久的"[10]，这里的德施指的是出版商库尔特·德施。1945年11月17日，德施成为第一批获得美国占领区出版许可证的出版商之一，从此事业如日中天，他的故事告诉人们什么才是真正的经济奇迹。截至1973年，战后新成立的库尔特·德施出版社共出版书籍4100万册，[11]已经可以与罗沃尔特或苏尔坎普等著名出版社平起平坐。同时，这家出版社的成功也要归功于"经济奇迹"时期最成功的小说家——《08/15》三部曲的作者汉斯·黑尔穆特·基斯特。

在出版社成立8周年（也是德施50岁生日）之际，这位出版商为自己制作了一本亚麻布材质的出版社年鉴作为礼物，这无疑

---

① 宣称标语原文中的Death（死亡）被改成了Desch，即库尔特·德施。（本书脚注均为译者注）

III
填饱饥饿的图书市场：占领区的第一次出版大丰收

表现了他极大的自信。年鉴显示，这家年轻的出版社已位列战后最重要的三家联邦德国出版社之中。当年的社会名流，从普利维尔到雷马克纷纷赠言，古斯塔夫·格林德根思这样评价："库尔特·德施简直就是个传说。"[12]

然而即使是传说也有前生。1945年前，德施就积累了出版社行业方方面面的经验，他曾在纳粹控制的锡纳出版社担任编辑[13]，还是纳粹党员，为人圆滑灵活。"德施在战时就已经很出名，有证据证明他曾发誓时刻效忠纳粹。然而1944年后，当纳粹渐显颓势时，德施就开始在纳粹的书籍控制制度中找碴，以便为战后留下后路。"[14] 1945年后，锡纳出版社改名为库尔特·德施·锡纳出版社，后来发展成了能与行业巨头匹敌的库尔特·德施出版社。

德施很早便向美国占领区当局提出对出版机构进行去纳粹化和机构重组的建议，并巧妙地隐藏了自己过去与纳粹的瓜葛。此外他还帮助美国人找到了纳粹位于巴伐利亚的纸张仓库。这一切都让他在美国人那里赢得了信任与好感。[15]出版社年鉴上这样记载："长期精心准备的富有价值的出版计划、出版商迅捷的反应能力和精湛的说服力引导出版社走向了最初的成功，这首先体现在当时最重要的纸张分配问题上。"[16]

仔细研究德施的发迹史就会发现——如果美国人严肃对待他们自己制定的规定的话，德施根本不可能获得许可证。他曾是纳粹党员，并在纳粹控制的出版社担任领导职务，与纳粹高层来往密切，还是锡纳出版社的股东以及雅利安化运动的受益者。[17]但这一切都没有将他置于不利的境地。战后初期他在纸张问题上帮了美军的大忙，这一行为也让他战胜了其他竞争者并为后来的飞黄腾达奠定了基础。[18]他的那些令人咋舌的铺张浪费的出版计划，如大尺寸、装帧豪华的文化杂志《棱镜》都是在占领区军管部门的大力支持下才得以实现的。贝恩德·R.格鲁施卡在他的研究中明确指出，早在占领时代初期，德施就通过自己的企业大发横财。[19]而那时一些人才刚刚开始在这一领域淘金。

从获得许可证的出版社总数上，人们可以清楚地发现东部的国家管控与西部的自由市场两种制度之间的差异。苏联占领区起初共有55家国有出版社，这个数字跟后来相比并不算多：1990年时，共建立了78家国有出版社。[20]而在西部占领区完全是另一番景象，截至1948年货币改革时就已经有850家企业。[21]对西部占领区来说，"尽可能迅速地填饱饥饿的图书市场"[22]是当务之急。当时的图书市场不存在销售压力，也没有什么竞争，情形与1945年前非常相似。战争时期也有很多出版社书卖得很好。由于没有竞争，他们的书可以在很短的时间内卖光，然后再版。这些书通常大批量地直接卖给部队。由于书籍是当时为数不多的不需要配给证就可以购买的物品，因此也是送人的首选礼物。

1945年10月26日，位于柏林英占区的彼得·苏尔卡恩普出版社首先获得英占区的出版许可证。法占区首先获得许可证的出版商是赖纳·万德里希出版社的赫尔曼·莱因斯。四个占领区中最先获得出版许可证的是罗沃尔特出版社。恩斯特·罗沃尔特的儿子海因里希-马里亚·莱迪希－罗沃尔特获得了美国颁发的在斯图加特建立出版社的许可证。1946年3月他的父亲在汉堡获得了英国的出版许可证，9月巴登巴登分社获得了法国的许可证，1947年11月柏林的一家分社获得了苏联的许可证。[23]

以上几个出版社的名字反映了这样一个事实：联邦德国建立

III
填饱饥饿的图书市场：占领区的第一次出版大丰收

初期的出版商都有着鲜为人知的过去。1945年前后的德国作家和出版商或多或少都具有富有争议的历史问题，虽然这些丑闻在今天已经所剩无几，然而多数人对待某些历史问题或沉默或歪曲的态度却耐人寻味。如对某位诺贝尔奖获得者曾是纳粹党卫军成员的事实保持沉默，或者某报为掩盖出版商的黑历史这样介绍苏尔卡恩普出版社："苏尔卡恩普出版社1950年在赫尔曼·黑塞的倡议下由彼得·苏尔卡恩普在柏林建立。"[24]

虽然苏尔卡恩普本人有一个令人钦佩的过去：当时作为出版社的总编，他接受了一个艰巨的任务，在纳粹德国继续经营"被雅利安化"的，也就是财产已被榨干的S.菲舍尔出版社。卡尔·楚克迈尔在他向美国特工撰写的《秘密报告》中将苏尔卡恩普列为可靠的出版商之一："毋庸置疑，苏尔卡恩普从来没有参与或支持过反犹主义的行为，也不是雅利安化的受益者，他履行了一项极为复杂和艰难的职责。我认为苏尔卡恩普是文化过渡以及战后德国重建时期最富使命感的出版商之一。"[25]

真正毫无背景的出版商在1945年后的德国是很难有发展前途的。那些在纳粹时期就已经进入出版行业的人"凭借在战争经济和纳粹书籍管制方面积累的丰富经验，为自己在战后的发展打下了基础"[26]。在战争结束前最后几年的特殊条件下，谁能坚持到底，谁就在战后赢得发展先机。

出版商鲜为人知的过去

在美国占领区，申请许可证时需要填写一张商业问卷调查表。这张调查表必须附在提交的出版计划书中。赫尔穆特·德莱斯勒，古滕堡书业协会的总经理，计划出版安托万·德·圣埃克苏佩里的《风、沙与星星》时称："这本书写得相当有趣，之前也出版过好多次。"[27] 该书曾在纳粹时期卖出过13.5万册，是在德国出版的最成功的法语书，总经理认为读者在1945年后应该也能够延续他们的阅读习惯。众所周知的题材是书籍得以出版的前提，库尔特·德施在战后初期的出版方案也坚持类似的原则。在作品获得出版的第一批作者中，人们可以找到恩斯特·维歇特的名字，他在战争时期留在德国，一度被关押在布痕瓦尔德，但是作品没有完全被禁止。此外还有著名的内心流亡作家维尔纳·贝根格林，以及纳粹德国时期的英语女作家博尔·S.布克。贝根格林得以继续他往日的辉煌，人们又开始重新阅读他在纳粹时期就

III
填饱饥饿的图书市场：占领区的第一次出版大丰收

已经很出名的作品。1946年，为数众多的读者参加了这位已移居瑞士多年的作家的作品朗诵会，"因为他的作品里包含了一部分人文传统，对这部分人文传统的需求在德国从未中断"[28]。

颇为引人注目的是，在1946年和1947年德施出版社出版的寥寥几本新书中，有3本都出自莱娜·克里斯特，她的家乡文学在纳粹时期就已经非常有名，但此人早在1920年就已经去世，她的作品被与奥斯卡·马里亚·格拉夫或埃里希·马里亚·雷马克等流亡人士的一起出版。此外德施还在1947年出版了安娜·西格斯的《第七个十字架》。他把东部作家介绍到了西部占领区，并与东部的出版社保持着良好的关系，后来他甚至还把贝托尔德·布莱希特也纳入了麾下。安娜·西格斯的《第七个十字架》和普利维尔的《斯大林格勒》是在与民主德国的建筑出版社的许可交流框架下引入联邦德国的，这桩交易的促成要感谢德施的老友，时任文化政治杂志《建设》主编的克劳斯·居西。[29]

在12年黑暗的纳粹统治时期，赫尔曼·莱因斯和罗沃尔特家族是活跃在德国图书市场上的为数不多的出版商，多年来，莱因斯领导下的万德里希出版社一直竭尽全力保持着出版社所应有的独立地位，因此也受到包括自由派书商在内的广泛好评。罗沃尔特也同属此类出版社。

战后，万德里希出版社在莱因斯领导下出版了一系列作品，包括伊莎贝尔·哈默的《珀迪塔》，该书在出版史上创造了辉煌的成就。截至70年代初，该书就赚了数百万马克，后来又出版了图书俱乐部版和口袋书版。《珀迪塔》有很强的自传性，作者伊莎贝尔·多萝茜·哈默1912年出生于英国，父亲是一名英国官员，母亲是德国贵族，哈默30年代来到德国，30年代末嫁给了赫尔曼·莱因斯。在书中，哈默描写了一个名叫珀迪塔的女孩，她的父亲是英国人，母亲是德国人，珀迪塔早年失去双亲，在她的巴伐利亚监护人去世后被送到了伦敦的英国亲戚家。"她渴望找到能让她依靠的人，两个故乡对珀迪塔的成长产生了重要的影响。英国贵族的生活和德国魏玛共和国时期的生活有着天壤之别，当18岁的她刚开始在英国扎根时，与一位德国人相遇……这次相遇又再次唤起了她对重回德国故乡的渴望。对于珀迪塔来说，对这个德国人的爱在双重意义上平衡了她对故乡的渴望。"[30] 该书的手稿并不是战后首次发现的，它在1938年就已经出版，在第三帝国时期已经卖出了13万册。

流亡中的(反)家乡小说：《第七个十字架》

流亡作家在苏联占领区(后来的民主德国)文学中的地位要比在联邦德国高很多。在联邦德国占主流的是内心流亡作家。流亡作家们创作了许多很成功的作品，建设出版社的畅销书单就清楚地表明了这一点。在战争结束的最初 4 年里，约翰内斯·R.贝歇尔的《告别》发行了 35 万册，亚历山大·阿布施的《民族的歧路》是 11 万册，亨利希·曼的《臣仆》是 8 万册，阿诺尔德·茨威格的《有关下士格里沙的争论》是 7 万册。[31]

安娜·西格斯的小说《第七个十字架》也属于此列。该书截至 1964 年共发行 60 余万册，1942 年，该作品首先以 *The Seventh Cross* 的英文书名在军队服务出版社以及其他的流亡出版社出版。1946 年该作品通过文联的建设出版社首次在西格斯的家乡发行。西格斯原名内蒂·赖琳，曾取道法国流亡墨西哥，1947 年返回德国。"我在老朋友身上重新找到了那种未受损害的，可以摆脱集中营和一切迫害的力量，他们竭尽全力让这个不幸的国家不再变成欧洲的屠宰场。我还看到了那些自己的家具和衣服在轰炸中得以幸免的愚蠢的人们，他们没有从中吸取任何教训。"[32]在回到被战争摧毁的柏林几周后，她这样写道。西格斯的作品中多夹杂着深深的绝望和一丝微弱的乐观。《第七个十字架》讲述了一个从虚构的维斯特霍芬集中营逃亡的故事。故事中，七名囚犯从维斯特霍芬集中营脱逃，集中营的指挥官制作了七个十字架等待囚犯归案。在盖世太保的追捕下，先后有六人被抓获并被处死，唯独第七个十字架一直是空的。最后一个在逃的囚犯格奥格·海斯勒在一个秘密支持者和一位不知名的内河航船船长的帮助下逃脱了纳粹的魔爪。

在小说的开头和结尾，叙述者有意识地称呼"我们"，我们也坐在囚犯当中，我们知道一个囚犯成功逃脱了："我们所有人都感到，外部力量是如此可怕地深入到人的内心，同时我们也感到在内心最深处有一种坚不可摧的东西。"[33]这部描述冷酷无情的纳粹政权的小说同时也闪耀着希望的火花，它将希望寄托给了下一代。作品的素材来源于其他流亡者的叙述，"其中就包括集中营的逃亡者"[34]。作品完稿时，二战已经开始。该书首先在美国获得巨大的成功，作者写道："许多人很惊讶，他们第一次知道，希特勒在入侵其他国家之前，已经将自己国家里最好的部分破坏了。"[35]弗里茨·J.拉达茨，1958 年前担任东柏林人民与世界出版社主编，迁居联邦德国后首先供职于罗沃尔特出版社，后来去了《时代报》。他将西格斯的作品视为流亡主题的代表作品，西格斯曾写过"家乡小说"[36]，但这些作品实际在一定程度上却是为反对亲纳粹作家而写的反家乡小说。"安娜·西格斯通过虚构的小

III
填饱饥饿的图书市场：占领区的第一次出版大丰收

说来对抗糟糕的现实，她呼唤那些曾被纳粹错误地、徒劳地用鲜血和土地援引的东西：那些作为人文景观的乡村、河流和土地。这部伟大的作品摧毁了纳粹营造的'田园风光'；其小说的伟大力量存在于一种秘密的'反作用力中'：它没有仇恨，不再仅仅是无产阶级团结的颂歌，还是集中营外的'赤手斗群狼'。……在这本书中作者将所有的元素集中到了一起……这是一个团结与联合的时刻，它并没有因艰难险阻而被耗尽，它赋予了每个人以希望。"[37]

然而，这个"我们"缺乏将整个德国或更多人团结在一起的力量：在日益分裂的德国缺乏必要的土壤。早在库尔特·德施计划在联邦德国出版西格斯的主要作品时，就已经有苗头显示民主德国作家和流亡作家在联邦德国很难有市场，甚至连《新德国》都在1948年对这次"特别重要的"[38]许可证发放进行了报道，然而据称由于纸张短缺，该书只印刷了5000册，当年卖出了21本。[39]

致力于出版民主德国作家作品的联邦德国出版商必须做好受到批评和指责的准备。多年后鲁赫特汉特出版社曾因西格斯作品的出版许可证问题引发了一场东西争论，这一事件很快演变成"关于联邦德国如何对待民主德国作家的大讨论"[40]。一些人认为西格斯首先是一名忠于民主德国的社会主义作家，另一些人则把她看成流亡艺术家，认为不能把她40年代的优秀作品归为民主德国文学。

畅销书或者从批量印刷图书中诞生的口袋书

  战后，两德文学的发展可以说是喜忧参半。特奥多尔·普利维尔也算是一名流亡作家，在 20 年代后期逐渐成名后，他又根据自己在莫斯科流亡的经历写了一部关于军事转折点的战争类小说《斯大林格勒》。在苏联的支持下，普利维尔可以自由阅读当年德国战俘的信件。"在多恩和多内茨之间的草原上，有一架坠毁的邮政飞机，它来自斯大林格勒包围圈，这架飞机上装载的邮件里书写的，都是史无前例的呐喊。"[41]小说开头，叙述者引述了信件中的内容："我亲爱的弗丽达！我很绝望，这里躺着这么多人……"[42]此外，普利维尔还在小说中披露了一系列对德国军官的采访。[43]实际上，和安娜·西格斯的作品一样，普利维尔的小说并不属于战后文学，而属于流亡文学范畴。1943 年 11 月到 1944 年 9 月，他的作品首先作为连载小说在一份德语的莫斯科流亡杂志上发表。1945 年，普利维尔成为东柏林建设出版社的

III
填饱饥饿的图书市场：占领区的第一次出版大丰收

首席畅销书作家，他的作品在短时间内达到了 50 万册的销量。就连东柏林的《柏林日报》也对此十分兴奋，称建设出版社"终于干了一件漂亮的事"。不仅如此，其实早在 1947 年 5 月，普利维尔的作品就成为罗沃尔特出版社出版的全新旋转小说①最重要的销量支柱之一。[44]"《斯大林格勒》在正确的时刻跻身罗沃尔特的旋转小说行列……我们祝愿罗沃尔特今后的旋转小说计划一切顺利。数以百万计的读者将因此受益"[45]。安娜·西格斯的《第七个十字架》也被列入旋转小说的出版行列，甚至还在苏联占领区印刷出版。15 万册书中有"1.5 万册卖到了柏林，3.5 万册卖到了苏占区，5 万册到了英占区，另外 5 万册则卖到了斯图加特的美国占领区和法国占领区"[46]。

在许多研究中，罗沃尔特的旋转小说是 50 年代以来大获成功的口袋书的前身。旋转小说是一种以报纸纸张印刷，纸张规格为 30 厘米×40 厘米，只能装进"合适"大小的口袋里的书籍形式。这种书和口袋书的相同之处是它们都有极高的发行量。出版社也坦言："只专注单纯的技术，不关注文学性是罗沃尔特旋转小说的准则，即花更少的钱将更多的字印到更少的纸上！如果我们可以自行设计书的版式的话，那么仅仅每页的空白边缘加起来就要比现在多使用三分之一还多的纸张。"[47]

采用这种形式其实也是出版社的权宜之计。("在困难时期，我们不能生产真正的图书馆书籍。"[48])英占区拥有充足的新闻纸，而且还找到了印刷机器，不久，带着亚麻书脊的罗沃尔特口袋书（实际上是按照衣服口袋的规格生产的）就跻身德语区口袋书市

---

① 一种采用印刷报纸的旋转印刷技术生产的书籍形式，是战后物资短缺和巨大的读者需求的产物。

049

场的出版排头兵。口袋书到底是否是在流行于英美国家的批量印刷书理念下产生的,一直没有定论,无论如何,在战后这个理念被移植到了德国——人们渴望一个真正的新的开始。有谁愿意听到"报纸小说和口袋书在第三帝国时期的德国市场上就已经大获成功了"这样的话呢?[49]达维德·厄尔斯在他对罗沃尔特的研究中做出了恰当的评价:"旋转小说首先是迎合'零时'的实用产品。"[50]然而,仍有人称:"这种小说在战后的德国广泛流传,它有着明显工业化制造的痕迹,为德国现代袖珍书的诞生奠定了基础。"[51]

大批量印刷的战地军邮书籍催生了战后德国的批量印刷图书市场。这种书籍的印刷完全出于实用目的,所以完全按照军装口袋的规格制造。几乎所有在战时还幸存的出版社都在生产这种图书,他们将大众市场的销售规律与生产技术联系起来,积累了一系列经验,这些经验在1945年以后重新派上了用场。口袋书或者小尺寸书与雷克拉姆出版社的黄色封面小开本图书类似。贝塔斯曼出版社在战争时期也出版了11厘米×18厘米的小尺寸书,规格已经与战后的现代口袋书相差无几。战后德国的图书市场一方面物资紧缺,另一方面则是读者日益增长的阅读需求,这两方面的原因共同催生了全新的书籍形式。然而即使到了战后,如达维德·厄尔斯所说:出版社也宁愿将美国的战地军邮书籍或口袋书视为新书籍形式的鼻祖。[52]

供应军队的战地邮政书不仅让大出版社的销量激增,一些小出版社也在这场战时的图书繁荣中逐渐壮大成不可忽视的力量。贝塔斯曼出版社的销量在1928年到1937年间缓慢而稳定地从100万帝国马克增长至190万帝国马克。这个数字随着战争的爆

III
填饱饥饿的图书市场：占领区的第一次出版大丰收

发直线上升，1939 年达到了 310 万帝国马克，1940 年为 510 万帝国马克，1941 年竟到了 800 万帝国马克！贝塔斯曼出版社很快成为军队最重要的图书供应商，紧随其后的是纳粹党的政党出版社以及斯图加特的 W. 库尔哈姆出版社，其他在这一领域取得较大成功的出版社还有莱比锡的海岛出版社、雷克拉姆出版社以及慕尼黑的朗根 – 米勒出版社。总之，没有一个出版社拒绝过与军方的交易。

贝塔斯曼出版社的事例再次表明了战时图书交易的魅力，它的销售额在 1933 年到 1941 年间增加了 7 倍，利润也变为原来的 30 倍！原因显而易见：首先因为战时需要生产和销售更多利润丰厚的批量印刷书。整个出版行业的统计数据也证明了这一发展趋势。从 1940 年的平均每版每年发行 1.1 万册增长到了 1.8 万册。[53] 其次，营销与广告成本逐年下降，因为出版社只需要与少数大客户打交道，并不需要直接面对终端客户，这在今天的和平年代是不可想象的。例如贝塔斯曼出版社将其 1940 年的产品在随后的一年里卖到只剩 1.1% 的库存，这样的情形让图书出版商比以往的任何时候都更有利可图。[54] 那么货币改革前，在战争条件下的图书市场是怎样一番景象呢？那时出版社根本不愁销量，印刷多少买家就买走多少。货币改革前，德施出版社的销量在 1945 年上升了 1 个百分点，1946 年上升了 2 个百分点，1947 年上升了 6 个百分点。[55]

"我承认，作为出版商此刻我简直就像进了天堂……我这辈子头一次一下子卖了这么多的书（如果我能搞到更多的纸那就更好啦）。"[56] 1947 年，恩斯特·罗沃尔特这样写道。如果不看年份的话，这句引言在许多方面也正好契合了 1945 年前的战争年代，那时对于出版社来说也如同在天堂一般,那些面向大众的"好书"市场欣欣向荣。然而如果不是在这样的历史背景之下,单纯依靠图书市场上的生产与销售技术或者某些有影响力的出版商的策划,是无论如何也无法取得上文提到的辉煌成就的。

转折点：特奥多尔·普利维尔的《斯大林格勒》

我们再回到普利维尔的成名作《斯大林格勒》，这部毫不留情地披露了第六军团在斯大林格勒战役中覆灭过程的作品，在战后短时间内成为所有占领区的畅销书。这可能正是因为该书赶在了战后第一时间面市，当时人们还没有来得及拒绝此类题材。罗沃尔特出版社的主编库尔特·W.马雷克在他1947年为该书作的后记中发问："《斯大林格勒》这本迄今为止最可怕的战争小说在我们投降一年后出版。这本小说正契合了我们这些筋疲力尽、饥寒交迫、愤怒迷茫、还没有来得及承认罪责的人。我们作为读者能否审慎地对待这本书？"[57]

罗沃尔特所指的情况确实具有一定的影响，因为在图书市场上，读者和卖家都没有太多其他的选择，正如当时的一句话：桌子上有什么就读什么。不过，读者真的能消受得了吗？

作为第一批战争小说之一，普利维尔的作品同时也是最有现代特色的成功作品之一。经典的叙述形式已经无法满足他和他的素材，他用宏伟而沉重的笔调描绘了战争的画面。小说以一个独特的句子开头："格诺特克在那儿。"[58]读者无法更细致地观察作品中的那些人物，包括主人公格诺特克，还有威尔斯霍芬。"古老的叙述形式……在这里被打碎成单个刺眼、恐怖和令人震惊的画面，充斥着片段式的战斗和行动报告、情景快照以及医学诊断。"[59]库尔特·W.马雷克这样写道。这些纪录片式的元素使战争的全景得以展现，即使一切叙述都是从德国士兵的视角出发，斯大林格勒包围圈周围的战争也并不是发生在没有历史的真空中。作者坚信，德国人的痛苦是由他们的战争罪行造成的。文中，作案者自食其果："前党卫军队员里斯，一年前在波兰将军府当守卫时，曾见过一颗子弹飞过耳边，钻到地下14英尺，溅起一堆石灰！"[60]"他怎么也没想到，自己也会成为这些毁灭性打击的目标，这些东西之前都是用在患病的囚犯和平民身上的……"[61]在通往斯大林格勒的道路上遍布德国人的罪行："成群的难民、老人、妇女和母亲……，铁丝网后的俄国战俘和平民囚犯……，大批的平民被聚集到一起用列车运往德国做苦役……"[62]

对于战后初期的两德来说，小说中所呈现的解释模式是可以接受的。作者将焦点聚集在了罪行的背景和那个民众的蛊惑者也就是希特勒身上。"他窃取了整个民族的意志与良知，使整个民族变成了一台僵化的机器。这比他们刚刚行驶过的那条街道更恐怖，因为这不只是造成了一条，而是许多条这样的街道。"[63]小说中发出这样的呼喊："德意志人民，你们必须要驱走你们身上的疯狂！"[64]人们正受到"危险、疯狂的旗帜"的蛊惑。[65]"纵火者"在普利维尔那里成了"引火上身"的人。[66]没有多余的无病呻吟，原

III
填饱饥饿的图书市场：占领区的第一次出版大丰收

因毋庸置疑，是德国人发动了战争，他们是有罪的受害者，那些死在德国人手下的人才是真正无辜的人。普利维尔总是能与所发生的事件保持一定的距离，在他的笔下，整体的命运通过个体的实例展现了出来。

普利维尔认为，指挥官最应当为此负责。他们执行了远在柏林的"元首"的命令，抵抗到底，绝不投降，导致无数人无谓牺牲。作品中的弗里德里希·保卢斯就是这样一个典型人物，他是第六军团的司令，最后被提拔为陆军元帅。普利维尔控诉：军队的领导人要求手下完全丧失战斗力的士兵战斗到最后一刻，但轮到他们自己的时候——直到最后，这些人依然喝着白兰地，抽着雪茄——他们却退缩了，要么逃跑，要么自杀，要么像保卢斯一样违反命令投靠了俄国人。无论如何，普利维尔最后还是给人性留下了一点余地，他让人物对未来抱有希望。两个主要人物——下士格诺特克和提拔为将军的威尔斯霍芬（"威尔斯霍芬在哪里"[67]），代表了未来的可能性。威尔斯霍芬在揭露军官们丑恶嘴脸的同时，提出了追究罪责的问题："不仅是那些军事策略上的错误，……谁为那些在斯大林格勒战役中死去的战士负责？谁为那些魔鬼般的囚车负责？……这些罪责由谁来承担，又该怎样来承担呢？"[68]普利维尔最后还是让作品闪现了一丝希望的曙光，他让格诺特克和威尔斯霍芬得出这样的结论：独自一人是无法继续前进的，只有在集体中他们才能继续向前看。小说的结尾，普利维尔描绘了两人穿过雪地的脚印，这些脚印通向一个不确定的，但是可能更好的未来，只是其具体情景是开放的。

虽然这本书在两德都多次出版，但普利维尔依然面对很多艰难时刻，因为他在作品中提出了大量有关基督教和罪责的问题，这些问题引起了民主德国的反感。那个被普利维尔在作品中丑化的保卢斯在民主德国不仅被接受，甚至在一定程度上还得到了认同。然而普利维尔对军事精英的描述却不怎么符合联邦德国人的口味，1963 年这部作品改编的电视剧播放后，联邦国防军总监察官向部队下了一道指示，该指示将普利维尔称作"共产主义作家"，并称他是受"苏联委托"[69]而写作的。

1945 年 5 月返回德国后，普利维尔曾一度任职于图林根州民主革新文化联合会，[70] 70 年代曾暂时担任古斯塔法·齐本豪尔出版社经理。[71] "我在巴伐利亚所持的跨区护照是魏玛的苏联军官部门签发的。" 1947 年普利维尔在民主德国媒体面前这样解释，"我的作品朗诵会在德国南部多个城市成功举办后，我在慕尼黑停了下来，在那里对《斯大林格勒》的新版进行了修改，这部小说正在由慕尼黑的库尔特·德施出版社与建设出版社进行许可证交换。这项工作结束后，我将回到柏林，为参加德国作家大会做准备。"[72] 实际上，普利维尔此时已经和他的妻子离开了苏联占领区，去了联邦德国，而在那里他几乎一无所有："直到 60 年代，他在联邦德国都被诋毁成共产主义者，而在民主德国却被看作反共分子。……"[73] 在致第一次全德作家会议的贺电中，普利维尔提到作家的任务是："展现德国的现实，解释废墟产生和道德沦丧的原因。"[74] 这无疑是对圣经以及源自圣经的人文主义传统的召唤。"这就是我们所认为的，德国人民对于所有德国作家的期待：承认所有能够使现代民主具有法律约束力的元素，这是国际关系新秩序的前提，是国际安全和国际权利的保证，也是一个独立统一的德国在精神、社会和国家意义上重生的基础"[75]。

在民主德国，他的这部具有政治指导意义的小说被禁了 30

多年，直到1984年才继续出版。人们没有宽恕他的"反共产主义倾向"。在80年代建设出版社发行的新版作品的后记中，赫尔曼·康德表示：普利维尔"1947年改变政治信仰离开魏玛后，……再也没有写出什么优秀的作品，……政治上的堕落也在他的作品中表露无遗"[76]。对于《斯大林格勒》这部作品的价值，康德没有丝毫质疑。"因为没有任何一部德国文学作品能如《斯大林格勒》一般真实地展现对战争具有决定性意义的战役"[77]。

受盟军委托：
欧根·科贡和他的《党卫队—国家》

可能是受战胜国同盟的影响，直至两德建立，那些对刚刚发生的过去没有过多粉饰的书籍一直都备受重视，最具代表性的是欧根·科贡的《党卫队—国家》。这本书受到盟军的直接影响，是第一批著名的揭露集中营里德国人罪行的作品之一。该书于1946年首次出版，到1960年已发行26万余册。库尔特·德施出版社曾在联邦德国读者中做过一个问卷调查，结果显示该书与黑塞的《玻璃珠游戏》、托马斯·曼的《洛特在魏玛》以及普利维尔的《斯大林格勒》并列为最受欢迎的作品[78]，在两德都流传甚广。科贡自己曾是布痕瓦尔德的幸存者，他受想了解集中营运作方式的美国人的委托，撰写了第一篇叙述自己经历和其他见证者声音的报告。这份原本仅供内部传阅的报告后来变成了一本广为流传的出版物。科贡试图以布痕瓦尔德为出发点对集中营体制和党卫军统治进行描述。"这不是一个有关集中营的故事，也不是对所

Ⅲ
填饱饥饿的图书市场：占领区的第一次出版大丰收

有残酷罪行的记录，这首先是一部包含人性、政治和道德内容的社会学作品。"[79]这部作品不能也不想全面揭露纳粹的罪行，人们能够轻而易举地发觉，这部有关集中营的作品也对屠杀犹太人的罪行进行了边缘化处理。在这部约400页的作品中，灭绝人性的集中营并不是中心。虽然科贡给出了包括在集中营里遇难的受害者的总数，但从整部作品来看，这个数据很随意，比如作者足足用了两页来写毒气室，用了好几页来列举在布痕瓦尔德和德国其他集中营中被害者的数量："1940年在东部的灭绝集中营，如奥斯维辛，至少有350万甚至可能是450万受害者。在迈达内克、特雷普林卡、斯卡西斯科、卡米诺以及华沙，利沃夫和里加的犹太人聚居区共有约150万到200万受害者。"[80]

然而这些问题丝毫不能削弱科贡作品的伟大功绩，他的书如此无情地揭露了那些被埋没的真相。这部作品还得到了盟军的积极帮助：在美国占领区中的慕尼黑、英国占领区中的杜塞尔多夫以及法兰克福同时发售。迄今为止，科贡的这本书已经被译成9种语言，售出了50余万册（2006年发行了第43版）[81]。这本书总共在两个阶段里获得了很大的成功：一是在战后初期；二是在1974年，这本书被再次发现，并以口袋书形式大量发行。"这部作品再次追溯了集体罪责的主题，对德国人不愿接受再教育表示理解，并根据他自己的判断将负罪者局限在了反社会的纳粹分子范围内……"[82]"对于联邦德国来说，科贡作品的卓越成就表现在两个方面：一是通过对集中营生活的细致描绘揭露了纳粹的罪行；二是警示今天的人们对纳粹统治认识的局限"[83]。

如果这本书像其他那些作品一样描写纳粹的残暴，就会在某一点上获得德国读者的共鸣，也不至于遭到如此多的非议。"它几乎触及了道德底线，因为内容上几乎没有什么好东西。""因为这本书里写的不是其他的什么十恶不赦的坏蛋，而是你和我，这本书的宗旨大概是让德国免于重蹈覆辙，让世界免遭再次蹂躏"。[84]

1947年，滕珀尔霍夫印刷厂的轮转印刷机共印刷了10万册科贡的作品。柏林美军司令部的一份秘密报道称这大概是"德国最大和最现代的出版印刷厂了"[85]。1945年以前该印刷厂隶属于德意志出版社，该出版社隶属于纳粹党新闻出版集团并在纳粹时期出版了无数畅销书。该出版社在亲纳粹之前叫乌尔斯坦出版社，它的所有者——乌尔斯坦出版集团，是德国最重要的、影响最大的犹太家族企业之一。该家族被迫离开德国后，他们的企业也被"雅利安化"并以"极其廉价的方式"更换了所有者。[86]直至1952年该家族才重新获得自己的财产。战后，乌尔斯坦出版社致力于传播反思纳粹罪行的里程碑式作品。

Der Traum vom Jahre Null

Autoren, Bestseller, Leser:
Die Neuordnung der Bücherwelt
in Ost und West nach 1945

Ⅳ 讲述战争和集中营里的故事

《安妮日记》：被害者迟来的声誉

《安妮日记》这部作品早已与它那位在集中营里英年早逝的小作者一起化作了一尊圣像。截至 1962 年，该书的德语版发行逾 80 万册。作品在 1947 年首先以荷兰语出版，3 年后拉姆伯特·施耐德·海德堡出版社发行了德语版。仅菲舍尔出版社一家的口袋书印刷量两年内就超过 40 万册。1957 年，民主德国的联合出版社甚至还安排印刷了多个版次，在取得了第一个 1 万册的印刷许可后，该出版社又成功获得了将初版印刷量提高到 3 万册的许可；该作品在当时的火爆程度可见一斑。[1]

《安妮日记》是最早光明正大地书写犹太人命运的作品之一，在德国也拥有众多读者。虽然此前也有大屠杀题材的作品，但这些作品的发行量都很小，以至于到今天大多都已被遗忘。[2] 一般认为"50 年代是各方面关于大屠杀话题沉默的 10 年"[3]。《安妮日记》着实是个例外，它成了这一时期"大屠杀文学的核心作品……，不仅在联邦德国，而且是在整个西方世界"⁴。

在迫害犹太人的大潮来临之前，安妮不得不随其家人从德国逃到荷兰。当荷兰也被德国占领之后，整个家庭再次陷入险境，他们试图在阿姆斯特丹的一间背街的房子里藏身。1944 年 8 月，他们一家被发现，安妮和她的妹妹死于贝尔根－贝尔森集中营，只有他们的父亲幸存了下来，后来开始整理安妮的日记。在正式出版的作品中，这部分故事只被作为背景信息。安妮大概是在搬到这个藏身之所不久之前开始写日记的，但是日记到 1944 年 8 月 1 日就中断了。三天后这家人被警察发现并被送进了集中营。

安妮在日记中向一个虚构的名叫凯蒂的小女孩倾诉着自己的日常烦恼。正是这字里行间的倾诉将各种历史大事件从远方带进这间隐蔽的屋子里。"反攻的消息在这个国家里传得沸沸扬扬。如果你也在这里的话，一方面你很可能会和我有一样的想法，可另一方面你也可能会笑话我们的大惊小怪。"⁵可以看出，安妮的日记并不令人绝望，相反却富有哲理，甚至还带着幽默的眼光审视那个变化无常的世界。比如安妮会想，在德国入侵时荷兰应该发一场大洪水，这样他们跳进水中就会得救："我们可以试试游泳啊。我们全都穿上泳衣，戴上泳帽，尽量在水底下游，这样谁都看不到我们是犹太人了。"⁶

《安妮日记》是为数不多的揭露纳粹罪行的作品，这部作品在今天已经变成了一块举世闻名的丰碑，然而在此过程中，这部作品也曾遭遇过诸多沉默或拒绝。一方面，读者从这本书中了解到了一个个体的命运，年轻读者与受害者的认同更加彰显了作品的人性维度。另一方面，作品没有将有组织的犹太人大屠杀作为主题。对此，阿多诺早就指出："个体事件本应该是可怕的整体

IV
讲述战争和集中营里的故事

事件的具体解释，然而恰恰是这种个体性又使那个可怕的整体有了不在犯罪现场的证据。"[7]

只有那些相信大屠杀史实或者与受害者有相同经历的人才会与受害者感同身受。由于作品讲述了一段在读者当中引发巨大反响的个体的经历，所以它的真实性一再遭到质疑。作品的历史背景——德国人曾大规模屠杀犹太人也一样受到质疑。"伪造的爱娃·布劳恩日记、英国女王日记以及这个也真实不到哪儿去的安妮日记为德国战败的受益者带来了几百万的收益，对这些现象我们应当提高警惕。"[8] 50 年代，吕贝克的一个参议教师提出这样的说法。安妮的父亲奥托也因此遭到舆论攻击和诽谤，他只好诉诸法律。通过笔迹鉴定，作品的真实性得到证实，奥托打赢了官司，那名教师最终收回了他之前的言论。这样的事件不是第一次也不是最后一次，这部著名的讲述大屠杀历史的作品不得不一再面对反对者的质疑，比如在近 20 年后一些报刊媒体还曾以"畅销书还是骗局？"[9] 为标题质疑日记的真实性。

奥斯维辛之后的诗？奥斯维辛之后的畅销书！

人们在研究1945年以后的文学时会面临一个严峻的问题，那就是该如何谈论和书写德国人令人发指的战争罪行，比如纳粹德国对欧洲犹太人以及其他人种和社会群体的屠杀。纵观战后第一个10年中的文学书籍，那些明确触及以上问题的作品固然颇为引人注目，然而读者还是遇到了一些没有被诉说或者书写的东西，它就是沉默。"沉默……不是语义学上的空白，它充满了传输意识形态的叙事策略……沉默构建了词语的缺席，缺席也因此表现为在场。"[10]换句话说，那些没有被言说或者书写的东西，它们才是人们所期待的重要的东西。安斯蒂·施琅特在她对德国文学和大屠杀的研究中区分了两种不同形式的沉默，她指出："罪犯沉默，是因为他们'知道得太多'，而许多幸存者沉默则是不愿面对真相，进而选择了逃避。这也是为何要在对待大屠杀问题上区分两种沉默的原因。"[11]

IV
讲述战争和集中营里的故事

有人试图对这些沉默或者诉说进行不同的阐释。比如，罪行"不管怎样都无法掩盖"，"有人将这种行为阐释为一种在回忆过程中对处于核心地位的战争的边缘化行为，并因此卸下道德负担；还有许多人认为这种站在边缘处的姿态是更好地唤起读者记忆的方式"。[12]这些回忆只是一部分人的回忆，它将50年代的年轻读者排除在外，战争期间他们尚年幼。人们在观察文学的各种案例时往往会提出这样的问题，即诉说或沉默在个案中有什么样的功能，以及文学文本会对不同的受众群体产生什么样的影响？在这种背景下，《安妮日记》起到了媒介的作用。这本日记为受害者而发声，然而作为受害者的安妮在中途被送进集中营，无法再向人们继续诉说那些罪行，因此大屠杀只被禁锢在一个阐释出来的"框架情节"当中。"人们很容易有这样的想法，联邦德国文学对大屠杀有着持续的关注，而那些通过多种叙事策略表现出来的沉默正是最动人的表达。如果沉默等于对真相的了解与承认，那么重要的问题是：关于大屠杀的哪些真相被压抑、否定以及回避了？这些被回避的问题又是如何被表达出来的呢？"[13]

许多有关文学与大屠杀、文学与战争主题的研究（包括安斯蒂·施琅特的研究）都集中于经典文学，通俗文学通常得不到重视，虚构的作品更是不值一提。除了文学作品中的沉默之外，还有历史学家在专业书籍中的沉默，比如在1946年出版的讲述纳粹过往的作品《德意志的浩劫》中，弗里德里希·迈内克对大屠杀和纳粹暴行只字未提。"'毒气室和集中营'只是为了强调：'西方基督教的传统和人性的最后一丝气息'死在了这里。"[14]当然，文学和艺术对大屠杀的沉默只是现实中全社会沉默的反映。批评家还将目光投向了教会，批评"教会在对待迫害犹太人问题上完全隐身的态度"[15],为了逃避罪责,就连这里(教会)也噤声了。

我们再回到德国文学上来,经典文学涵盖的范畴过于狭窄,它从一开始就将许多对核心问题感兴趣的文学形式排除在外。然而,一些富有纪实特点的作品(比如安妮·弗兰克、普利维尔以及欧根·科贡的作品)在一开始就承认了战争的罪责。对经典文学的考察却缩小了视野,与人们最初对知识的兴趣(也就是德国人在文学作品中如何对待屠杀犹太人的问题)背道而驰。

文学中对沉默的事件或形式的追寻还与另外一个更加深远的问题相关:那就是在奥斯维辛之后,文学是否还有新的可能?涉及这个问题时,哲学家和社会学家阿多诺在他流亡归来后说的一句名言被一再引用:"在奥斯维辛之后,写诗是野蛮的。"[16]这个句子不但被频繁引用,还经常被曲解,因此阿多诺也一再澄清这一表达:"形势一方面不再允许艺术的存在——这句话旨在表明在奥斯维辛之后写诗的不可能性——然而另一方面又需要诗。"[17]彼得·施泰因在他的文章中指出,阿多诺的这句话虽然是在1949年写下,两年后首次公开发表的,在50年代却几乎没有被真正接受。后世对这句话的种种误解通常都是断章取义的缘故。"阿多诺……写下这句话的时候,……他正处于一种复辟的文化氛围中,而这种氛围无非与对奥斯维辛的反思相关。"[18]阿多诺担心的事情还是发生了:一切如故,就像什么都没发生。"在这种完好无损的文化中同时包含着拒绝式的沉默和面向受害者的抚慰、治愈的力量。"[19]如同启蒙和野蛮不可分割一样,对于阿多诺来说,文化和野蛮以及野蛮的象征奥斯维辛也是如影相随。换句话说,没有人可以将大屠杀从德国文化中排除,这两者对哲学家

Ⅳ
讲述战争和集中营里的故事

来说是不可分割的。"该批评一方面指向在消费中排斥传统风格艺术作品，认为'文化在传统意义上已经死亡'的德国公众；另一方面则指向那些在当时广为流传的艺术，它大张旗鼓地颂扬西方文化传统，而对刚刚发生的过去避而不谈。"[20]因此阿多诺的这句话正切合本书的主题，它恰巧能够惊扰这个所谓的"零时年之梦"。

通俗文学的迷茫:《在施普雷河河畔》

纵观战后初期联邦德国的通俗文学,不管在语言还是内容上,都将所发生的一切蒙上了一层可容忍的面纱,这被看作当时通俗文学领域的主要潮流。德国的战争罪行在作品中变得扑朔迷离,作者们也开始使用日常的通俗语言,甚至使用通俗小说风格描写战争题材。这种语言当然只能局限于士兵的个人视角,传达有限的个人经历。汉斯·朔尔茨的小说《在施普雷河河畔》就在当时引发了轰动,这部作品名气堪比《极地重生》,导演弗里茨·乌姆格尔特尔将其改编成了电视剧,当时电视还是一种比较新的媒体,该剧在 1960 年 3 月至 5 月间首映。此外,这部作品还有广播剧版。

小说《在施普雷河河畔》顺理成章地成了畅销书,几年内就卖出了超过 25 万册,并在评论界引起了强烈的反响。朔尔茨将"高雅的柏林腔和那些从选帝侯大街到达勒姆俯拾皆是的粗粝的

IV
讲述战争和集中营里的故事

坊间暗语"[21]巧妙地融入作品当中，这本书甚至在今天还可以买到。故事发生在战后柏林赛马酒吧里，该酒吧的原型位于夏洛滕堡。作者通过对一个夜晚发生的所有事情的叙述，描绘出一幅德国近代史的全景图。几个朋友消遣结束后开始围坐在一起讲故事，故事是关于一个叫约尔根·威尔姆斯的人的笔记。威尔姆斯据猜测可能还被关在苏联的监狱中，一个获得释放的狱友将他的笔记带回了德国。一位名叫汉斯·约翰西姆·莱普修斯的上校开始朗读威尔姆斯的笔记。

战争结束10年后对于读者还存在什么样的影响？这个问题只能通过文学中残留的对战争问题的处理方式来猜测。威尔姆斯的笔记包括书信、日记和一些曾经被贴在某处的照片，如同一部战争时期的纪录片。通过作品传达信息这种间接的方式一方面创造了距离，另一方面也为那些不能诉说的事物创造了展示空间："从现在开始对于某些事件我可以宣称，是的，我看到了；同样的事件我又不得不说，不，我没看到。这太疯狂了，太正确了！……'因为……不允许存在的东西就不能存在！'"[22]威尔姆斯见证了犹太人所遭受的迫害，当他随德军驻扎在东部时曾亲身经历过这一切。在他获悉驻地附近将有一次有计划的屠杀行动时，他向自己部队的指挥官告了假，目的是见证这难以置信的罪行："上尉先生，我想亲眼看看这个世纪。"[23]

虽然德国人在某种程度上跟这次事件保持了一定的距离，执行射杀任务的都是拉脱维亚平民，但是"有德国警察在一旁监视"。[24]通过威尔姆斯这个形象，屠杀行动得以近距离展现，比如他的脑海中响起了父亲的那句话，"犹太人是罪有应得"；而当他看到人们用机枪对着万人坑扫射时，他又想到了自己的犹太女友。那个含糊其词的"东部地区采取的措施",通过对一个孩童之死的描述生动具体地展现在了人们眼前:"两只冻得发青的小脚走到行刑士兵前面,站在黄沙上,声音是那样轻柔。……那个孩子在笑吗?他独自一人,没有一只手去拉他或者至少扶着他吗?枪膛又重新装上了子弹,孩子站到了万人坑的边缘。"[25]最后威尔姆斯被发现了,他只得逃回部队,又回到了原来的生活当中。

在战后的赛马酒吧里,朔尔茨借一位在场者之口说:"为了重现你们的历史……剧本就在我的眼前,然而我却看不到制作人,一个人也看不到。"[26]像他的其他作品一样,朔尔茨在其中有意识地加入了自己的经历,比如他曾学习过绘画和艺术史,还在赛马酒吧表演萨克斯维持生计。[27]他在部队中曾担任过运送补给物资的司机,因此有机会横穿欧洲游历多国,所有这些经历都反映在了他的这部成名作中。可以看出,朔尔茨是一个根据亲身经历创作的作者。"他……在当兵时目睹过屠杀犹太人的场面"[28]。朔尔茨的这部处女作获得了1956年的冯塔纳奖,以及1960年的柏林犹太人社团(该社团在反思历史领域做出了重要贡献)颁发的海因里希-施陶奖。他曾对媒体说,自己只能写发生在自己身上的事。[29]他还曾与一名犹太女孩相爱,并曾一度随她去了巴黎。后来在作品中他借威尔姆斯之口道出了心声:"我必须把我的初恋从心中割舍,这个女孩的父母都没有国籍……他们去了巴黎。"[30]弗里茨·乌姆格尔特尔将朔尔茨的小说搬上了电视荧屏,这部电视剧"第一次打破了集体的沉默"[31],被称为一场"电视事件"[32]。

朔尔茨的小说以"过去犯罪者的图像禁忌"为主题,"在经历了战争刚刚结束时盟军短期的电影和照相曝光后,逐渐变成了社会认可的大屠杀图像禁忌"[33]。作品中的威尔姆斯一开始是一名摄影师,但后来他的相机被收走了,他的照片也被从日记中移除了。在威尔姆斯看屠杀行动之前,上尉就朝他喊道:"不不不,先生,别带走相机。我这里正好缺一个;……我想如果复仇行动被闲杂人等拍下来的话元首会很不高兴。好吧,别带相机……快去吧!"[34]

朔尔茨只写了这一部小说,此外他还出版了一些游记和素描作品集。1963年起,他开始担任西柏林《每日邮报》文艺专栏的主编,并在这个岗位上工作了13年。主流文学史中人们通常找不到他的名字——可能就是因为他是那个总爱打破禁忌的人。他的书偶尔也被斥为"一群朋友在酒吧里巧妙而幽默地谈论战争和战后时代的历险"[35],这种说法无疑是对作品根本上的误解。朔尔茨的作品以及由其改编的电视剧本应帮助人们重拾那些被遗忘的记忆,然而在对待那些令人不快的真实问题上,文学史却不总是宽容的。谁打破了不能说的禁忌,谁将奥斯维辛文学化,谁就将被踢出经典的名单或者根本就不会被接受。

"民主德国的孔萨利克":哈里·图尔克

《明镜报》在这位作家的一部作品再版之际使用了上述标题。不,或许应该说是"民主德国的约翰内斯·马里奥·西梅尔"①,《时代报》在向这位作家的70岁生日致敬时改成了这个名字。[36]这两个媒体报道的是在联邦德国名不见经传,而在民主德国却享有盛名的通俗小说家哈里·图尔克。据称他的作品共售出了500万册。《汉堡信息》杂志曾尖酸刻薄地嘲讽:"和孔萨利克一样,图尔克不仅有在东部前线参战的经历,以及热爱所谓的'民主德国的灵魂',就连他们作品中的女人形象都是相似的。图尔克的主人公并不擅长为生存而战,他们更愿意在床上迎接高潮的到来。"[37]这样的评论并非完全没有道理:图尔克的有些书确实是充

---

① 奥地利德语作家,撰写了约35部作品,包括中短篇小说和电影剧本。他的间谍小说销量曾超过7000万本,并被翻译成33种语言。西梅尔受过化学工程师培训,二战结束后曾担任美占区翻译和记者。

IV
讲述战争和集中营里的故事

满了低级趣味的泡沫文学。《明镜报》之所以报道这位来自魏玛的作家,是因为他的作品在民主德国经久不衰。他的早期作品《死亡时刻》在1957年首次出版,90年代德国重新统一后再次登上了畅销书榜单(排在埃弗拉伊姆·基雄和加夫列尔·加尔西亚·马克斯之前)。对于《明镜报》来说,单单这个原因就足以让图尔克以一种激进的方式与民主德国统一社会党的宣传家们划清界限了。

与联邦德国的战争题材低级趣味小说相比,《死亡时刻》只是结尾有所不同:"在最后一章中,一名苏联士兵改变了他的德国敌人的想法,最终使其投奔了苏联。"[38]细读下来人们会发现,没有多少战争题材的低级趣味小说能入得了《明镜报》撰稿者们的法眼,他们对图尔克的了解也只停留在表面。"'你是士兵,必须得服从命令',作者坦言,元首和他的追随者们都是流氓,而战士都是好汉。图尔克精心地刻画了这部关于德国战士的作品",《明镜报》这样写道。然而同时代的民主德国批评界对图尔克却没有那么仁慈,人们认为他的主人公并没有经历真正的转变,即使有那么几个承认自己法西斯罪行的人,最后也全都死了。对于评论者来说,这部作品过于强调悬念。"社会主义思想的意识形态纠葛被一个苏联军官低调地带入故事情节当中,这种描述未免显得过于单薄。"[39]在所有的批评中,尤其是对作品教育意义的评论中,来自《新德国》的评论一语中的:"对于一个社会主义作家,如果他写关于二战的小说的话,我们期待他能够明确地表达社会主义立场,至少能赋予德国对法西斯暴行进行英雄式反抗的力量。"[40]

因此要公正地评价图尔克,既不能把他放在当时的民主德国批评语境中,也不能如联邦德国媒体般恶意嘲讽,重要的是,比起联邦德国书写同类型题材的作家,如汉斯·黑尔穆特·基斯特、约瑟夫·马丁·鲍尔或者海因茨·G.孔萨利克本人,图尔克对德国的战争罪责和由此造成的影响持何种态度。他们都曾亲身经历过战争,并且将自传性元素带入了作品当中。1927年,图尔克在上西里西亚出生,他当时还叫洛特·鲁道夫·图尔克。1944年,图尔克参军。许多年后,他在一份简历中如此写道:"服役期间我开始独立思考与政治相关的问题,产生了一些反对参军服役所拥护的这个体系的想法","二战结束前夕,我意识到自己即将成为战争的炮灰,而我对此毫无准备,于是我私自决定离开部队,踏上返乡的道路"。[41]

是的,这些都是战争通俗小说常用的元素。图尔克也把像"亚洲部落"[42]这样常见的假想敌作为素材,即使他将他们说成是缺乏同情心的战争赢家,或者是在某处引入了一些无来由的老套描写:"俄国人点燃了烟卷,他们的脸上写满了不祥与恐惧。"[43]最后,图尔克还将纳粹的种族仇恨、反对社会主义国家政敌等素材写入作品中。比如他这样描写与红军作战的部队:"在观察他们时,提姆试图研究他们脸上的表情,那不是单纯的恐惧或者不信任的表情,而是两者的结合,此外他们还有点狡猾。"[44]或者还有这样的另外的说法:"少尉,这是些什么人?我觉得他们既不是骗子也不像是流氓。"[45]在受社会主义影响的通俗文学中,古老的反派形象在合适的情况下也可以成为政治斗争的手段。

小说《死亡时刻》讲述了一支潜入苏联后方执行突击任务的德国伞兵狙击小分队的故事。时间是战争的最后阶段,地点是东普鲁士某地,主角是该小分队的成员,虽然他们越来越对此次行

IV
讲述战争和集中营里的故事

动感到怀疑,但是还是服从了命令,此处明显带有自传色彩。中心人物托马斯·宾迪希在部队驻地爱上了一位寡居的德国女人,并通过她认识了一名苏联军官,此人在一次战争中负伤,此后便藏在这个德国女人家里。宾迪希面临着这样的选择:投靠苏联或是继续走自己的老路。他最终选择了后者并在战争中死去。虽然图尔克的作品只是将一些老套的素材重新进行了编排,但在很多方面却与同时代在联邦德国占主流的通俗文学有着完全不同的腔调。对于他来说,罪责问题非但不是禁忌,反而得到了清晰的解释:"发动这场战争的不是俄国人,而是德国人,是希特勒。"[46]他的主人公没有变成受害者(如《极地重生》中的战俘克莱门斯·弗雷尔,或者《斯大林格勒的医生》中的伯莱尔医生),作品中的狙击手无疑是最原始意义上的作案者和杀人犯:他们潜入敌人后方,用刺刀和炸弹进行了以牙还牙式的复仇,他们的双手沾满了鲜血,德国的战争罪行在他们身上展露无遗。集中营、奥斯维辛、大屠杀以及司空见惯的反犹主义这些题材都在作品中得到了细致入微的描绘:"我叫大卫,他们计划将我们灭绝。我们绝对不能坐以待毙。"[47]

所有这一切对于一个20世纪50年代的德国作家来说绝对不是理所当然的。人们没有沉默而是将罪责诉说了出来,罪责一再指向个人。"他是那么的腼腆,嘴里几乎蹦不出一个词,但是今天,他是一个真正的男人。他不会放弃,直到他可以杀人。"[48]宾迪希杀人的欲望是如此强烈,以至于他最后没有选择投诚,而是继续战斗,直到战死,这大概也是一种自杀的方式。

图尔克将他的素材全用于政治目的,这一点与他的联邦德国同行如出一辙。为了适应资本主义的联邦德国,图尔克的故事被进行了一系列的改编，比如乌拉索部队的例子中又提到了仇恨等老话题；一些经历直指那个充满宣传谎言的国度，比如关于苏联军队的暴行："'俄国人……'女人缓缓地说道，'在我们村里待了一天，到半夜时分他们离开了，他们没有时间抓牛。''也没有抓女人吗？'宾迪希小声问。……'也没有。'她回答，然后沉默。"[49]此外，对战俘的命运也是轻描淡写："红军会将您与其他战俘平等对待，并且会给您机会让您重新开始生活的，这一点我不需要向您特别保证，这是我们对待贵方参与战斗但没有杀人的士兵的原则。"[50]从文末的叙述中人们可以读出，宾迪希不仅是一个士兵，还是一个杀人犯（甚至连他自己也曾这么看），因此他必须得死。此外，从苏联军官那里也可以获得一些暗示，那就是投诚和宽恕并不适用于所有人。

图尔克尖锐地提出了选择共产主义还是选择死亡的问题："你要么变成一名共产主义者，像那些1918年从战场上回家的人一样，建立士兵委员会①，要么和你的想法一起腐烂。"[51]这部作品在冷战的背景下被激进化了，其中的素材被用于德国内部关于如何对待历史问题的讨论，言简意赅地说就是：战争的赢家是联邦德国。"我们将在这里和我们的希望与梦想一起腐烂，与此同时那些达官贵人们正在家中给他们妻子的脖子上戴上珍珠项链，他们将会坐着自己的迈巴赫去观看加米施－帕滕基兴的冬奥会。"[52]另一方面图尔克也很清楚该在什么时候伸出和解之手。对于德国来说，和解姿态的接受者必须总是以某种方式让自己成为受害者，至少不应该再是不折不扣的战犯，这非常有必要："但是您怎么确定，我们的人民没有支持希特勒呢？毕竟，是我们的

---

① 1918年德国按照苏维埃模式建立的斗争组织。

IV
讲述战争和集中营里的故事

人民最终发动了这场战争。'很抱歉,但我仍然认为,大多数人没有支持希特勒。''这种说法未免有些武断。'"这是苏联军官和宾迪希之间的一次对话。正如他自己说的那样,宾迪希最终深深陷入了案犯的角色当中。可以确定的是,关于德国的罪责图尔克有着清晰的判断,但他又不得不让德国人在此过程中扮演那么一丁点受害者的角色。如果把战争的罪责完全推到德国身上,那么50年代的通俗文学在两德可能都不会有市场,因为这些文学作品必须通过恰当的定位来为读者提供认同的可能性。将德国人完全当成战争罪犯是几乎不可想象的,图尔克笔下那个寡居的德国女人就是一个完美的德国受害者的形象:她被纳粹迫害、折磨甚至被威胁要将她关进集中营,因为她一直若无其事地与犹太人来往,还在一个犹太人家里工作。她是一个双重受害者,最终因为宾迪希拒绝投奔苏联而付出了代价,和那名苏联军官一起,死于宾迪希上司的火箭炮之下。

创伤与反思：
埃里希·马里亚·雷马克的《生死存亡的年代》

说到难以重现往日辉煌的作家，非埃里希·马里亚·雷马克莫属。雷马克曾凭借一战题材小说《西线无战事》，跻身德国文学畅销书作家的行列。1928年至1929年间，《福斯日报》刊登了该书的预印版，引起了巨大反响。该书在乌尔斯坦出版社一年内卖出了超过100万册，一年后被拍成了有声电影。[53]纳粹上台前，这部作品就凭借前所未有的巨大销量奠定了声誉。纳粹上台后，雷马克的写作生涯被迫中断，由于他的反战小说中的反面人物都是第三帝国的文化政客，他不得不流亡他乡。1952年出版商约瑟夫·卡斯帕·维奇试图让雷马克东山再起，出版了他的一部名叫《生命的火花》的集中营小说，并满怀期待地计划发行1万册，"……他的估计未免太乐观了，这本书即使在10年后都没有收回成本。读者对这本书的接受度很低，问题与其说出在作品的文学价值上，不如说是出在作品的主题上"[54]。

IV
讲述战争和集中营里的故事

从出版商的角度看,雷马克后来的作品《生死存亡的年代》更加成功。《慕尼黑画报》刊登了预印版,基彭霍伊尔&维奇出版社卖出了5万多册。爆红的同时也付出了高昂的代价,作品很快被评论界爆出其将面临的问题。《明镜报》:"由于害怕伤害到当年那些参加过战争的德国士兵,原稿被进行了大肆的删改。"[55] 此外人们对于流亡作家从根本上的不信任也是一个重要的原因。出版社解释说:作者自己提出要对小说中的事实层面进行把关。"这种请求是合情合理的,人们会想到,创作这部作品时雷马克正在美国,而他书中的故事却发生在中欧"[56]。出版社指定人员也对作品进行了事实层面的修正:比如将"冲锋队领导人"改为"区长",因为在那个年代冲锋队领导人根本不可能掌握大权,将"Tank"(坦克)改成"Panzer"(坦克,德语),将"Arbeitsdienst"(劳役)改为"Dienstverpflichtung"(兵役),将"Sergeant"(下士)改为"Feldwebel"(中士)。[57] 事实上,雷马克的成名作《西线无战事》当年也引发过这种关于真实性问题的讨论,有评论甚至认为作者根本就没有去过战场。

故事的主人公恩斯特·格雷贝尔是一名参加过二战的德国士兵,这让人们不禁想起《西线无战事》里的主人公保罗·博伊默尔,两位主人公都在小说结尾处突兀地死去,令读者极为震惊。"他感觉不到枪声,只是突然看到自己面前的草地……,慢慢地闭上了眼睛"[58]。小说中,从前线到后方,到处都遭受了战争的摧残,格雷贝尔休假回乡,四处寻找父母无果,在与伊丽莎白完婚后重返前线,从此他看待事物的视角发生了巨大的变化。在执行看管四个苏联俘虏(两男两女)的任务期间,他阻止了战友施丹勃雷纳——一名狂热的纳粹追随者试图枪杀这些战俘的行为,并最终杀死了施丹勃雷纳。随着德国部队的不断撤退，格雷贝尔有意释放这几个战俘，然而其中一名战俘却寻机抓起武器射杀了格雷贝尔。50年代的德国图书市场上，由基彭霍伊尔&维奇出版社出版的修订版中在此处加上了一句话："'原来他们是游击队员！'格莱伯想。"[59]这句话可以算是对作品最严重的修改了。直到1989年德国读者才读到该作品的复原版。在复原版中，以下对于上述事件的反思被删改："'杀人犯。'他（格雷贝尔）说，他不知道这个杀人犯指的是谁，他盯着施丹勃雷纳，脑子里一片空白。'杀人犯。'他又说了一遍，这次他指的是施丹勃雷纳、他自己，还有数不清的其他人。"[60]而在1957年的版本中，这一段只到"脑子里一片空白"就结束了。

对这段话的删改将问题明确地呈现了出来，那就是德国的读者，尤其是那些曾经参军打仗的读者不再是这部作品的焦点。雷马克的初衷是激发读者对将自己视为杀人犯的主人公的认同，而50年代的编辑和出版商却认为读者是完全不可能接受的。在修订版中，格雷贝尔的那句"原来他们是游击队员！"与施丹勃雷纳第一眼看到这些战俘的反应如出一辙："'游击队员？'施丹勃雷纳舔舔嘴唇，盯着那些俄国人。"[61]出版社将战俘变成游击队员后，施丹勃雷纳想枪杀他们就不难理解了。施丹勃雷纳的思想和行为也因此在一定程度上被合理化。

另外，雷马克作品中一些对战争所带来的毁灭性影响的描述也遭到删除。原稿第一章中提到德国人只埋葬他们自己的战友。"苏联人的尸体被扔到一片露天的草场上，天气暖和时，就会开始发臭。……没必要埋他们；……向前挺进的苏联人会来埋葬他们的"[62]。这些描写明显损害了那些与纳粹的灭绝计划无关的、

IV
讲述战争和集中营里的故事

值得被尊敬的德国士兵的形象。约瑟夫·卡斯帕·维奇起初甚至建议作者，让小说在格雷贝尔重返战场的一章结束。[63]这在某种程度上是一种好莱坞式的结尾，一种充满和解的、开放式的结尾。然而出版社最终没有对作品进行如此大规模的删改，只是删改了某些词语、句子或者段落。那些揭露根深蒂固的反犹主义的情节也被删除了，比如一个姓希施兰（Hirschland）的人物被毫不犹豫地改姓为希尔施曼（Hirschmann），通过修改原来的姓氏剥夺了人物的犹太人身份。此外，众多党卫军和集中营女看守的过去也在经过一番"修饰"后，变得没那么惨不忍睹了。比如以下的段落也遭到删除："集中营是唯一一个从各方面来说都非常现代化的机构，它能够在一天内处理完几百具尸体，并且用最新的方法——火葬，这对我们来说根本不是问题。"[64]

民主德国的评论家也参与到了这场讨论中。在建设出版社出版的《新德国文学》杂志上，F. C. 威斯科夫发表了一篇尖锐的评论，要求雷马克说出自己对这些批判的看法。[65]在一份民主德国国家安全局的报告中，对出版商维奇进行了严厉的批判。

尽管如此，基彭霍伊尔&维奇出版社的版本还是获得了民主德国和其他社会主义阵营国家的出版许可。在1957年的出版计划中，就有一份建设出版社的超过2万册的印刷许可申请。[66]30年后，在同一文本的基础上，建设出版社出版的口袋书版的销量已高达3万册。[67]

前建设出版社总编瓦尔特·杨科曾试图通过译者获得英文版的手稿，被雷马克在写给约瑟夫·卡斯帕·维奇的信中严词拒绝。"您也看到杨科先生的意图了，请您转告他，维奇的版本是经作者同意的最终版本，不会再印刷其他版本了。据说连外国的出版商也被告知会有新的版本了，您要千万小心这些人！"[68]这封信被认为是作者以一种间接的方式确立了维奇版本的正统地位的表现。然而市场上最终还是出现了五花八门的各种版本,[69]雷马克本人在此期间又遭遇了车祸，根本无暇顾及。此外，经济原因也是作者考虑的一个重要方面。建设出版社手里只剩下大量刊登在自己发行的杂志《新德国文学》上的作品删改记录。[70]不过，专业的读者至少可以从由英文译本中隐约发现作品的原貌。另外《新德国文学》杂志上还刊登了被删掉的近20页内容。

对作品的删改本身并不骇人听闻，真正令人惊奇的是，雷马克的作品即使在被删改后，其中所涉及的主题在当时也是极其尖锐的，这些话题在大众通俗文学当道的年代根本没有人会谈及。在为数不多的深入反思德国人罪行的文学作品中，几乎没有一个作者如雷马克般让他的主人公如此痛苦地反思责任和罪过。

《赤手斗群狼》：民主德国出版的畅销书

"描写共产党员的反抗斗争和对反法西斯主义者态度的内在转变，将大屠杀边缘化"[71]，民主德国文学多以上面提到的纳粹遗留问题为题材。1958年布鲁诺·阿皮茨以布痕瓦尔德集中营为题材的小说《赤手斗群狼》出版后迅速走红。出版后的前10年里，单在中部德国出版社的销量就超过80万册。[72]截至1989年，在民主德国共发行了约200万册。[73]不过这本书在德语区是一个典型的"东部现象"，它在民主德国被列为学校的必读书目，而在联邦德国却鲜为人知。1961年，该书在联邦德国的罗沃尔特出版社首次出版。[74]70年代法兰克福的鲁德贝格出版社也出版了这部作品，该出版社属于所谓的伪（联邦德国）出版社，它的出版项目通常由民主德国出资支持。[75]此外由德国电影股份公司翻拍的电影比作品本身更加有名。

这部小说取得了民主德国出版领域的最大优先权，也因此获得了巨大的成功。初版1万册的印刷许可申请中这样写道:"因为这本书要抢在第五届党代会期间面市,因此出版社今天就获得了口头许可,虽然还没有正式的批文。"[76]两年后,人民与世界出版社也出版了该作品的英文译本:出版1万册,90%出口国外。[77]译本主要销往非社会主义国家,据称该书在印度取得了很高的市场份额。[78]虽然布鲁诺·阿皮茨一直在努力争取,[79]但最终仍未能获得在美国的发行许可。曾被关押在布痕瓦尔德的布鲁诺·阿皮茨将自己的亲身经历融入了作品中,这部作品让曾经贫困潦倒的作家一夜爆红。[80]他的另一个类似题材的剧本曾被德国电影股份公司拒绝,"一部'只发生在集中营里'的电影会对'今天的观众'[81]产生不好的影响",电影公司的一位影评人这样告诉他。可见,不管在民主德国还是联邦德国,迎合公众口味一直都是王道。

小说讲述了一个被藏在箱子里偷运到集中营的男孩的故事。囚犯们背着党卫军看守将他藏了起来,直到盟军解放集中营。整个故事将非人性化的统治体系淋漓尽致地表现了出来。这个故事在今天听起来依然感人至深。位于故事中心的是集中营囚犯的自发组织,该组织一方面负责完成党卫军看守分配的任务,另一方面则在囚犯内部暗中建立了抵抗网络。

"这个隐秘组织时时刻刻都在准备战斗,时机一到暴风雨就要来临了。然而那个时刻还没有来到,美国人还离得很远"[82]这里的"组织"指的是由德国共产党领导的国际集中营委员会(ILK),该委员会的成员都是集中营里来自各个国家的囚犯。从1943年起,德国人就掌握了这个"自治组织"内部的所有重要消息。[83]阿皮茨将小说的主要矛盾设置为:是冒着暴露整个组织的

IV
讲述战争和集中营里的故事

危险营救那个无助的孩子？还是为了秘密组织的伟大斗争目标把这个孩子丢给党卫军？人们最终选择了前者。阿皮茨一针见血地道出了集中营里的基本矛盾：要生存就必须以牺牲别人的生命为代价。这种情形并不是囚犯们造成的，罪魁祸首是背后那个罪恶的统治制度。

谁该为遇难者负责，这个问题至今没有定论。小说中的那个男孩有一个或者几个原型：据称美军在布痕瓦尔德共解救了900多个这样的孩子，其中有一个叫斯特凡·耶日·兹韦格，是一名波兰犹太人，他在自己的父亲和集中营共产党员的帮助下得以幸存。兹韦格后来被人们称为"布痕瓦尔德"的孩子，民主德国在70年代还一度为他举行了庆祝活动。[84]然而后来，甚至连解救行动本身也被追究了责任，因为所谓的解救，只是将这个孩子的名字从送往奥斯维辛的名单上划掉，让一个吉卜赛孩子代替他去送死。

阿皮茨的这部作品几经修改，至今已经面目全非，直到2012年才有一部重构的"原稿"出版，其中一次修改是因为当年的民主德国当局认为囚犯领袖的角色存在问题。在他们看来，这些人不配做英雄。他们当中一些人甚至因为没有得到赦免而再次入狱。"在五六十年代，书写战争和战后历史的作品要想出版，只能选择规避，因为一切让我们在那些岁月中感到恐惧的东西都变成了禁忌。"[85]

最令人惊讶的是，小说中的矛盾在经过数次修改后虽然已经弱化，但它在目光敏锐的读者眼中依然十分清晰。阿皮茨的小说虽然以集中营为背景，但它并不是一部主要反映集中营残害犹太人的作品，反犹主义在其中仅处于次要地位。这一方面是因为故事发生在布痕瓦尔德,那里的大部分囚犯是非犹太人。另外,作品触及了50年代文学的一个典型盲点,从阿皮茨的小说中,读者会不经意发现,被解救的孩子其实是一个波兰犹太人。在小说中的某一处,一个党卫军看守也提到了这个藏在集中营里的"犹太毛孩子"。然而孩子的犹太出身却被边缘化了,它在这部以生死为主题的小说中只处于次要地位。"这部作品成功的关键在于巧妙地将民主德国反法西斯的光辉历史嵌入其中,小说中的共产党员囚犯为了一个美好、公正的世界而进行的斗争构筑了民主德国的建基神话"[86]。

"对公众的治愈效应"：舞台上的纳粹过往

戏剧虽然不是本书的研究重点，但问题在于，如果不是在舞台上，人们还能到什么地方去谈论德国黑暗的过往。弗里德里希·沃尔夫的剧作《马姆洛克教授》从诸多角度展示了典型的接受和传播的过程。该作品在1934年作者流亡期间写成，直到战后才在德国受到关注。1947年，该剧第一次被改编成电影，主角——犹太人马姆洛克想留在德国并表达了他对这个国家的爱，这被观众认为是电影中"最重要的一点"[87]。"这部电影在如今看来，拍摄技术早已过时，虽然有演员精湛的演绎，但仍算不上一流的作品。剧场版比电影更完整，情感更强烈。尽管如此，大多数的评论者仍然认为，时至今日，作品的电影版仍然对德国观众具有一定的治愈作用。"[88]

该剧在1932年5月到次年4月上演，正值纳粹开始掌权，德高望重的马姆洛克教授必须面对这样一个事实，那就是他的同事和朋友在反犹宣传的压力下纷纷与他划清界限，即使他早年上过前线的事实也保护不了他，他的儿子罗尔夫则决定加入共产党。反犹主义的毁灭性力量已经给出暗示，正如马姆洛克的女儿在心里默念的："'滚出去，犹太人！'……现在已经到了这样的程度，房子已经被烧光，……死一般的寂静，连一只老鼠也看不见……，他们大概今晚会来找父亲。"[89] 马姆洛克教授明白，最后的出路只有一条：自杀。然而他的大脑却在"精神混乱中"[90] 变得清醒起来。只有儿子在反法西斯的斗争中找到了正确的道路。"马姆洛克一家的剧变，或者发展，不是我们的同胞在过去的岁月里最坏的经历——这是该剧真正想要表达的内容。"作者后来如此写道。沃尔夫的《马姆洛克教授》，还有"其他的战后戏剧，如《在大门外》（沃尔夫冈·博尔歇特，1947）、《非法者》（贡特尔·魏森博恩，1946）、《魔鬼将军》（卡尔·楚克迈尔，1946）"等，这些剧作在战后初期极为艰难的环境中（特别是对德国作者来说）获得了出人意料的成功，同时也为早期纳粹文学研究提供了重要佐证。[91]

我们在这里要特别强调这种"出人意料的成功"。如果关注一下50年代的戏剧演出计划就会发现上面提到的几部作品甚为抢眼。这种情况不光出现在联邦德国。1956年到1958年间，《安妮日记》无疑是最为火爆的剧目（观看数约50万人次）。此外，经典作品如《智者纳旦》《强盗》《哈姆雷特》等继续占据主导地位。[92] 1959年到1960年间，《马姆洛克教授》虽然吸引了20万观众，但唱主角的仍然是歌德、席勒、莱辛等经典作家的戏剧，因此根本谈不上是什么"社会主义"的戏剧世界。[93] 这期间出版的近40本统计年鉴中只出现了大约6部民主德国作家的作品，其

IV
讲述战争和集中营里的故事

中有布莱希特的《母亲》和施特里特马特的《猫儿沟》。

由此可见，在当时的戏剧舞台上占主流的仍然是传统戏剧，几乎没有什么像样的现代戏剧。"专业人才的缺乏是一个重要的原因，戏剧制作人对纳粹主题作品也不感兴趣。在这样的背景下，博尔歇特、魏森博恩和楚克迈尔的剧作能在与战后戏剧主流相悖的情况下取得成功，这样的结果着实令人意外。"[94]

图书作品中流传最广泛的当数博尔歇特的剧作《在大门外》，该书在1947年到1962年期间卖出了60万册。在《明镜报》刊出的一份畅销书榜单中，博尔歇特的返乡剧位于第六位，排在汉斯·黑尔穆特·基斯特的《08/15》和孔萨利克的《斯大林格勒的医生》之前。仅罗沃尔特出版的口袋书版在1956年到1999年间就卖出了230万册。这本书之所以会取得如此大的成功与作者的生平有很大关联，不过博尔歇特却再也无法感受到这种成功的喜悦了，他在1947年11月戏剧上演的前一天离开了人世。《在大门外》应该算是最有名的废墟文学剧。博尔歇特的成功绝非偶然，1938年到1943年间他就在各种报刊上发表过诗歌和短篇小说作品。[95]

剧中，主人公贝克曼从战场上返回家乡，他试图寻找家园，却迷失在变成一片废墟的汉堡城中，他的家乡永远地消失了。贝克曼是战争罪犯，同时也是战争的受害者。贝克曼曾试图将职责重新"交还"给以前的上校，"'下士贝克曼，我将看管这20个人的任务交给你。你去侦察格罗多克东面的森林。''遵命，上校先生！'我说……'我们整晚都在侦察，然后发生了枪战，当我们回到原地的时候，少了11个人，我对此负有责任。是的，我说完了，上校先生。'"[96]该剧成功的部分原因在于，通过贝克曼，德国人的受害者角色在观众中得到了很好的认同。1955年海因里希·伯尔就在该剧的后记中暗示了作品的另外一种被接受的可能性：第三帝国列车车厢上贴的标签"6匹马或40个人"引发了他的联想，"士兵毫无意义地牺牲，犹太人被谋杀，回程时为了不空车，就拉上工厂的奴隶，包括一些被认为是下等民族的男人、女人、孩子"[97]。这实际上批判了一种不愿探究其中因果关联的冷漠态度，然而有人继续发挥，将博尔歇特的剧作说成是"拒绝探讨罪责问题的化身"[98]。这个批评在四五十年代整个德国的文学创作背景中显得近乎荒谬。——其他人的作品里都是断然拒绝讨论罪责问题的！博尔歇特却纠缠不休地在结尾提出了一个问题，这个问题没有试图通过沉默来掩盖过去，而是不断地追问后人："给我答案！你们为什么沉默？为什么？……难道就没有一个答案吗？！"[99]

楚克迈尔的作品《魔鬼将军》到70年代初共卖出15万册。比起作品，素材本身更加受欢迎：改编的电影版由库尔德·于尔根斯扮演主角哈拉斯将军，赫尔穆特·考特纳担任导演，1955年首映。[100]早在1946年，楚克迈尔的剧作就在斯德哥尔摩的贝尔曼-菲舍尔出版社出版。王牌飞行员恩斯特·乌德特，楚克迈尔的朋友，是剧中哈拉斯将军的原型。哈拉斯和乌德特的结局均为自杀，而统治者却将这一事件渲染成了英雄的牺牲。罪责问题虽然处于中心，但是"该剧的剧评却通过让观众对一个百折不挠的英雄产生认同的方式，达到了减轻罪责的目的，这也是该剧取得成功的一部分原因。有人批评楚克迈尔通过颂扬个体的军旅生涯塑造了一个'将军和军官的传奇'。针对这些批评，楚克迈尔也对作品进行了修改，同时为了响应法兰克福的奥斯维辛审判，他

IV
讲述战争和集中营里的故事

对反抗者奥德布鲁赫的形象进行了提升"。[101]该剧的成功还要感谢考特纳导演的电影,因为单单楚克迈尔取道瑞士逃往美国的流亡经历就会引发各种争论。从1948年到1949年间,该剧在联邦德国上演了2000多场。剧本本身影响力巨大,然而改编的电影在50年代却没有得到足够的重视。

两年后,另一位流亡作家斯特凡·安德烈斯的剧作《封锁区》(1957)以广播剧的形式赢得了广泛好评。该剧俨然将听众带到了一个真正的禁区。安德烈斯的妻子有着一半犹太血统,这让他的事业在德国举步维艰,最后他只能流亡到意大利的波西塔诺。[102]直到40年代,他的作品才得以在第三帝国出版,其中包括1943年出版的成名作《我们是乌托邦》。该剧讲述了一个名叫帕克的僧侣的故事,他在西班牙内战中成了战俘,并被关押在自己所在的修道院里,是杀死看守他的佩德罗少尉还是什么也不做?他对此犹豫不决。"之前有那么多的逃跑机会,我都做了什么?"当帕克发觉自己再次和狱友们被关押在斋堂中时,他陷入了思考。"哪怕他们其中有一个做点儿什么的话,他们所有人现在可能也都自由了。然而他们却吻了那个刽子手,还和他友好地进行了交谈,得到了他所谓的同意。"[103]最后帕克的不作为导致了所有囚犯被杀:在帕克告诉他们被赦免的消息后,这些人却全都被机关枪杀死在斋堂里。这部小说通常被看成是安德烈斯对于纳粹问题所表达的个人立场。那些没有果断采取行动的人最后实际上成了杀死受害者的帮凶。该小说在1951年到1961年间发行了25万册,曾在纳粹德国初版发行后不久遭禁。[104]

《封锁区》明显是一部战后作品,作品中,纳粹时代的各种事件与罪行并不遥远。故事就发生在50年代德国某座逐渐复苏的疗养小城里。城中的一个封锁区内有一处万人坑，在美军解放此地之前，有 200 名关押在此的集中营女囚被处死并被掩埋。该地疗养院的院长宣称："作为一个疗养城市，万人坑的存在实在大煞风景。这里埋的都是些卑贱的下等人，包括波兰女人、吉普赛女人，甚至还有妓女，当然也有犹太女人。"[105] 尽管如此，这个虚构的小城里的年轻人却传达出希望的光芒。在老师威尔希的带领下，当地的高中学生参观了这个万人坑。这名老师曾经是一名党卫军成员，但已经认识到自己当年错误的所作所为。在同学们参观万人坑的同时，另一部分人却忙着"抹去那些尚未远去的过去里，朝向天空呐喊的痕迹，他们开辟了一个封锁区。这些封锁区对于成年人来说是回忆的封锁区，对于年轻人来说则是认识的封锁区"[106]。

高中校长凯泽博士在战争结束时曾有机会杀掉营地指挥官，阻止大屠杀，但是他没有那样做。"人权与国家法律相抗衡——我不想这样做。真正的原因是出于恐惧。……国家暴力悬在我的头顶，它是我的主人。"[107] 剧场版的《封锁区》中，"凯泽博士没有受到法律的惩处，却在道德压力下选择了自杀。广播剧版中他则继续活着，为的是获知他本应使用的'权利的尺度'，并且要将它传达给年轻人。"[108]

Der Traum vom Jahre Null

Autoren, Bestseller, Leser:
Die Neuordnung der Bücherwelt
in Ost und West nach 1945

V 作者的"回归":
流亡与留守作家的定位

两德机构中的纳粹

互揭对方人员的黑历史曾被视为两德宣传斗争中的利器。早在 20 世纪 80 年代初，图书出版就引起了民主德国当局的高度关注。由奥拉夫·卡佩尔特出版的《民主德国褐皮书》就记录了那些供职于民主德国中央机构的、有纳粹过往的人员。在经过广泛调查后民主德国国家安全部很快发现，其中一部分人完全可以免除责任，因为这些人中"有 18% 已经去世"[1]。尽管如此，从某些人身上还是查出了问题，比如那些曾经是纳粹党员，但在自己的资料中隐瞒了党员身份的人，还有那些身处中央委员会，国家安全局无法掌握其资料的人，其中"党中央机关 14 人，其他国家机关 27 人，区机关 22 人，退休 22 人"[2]。国安局特工首先查阅了那些在民主德国可以直接查到的资料，除此之外，他们还伪装成研究人员，或者在苏联特务的协助下，进入美国人管辖的柏林文献中心调查可疑人员的资料。该文献中心收藏了众多纳粹党员的资料卡片以及与纳粹相关人员的资料。³调查人员将这些人的纳粹旧账按不同层次分类,分别与他们进行谈话,目的是让这些人知道自己已经暴露。一些被调查的人甚至要将此作为诽谤行为诉诸法律。整个事件是一场"敌对行动",一场与已经死去的人或快死的人玩的"把戏"……,因为对手是统治民主德国的"近1000名纳粹"。⁴

卡佩尔特的褐皮书只是两德互揭对方黑历史的一系列出版物中的最后一部。早在60年代中期,民主德国的《联邦德国战争与纳粹罪犯褐皮书》就引发了强烈反响,其中包括对时任联邦德国总统海因里希·吕布克的纳粹过往的揭露。该书在1967年的法兰克福书展上引起了巨大轰动:"10月17日,地方法院法官帕瓦勒克现身书展现场,宣布了一项没收所有褐皮书并取消相关订单的决定,因为该书在书展期间造成了极坏的影响。为了表示抗议,民主德国的出版社提前撤展——反正也是书展的最后一天。民主德国方面立即就此事召开了临时新闻发布会,出版社领导托穆沙特对'波恩法院的紧急法案'表示强烈抗议。与此同时,33家联邦德国和外国出版社则响应苏尔坎普出版商翁泽尔德的号召,与民主德国国家出版社坚决保持一致。截至展会结束,共有120位出版商签名拥护翁泽尔德的号召,新的手写订单纷至沓来。这次事件反而大大促进了作品的销量。"⁵此次事件也标志着由书籍以及书展引发的两德对峙的高潮。如果说此前在联邦德国还有针对民主德国出版社的抵制或不准入的现象的话,那么自此事件之后,民主德国出版社参加书展则逐渐常规化,两德之间出版物领域的交流成为常态。⁶

早在60年代的褐皮书事件之前,西方就手持"纳粹棍棒"开

V
作者的"回归"：流亡与留守作家的定位

始了对民主德国的攻击。由美国中央情报局（CIA）支持的自由法官调查委员会"短时间内形成了一股反抗民主德国国家司法的强大力量"[7]，他们从1958年起频繁发行了一系列名为《民主德国政坛上的纳粹》的小册子，册子的前言这样写道："该书只是为了应对来自民主德国的挑衅。""民主德国的宣传妄想将联邦德国'污蔑'成一个彻头彻尾的法西斯国家"。[8]应当首先让"潘科①停止对另外一个德国指手画脚"。最后，书中还揭露了许多在民主德国身居要职的前纳粹党党员，许多政治评论家和作家也名列其中。

通常情况下，人们往往是在一些"不争的事实"的基础上来讨论个人的纳粹历史，如某人曾是纳粹或其他违禁组织的成员，这些人的罪责比较容易确认。但还有一些人，他们从纳粹政权受益，但又不属于纳粹系统。个人与纳粹组织的关系问题成了德国文化中的核心问题，而各种出版物（部分出版物有着众多读者）中关于这个问题的看法也众说纷纭。

---
① 柏林的潘科区，这里代指民主德国的领导层以及宣传人员。

与歌德一起上法庭：
恩斯特·冯·萨洛蒙和其他

"我曾是纳粹吗？"在这样一个纲领性的题目下，许多作家开始回望和拷问自己的过去，其中就包括一些畅销书作家，如汉斯·黑尔穆特·基斯特。在他的作品中出现的首先是不同类型的自我拷问，作品的前言撰写者强调："他给某个句子加了上了问号。"[9]事实上，《08/15》这本带着纲领性题目的作品，确实与20世纪60年代末对过去的反思潮流密切相关。

首先是自我拷问的早期阶段，这一时期具有代表性的作品来自西格蒙德·格拉夫。格拉夫在纳粹时期供职于宣传部，他在书中将自己的去纳粹化经历投射到了歌德以及那个时代的人物身上。恩斯特·克莱在他的《第三帝国文化辞典》中指出，格拉夫被不动声色地去纳粹化了，他甚至被描述成"公开的纳粹反对者"[10]。然而此前卡尔·楚克迈尔却在他的《秘密报告》中得出了截然相反的结论，那就是"格拉夫曾以近乎受虐狂般的激情为纳粹效忠"[11]。

在《与歌德一起上法庭》中,格拉夫将他的去纳粹化经历转移到了身为魏玛枢密大臣的歌德身上,然而整个情节设计却完全是战后的庭审风格,作者对庭审程序进行了幽默化的改编。"在梦中,我看到自己在法庭上被以奇怪的方式问责"[12]书中格拉夫首先拿自己与歌德比较,其次他将歌德视为能证明自己良好声誉的证人。发行该书的普莱泽出版社是极右出版社之一,领导者是前冲锋队高层瓦尔德玛·叙茨,他为如汉斯·格林这样的作者和前纳粹上将古德里安提供出版渠道。[13]

最成功的自我拷问作家当属恩斯特·冯·萨洛蒙,他的作品堪称将这一题材发挥到了极致。萨洛蒙的《问卷》与格拉夫的《与歌德一起上法庭》同年出版,该书在出版后头1年销量就超过20万册,是名副其实的畅销书。接下来的10年间,该书共销售了10万册。达维德·厄尔斯在他的出版历史研究中指出,对于罗沃尔特出版社来说,出版《问卷》是其迈向财政独立的重要一步。[14]

恩斯特·冯·萨洛蒙曾参与过谋杀瓦尔特·拉特瑙的行动(并因此坐过牢),他的书早在30年代就在罗沃尔特出版。萨洛蒙曾接受过美国军事当局的一份问卷调查,并以此为契机,撰写了一部超过600页的自传式报告,对问卷中的131个问题进行了详细的回答。"这部独一无二的、大胆的文学作品,在一个动荡的个体人生中展现了德国过去50年的历史。萨洛蒙用他的作品说明了那些将德国人分成三六九等的死板官僚措施何其荒谬,并以此来标榜他个人的正直。"[15]《问卷》"是战后初期众多自传式作品之一,这些自传式作品的作者大都是内心流亡者……,也有一些是流亡他乡的人或年轻一代,他们在作品中反思自己的经历和命运，并试图为自己当时采取的完全不同的立场进行辩护。这些自传性作品也让回忆性文学的数量急剧增加，这些作品的内容很快就涉及当时的'第三帝国'掌权者，强调他们道德上的正派以及他们如何间接与希特勒进行清算"。[16]

在回答是否加入帝国空军联盟或纳粹人民福利委员会等相关组织的问题时，萨洛蒙一直通过各种方式暗示"自己没有担任过任何职务"[17]。但对于是否加入过纳粹或党卫军这样的核心问题，他却闪烁其词，要求读者参见"附录"，也就是与调查问卷相衔接的自传小说式的描述部分。书中有关希特勒的内容足足有60页："在我的一生中我没有一刻拥护过他，这个人的存在没有以任何一种形式决定我的行为。"[18]他没有承认自己曾是纳粹党员，对此也没有可靠的证据。[19]

萨洛蒙在他的书中对军管政府的调查问卷提出了质疑，他回答的内容要比提问者希望得到的信息更多。但是问题在于无法通过这种方式来判断有罪还是无罪。达维德·厄尔斯在他的研究中指出，萨洛蒙的表达方式很巧妙，他没有像其他人那样提出一些辩护策略："《问卷》在20世纪50年代流行的回忆、反思和清算文学中独树一帜……因为萨洛蒙在书中既没有构建反抗纳粹的传奇，也没有书写个人受迫害的历史。关于1933年至1945年间得到的丰厚报酬，他坦率地承认：'噢，我们生活得很好。'"[20]这种表达首先提高了作者本人的可信度，此外这还意味着，从萨洛蒙的描述中，许多人可以发现自己也以不同的方式被卷入纳粹系统中。总的来说，萨洛蒙对去纳粹化行动做出了正确的判断。去纳粹化只针对一些"硬性事实"，同时也会涉及一点个人的罪责，因此在这一过程中，一些非纳粹党或其他非法组织成员也会

V
作者的"回归"：流亡与留守作家的定位

获罪。

萨洛蒙事例中的丑闻大概在于，作者在他的作品中根本不想澄清什么罪责。《众神、挖掘者和学者》的作者、罗沃尔特出版社的编辑库尔特·W.马雷克曾经抱怨："至少应该出现一个真正的纳粹，一个集中营中的纳粹吧。……而您书里的纳粹看起来都是一群高贵的人，一群无辜的小羊羔和小白鸽。"[21]二战期间出任德国驻斯洛伐克公使的党卫军头目汉斯·卢丁是萨洛蒙书里的中心人物，两人在美军的战俘营里相识。1942年卢丁在任期间，曾发动过两场大规模的驱逐斯洛伐克犹太人的行动。在《问卷》中，卢丁却完全是另外一个形象，他死得坦坦荡荡，"'我现在是战争罪犯……'他说，并没有提高声音，'我是帝国在斯洛伐克的公使。斯洛伐克人信任帝国，我对发生在斯洛伐克的一切负有完全的责任。'"[22]书的最后一幕描写了卢丁于1948年1月在斯洛伐克被处决时的情景："汉斯·卢丁痛苦地挣扎了20分钟，在最后的遗言里表达了对妻儿的思念，然后喊出一句'德国万岁！'"[23]后面接着的是萨洛蒙和恩斯特·罗沃尔特有关书中内容真实性鉴定的签名。正是这种坦诚奠定了萨洛蒙这部作品的"文学价值"[24]，出版商恩斯特·罗沃尔特坦率地表示。

这本书直到今天仍然可以买到。据达维德·厄尔斯估计，该书共发行了约40万册。[25]在当下的各种出版广告中，人们很难找到将该作品置于历史语境中的宣传语。"战后最成功的作品之一"是对这本书完全中立的评价。"这部独一无二的、大胆的文学作品，说明了那些将德国人分成三六九等的死板官僚措施是何其荒谬，同时这部作品在一个动荡的个体人生中展现了德国过去50年的历史。"[26]

"鲜血与耻辱的味道"：内心流亡与托马斯·曼

这场发生在 1945 年 4 月到 10 月间的辩论被认为是德国文学史上最激烈的一次论战：辩论的双方中，一方是两位留守国内的作家瓦尔特·冯·莫洛和弗兰克·蒂斯，另一方是托马斯·曼——纳粹时期最著名的流亡者。关于这场辩论本身本书不做详细介绍[27]，只对其中的重要立场进行分析。

这场辩论源于托马斯·曼的一次名为"德国集中营"的电台发言。他在发言中指出：作为一个整体，他的全体德国同胞都是有罪的。其中他提到一个叫"厚墙壁审讯室"[28]的词。瓦尔特·冯·莫洛对此做出了回应，并邀请这位诺贝尔奖获得者返回德国，他在回应中将"审讯室"这个词视为"颠倒罪犯—受害者"[29]的支撑点。在冯·莫洛眼里，德国人不再是坐在"审讯室"里的罪犯，而是被关在"集中营"里的受害者。从此处引发出一个问题，那就是哪些"文人"——内心流亡者还是在外流亡者——有权利对德国的罪责问题发表观点？弗兰克·蒂斯认为托马斯·曼没有资格。那些逃亡国外的人"坐在外国的包厢里观看着德国的悲剧"[30]，这意味着，他们根本不知道德国到底发生了什么。他们没有资格对此发表评论。"我认为保持他自己的人格，比居高临下地向德国人民发号施令更难"[31]。面对责难，托马斯·曼也通过批评1933年到1945年出版的文学作品进行了反驳。"是的，我觉得德国在这些年里确实变得陌生了，它令我感到害怕，我承认，站在德国的废墟前我感到害怕……一个经历了外面世界喧嚣动荡的人，越来越无法理解你们这些在国内与魔鬼同流合污的人了……这可能是迷信，但是在我看来，那些1933年到1945年间在德国印刷出来的书根本就没有丝毫价值，它们无一例外都沾着鲜血与耻辱，这些书都应当被搅碎。"[32]在今天看来，这场辩论的结果早已见分晓，"这根本就是无法和解的两派人。一方面，托马斯·曼是公认的20世纪德国最伟大的作家之一；另一方面，留守德国、处于第二战线上的德国文人却是占多数的声音"[33]。正是这些内心流亡者的代表，这些第二战线的作家，在联邦德国战后的岁月中首先发声，虽然在今天，他们的名字可能只会出现在专业人员的研究文献中。

不仅在内心流亡者和流亡国外者之间存在着无法逾越的鸿沟，在流亡国外者内部也存在着各种不同的声音，其中至少分为三个派别："逃避现实"派，包括库尔特·图霍尔斯基或赫尔曼·布洛赫等人；"人文自由派"，包括路德维希·马库塞和托马斯·曼等人；"积极反法西斯派"，包括约翰内斯·R.贝歇尔、亨利希·曼和安娜·西格斯等人。[34]两德在对待流亡作家的态度上也是大相径庭。

粗略来讲，流亡者更容易适应东部占领区的环境，特别是那些曾在苏联流亡的人，他们很容易被重新接纳。[35]同时，东部也积极争取流亡人士归国，如亨利希·曼，不过他在自己的旅行计划还未成行之前就溘然长逝。在东部占领区以及后来的民主德国，流亡作家占据了主导地位："他们中的代表获得了最高的奖赏和地位，并且在短时间内掌握了当代文学和整个国家戏剧生活的话语权。"[36]到20世纪50年代为止，"掌权"的都是这些人。[37]

即使是属于资产阶级的托马斯·曼在民主德国也很受欢迎，对其作品的研究有部分是"出于对资产阶级文化整体和人文传统的探讨"[38]。托马斯·曼在1949年和1955年两次访问民主德国，这两次访问也引发了诸多来自联邦德国的批评。在魏玛"歌德年"的演讲中，托马斯·曼称："我不知道什么占领区，我访问的只是德国本身，德国是一个整体，没有占领区。谁应当保卫和描绘一个完整的德国，除了一个独立的作家之外还有谁呢？他真正的家乡，就如同我所说的，是自由的、没有被占领的德语。"[39]

纵观德国的畅销书作家，托马斯·曼无疑是其中经久不衰的一位。1901年首版的小说《布登勃洛克一家》是最畅销的书籍之一。不过在纳粹统治期间，这本书只在他的书迷中才能找到。该书仅在贝塔斯曼出版社的销量就近80万册！托马斯·曼战后的作品，如《大骗子费利克斯·克鲁尔的自白》销量也非常可观。而托马斯·曼的作品集在民主德国的迅速面市则要感谢日耳曼学者汉斯·迈尔。[40]

保罗·E. H. 吕特：伪造的文学史

1986年保罗·吕特医生逝世，这不仅意味着人们失去了一位能干的医务工作者，同时也意味着失去了一位成功的畅销书作者，"他的作品所有版次加起来销量超过了100万册"[41]。吕特的作品主要是医学类图书和相关题材的非虚构文学作品。他本不该成为一个文学研究的对象，却在战后因发表了一部失败的作品，成功地引起了人们的注意。无论如何，德语文学批评中关于吕特作品研究的几个关键点都要感谢这部失败的作品。而提到吕特，就免不了谈到两位流亡作家——阿尔弗雷德·德布林和托马斯·曼。

1947年，威斯巴登的雷姆斯出版社出版了一部名为《作为历史的文学——1885年至1947年的德国文学》的书。这个两卷本的文学史对1885年至1947年间的所有文学流派做了总体介绍。内行的评论者很快就发现，吕特极其缺乏专业知识，他的书只是原原本本地抄袭了一本在1911年由理夏德·泽格尔撰写的文学史。库尔特·W.马雷克给《柏林每日邮报》上关于该书的评论加上了一个副标题——"保罗·E.吕特,来自佩勒贝格的半吊子"[42]。与此同时,记者和文学研究者保尔·里拉也开始声讨吕特,发表了一篇针对吕特的长篇檄文,"我们今天所谓的文学或者精神讨论,似乎还以一种可怕的方式在同样的真空里进行,这些都是那十二年遗留下来的糟粕"[43]。"他只会蹩脚地重复那个思想上平淡无奇的泽格尔告诉他的假话"[44]。可以说,在里拉笔下,吕特已经被批得体无完肤。"当吕特得出他的伟大结论时,人们会不禁想起格尔哈特·豪普特曼、弗兰克·豪普特曼、施特恩海姆这类作家……对于读者的安慰是,在读了豪普特曼和韦德金德之后,马上就能通过一个熟悉的用法亲切地说:'这完全是另外一个卡尔·施特恩海姆啊!'句尾的叹号就如同这一闪而过的思想火花"[45]。

令里拉感到惊讶的是,即使是在汉斯·迈尔[46]的评论中也几乎没有批评意见,吕特"一直是新德国文学中的重要人物"[47],他还参与了阿尔弗雷德·德布林的杂志《金门》的创办。里拉最终揭露了吕特(书和人)被德布林操纵的真相,特别是德布林授意吕特与托马斯·曼进行论战之事。"试图通过在报纸上吵架的方式来评判《魔山》的作者,吕特真是狂妄至极。如果有人想写一部当代德国文学史,人们通常会希望他真的读过《魔山》这部20世纪最著名的德语文学作品。吕特显然没有读过这本书,否则他也不会以'纳夫塔'自比。"[48]难怪吕特后来很快又弃文从医。既然如此,人们为什么还要研究吕特写的文学史,它到底有什么意义呢?实际上,这部作品从某种程度上反映了那个时代的一种病

V
作者的"回归"：流亡与留守作家的定位

症。里拉和汉斯·迈尔都曾指出：脱离作品就无法书写文学史。正如里拉提到的"处在那12年真空后面的年轻人"[49]，事实上那12年确实留下了痕迹。比如吕特在德布林的授意下谈到了流亡作家的问题，因为"不管是谁掌权，人民在哪里，哪里就是他的使命所在"[50]。"脱离群众的文学同时也失去了力量的源泉"。这种民众观念看起来有些危险。难怪1919年[51]出生的作家常被打上生活在纳粹政权下的烙印。然而从根本上讲，一部虚假的、纯粹构建出来的文学史，注定会惨败。

50年代初期，吕特的政治活动颇有令人怀疑之处：他是德国青年团（BDG）的宣传头目，这是一个由美国特务机构支持的极右反共产主义青年组织，德国自由青年团的死对头。该组织曾在东部和前线后方组织游击队袭击苏联部队，1953年被禁。[52]

《深渊书简》：虚构的诗人

1946年，库尔特·德施出版社的主编君特·葛洛主编了一部名为《深渊书简》的抒情诗集，收录了诗人贝根格林、卡洛萨、卡什尼茨、兰格塞尔和维歇特的作品。葛洛在这部诗集的副标题"当代德国抒情诗，一本有关那12年的诗集"中，就已经暗示了编写这部诗集的初衷：寻找那些在一定程度上呈现"美好的"德国的声音。他有意识地将人选限制在"过去的12年中生活在德国的作家"[53]。葛洛试图从过去黑暗的12年中唤起那些幸存下来的"美好的"德国精神。像许多先前的作品一样，德国人的罪责在其中也处于次要地位。德国人被塑造成了战争和集中营的受害者，他们的罪责被冠冕堂皇地塑造成了一个自我净化的过程：是灾难的出现才让乌托邦成为可能。罪责后来甚至还被赋予了意义（当然作品中没有明说）。"消极的乌托邦、毁灭般的噩梦被人类实现了。由智者领导的积极的乌托邦、自由公正的世界之梦在即

V
作者的"回归":流亡与留守作家的定位

将到来的时代里有了广泛实现的可能性,这是几个世纪以来智者们和愚者们的渴望。"[54]诗集中虽然也提到了流亡者,并且呼吁流亡者与留守者和解,但实际上这是为了显示内心流亡者在其作品中表现出的道德完美性。葛洛试图拉起一条穿越过去12年的传统之线。正如他所说的,内心流亡者是新时代的宣告者。他的作品清晰地表明了反对集体罪责的立场(如前言所述)。这本书颇为引人注意之处在于:首先,德国人的罪责被边缘化。"灾难"甚至变成了创造更美好世界的前提。简单来说就是,如果德国人没有犯罪,那么欧洲就没有一条通向更好未来的道路!

贝恩德·R.格鲁施卡对库尔特·德施出版社稀奇古怪的构建过去的方式进行了研究,发现君特·葛洛不仅化名"塞巴斯蒂安·格里"暗中将自己的诗收入诗集,甚至还虚构了两个有着完整生平的诗人"弗里德里希·乌姆博安"和"格里高尔·瓦尔登"。[55]如果没有传统,那就想象一个出来!不过单纯作为一本抒情诗集,它的销量还是不错的。1947年,该诗集初版发行的1万册到次年6月货币改革时只剩849本,其余均已售出。[56]

在自己的国家里避难:重回家乡的怀抱

他曾是一名民族主义者,但不是纳粹——弗朗茨·布尔达教授,一名成功的媒体人和出版商,出版过《彩色》和《布尔达时尚》等刊物,后者是献给作家赫尔曼·布尔特百岁华诞的礼物。[57]布尔达与这位来自马克格雷夫莱兰德的作家有近20年的交情,直至作家1960年去世。1945年之后,正是在这位颇有影响力的出版商的支持下,布尔特才免遭被世人遗忘的命运;弗朗茨·布尔达促成了众多图书的出版,在他的帮助下,作为家乡诗人的赫尔曼·布尔特再次在家乡被大众接受。"他写的唯一一部作品被人们误解了","在这里,在他的家乡,他才得到理解"。[58]

在布尔特的故乡巴登,人们至今都对这位作家充满了尊重与理解。几十年来人们一直在讨论以他的名字来命名街道和学校。他的遗物被位于维森塔尔毛尔堡的赫尔曼·布尔特档案馆收藏了起来,安放在位于布尔特街的市政厅地下室里。然而即使是对布

V
作者的"回归":流亡与留守作家的定位

尔特持好感的文学评论者也不得不承认,他是"误入歧途"。[59]

从某种程度上讲,布尔特的发迹史在众多享有盛誉的第三帝国作家中极为典型。1912 年,他凭借小说《维尔特费博》走红,并在 1933 年前就晋升为文坛重量级人物。虽然布尔特早在 1913 年就获得了克莱斯特奖,1927 年又获得了席勒奖,但在纳粹上台后,他突然享有了极高的声望,并被大肆吹捧。随着战后狂热追捧的逐渐冷却,布尔特开始逐渐回归家乡艺术。他在作品中召唤心系家乡的、能抵御文明危机的原初力量。文学教授阿尔弗雷德·霍勒在布尔特 80 寿辰时发表了一篇题为《精神必须成为世界的导师》的文章。霍勒认为,传统化的文学理念经得起一切考验,完全能够战胜现代化的思想。对 50 年代的人来说,这是一个完全合情合理的结论。霍勒指出,是精神引导他找到回乡之路,"很快年轻人也会回归精神上的人民联盟①"[60]。

今天人们听到"人民联盟"这个概念头脑里一定会马上拉响警报,而在 1959 年,这个词完全没有任何批判的内涵。在布尔特的事例中,作家、文学评论家和文学研究者俨然患了失忆症。"人民联盟"的概念在 15 年前霍勒给布尔特 65 岁生日的献礼中就已经出现过,"精神必须引领世界"也是那时使用过的表达。在这里我们可以看到同样的思想:"'文学'是处于人民与诗歌艺术之间的事实追求。"[61]不过霍勒在 1945 年之后又发表了另一种观点,即"在纳粹那里,布尔特实现了他作为政治作家的梦想,在布尔特看来,希特勒的群众运动……是精神的创造者和保持

---

① "人民联盟"是纳粹德国的一个民族主义意识形态概念,其内容为创建德国的民族认同感并促进社会各阶层平等,消灭精英主义和阶层分化。最早起源于 1914 年德国民众对第一次世界大战的支持。

者,它们维护人们的生活免遭虚无和否定力量的侵袭"[62]。

霍勒的文章是在与这位家乡作家相关的一系列照片和诗作的基础上写成的,这些照片和诗作一直是他与纳粹纠缠不清的重要证据。照片上作家坐在吕拉赫别墅的写字台旁,胸前佩戴着党徽,照片下方有一行字"作家在他的家里"和一首四行诗:"核桃木桌上/镶嵌着万字符/这是我为自己挑选的/早在帝国孕育它之前。"其实早在小说《维尔特费博》中,他就已经为万字符立了一座文学纪念碑,小说中主人公在林中漫步时就曾沉思着在沙地上画了一个"太阳轮"。[63]①

战后,布尔特不再被大众追捧,不过他仍活跃在"家乡文学"界,这个圈子中还有许多像他一样的过气作家。他们和他们的众多读者一起梦想着重新开始。当然并不是所有人都得了健忘症,从一开始就有人以各种方式努力地反思过去。1945年8月,一名受德国警方和法国军队委托的检察官要求严惩布尔特:"布尔特应该负全部责任。……除了常规的惩罚之外,布尔特还应该被终身监禁。"[64]对检察官来说,那张关于万字符写字台的照片就是最有力的罪证:"这张照片不光出现在报纸上,还被印成了明信片。"[65]他本人并不认识布尔特,对于布尔特的作品,他在鉴定中完全持支持态度。最终,布尔特虽然没有被终身监禁,但被关了几个月,位于吕拉赫的别墅也被没收,布尔特本人对此也没有做进一步的澄清,实际上布尔特一直与联邦德国的民族主义圈子保持联系。在与保罗·费希特尔的通信中,布尔特谈到了战后"被改造的新闻业",并把自己当成了"受害者"。他称"一些关于'费希特尔文学史'的批评,完全符合我期待的结论。实际上,您给

---

① 太阳轮符号源自古代欧洲,后被纳粹剽窃用来煽动民族仇恨。

V
作者的"回归"：流亡与留守作家的定位

了所有善良的德国人一本有关他们自己的正确的、真诚的书，这本书凭借它的基本立场以及基于道德的对当下人们和后人所做的判断，堪称是这个艰难而充满矛盾的时代中的宝藏"[66]。而他的作品也通常是对那些浮华空洞的预言所做的田园诗式解读。在一首战后发表的诗作中，布尔特忧心忡忡地表示自己应对已经到来的一切负责任。在他看来，自己已经从一个积极的创造者变成了一个安静的参与者："民众跪在偶像前/心怀敬畏者，便有信仰/然而我看到的是，神圣的空洞，内在的失聪/我向大家发出呼喊：/'弟兄们，快醒醒！''放开我，你满脑子胡思乱想！'/我身后响起了嘲笑的声音。……他们不怀好意地大叫：'这就是你想要的！'"[67]

1959年，前联邦总统特奥多尔·豪斯曾拒绝接受吕拉赫市荣誉市民的称号，因为他不想与布尔特获得同样的荣誉，舆论中也逐渐出现反对布尔特的声音。但布尔特80岁生日时，当地仍然举行了声势浩大的庆祝活动。据《明镜报》报道："此次生日庆祝集会的狂热程度完全不亚于1939年（布尔特60岁生日时）。吕拉赫市的中学生必须到市剧院参加早间庆祝活动，校长还在那里描绘了一幅'令人印象深刻的描写作家生活和工作的画作'。在高中课堂上，学生们一起回顾了这位阿雷曼智者的一生"。乍一看，情况在过去的20年里根本没有发生太大的改变，就像霍勒的文章在20年后依然不过时一样。《明镜报》辛辣地讽刺道："如同1939年帝国的各色大人物纷纷向那个'谋杀歌颂者'谄媚一样，1959年南巴登基民盟主席安东·迪希特尔、吕拉赫县县长贝托尔、德国文化作品协会主席勒梅尔，以及一众著名作家、学者、音乐家、画家、企业家纷纷围拢在这位白发苍苍的诗人周围，表达他们的敬意。"[68]

1945年后，很多联邦德国的作家开始回归家乡文学。比如屈尼·特雷梅尔－埃格特，她的小说《芭布，一个德国女人的故事》是1933年到1945年间最成功的通俗文学作品之一，共发行了超过75万册，属于血统与土地文学的经典之作。她的作品告诉人们，人只有追随自己血脉之中注定的命运才能找到自己的幸福，绝不能脱离自己的家乡。战后，这位女作家的作品变得一文不值，幸运的是她在去纳粹化过程中未受到太大冲击，只被划为了从犯，交了2000马克的罚款。"有人指控她当年曾是出版社的重要女作家，然而埃格特女士却竭力声称自己是无辜的，还找到了人证，因此法院最终判决'埃格特只是个弱女子'"[69]。1955年到1956年期间，她又写了一部小说："我觉得这次的作品很好。"她写信告诉一位熟人，这本书"虽然涉及'冷战'，但主要是对生活充满信心的当下题材"[70]，然而此后不久她便死在她自己选择的家乡慕尼黑，这本书再也没有出版。埃格特死后被埋葬在布格昆施塔，那里至今仍然有一座纪念她的带有青铜胸像的坟墓，以及一条以她的名字命名的街道，在她父母的房子上还挂着一块纪念牌匾。这位女作家的生平总是伴随着争议。约瑟法·贝伦斯－托特诺尔和费利基塔斯·罗泽也有类似的命运。前者在今天的威斯特法伦仍被偶尔提起，后者一直被称为"荒野女诗人"，这两位都是第三帝国[71]时期的著名作家。此外，古斯塔夫·施勒埃尔的作品《家乡对抗家乡》也属于1933年到1945年销量最高的小说之一，共发行了60余万册。施勒埃尔曾是贝塔斯曼出版社的顶级作家，是他让该出版社晋级为出版集团。1949年，施勒埃尔死于魏玛。1946年，贝塔斯曼出版社又开始重新出版施勒埃尔的书，他的书再次成为该出版社的明星产品。虽然施勒埃尔的书中也多少都含有种族思想和纳粹意识形态残留，但最终出版社只将一部作品从出版名单中剔除了。

民主德国的家乡艺术?
本诺·弗尔克纳和他的纳粹过往

他是 200 多名"民主德国政坛上的纳粹"之一，1960 年，由法官调查委员会出版的《民主德国政坛上的纳粹》一书第三版中赫然列出了他的名字："本诺·弗尔克纳，梅克伦堡著名共产主义作家，作品有《卡文布鲁赫的人们》《格尔达·黑尔施泰特的爱》，民主德国国家奖和功勋奖章获得者。1939 年 12 月 1 日加入纳粹党，编号 7278519。"[72] 以上弗尔克纳的党籍信息与其保存在联邦档案馆中的纳粹党员登记卡上的信息相符。[73] 如果要在民主德国寻找有纳粹前科的作家，那么弗尔克纳无疑就是其中之一。1900 年出生的弗尔克纳在 30 年代就已经很活跃，他"对那些随意的作品不屑一顾……一心想成名"[74]。随意的作品主要指娱乐文学，过去租书店里的经典消遣读物。

在民主德国，弗尔克纳虽不是一流作家，但也小有名气，无论如何，他曾凭借《卡文布鲁赫的人们》获得国家奖，另有一部

V
作者的"回归":流亡与留守作家的定位

作品还曾获得自由德国工会联盟颁发的文学奖,并一度担任德国作协主席(DSV)。

弗尔克纳首次引起关注的作品是他在1938年写的小说《雅各布·奥夫》,[75]该作品1951年才在民主德国出版。书中描写了德国黑森林地区的一座村庄里,以盲人铁匠雅克布·奥夫为首的一群农民生活和战斗的故事,这群农民杀死了自己的领主冯·苏伦骑士。作品描写了农民战争历史背景下的起义,热情讴歌了农民运动的反抗力量,其中也包含反对教会干预政治的元素。书中主要针对的是罗马天主教会,这一立场不仅在民主德国,甚至在纳粹时期也得到了官方的认可。这本带有强烈传统叙事风格的作品("索伦村的上空,太阳带着骄傲的寂静,在它那闪光的轨道上升起"[76])在1953年已经发行了40万册,读者主要是中青年群体。作品注重情节描写,带入感强,清晰地呈现了根植在家乡土地上的农民社会,比如"我们家乡的儿子"[77],但其中并不存在纳粹的"种族元素"。弗尔克纳在民主德国备受推崇,原因首先在于他用文学的方式呈现了"革命工人阶级和农民阶级"之间的纽带,同时人们也将他视为"社会主义民族文学不可或缺的基础"。[78]

民众的推崇也引发了50年代后期国家安全部对弗尔克纳的兴趣。通过弗尔克纳,官方获取了作协内部的第一手资料,还直接与那些国家安全部密切关注的作家取得了联系。在书中,弗尔克纳将自己的纳粹党员身份描述成德国共产党交给他的非正式的"战斗任务",他自称1923年加入了德国共产党:"为了更好地完成党交给我的任务,我在1939年加入纳粹党,在其中没有担任过任何职务。"[79]这种在今天看来依然荒谬不堪的解释在当时就已经引发了众多怀疑。虽然国家安全部试图利用弗尔克纳获得当年纳粹控制下的丹泽地区内部人士的信息，但结果却不尽如人意。

传说弗尔克纳曾是纳粹特务，但这一说法没有得到证实。弗尔克纳自称 1940 年到 1945 年间曾是丹泽广播电台的一名司机。[80] 有人指出，"弗尔克纳声称自己当时曾做过丹泽地下党的工作的说法是不可信的"。一位化名为保罗的消息提供人在报告中称，"弗尔克纳与德共抵抗派无任何关系"[81]，他甚至是一名纳粹"民兵"。弗尔克纳从 1958 年起便化名达维德，作为秘密线人为国安部提供情报。由于他健康状况极不稳定，国安部在 1962 年终止了与他的合作。实际上，国安部自始至终都对弗尔克纳的纳粹过往和党员身份了如指掌，因此这不是他们终止合作的原因。

弗尔克纳的例子证明，即使过去是纳粹，在民主德国也有可能不被排斥，甚至飞黄腾达。不过，弗尔克纳的成功不能与赫尔曼·布尔特等人做比较，前者在第三帝国时还是无名小卒，1945 年后才发迹成为自由作家。弗尔克纳的一生是分裂的，这在那些有纳粹过往的民主德国作家中并不少见，他们可以参与政治，甚至发迹升迁，但无论如何，他们总是无法摆脱国家机器的控制，忍受着各种批判。

Der Traum vom Jahre Null

Autoren, Bestseller, Leser:
Die Neuordnung der Bücherwelt
in Ost und West nach 1945

VI 有关战争和战俘营的叙述：沉默

战友间的比较：
弗朗茨·约瑟夫·施特劳斯和汉斯·黑尔穆特·基斯特

"透过未擦净的眼镜，只会让我们离德国的士兵精神更远。读者清楚我们的报纸对于德国士兵精神的态度。"[1] 几份报纸以如此强硬的措辞拉开了与一部小说的距离。这部小说似乎损害了整个士兵阶层的荣誉和声望。小说作者甚至不得不面对他是否"曾是军人"的质疑，这是对一位作家的信誉的沉重打击。其他批评家，尤其是出身行伍的那些人担忧的恰恰是"瓦解了德国的抵抗精神"。

这位备受攻击的作家并非埃里希·马里亚·雷马克，尽管他的畅销书《西线无战事》在魏玛共和国也曾有过相似的经历。当时人们攻击雷马克——那是在 1929 年及此后的相当一段时间——说他玷污了"士兵荣誉"，而今的这场争议则发生在年轻的联邦德国。战争结束后不到 10 年，汉斯·黑尔穆特·基斯特就出版了长篇士兵小说《08/15》。该小说和《西线无战事》一样大获成功，同属60年代初最畅销的德语书籍。基斯特的士兵小说《08/15》初版发行7周后便售出12万册，对于这一销量，出版商库尔特·德施极为兴奋："只要争议存在，我们自然就可以继续保持这条接近垂直攀升的销售曲线。"[2]所谓争议指的是新书引发的激烈讨论，参加讨论者要么亲身经历过书中的那种"兵役"，要么自知受不了德国军队中近乎虐待的训练方式。

08/15是德国一种机关枪的型号。1908年为皇家部队而研发，1915年被进行了改造，以适应一战的技术装备战。该机关枪很快便普及开来，连它的型号也从士兵用语进入到日常口语，成为一个广泛应用的俗语。

汉斯·黑尔穆特·基斯特清楚自己写的是什么。他生于1914年，1933年4月加入纳粹国防军，开始军官生涯，并升到了中尉。还是普通士兵时他便有了写作的抱负，但因不够分量未被帝国作家协会纳为会员。他曾在申请加入帝国作协的调查问卷中写道："我不怎么写，不看重钱物。"[3]早在纳粹掌权之前，作为中学生的基斯特就为该党工作过，并在东普鲁士的故乡领导了"三个联合地方小组的宣传工作"。有证据证明，基斯特自1933年1月底开始作为纳粹党的成员接受领导，编号1346209，只不过由于难以承担会费，他的成员身份最终失效，并且在加入纳粹国防军后也未恢复。[4]战后，这一程序上的非成员身份成了基斯特的优势。面对官方的审查程序，他可以宣称："我从来都不是纳粹！"[5]但有理由相信，尽管程序上摆脱了嫌疑，终其一生他一直被这类问题困扰：这一切当时是如何发生的？我的责任何在？

基斯特的《08/15》的副标题是"二等兵阿施的惊险叛乱"[6]。在这部长篇士兵小说中，几代人都可以找到自己的影子。在一张

VI
有关战争和战俘营的叙述:沉默

广告单中,出版社从"当年的德国士兵和读者的来信"中引用了一位生于1932年的布劳恩先生的信,"父亲说:'确实如此!'(1914—1918),同事们说:'确实如此!'(1939—1945)"[7]。

这部关于机枪的书之所以如此成功,是因为它以平和的方式讲述了所有战争参与者最愿意回想起的士兵和前线的故事。它的显著特点是语言精练以及士兵式的幽默,与实际上发生的毁灭性的战争完全相反,形成了一幅平和的图景。这部小说问世时,恰逢联邦德国面临重新军事化。作者有意识地创建了一种关联:"需要再次明确强调的是,这是一部反对练兵场但绝不反对士兵精神的小说。"[8]通过《08/15》,作者为普通德国人设计了一块"投影屏",以二等兵阿施为代表,他们在战后想探讨自己习以为常(在他们看来并无威胁)的过往。阿施的父亲开着一家咖啡馆,虽然有一段参加褐衫党的历史,但他一直保持着不被战争影响的市民美德。他和阿施的岳父、社会民主党人老弗赖塔格成了"形影不离的朋友"[9]。他们代表着战后联邦德国社会的基本状况:纳粹的反对者和随大流者握手言和,共同展望未来。士兵精神是双方都想拯救的:"'士兵精神,'弗赖塔格插话说,'是因为那些它为之而战的坏事才变坏的。因为希特勒任性妄为、处心积虑,蓄意挑起战争,那些优秀的士兵才自动成为谋杀团伙的成员。但士兵精神本身,在我看来,完全是另一码事。'"[10]

《08/15》是一部精心谋划的消遣小说,对战争和重新军事化之间的时机选得恰到好处。作者唤起了以男性为主的阅读群体的阅读经验。这一阅读群体在1933年后主要阅读民族性的士兵文学(雷马克等人被禁长达12年之久!)。在基斯特笔下,一个人物的"书桌上放着一本打开的书,是策贝尔莱因的《对德意志的信仰》"[11]。从销量看，汉斯·策贝尔莱因是纳粹时期最为成功的作家之一，特别是借助希特勒的庇护，《对德意志的信仰》在第三帝国时期卖出 70 余万本。另外，轻松易懂的士兵式幽默在 1945 年前便吸引了广大读者，而这种幽默其实是基斯特努力效仿而来的。《士兵因此发笑》以及类似的战地军邮书籍考虑的是数以百万计的士兵。平和无害的士兵生活在战争结束前一直以小说的形式吸引着大量粉丝——战后不久又重新盛行。基斯特的小说出版后不久就被拍成了电影——由恩斯特·冯·萨洛蒙编剧，年轻的约阿希姆·富克斯贝格主演。影片进一步带动了小说的成功，作者同年便推出了三部曲的第二部《08/15——士兵阿施稀奇的战争经历》。

在基斯特的战争小说中并没有战争，他的小说是一种与过往拉开距离的回忆文学。"这部小说远离死亡和恐惧，"第二部的简介文字称，"酒精、无聊、不羁的国防军护士、国防军政府官员的丛林战以及'组织者'的花招拼凑成了一幅马赛克画，充满风趣、反讽和令人放松的幽默。"[12]基斯特的虚构甚至影响了读者虚假的回忆，使他们断言："是的，正是如此，并无二致。"

但是很快，作者与弗朗茨·约瑟夫·施特劳斯的争论不仅影响到了公众，而且令他自己的回忆也受到了考验。据说，大概是为了诋毁作者和他的作品，施特劳斯这位负责特殊事务的联邦部长以及后来的国防部长曾在士兵协会的代表面前，将基斯特的书称为"小册子"，后来又称作者本人是"狂热的纳粹"。战争即将结束时，施特劳斯和基斯特曾在巴伐利亚相遇。二战后盟国法庭在结束施特劳斯的去纳粹化司法程序时，判定施特劳斯"作为老城高炮部队学校的军官，其果敢的行为使雄高地区在被美军占领

VI
有关战争和战俘营的叙述：沉默

时未造成流血及较大破坏"[13]。他被"解除嫌疑"，美国人为其出具了良好的证明。凭借自身的管理才能和英语水平，他迅速参与到政府机构重建中：雄高的军事政府早在 1945 年 6 月 2 日就任命他为"县长助理"[14]。这便是他受人瞩目的政治生涯的开端。

就施特劳斯发表的意见展开论战的同时，基斯特着手再次到巴伐利亚查阅自己的去纳粹化卷宗，该案件都是由雄高法庭审理的。诉讼程序中针对汉斯·黑尔穆特·基斯特的一项主要指控是他曾做过数月之久的纳粹领导军官。这些领导军官的任命源于 1943 年希特勒的一项命令，任务就是将所有的纳粹国防军士兵教育成"世界观斗士"。战后基斯特在加米施的拘留营待了 7 个月。在接下来的法庭审讯中，他尽可能地弱化了自己当时的作用，称自己从未加入过纳粹党——对"宣传员"的身份避而不谈。帝国作家协会的成员身份——正如他在盟国问卷中所交代的——也确实由于他微不足道的写作活动而被免除了。

但基斯特的写作生涯却并不是在战后才开始的。从 1935 年起他就定期向报纸、剧院和广播投短篇文章，并担任了柯尼斯堡的格雷费·翁策出版社的审稿人。战时他为战地报纸供稿，并受纳粹国防军委托为《西部高炮军团Ⅰ》一书撰写过文章。这些他在回答军事政府调查问卷的"118 号问题"——"请您在附加页上列举出您从 1923 年至今独立或参与撰写、编纂或出版的所有出版物"[15]时，都进行过说明。在回答中，这位作家对不远的将来踌躇满志："在我被解除嫌疑后将出版：两部喜剧、一部长篇、有关戏剧理论和反军事主义的文章、一部广播剧，以及诗歌。"其中所说的"反军事主义的鸿篇巨制（几近完成）"指的应该就是基斯特在 1950 年于库尔特·德施出版社出版的处女作《我们称他为浪荡子》。去纳粹化司法程序判定他"罪行较轻",但他"两年的查看期过后才被准予重新进行写作"[16]。在这份判决书上签字的是法庭主席——弗朗茨·施特劳斯。

基斯特不甘心受短期写作禁令的限制,借助"圣诞大赦"及其他时机,他不断给雄高的法庭写信,请求重新审理他的案子。他说自己只是"兼职"纳粹领导军官(这些世界观斗士大都如此),现在热切地期待着能够"重新毫无阻碍地写作",这是一项他迄今未能享受到的特权。他在一封申诉信中言之凿凿:"眼下是我人生重要的创作期,我自信可以成为一位举足轻重的作家。"[17]然而战争结束足足三年后,基斯特才拿到了他期盼已久的撤诉决议。按照这份决议,呈交的证人证言对他有利,被告人的供词可信。"调查未发现他负有主要过失、犯罪或罪行较轻等嫌疑",起诉被撤销。

直到今天,由亲德国基督教社会联盟(CSU)的汉斯·赛德尔基金会运营的关于弗朗茨·约瑟夫·施特劳斯的主页上,还有一份特别的文献——汉斯·黑尔穆特·基斯特1978年写给《南德意志报》的一封读者来信——对施特劳斯的士兵生涯进行了总评。黑尔穆特·基斯特在信中写道:"我本人和弗朗茨·约瑟夫·施特劳斯进行过几十年激烈的政治辩论……,但有一件事我从没想过要去做——给他扣上一顶纳粹的帽子。因为这与我的良心和我的学识不符。"[18]卷宗记载,两人在战争的最后几周以及此后曾多次相遇。这两位"战友"——《明镜报》在50年代末这样晦气地称呼二人——在公开论战后"和解"了。据说此后两人再没说过对方的坏话。[19]

基斯特的《08/15》三部曲甚至受到民主德国报刊的好评。[20]该

VI
有关战争和战俘营的叙述：沉默

书在民主德国的不同出版社，包括人民、世界和新生活等出版社的出版，引发了热烈的讨论。一份受文学和出版部门委托做出的鉴定认为，三部曲无疑仅仅是"消遣小说"，然而"我们应该足够明智和大度，忽略书中意识形态上的错误。依我之见，这些错误造不成什么损害。而出版一位在联邦德国有着百万读者，并且反对复活军国主义的作家的作品，无疑是有益的。"[21] 尽管一开始在民主德国受到热捧，却无法证明这几部小说发行过书店版本。毕竟基斯特的长篇小说并非和平主义宣言——恰恰相反，尽管对军事弊端有所指摘，它们仍可以当作是为年轻的联邦共和国重新军事化伴奏的进行曲，因为这些小说将真正的战争弱化到了士兵故事的水平。

如果没有出版商的推动，基斯特的巨大成功是无法想象的。库尔特·德施在1945年11月17日获得了美占区的第一份出版许可，他的事业发展迅速，这是一个真正的经济奇迹：截至1973年，战后新建的以他的名字命名的库尔特·德施出版社共计发行图书4300种，总销量约4100万册。[22] 该出版社还于1949年出版了汉斯·维尔纳·里希特的首部长篇小说《败兵》。里希特很佩服德施的"乐观主义"，并在德施50岁生日时写道："是您害我开始写作，也是您害我再也无法停笔，惹得一些批评家不快。"[23]

约瑟夫·马丁·鲍尔的
《极地重生》或此书究竟讲述了谁的故事?

对于畅销小说《极地重生》的成功,一位出版商也起到了决定性作用,这位出版商就是弗朗茨·埃伦维特。曾有人给埃伦维特讲了一个冒险故事:一名德国士兵被苏联人俘虏,囚禁于靠近白令海峡的西伯利亚东端。这名士兵从囚禁地逃出后用了3年多的时间,几乎全靠徒步走到了伊朗,然后又从伊朗继续跋涉到了德国。埃伦维特听后将这个人介绍给一位专业作家。这位名叫约瑟夫·马丁·鲍尔的作家利用这些素材,通过中尉克莱门斯·福雷尔——书中人物——的逃亡故事,塑造了一位"现代奥德赛"[24]。小说1955年首次出版,10年间仅在德国便售出约100万册,并且在出版后不久就被改编成广播剧和电视剧。当时作者和出版社特别强调,小说讲述的是真实发生的故事。主人公的身份一开始并未公开。

小说《极地重生》采用了极为传统的叙事方式,但技巧娴熟,

VI
有关战争和战俘营的叙述：沉默

它从逃亡者的视角出发，极易令读者产生认同感。小说的历史背景不明，叙述者始终紧贴他的德国主人公，在描述主人公遇到的其他人物，尤其是苏联人和西伯利亚的少数民族时充满了种族主义的陈词滥调。他们，"至少其中的大多数都是孩童，有一种幼稚的残忍和乐于助人的习气"[25]，在小说中，他们"消瘦、眼窝深陷，一副穷酸样，看上去卑鄙、可疑，就好像他们能活下来都要感谢绞刑架上断裂的绳子一样"[26]。战俘营中的一名苏联护士是其中唯一的女性，她"既不能对任何德国犯人感同身受，也不像正常人类那样有情绪的起伏"[27]，与之形成对比的是几个德国人，即使深陷困境，他们也能保持"教养"[28]和人性，其中尤以昔日的军官最为出众。

直到几年前，巴伐利亚的一位广播记者才发现了"中尉福雷尔"的原型。他综合了很多可靠的线索，证明了小说中叙述的故事从未发生过。在故事发生的时间内，西伯利亚东端根本没有什么战俘营，而所谓"真实的"克莱门斯·福雷尔也早在1947年就离开苏联战俘营返回了慕尼黑，因此不可能辗转跋涉3年。[29]

由此就产生了一个问题，此书讲述的究竟是谁的故事？之所以要提出这样的疑问，并不仅仅是因为这部小说，而是类似的关于战争和战俘的作品的真实性都非常可疑。

在展开叙述的过程中，鲍尔不仅仅依托于对时代的见证者科尔内留斯·罗斯特（福雷尔的原型）的描述，其自身的丰富经历也是他创作的源泉。鲍尔于1940年加入纳粹国防军，还参加过对苏联的战争。他当时的出版商赖因哈德·皮珀，很早就曾表达过有兴趣出版一本关于他这段经历的书。这与鲍尔的野心不谋而合，他一直关注着战争，开始勤勉地搜集资料。"从我们第一天越过边境开始,直到今天,经历了无数伟大的、振奋人心的、可怕和令人恐惧的事情。"他在给出版商的信中写道,"伟大的经历从来都是战争,是我们的战士所打过的仗。……苏联的风光千姿百态,无不美丽、灵动、震撼人心。令人恐惧的是苏联人,22年的统治留下的痕迹远比战争中的他们更可怕。我当时并未弄清为什么这一目标值得追求,但是处处都可以看出,灵魂的缺失、简单化、同质化以及所有对人生价值的贬低都已经达到了无以加的地步。必须面对这一切令我感到恶心和仇恨……命中注定我要遭遇战争,对此我毫无怨言。我很愿意再重新经历这一切,虽然辛劳,但我最终获得了成长。危险并未大到无法承担的程度。我相信,我会从这一切中受益。"[30]

鲍尔名下有多部由国防军官方机构出版的书,包括皮珀出版社经过文学加工的《诺加亚的鹤——东部远征日记》[31],以及纳粹党中央出版社具有煽动性的《在乌克兰火绒草下——对苏战争中的一个山地师》[32]。为了获得更多用于印刷的纸张,皮珀出版社在宣传部力推此书。[33]小说作者署名为"二等兵约瑟夫·马丁·鲍尔"。国防军师长在前言中将该书的意义和目标概述为"幸存战友的回忆录和沙场上阵亡战士的纪念碑"[34]。这篇小说本身就在宣扬种族优越论,完全是为歼灭战而做的鼓动宣传:"勇敢的、久经战争考验的、诚实的德国士兵数小时都在与蜷缩着蠕动的敌寇奋战,这些畜生狭窄的眼眶只有在挨了枪子时才会亮一下。"[35]用在苏军身上的词汇都是"乌合之众""冷漠的群氓"[36],这些"棕色祸水"[37]有着"亚洲面庞"[38],他们打起仗来,"与正直的作战方式丝毫不符"。[39]鲍尔在他的书里颠倒黑白:小说中,德国人成了他们所突袭的乌克兰村庄的解放者。他认为,村子的守卫者之所

Ⅵ
有关战争和战俘营的叙述：沉默

以会死，不是因为德国人的袭击，而是"死于荒谬的思想，支持这些思想的眯缝眼们已经逃到了天堂苏联"[40]。

透过这些战争小说可以推测到，作者之前便撰写过乡村文学，他将苏联的集体农庄与"真正的"德国农业相对立，并且明显偏向后者。同时代的人将这位作家的作品归为血统与土地文学，并把他视为先驱，称他率先尝试"为我们民族在危急时刻迫切的生存问题赋予了象征意义"[41]。对于他的作品《盐街》，有人说这是"一部关于血的力量的文学作品，鲜血不问是非与利弊，只是按照自己的法则行事"[42]。在相关的种族文学史上，鲍尔也并非无名之辈。

继续阅读鲍尔的战争作品可以得出这样的结论：作者对"那些事情"，具体来讲就是施加在犹太人身上的罪行，必定了然于胸。然而，在他战后的畅销书中，他只是暗示性地提到了这一点，即知而不言。他在 1942 年还写道："哪里说着流畅的德语，哪里的事情像耍高超的杂技一样被颠倒，哪里就有犹太人。这在现在和将来都永远是一种战争经验……前天的鸡蛋批发商是犹太人，他有 150 万枚坏鸡蛋。……那些抢劫的也是犹太人。"[43]叙述者在这里遇到的犹太人来自切尔诺夫策①，他们正坐在行驶的火车上。今天的读者会问，这列火车，还有鲍尔描述的火车里的人，要驶向哪里呢？

在鲍尔的战俘史诗中，少数几个用德语同逃亡的克莱门斯·福雷尔攀谈的人之中就有一个犹太人。"犹太人很顽固。德国人在苏联对犹太人做过那些事之后，一旦落到犹太人手上会很危

---

① 乌克兰西南部切尔诺夫策州的首府，历史上曾是犹太人的聚居地，有"小维也纳"之称。

险。时隔许久，福雷尔又一次知道了什么是恐惧。"⁴⁴最终这名亚美尼亚的犹太人通过他所从属的秘密组织救了福雷尔，并帮他促成了接下来的逃亡。尽管如此，这名犹太人无论是在1945年以前，还是1945年以后，都与"棕色的亚洲祸水"一样，首先是一种威胁：对于山地步兵和战俘都如此。大背景未变，只不过力量对比发生了反转。这一切都是为了给叙述者开脱，给主人公开脱，给整个德意志民族开脱：苏联人和犹太人的毁灭某种程度上是咎由自取。而德国人带给苏联的伤害，按照鲍尔的主人公福雷尔的观点，事实上要归因于牺牲者自身，"因为这个国家需要不断有人献身，才能持续繁荣"⁴⁵。鲍尔笔下的德国人，由于对敌人使用"先发制人的战争"来自卫，而成了受害者，依靠诚实的手段和德意志的美德才在战争中幸免于难（战争的责任问题已经解释得很清楚了）。

对于战后强烈要求被宽恕的联邦德国社会来说，一本传达此种信息的书必然会成为他们的有力工具。该书对历史做出的解释，恰恰符合大量德国人的期望。

直到今天，鲍尔的第二故乡多尔芬仍在缅怀他。像很多有罪的或是被遗忘的作家一样，他仍活在家乡文学领域。多尔芬主页的历史专区中称，人们"又发现了一篇稿子，这可以清楚地表明，鲍尔一直在反抗纳粹，他后来加入纳粹党完全违背了他内心的信念"⁴⁶。

的确，鲍尔战时写给出版商和作家朋友的信一点都不狂热。他1937年加入纳粹党很有可能只是为了给自己的记者工作上个保险，以求更稳地立足。在去纳粹化审讯过程中，他试图说服众人⁴⁷，称自己并未提交申请就被纳粹党吸收了。照今天对纳粹党

VI
有关战争和战俘营的叙述：沉默

成员身份的了解来看，这只是他为了自保的一面之词。针对另一项指控——从中牟利，根据盟国对德管制委员会的相应方针："牟利者指的是利用自己的政治地位或关系，从纳粹的独裁统治、军备或战争中为其自身或他人谋求个人或经济上的利益。"[48]据此来看，鲍尔本属"有罪"，大量证据证明他获得了经济利益。他的年收入从1934年的6000马克激增到了4万马克。他的出版商克劳斯·皮珀后来被问及此事时曾声称："战争岁月为整个德国的图书贸易带来了图书销量的激增。"因此，皮珀承认鲍尔的收入也随之增长，但又称这不代表他效忠于纳粹政权。"由于公众一直拒绝艺术价值不高的纳粹文学，当时的职权部门就只好任由与纳粹意识形态相左的作品满足公众对图书的大量需求。因此约瑟夫·马丁·鲍尔也就能从写作中获得更高的收入。"[49]最终鲍尔被归入"随大流者"，罪责主要在于他的纳粹党成员身份。法庭否认了他与纳粹有更深的牵连。

然而，撇开这些程序上的标准，鲍尔确实对主流通俗文学做出了自己的贡献。无论是第三帝国时期还是该时期前后，这种文学始终是成功的，它使得那些曾为纳粹所用的思维模式或观点继续发挥影响。战后的读者读到的故事正是他们想要、应得和能理解的，尤其是因为他们早已熟悉叙述这些故事的语言。

《堤坝冲开时》：埃德温·埃里克·德温格尔

黑德维希斯霍夫马术学校在报纸广告上称："阿尔高的一处农庄不仅提供膳宿，还有着最好的膳食、跑马场、牧场基地、音乐马术和烧烤吧。"[50]农庄的主人便是至今仍然声名赫赫的埃德温·埃里克·德温格尔。然而他作为作家的伟大时代已经逝去，他的作品在战后销量平平，迫使他不得不从事各种副业，退出年轻的联邦共和国广阔的"政治和文学舞台"[51]。

尽管如此，仍有必要把目光投向像他这样的人群，毕竟如果他战前的书继续出版，那么凭着远超 200 万册的总销量[52]，他完全可以跻身 20 世纪上半叶最成功的德国作家之列。与"新手"基斯特和鲍尔相比，他成名更早，即便是 1945 年之后，公众仍明确地将他视为纳粹作家。一位电台专栏作家以观察员的身份旁听过对德温格尔的去纳粹化审判，他把德温格尔对各种指控做出的回答记录如下："文化大臣的头衔、党卫队中队长的荣誉和黑色

VI
有关战争和战俘营的叙述：沉默

制服上的党标，尊敬的听众，您可能会疑惑这是什么情况，只不过是无关紧要的、只能听之任之的点缀，因为我1933年以前就身负盛名，而'第三帝国'需要这种在国外也受到重视的人当名片。"[53] 按照盟国法律，作为"帝国文化大臣"以及"党卫队中队长"的德温格尔甚至属于主犯。同时他也面临着从中牟利的指控。公诉人陈述如下："通过与纳粹党的来往，他攫取了大量的经济利益。他的书从1933年起，特别是战时，尽管当时纸张特别紧缺，印刷量仍然翻了数倍。"[54]

法庭认同了德温格尔所做的辩护，裁定党卫队中队长和文化大臣只是"没有实质意义的"[55]虚衔。从中牟利的指控也由于他搬出了"批判纳粹政权，作品销量却增长了的恩斯特·维歇特"而没有成立。德温格尔或许想要证明，在纳粹时期成为一名成功的作家，不一定非要成为纳粹。反之亦然：纳粹时期的成功并不能得出该作家是纳粹的结论。

那么德温格尔的作品究竟写了什么呢？从他的作品中可以找到证明他有罪的线索吗？针对这个问题，法庭在大量内行鉴定人的帮助下进行了详细调查。德温格尔是纳粹时期重要的文学史作家，也是重要的世界战争编年史作者，特别是他的作品一直保持着延续性。1929年首次出版的西伯利亚日记《铁丝网后面的军队》是他的三部曲之一，讲述了一战期间及一战后战俘在俄国的生活。这本书在第三帝国时期持续热销，二战结束五年后便在联邦德国再次出版。在这本书中，德温格尔没有对战争进行粗浅的美化，他以直截了当的方式描写了昔日的战斗英雄艰难的战俘生活。他的现实主义手法和语言功底使他从其他军国主义的代表者中脱颖而出。德温格尔讲述的是自身的经历，他的母亲是俄罗斯人，父亲是德国人，因此注定要经常出入国境。尽管如此，在描写俄罗斯民族时，他的描述也不能摆脱通常的刻板印象，他这样写道："是的，这个民族良善，在灵魂深处、本质上是这样！只有当其被煽动或被上司命令作恶的时候，才是邪恶的。"[56]这时士兵便成了"亚洲人和野兽"。德温格尔有种族主义思想，但他坚决反对的不是苏联人，而是布尔什维主义。德温格尔和纳粹分子在某种程度上交汇于反布尔什维主义上。法庭也得出了这个结论。在判决中，法庭认为从"人性"方面讲，作者是"和平主义和人道的"[57]。在对他的作品进行分析后，可以进一步确定："在德温格尔长达5000至6000页的全部作品中……希特勒的名字仅仅"[58]出现在少数几个地方。"读者仅读到一次纳粹党的官方名称NSDAP，还有一次是委婉的代称；没有一处对纳粹的种族理论表示赞同，也没有一处赞扬对敌人使用的暴力或其他强迫手段"[59]。

德温格尔的辩护词间接利用了纳粹的一项文学政策：与没有具体时代指涉的文字相比，所有明确提及纳粹党或其相关机构的文章在第三帝国时期受到了更严厉的管控和审查。这一方面使得那时的很多成功作品表面上看起来没有时代特征，另一方面也很少有作品对纳粹当权者直接讨好。不管出于何种原因，这在1945年后的平反斗争中"功不可没"。德温格尔的辩护策略如愿奏效，最终他被列入随大流者，复审仍维持了原判。[60]

从德温格尔的视角来看，他赢得了上诉，这之后没几天，充满创作冲动的德温格尔就向他以前的出版社去信："我热血沸腾……，甚至把提纲都列好了，我希望这个冬天就能开始动笔。故事将开始于东普鲁士，从那里的瓦解讲起，过渡到难民的大迁移，最后再返回重获安定的家乡。德国的瓦解本身可以随时续上第二部，

VI
有关战争和战俘营的叙述：沉默

第三部也可以——又是一部三部曲。……然而这一题材无法回避苏联人这个主题。我认为回避也是一种懦弱，……我们必须明确立场。可以肯定的是，在这部作品中我不会以政治纲领的方式表明立场，而是进行一场大控诉，从全人类的角度出发，控诉布尔什维克在东方造成的一切，并且我将明确使苏联人脱离布尔什维克，这是这一题材的应有之义。"[61]

然而德温格尔和欧根·迪德里希的耶拿出版社未能达成协议，因为出版社鉴于当时普遍的"销售危机"[62]，无力满足这位昔日的大作家提出的经济设想。最终德温格尔这部关于东普鲁士灭亡的战后最成功的作品《堤坝冲开时》，以及他之前的很多畅销书，都交给了位于博登湖畔于伯林根，当时还寂寂无名的迪克赖特尔出版社。

书中多条叙述线索并存，读者可以从德国士兵和逃亡平民的不同视角体验红军占领东普鲁士的经过。德温格尔的中心任务就是利用逃亡者的故事，借小说不同人物之口，将德国的罪行相对化：一名审讯军官在书末的一场审讯中称，与"集中营""犹太人大屠杀""杀害战俘"相比，"现在发生在东普鲁士、瓦尔特高、波美拉尼亚、勃兰登堡、西里西亚的事情，要可怕上千倍，不，上万倍，甚至是十万倍！"[63]在主人公看来，历史性错误不是战争本身，而是战争没有坚定不移地反布尔什维主义。小说的各个人物非常适合为负有罪责的人提供认同的机会：改过自新的纳粹官员，在帝国毁灭时还不忘优先考虑逃亡者的福利；曾经很虔诚的年轻党干部为了他人而牺牲；正直的士兵、普鲁士军官、贵族，例如德温格尔虚构的冯·普列斯科夫等，他们通通都是受了希特勒那个"疯子"[64]的蛊惑。人们不禁感到惊奇，如果军官团果真如此，就像德温格尔想要说服人们的那样，事情何以发展到这个地步。比颠倒因果、扭曲价值观更可怕的是，德温格尔试图保住（他敬而远之的）纳粹意识形态的基石，以备将来之用。比如说，纳粹的"民族共同体"……"仅仅初步实现，希望能留在我们之中"。[65]在书中，纳粹的种族理论被曲解，用来为"普通德国人"开脱。在情节推进中，柯尼斯堡老教授霍尔特曼对所发生的事情进行哲思，发现集中营的看守和真正的案犯生来就是"劣等人"——"在集中营的警卫队中就好像聚集了一群不良的精英"[66]，他们中来自其他民族的那些人，拿原文的话来说，"是从民族机体中被剔除的！"[67]就这样，通过这种古怪的思维杂技，作者成功地对安乐死和种族灭绝的受害者进行了二次嘲讽。德温格尔最喜爱的人物是《圣经》中迷途知返的保罗①，"正是他能将信众引上正确的道路，因为他自己曾走上歧途！但是要成为一个保罗，必须先成为扫罗"[68]。这位在纳粹体系中抛头露面的作家大概在保罗与扫罗的角色中看到了自己的影子，希望新的德国能听到自己的声音。

对此很多同时代的人表示激烈反对，一位评论家在战争结束三年后这样写道："曾经身着纳粹党卫军的黑衣、做过独裁政府顺从的仆人，之所以能成为编年史的作家，只是因为他们适应了统治体系。他们出于纯粹的反布尔什维主义而对纳粹的暴政视而不见，试图使数百万的读者沉默并煽动他们成为战争机器。这样的人因为自己的过失，已经丧失了作为德国作家的资格，不应该

---

① 基督教《圣经》故事中的人物，是耶稣升天后，直接挑选的使徒。据《新约·使徒行传》所述，保罗原名扫罗，生于小亚细亚的大数城，曾在耶路撒冷读经，是虔诚的犹太教徒，起初迫害耶稣门徒，后来被耶稣感化，转信基督教，改名"保罗"，从基督的迫害者变成了基督的追随者。

VI
有关战争和战俘营的叙述：沉默

再出版德语作品。那些在第三帝国时期为纳粹写作的人，今天必须沉默，而且必须永远沉默，即使他们反布尔什维主义也不行，因为他们原本应该首先反纳粹。但埃德温·埃里克·德温格尔并没有做到。"[69]

尽管有这样清晰的批评，接下来的几年中评论对德温格尔也绝非一边倒地指责。甚至有的报纸，比如柏林的《每日镜报》在1967年要求"为作家德温格尔伸张正义"。一份新近的研究猜测，"这座前线城市当时或许犯了我们今天理解不了的癔症"[70]。反布尔什维主义再次大行其道。德温格尔于1957年出版了他最后的作品——乌托邦小说《发生于1965年》。在小说中，德国人站在了美国人这边，在一场原子能决战中共同对抗苏联人。由此，反布尔什维主义在德温格尔的作品中终于找到了通向第三次世界大战的途径。[71]在他之前的东普鲁士小说以及那些年民众想象中未能实现的战争，即德国人站在了盟国一方，终于在小说里发生了。

从战地记者到明星作家:
海因茨·G.孔萨利克及其团队

约瑟夫·马丁·鲍尔身为作家的成长经历具有典型特征。很多在1945年后拥有大量读者的作家,不仅是希特勒国防军的士兵,而且也是前线的战地记者。其中,直到今天仍负盛名的一位便是艺术收藏家、畅销书作者洛塔尔-京特·布赫海姆。布赫海姆曾作为战地记者登上过很多潜艇,后来根据自身经历创作了畅销小说《潜艇》(1973)。

另一位极高产的德国作家海因茨·G.孔萨利克,也有过一段不光彩的写作经历。1948年夏天,这位当时名叫海因茨·京特的年轻人还在找工作。那时他还没把母亲的闺名"孔萨利克"加到自己的名字中。后来,他与驻乌尔姆的埃吉斯出版社建立了业务联系。当时从事出版活动的基本前提是回答军事政府的一份"简化了的问卷",该问卷旨在考察作家的政治经历。按照他本人的说法,去纳粹化审讯程序将他归入无罪。1940年到1941

VI
有关战争和战俘营的叙述：沉默

年，他是纳粹学生同盟的成员，1943 年至 1945 年隶属帝国作家协会。[72]至少这些信息出现在了有孔萨利克签名的问卷中——尽管后来(可能被接收人)用纸盖住了。

1999 年孔萨利克去世时，《明镜报》用一篇恶意满满的悼词与他"作别"："海因茨·G.孔萨利克，享年 78 岁。这位来自科隆的畅销书作家，在去世前不久还与一位比他年轻 44 岁的中国女人关系亲密。他既不担心俗气也不害怕陈词滥调，像计件工人一样制造着长篇小说(43 年 155 部)，称自己是'民族作家'，取得了像大众汽车一样的成就(8300 万册的全球销量)。他曾学过医，当兵时到过苏联，因此他的第一本畅销书名为《斯大林格勒的医生》。士兵的喜好、暴力、性等琐事在他的其他前线小说中也保留了下来。1939 年孔萨利克加入盖世太保，并学他的主子(指希特勒)前往拜罗伊特朝圣。一场中风之后，海因茨·G.孔萨利克于 10 月 2 日在萨尔茨堡去世。"[73]

虽然受尽漫骂，孔萨利克和约翰内斯·马里奥·西梅尔仍属于最畅销的德语作家。两人作品的总销量均远超 1000 万册。长期以来，西梅尔和孔萨利克都被文学研究完全忽视，被视作通俗文学作者，不值得细读。1933 年和 1945 年发生了所谓的重大转折，如果要寻找这些时期之间的联系，恰恰有必要认真考察这些从各个方面来看都是真正的大众文学的作家。孔萨利克不仅在 1945 年之前就开始尝试写作，他还是"东线记者"[74]。这一时期的经历后来被他写入大量的战争小说中。有人指责该书充斥着"一种让人不快的、浮夸的、试图驱散被苏联袭击的恐惧的士兵腔"，孔萨利克反驳道："是的，今天我读到自己写的一些东西时，我会问自己，'小伙子，你这是写的什么呀？'但这就是我们当时真实的士兵腔。我曾经对苏联妇女营的故事做过数年调查,尽管如此,现在再写起来可能会温和些。"[75]他的书被同时代的人看作是采用了消遣文学手法的士兵语言的堆砌。"主人公明显都在苏联人那里学会了男人们的粗俗行话,在战争结束30年后他们仍然放不下这种语言,'迷死人'的男人们,当'风刮来一营汗脚的臭味',就会,说白了,'死过去'并偷偷回想。"[76]

但是士兵腔不是孔萨利克的《斯大林格勒的医生》的唯一特征。书中讲述了几个德国医生的故事,其中的伯勒尔医生在苏联的战俘营中为自己的同胞不遗余力,在逆境中拯救了无数生命,并一直捍卫着人类的尊严。在孔萨利克的小说中,斯大林格勒成了德国人作为牺牲者受苦的集中营。至于是何事将他们引向了斯大林格勒,却并不那么重要。"你们把斯大林格勒毁灭了……你们把伏尔加河畔这座美丽的城市毁灭了"[77],书中此处描述近乎客观。另一处写道:"谁说过苏联人太多……我们必须让他们饿死?"[78]但这些都没有阻止读者从一开始就对书中的德国人产生认同。另一方面,书中也充斥着人尽皆知的陈腐思想。比如哨兵长着一张"黄色的鞑靼人的脸"[79],像几乎所有负面人物一样有着亚洲人的特征,"特派员……是一个中等个头、有着蒙古人脸庞的敦实的男人"[80]。对特别残忍的行为负有责任的始终是亚洲人。"一个亚洲人,少校沃罗提洛夫心想。他的喉咙感到一阵恶心"。一名德国战俘坦率地承认:"我们了解到,所有的苏联人都传染上了亚洲病菌,这里是世界上意识形态的策源地。"[81]这本书证明,它的撰写者根本没有探究过"亚洲病菌"的概念,更多的只是在抱怨其对苏联人的影响。最为阴险的是,昔日的侵略者——德国士兵,在书中成了"牺牲品",赚取读者的同情;不仅如此,

Ⅵ
有关战争和战俘营的叙述：沉默

本书仍然维护着早先用来鼓动读者参加对苏歼灭战的敌对概念。例如混合着浮夸的情欲与残忍的苏联女人，一方面吸引着德国男人，另一方面也威胁要消灭他们，"'我是卡莎琳丝卡医生。'她嘶嘶地说。她的眼中闪烁着野性，颤抖着，当她痉挛般地抓住膝间的手时，她感觉到，大腿内侧在发抖"[82]。一名被俘的医生最终强奸了这名苏联女同事，下意识的理由是：这是她应得的。最终这名女医生甚至成了他的恋人："然而，她睡在战俘营的那个夜晚，在塞尔诺夫的怀里，她将家乡高加索的野性发泄了出来。"[83] 为了净化自己的不洁，之后她只能特别残忍地对待其他战俘。罪恶与赎罪的循环，只是为了给没有挑明的、德国人之前的残暴辩解。

随着情节的推动，几名苏联的主要人物在一定程度上"改过自新"。他们觉得自己对战俘不公正，表现得越来越与德国人意气相投，其中包括营地主任医生克列辛、战俘营的长官沃罗提洛夫，当然还有苏联女人，包括一名女医生、斯大林格勒卫生队的队长和一名试验员，她们都爱上了德国战俘。然而，他们的爱情最终都未实现。克列辛很想和那些释放回乡的人一起返回德国，但是不行，他的根在苏联。尽管小说尾声出现了一些和解的时刻，但意识形态的分歧深若鸿沟。小说中所有重要的命令和指示都来自暧昧不清的"莫斯科"，它盘旋于所有人之上，摧毁了人与人之间和解的尝试。就好像所有的假想敌都迁移到了更远的东方，那里潜伏着"亚洲人"，似乎一切不堪和可耻的事情都要由通古斯人、蒙古人和吉尔吉斯人负责，很难有真正的和平。

孔萨利克小说的特别之处不仅仅是"男人们的粗俗行话"和"士兵腔"，这种现象的背后隐藏着更深的东西。他的小说是纳粹战争文学的续篇,不光是由于作者有前科,而且他的作品采用了消遣文学的手段,把二战延续到了冷战。就这样,德国人在近乎洗白的过程中从案犯变成了受害人。除了维护着陈腐的假想敌思想,比如"黄祸"(书中的化身是那永远冷笑的蒙古人),书中又加入了反共产主义的内容。

"一开始听起来可能很荒谬:在有关遣返回乡者的作品和战争文学中,对于二战的观点中占主导地位的是将德国士兵视作德国歼灭战的首批受害人。因此这里不仅对纳粹的罪行和所谓'相对无辜的'国防军做了严格区分,而且在叙述一开始就将前线军官和士兵归入了德国侵略的真正受害者。"[84]在某种程度上,这种做法还受到政治保护和支持。"联邦总理康拉德·阿登纳再次成功利用被遣返回乡者协会(VdH),将士兵作为二战中所谓的德国受害人纳入战后联邦德国的民主政权中。早在他于1949年9月20日发布的第一份政府声明中,就表现出了宽容的态度:'战争和战后的纷乱给很多人带来了严峻的考验,同时也带来了诱惑,让人不禁要谅解某些过错和失误。'此外这位联邦德国总理还要求:'政治上无缺陷'和'并非毫无缺陷'之间的区别应该'尽快消除'。由此他明确拒绝了盟国的去纳粹化政策。在这一背景下,50年代初期,总理在与西方强国就联邦德国作为防务集团条约成员国的出兵额进行谈判时,坚持要求释放被关押的德国将领。"[85]在与民主德国日益尖锐的体系之争中,某些旧的路线似乎提供了良好的出发点。"作为'传统的敲钟人',士兵组织续写着反布尔什维主义的传统,并且将战俘描写成了殉道者"[86]。

其他一些调查聚焦更广、走得更远。按照这些调查,以下说法听起来很合理:德国作为受害者的形象不是在战后才建构的,而是源于自身的经历。忽略所有的罪责问题，个人必然，而且也可以认为自己是战争的受害者。约尔格·埃希特坎普一语中的："大多数的案犯和随大流者早在1945年之前就已经视自己为受害人。"[87]这也证明，德国人并非"一夜之间"变换了角色或是在文学中被冠以另一种身份，只是50年代的文章把以前就存在却没说出口的东西表达了出来。

孔萨利克的成功，一部分是由于他掌握了轻松的娱乐手法，因此受到大众的喜爱。另外一部分特别的原因，是作者在作品中重复了惯常的思维模式，从而在一个和1945年之前思维一致的社会中——没有任何罪恶感——引起了最广泛的共鸣。思维的连贯性、无条件的道德净化，以及为冷战进行战时动员，构成了孔萨利克畅销书帝国的三大支柱。这一点在他的书名中已经象征性地体现了出来。书名中的斯大林格勒，本是德国惨败以及战争发生转折的地方，在书里却变成了德国美德重生的地方，而且这座城市作为以斯大林的名字命名的"斯大林之城"，也是他要与之对抗的共产主义的象征。伯勒尔医生成了正面的反英雄，即与纳粹的理想英雄相反的典型。他坚守的信条是："比自我更高的是做人的责任。"[88]利用这个花招，孔萨利克扩大了德国人与他们的罪责之间的距离。他使书中的大众成了受害者，读者对其充满同情，他们的苦难让人无法再对其问责。在这种背景下，人道主义者，同时又是伟大的外科医生的伯勒尔，变成了正面的、令人认同的角色。

和鲍尔的克莱门斯·福雷尔类似，孔萨利克的伯勒尔医生在现实生活中也有原型：被称作"斯大林格勒的天使"的奥特马尔·科勒医生。经证实，科勒曾在苏联的多个战俘营中为德国战俘忘我地付出。他在1953年年底随着最后一批人员返回德国，受到联邦德国总理康拉德·阿登纳的亲自接见。他余生都献身医学，并常常怀念作为"斯大林格勒斗士"和战俘的那段时期。在战后的一次讲话中，他说："从上次战争以来，世界上所有的战俘营中都有很多人死去。对此我们这些曾经的战俘最为清楚。所有民族曾经做过战俘的人们都应尽力避免此类事情重演。我们都将努力避免战争再次发生。"[89]

小说《斯大林格勒的医生》被改编成了一部很受欢迎的电影，由O.E.哈赛饰演伯勒尔医生，马里奥·阿多夫饰演卫生员佩尔茨。电影拍摄于小说出版两年后，为小说的销量做出了持久的贡献。《斯大林格勒的医生》完美契合了当时的情形，因为50年代后半期，联邦德国影院掀起了一阵战争电影的浪潮。1955年的斑比奖颁给了"1954年最卖座的电影"[90]：《08/15》的电影版。

纳粹的文学政策的影响延续到了1945年后的数十年，一方面是因为对作家作品的禁止和诋毁，另一方面则是由于"第三帝国"对某些文学的支持持续影响着作家和读者。

Der Traum vom Jahre Null

Autoren, Bestseller, Leser:
Die Neuordnung der Bücherwelt
in Ost und West nach 1945

VII 寄本书去那边吧!
阻碍重重的文学交流

圆滑的生意：
民主德国与联邦德国的早期文学交流

实际上二战的战胜国起初一致认为："为了在整个德国自由交流信息和民主思想"……允许不同占领区和柏林之间"报纸、杂志、电影和书籍的自由流通"。[1] 从某些早期的指示来看，当时的人们至少在理论上坚信，只有通过高度的开放性才能引导德国人民从专制走向一个新的社会，禁令和限制与改造教育的目标并不相符。然而，在实践过程中，自由流通变成了空话，各个占领区的负责人保留了各自的规定，所有占领区都没收过物品。随着东西矛盾日益显现，受英国影响的地区就禁止来自苏占区的"政治文献"进入。[2] 而交流首要的一点就是不确定、不受管制。就货币改革之前这段时间来看，可以得出如下结论："几年间西方军事政府不同主管部门就与苏占区的出版物交流事宜颁布了大量法规、命令和指示，因此不可能设计出一幅长期有效的图景……"[3] 同时，人们也能听到书商们压抑着内心的兴奋，报道从东边购进的图书:"从东边涌入西边的,最主要的不是政治文献,而是大量的科学、文艺、技术等书籍。来自莱比锡的每一捆书都受到了热烈欢迎!"⁴似乎占领国相互下了禁入令,而它们却一直争论到底是谁开的头。⁵西占区的币制改革和两种货币区的发展,导致德国到最后分裂成两个国家,局势并没有变得简单。最终,随着1949年至1950年间民主德国和联邦德国之间贸易协定的达成,产生了一份合约,多多少少奠定了两种货币区之间贸易的基础。然而协定所附的商品清单中并无图书。尽管那些年始终存在着双边的图书交易,然而就文学交流规范达成具体协定的努力却一直进展缓慢。首先西柏林的图书贸易代表担心,从东边再次引进图书到联邦德国会损害他们的生意。官方规定民主德国与联邦德国马克按1∶1兑换,但联邦德国市民利用从黑市兑换的钱在民主德国购物要便宜许多。⁶一位昔日的书商回忆道,这种再进口或直接进口,在个人领域,特别是柏林的"小型边境贸易"中确实能够发挥作用。他报道称:"1949年至1951年间我在慕尼黑的胡根杜贝尔书店工作,当时有个书商会定期过来,向我们供应来自民主德国的图书,折扣高于50%。"⁷另一方面出版社为了保护销往民主德国的书,会加盖标记,以防滥用,比如德古意特出版社为自己出口民主德国的书所盖的章:"本作品仅限在民主德国使用。禁止在民主德国之外出口、使用和占有,若有违反,需向出版社支付零售价格20倍的违约金。"⁸

在这个无序的阶段,民主德国与联邦德国达成了一桩大交易,范围远超明朗化的物物交易,这就是"卡尔·迈贸易"⁹。这项贸易涉及的金额可不是几万,而是价值38万德国马克的书籍。至少11.8万册曾经在民主德国卖不出去的卡尔·迈的作品,可

VII
寄本书去那边吧！阻碍重重的文学交流

以易主了。在该贸易中，这位萨克森的冒险家既"没有被禁"——但也"没有获得许可"[10]。其中特别具有讽刺意味的是：贸易涉及的都是1945年以前出版的书。民主德国想把无法"指望"自己民众购买的货物廉价出售到联邦德国。在这场交易中，民主德国被获准进口同等价值的专业和科学文献。卡尔·迈当时在整个德国尚存争议，因此该交易就引发了很多质疑。例如："无论如何从文化政治的角度来看，是否有理由认为，民主德国为了满足自己对科学书籍的大量且合理的需求，掩盖了这样一个事实：联邦德国书市上充斥着大量名望不高的通俗文学作家的书"。恩斯特·乌姆劳夫在70年代末坚信，"这种补偿使人感到荒唐和近乎轻浮"[11]。虽然这场交易并未达到原先计划的额度，但民主德国在该交易初始阶段的表现以及联邦德国同样假惺惺的"反对理由"表明：首先，人们已经准备利用有问题的内容——从意识形态的角度来看——来赚钱。其次，人们仍然认为那位萨克森的畅销书作家很可疑。由于民主德国与联邦德国都认为图书交易有教育作用，因此与乌姆劳夫类似的评价在联邦德国应该不算出格。

用图书换啤酒杯垫子

"寄本书去那边吧!"联邦德国大力宣传,呼吁民众在寄往民主德国的数十万私人包裹中,都能附带上图书。他们希望,"至少德国两个部分之间的文化关系"[12]可以借此得到维护,这在一定程度上架起了一座超越政治鸿沟的精神桥梁。交流的途径主要有三条:两个德国之间官方的图书贸易、颁发出版许可,以及——可能也是最重要的——私人旅行、走亲访友和私人包裹。

官方的图书贸易的的确确是最狭窄意义上的交换。在"民主德国和联邦德国之间的贸易"框架内,供应和采购"科学图书和专业图书、科学期刊和专业期刊、文学书籍、乐谱以及提供和接受印刷委托"[13]都要受到管制。以上产品的顺序也代表着数量等级上的划分,最主要的是科学和专业书籍。民主德国和联邦德国之间的贸易基础是1951年9月签订并于次年生效的《柏林协定》。该协定确定了双方每年获准交易的数额。对于"民主德国马克货

VII
寄本书去那边吧！阻碍重重的文学交流

币区的供货"以及"联邦德国马克货币区的供货"，相关负责人为"出版物（货物目录内的优先）定下了各450万的结算单位"。[14]该数额后来不断得到修改和调整。发往民主德国的科学书籍、杂志和专业杂志预计有40万结算单位。文艺书籍和杂志只准由民主德国供给联邦德国，并且规模是20万结算单位。发往民主德国的科学书籍的金额，够联邦德国购进40万换算单位的啤酒杯垫子。[15]"1954年供应和采购均超过了1000万德国马克大关。最终1955年取消了大多数项目的价值限额，但仍需要获得进口许可。"[16]"取消限额（文学书籍除外）在1956年就显露出一个奇特的后果，那就是联邦德国向民主德国供应了1400万结算单位的书籍和杂志，却只购进了340万。"[17]文学书籍始终是边缘现象，毕竟双方都有意识形态上的顾虑。[18]

在民主德国与联邦德国的书籍，尤其是纯文学书籍的贸易方面，要区分零售出口和版次出口。[19]版次出口主要指的是所有版本或部分版次的出口，零售出口则代表读者至少在理论上可以自行订购另一个德国的商品。但是，尤利娅·弗罗恩在其概述文学交流的论文中写道："在民主德国，由于审查限制，不是每本联邦德国的书都允许订购。活动于联邦德国的民主德国出版社的代表们，也要接受深入的、意识形态忠诚度的考察，并且要遵守文化部对于与联邦德国图书零售谈判所做的具体指令。"[20]购买联邦德国的图书有"无数障碍"[21]。只有"来自帕尔-鲁根斯坦出版社和勒德贝格出版社的具有马克思主义或社会主义色彩的"或类似的书籍才会畅通无阻。而另一方——至少理论上——看起来是另外的情形，"每一位联邦德国读者都可以获取任何一本在民主德国出版的图书和杂志，只要其发行不违背联邦德国的刑法即可"[22]。

颁发出版许可作为文学交流的途径，具有很大的不稳定性。最初几年中，民主德国与联邦德国市场上都有一些值得一提的作品和作家。此类作品中最有名的就是特奥多尔·普利维尔的《斯大林格勒》，该书是全德国范围内的畅销书。然而，这种交流可以说是个例外，后来先是减少，在建起柏林墙后又逐渐活跃起来。"随着1961年民主德国边境关闭，从联邦德国购买图书在很大程度上被禁止，而借阅则完全被禁。……许可业务以及本地图书馆的供给也就越发重要。"[23]在80年代初期，许可业务包括300多种图书。[24]尤利娅·弗罗恩在她的研究中估计，"两德之间文学交流的绝大部分都借由德国内部的许可交易完成"[25]。这种交易一方面涉及出版社之间的许可合同，另一方面也涉及一些作家，他们可以直接授权给另一方的出版社。享有这一特权的民主德国作家，据说只有安娜·西格斯和贝托尔德·布莱希特。[26]联邦德国出版过布莱希特作品的苏尔坎普出版社，其"经济基础和出版计划的基础"[27]就是这位民主德国作家和他的作品。联邦德国作家中可以和民主德国出版社直接签署合同的有迪娜赫·内尔肯、金特·魏森博恩、奥斯卡·马里亚·格拉夫和汉斯·冯·厄廷根。不同于西格斯和布莱希特，他们并非一线作家。

有些获得许可的联邦德国图书未能进入民主德国，一部分是因为文化和审查因素，一部分是由于外汇短缺："外汇短缺限制了进口联邦德国图书的规模，并在50年代末促进了以比特费尔德道路①为标志的文学政治上闭关方针的提出，面对西方现代文

---

① 比特费尔德是德国中东部城市，现属萨克森－安哈尔特州；德国分裂时期属于民主德国。在1959年4月24日举行的比特费尔德会议上，民主德国宣布了一项新的纲领性的社会主义文化政策，要求走独立的"社会主义民族文化"的道路，从而满足"劳动人民日益增长的艺术和美学需求"。

学的'堕落',民主德国继续自我封闭,其有限的外汇基本上是为科学书籍保留的。"[28]

有些出版社强烈抗议这些限制,莱比锡的雷克拉姆出版社就曾直接向文化部下属的出版总局抗议过。他们担心,连西部分社也担不起"万有文库"的牌子了。他们称,迄今出版的超8000种书在民主德国只有326种可以交货。对于现代美国和西欧的文学作品,"由于纸张配额太少,可供使用的外汇量不足,出版社非常担心无法在'万有文库'系列中将其分享给民主德国的读者,而其中部分作品已经享誉世界"[29]。按照出版社信中所言,雷克拉姆出版社1955年只有约1万德国马克的外汇可以使用,次年也只有少量增加。总编汉斯·马夸特称,雷克拉姆出版社出版的图书版本要比同行的更合算:"外汇贸易的经济优势很明显。以海明威的小说《老人与海》为例,建设出版社出版的版本定价是6德国马克。如果以10%的许可费计算,每印1万册就要向许可证签发人支付6000德国马克的外汇。而在'万有文库'系列中每本只需0.8德国马克,因此同样印1万册,仅需支付800德国马克的许可费。"[30]文学和出版事务局的一位工作人员对此表示:"我基本上赞同雷克拉姆出版社的观点。"[31]但这并没有改变外汇短缺的情况。

获得许可的民主德国图书未能进入联邦德国,则是因为很多与民主德国有过合作的文化产业从业者都遭到了猜疑,被认为是为了保护自己的销售利益(也就是说,人们不愿意面对来自墙那边的竞争)。[32]矛盾的是:柏林墙建成后,联邦德国出现了更多民主德国作家的作品,[33]相反,联邦德国在民主德国获得的许可却更少了。最主要的原因是,人们不想将珍贵的外汇花在进口"阶级敌人的图书"上。[34]

最重要的始终是私人的图书交流。在德国内部的包裹流通中,全德事务部(联邦德国)就用传单的形式进行过宣传,如"寄本书去那边吧!"传单表明,图书绝对没有——像很多人误以为的那样——完全被禁;但同时也不得不承认,在民主德国占主导地位的,依然是过度的专制和对法律规定的狭隘阐释。尽管如此,"截至1961年,文学走私的规模几乎无法估量:1956年,据海关估计,每月有120万人次通过室内高速铁路、地铁和其他途径越过柏林边境,尽管开展了花费巨大的专项活动,也没能将这个数字降低一个百分点"[35]。相应地,国家安全部对入境的个人包裹的态度就相当关键。据称,来自西方的垃圾文学产生了不良影响——特别是对青少年。马格德堡的商品交易海关和管控局发现,这种引人注目的垃圾文学在1960年增加了80%,它们主要是通过包裹,部分是被西方游客带到了境内。[36]这种不受官方欢迎的文学输入成了很多人支持紧闭边境的理由。柏林墙的修建必须被合理化。

民主德国与联邦德国的海关和审查

"民主德国政府所有关于两德关系正常化的建议都被联邦德国政府拒绝了。波恩的复仇政客没有迈出沟通和缓和的步伐，而是变本加厉，对民主德国极尽挑唆、蛊惑和污蔑。受波恩秘密机动基金的资助，大量美化联邦德国军事主义的文学作品得以出版，并试图混进民主德国。"这是1963年民主德国海关管理处一份工作手册的前言，该海关管理处主要负责管理"文学和其他印刷品"的进口。前言中还说，同时有必要"在符合法律规范的范围内，保障正当的交流以及书籍的引进，从而确保我们的科学家、工程师和其他脑力劳动者拥有工作所需的专业文献"[37]。该工作手册笼统地将专业文献和科学书籍列入附录的准入清单，该特权也适用于图书馆间的交流或者获得特别许可的店主。海关管理处认为"经典作家和1900年前的其他作家的纯文学作品"[38]也没什么问题。涉及20世纪的作家时情况就复杂了，只有列入特别名单上的作家的作品才准引进。也就是说,当时的作家都需要经过逐个审查。德国作家的名单一目了然,只有两张 A4 纸,上面当然是那些对民主德国持有好感或曾在那里生活过的作家,如阿诺尔特·布龙宁、汉斯·法拉达、亨利希·曼、迪娜赫·内尔肯、汉斯·埃里希·诺萨克、亚历山大·格拉夫·施滕博克-费莫尔、金特·魏森博恩。同样被列入名单、准许引进的还有英格伯格·巴赫曼、海因里希·伯尔、马克斯·弗里施、赫尔曼·黑塞、罗尔夫·霍赫胡特、埃里希·凯斯特纳、沃尔夫冈·克彭,曼氏家族①、埃里希·马里亚·雷马克,汉斯·维尔纳·里希特或卡尔·楚克迈尔以及斯蒂芬·茨威格。相反,就柏林墙的修建表达过批评意见的君特·格拉斯,或者与社会主义背道而驰、已经定居联邦德国且被视为叛徒的特奥多尔·普利维尔则不在名单中。联邦德国大众文学的所有作家也不在列,由此也被排除在合法的"交流"之外。明确被禁的主要是"煽动文学"和"垃圾文学"。邮寄的书籍如果属于这两类,则可能全部或部分被没收。海关被勒令对寄件人和收件人进行调查。

  此类规定使文学交流不只成了单行道,甚至完全被禁行了。然而,联邦德国也难辞其咎,也就是说,阻碍交流的现象在两德都存在。比如联邦德国的规定中不乏以下说明:根据联邦法令不允许创作、订阅和销售危害国家和青少年的作品,授权订阅时不得违背该法令。换言之,联邦德国以该法令为依据,将不受他们欢迎的来自民主德国的出版物,定性为危害国家或青少年的读物,从而加以禁止。"50 年代,德国共产党在联邦德国被禁,在

---

① 德国最著名的小说家族,该家族最著名的成员是诺贝尔文学奖获得者托马斯·曼,在其家族小说代表作《布登勃洛克一家》中便可窥见曼氏家族兴衰发展的历史。

VII
寄本书去那边吧！阻碍重重的文学交流

这种背景下，政治刑法的力度加强。生产或销售所谓的'危害国家的作品'，必然面临严厉的惩罚。"[39]"联邦德国书商引进民主德国书籍可能随时受到司法起诉。顺利摆上书店柜台的书，同一时刻可能在别的地方已经被收缴。在当局的干涉下，小说也好，专业书籍也罢，都不保险，甚至连前言都会被质疑。因此民主德国出版的图书有大部分都被查抄了。"[40]这项法律还将一位慕尼黑的出版商——维利·魏斯曼送上了法庭，使他不得不因为出版了危害国家安全的图书而出庭答辩。在准备阶段，魏斯曼试图找到一份此类图书的清单，一开始徒劳无获，一段时间后他得知了几种同样违反规定的书，其中包括肖洛霍夫的《新垦地》。这部长篇小说此后不久就在慕尼黑的利斯特出版社大量出版——一个西方专制的典型例子。[41]

联邦德国的干预，特别是在50年代，绝不限于所谓的"垃圾文学"。一份新近的研究表明，通信秘密即使在联邦德国也受到了系统性的侵犯，受牵连的包括国内邮寄，特别是来自民主德国的邮件。"自联邦德国成立以来，每年有数百万件邮件被检查、打开、没收、销毁或是退回。同样有数百万的电话被监听，电传和电报被抄写，而且随后被占领国以及后来的同盟国，甚至联邦德国自己分析利用，以获取情报或追究刑事责任。"[42]当然很过分，正如约瑟夫·福申波特《被监控的德国》一书所提议的——应该将联邦德国称为"组织严密、运作高效的监视国家"[43]，的确，对个人权利的侵犯是体系化而且大规模进行的。特别是来自民主德国的有鼓吹嫌疑的大量邮件，被挑选出来成批销毁，连很普通的印刷品甚至私人信件也未能幸免。虽然很难得出准确的数据，但德国邮电部曾在1952年称大约涉及100万件印刷品。[44]由此可见，数量是非常庞大的。也就是说，国家行为实际上侵犯了公民的基本权利长达数年之久。本国的公仆——邮局和海关官员或是检察官——被迫长期枉法，并且违背自己的良知，触犯现行法律。这一切都打着对抗共产主义的旗号。特别是在早期，没收的鼓动材料都以"现场焚烧"[45]的方式被销毁。约瑟夫·福申波特在他的调查中深刻指出，"销毁"和"挑选"[46]等词汇也明显借用了"第三帝国"的语言——但这显然未对负责人造成什么不适，虽然第三帝国才毁灭了没几年，德国的木柴垛再次熊熊燃烧了起来。

直到"德国内部的收缴"结束时，这个话题也没有在内阁引起任何人的特别关注。"1966年2月9日，联邦政府的内阁决议简明扼要地指出：'联邦邮电部长施蒂克伦的声明'称，他掌管着邮电和电信业，'即日起，对于联邦德国境内寄出的包含社会主义宣传材料的邮件，邮电局将停止迄今为止将其上交刑事起诉机关的程序'，内阁已知悉。"[47]但是这一切是怎么发生的？自由交流信息和民主思想的理想在整个德国还剩几何？或许这个问题很幼稚，有人会反对说，是外部政治情势迫使双方采取了极端的措施。另一方面，值得一提的是，在一个独裁过往仍然历历在目的国家，竟然可以这么快就用上和12年前类似的手段，或许是由于对某些操作的熟悉以及某些思想的惯性吧，毕竟人们当时别无良策。有一种思想在德国特别清晰：书是最具影响力的媒介。这一点可以由美国一个出版社委员会的报告证明。该委员会1948年夏应美国军事政府之邀前往被占领的德国，他们的任务是调查德国出版业及其在战后的状况。研究强调，德国的出版业"在西方世界历史最为悠久"。"欧洲出版业的起源可以追溯到古

VII
寄本书去那边吧！阻碍重重的文学交流

腾堡发明活字印刷时期"[48]。此外委员会还强调，与美国相比，图书在德国"民族的生活中发挥着更为重要的作用"[49]。书在德国被视作"德国科技的标杆、德国文化的突击队和德国贸易的领军者"[50]。简而言之：书几乎被赋予了魔力。另外，在德国人的教育观念中，印刷品上的文字比老师更重要。[51]换句话说，白纸黑字读到的东西，比一位教育家的榜样或课程更有分量。因此人们认为，印刷品的积极或消极影响要高于其他教育手段。或许这就解释了为何针对不受欢迎的、具有敌意的文字，即使是在1945年后也依然延续了严格的处理手段。美国委员会惊骇地指出：巴伐利亚现在的审查措施"完全和希特勒一样严厉"[52]。

是因为民主德国与联邦德国没有更好的办法或者说只能如此吗？这种认为图书似乎具有"魔力"的观念直到今天仍然发挥着作用："巴伐利亚州政府"作为前纳粹出版社的合法继承者，为了不让德国读者阅读希特勒的《我的奋斗》这本书，保留该书的版权直到2015年。就好像这本书光是存在着，就能把善良的民主人士变成没有头脑的新纳粹。但事实恰恰相反：没头脑的人足够机智，早就设法获取了书稿，以至于全世界和网络上都有不同的版本在传播。成熟的民主人士被当成了傻瓜。这也是德国根深蒂固的又有些偏激的图书信仰的后果。

抵制垃圾，向低俗宣战：教室里的大搜查

在抵制所谓的垃圾文学时，两德表现出了一定程度上的同心协力，只不过双方的抵制口号和重点不同。在采取种种措施的过程中，连民主德国都很快堆起了木柴垛来焚书：事实上是一种暴行。民主德国通过了《青少年保护条例》，该条例于1955年9月15日起具有法律效力，并且伴随着很多宣传措施。几年后海关管理局的一项工作方针就此做出简练说明："垃圾文学必须销毁。"[53]

然而各相关负责人一致认为，垃圾文学主要是从西方流入民主德国的。因此，《新德意志报》1955年10月假托援引了来自石勒苏益格-荷尔斯泰因州的一位青少年教育工作者的日记。该日记以极其露骨的场景描述了电影和垃圾小说对西方涉世未深的青少年的影响，认为消费不恰当的电影或书籍几乎不可避免地会导致犯罪。然而，唯独民主德国开始利用法律和规定抵制此类电影

和书籍。"教育者和救济机构的工作人员经常很无助。……但是波恩政府为我们制造了极大的麻烦。它对身处困境中的青少年视若无睹，不愿意为我们颁布法令对抗恶习。因为低俗小说和色情电影带来了可观的收入，还能帮他们把青少年培养成北约雇佣兵从事杀人的行当。"[54] 此类文化侵略通常都来自西方，这种论述模式一直持续到民主德国垮台。因此在宣传中，低劣的读物与西方敌对势力结成的同盟是民主德国斗争的对象。这些假想敌也与国家安全部的策略相符，国安部乐意在西方寻找一切潜在破坏性的肇始者。国安部向国家领导递交的一份报告称："为了破坏社会主义建设，阻止青少年积极投身其中，敌人不惜一切手段，特别是借助意识形态上的破坏活动，试图在青少年中打下基础，将这些人纳入他们的罪恶计划。……青少年帮派和流氓团体的活动包括阅读垃圾文学，偷听西方电台和利用煽动、斗殴甚至危险的暴力活动和国家犯罪行为骚扰市民。敌对分子的活动越来越活跃，所有的情报中心、广播、电视以及其他意识形态阵地都被他们利用。煽动性材料、垃圾文学、光盘、明星照片等的走私增长尤为明显。有计划地对民主德国的青少年进行精神腐蚀，是敌方心理战的一种形式，并且受北约和联邦全德事务部的操纵。"[55]

在这场斗争中，老师检查学生的书包里是否有被禁的走私品似乎也不算稀奇。70年代的文献资料显示，越来越多的人开始反对这种行为。但这些文献首先也证实了这是当时的普遍做法："我们了解到，无数的教育工作者、学生和家长在讨论中表达了自己的担忧，他们担心阶级敌人会利用来访机会向我们走私更多的垃圾文学。另外我们也了解到，柏林所有的学校，都按照1969年3月26日颁布的《保护儿童和青少年条例》的要求，定期对垃圾文学进行检查。此外，为了继续打击青少年犯罪，一系列城区的人民代议机关做出决议，责成所有教育人员加强检查力度。"[56]不过在这种背景下，人们开始谈论这些方法上的某些"过分"之处。最终，所有的不良印象都汇集起来："我的儿子在柏林特雷普托区第四高中的6b班。周三……地理课上对所有的书包进行搜查，查收垃圾文学作品和一切与课堂无关的物品。在紧接着的音乐课上，所有的男生必须掏空裤子口袋（穿裤子的女生也得这样）。"[57]这是遵照学校领导的指示而采取的措施，但"同事们……在整个过程中感觉不太好"。

这种清理工作并非民主德国独创的，联邦德国也好不到哪里去：联邦审查处负责处理危害青少年的出版物。方法相同，只是意识形态的上层建筑有差异。

《士兵》：以其他手段延续战地军邮

垃圾文学的典型代表——手册小说在50年代经历了一个"伟大"的时期。自1957年起，帕贝尔出版社以手册的形式出版了系列长篇小说《士兵》，估计每周发行6万册，在"最辉煌的时期"该系列实现了每个月50万册的销量。[58]相关研究称，这与当时的社会背景有着密切的联系："随着战争题材在50年代以画报和电影的形式逐步火爆……《士兵》手册由此成了民族主义大众传媒的一部分，在近来重新军事化的背景下，联邦德国试图借此彻底改变德国士兵的形象和他们在刚刚过去的战争中所扮演的角色。"[59]对这一观点应持怀疑态度。人们不禁要问，事实上到底是"逐步火爆"，还是不再掩饰一直存在的素材和内容了。"《士兵》包含了对二战中真实事件的报道，揭示了战争的艰难、残酷以及前线生活物资的匮乏。无论是在水下的钢管中，还是作为歼击机飞行员对抗盟军的轰炸机群，或是作为一名普通士兵在广阔的俄罗斯搏命，读者都如临其境。"[60]这段话并非出自国防军宣传部门，而是直到2013年人们仍可以在鲍尔传媒集团旗下的帕贝尔－莫维希出版社的主页上读到的话。

民主德国出版的《联邦德国战争与纳粹罪犯褐皮书》，将帕贝尔出版社列为"特别危害青少年的军国主义和纳粹思想的"[61]制造者，并认为该出版社出版的图书"美化了战争和法西斯的战争机器"。据《褐皮书》称，这些书的作者都是"纳粹军官"和"法西斯头目"。

在今天看来，这些小册子根本没有举足轻重的影响力，否则帕贝尔－莫维希出版社也不会在将近60年后的2013年默默停止了该系列的发行。在此之前，西蒙·维森塔尔中心①撰写的一篇报道指责这些小册子破坏了对大屠杀牺牲者的回忆并美化了纳粹；此外也有人呼吁德国内务部和司法部，对该系列采取行动。[62]但是德国官方机构不需要现身，很明显，名声受损的风险比该系列带来的经济收益要大得多。

上述事件发生在2013年7月至9月间，媒体对此反响甚广。"《士兵》本身现在已走向灭亡，不需劳驾国家检察官。这些手册销量锐减，只有少数人还想读，它们的时代已经结束。禁令太抬举它们了。"[63]《南德意志报》如是写道。

纯粹形式上的手册小说或许已经退出历史舞台了。从手册内容上看，战争被低估，死亡也无关紧要，只在列举数字时被提及。也没有讨论战争原因或战争罪行。"空中优势越来越转向敌方"[64]，当德方在东线由胜利突然变成溃败时，该系列8号手册简单地写道，"物资扼杀了勇气。""士兵。在陆地、水上、空中，

---

① 以反纳粹的奥地利人西蒙·维森塔尔名字命名的国际犹太人权组织，总部位于旧金山。

Ⅶ
寄本书去那边吧！阻碍重重的文学交流

涉及所有武器的小说。"这是全系列简介的开头。一切描述都被理想化了，乌克兰的孩子们接受了德国士兵的圣诞馈赠："他们理应拥有一些自1917年俄国革命以来就享受不到的东西。"[65] 即使是在法国的战俘生活，对于"斯图卡-弗朗茨"来说也是一段愉悦的时光，他在一个友好的农民那里，享受着无尽的红酒。不久他就被友善地遣返回乡，带着一封法国医生的介绍信，"俯冲轰炸机大队的成员都极其优秀且具有人道主义精神。连法国都有传言，德国人都开始迷信起来，任何和纳粹有关的人都会被追踪。俯冲轰炸机大队的飞行员也曾是纳粹啊！医生心想"[66]。从昔日的士兵到战后平民生活的过渡也堪称典范：在以前的飞行联队长和机械师的支持下，斯图卡-弗朗茨开了一个加油站，就在当年为莱茵河的英国士兵修建的具有战略意义的街道上。小说的结尾，一名前飞行员的后代坐在滑翔机上，满怀憧憬地盘旋在观众的头顶，迈向更好的未来。"我的儿子今天首次长途飞行"[67]。

这些手册让每个人都觉得很舒服。那些参与过战争的人如此，其他人也如此。手册不会刺痛任何人，小说情节和人物均有衔接性。其中有些手册小说不仅仅在生产工艺上是战地军邮在另一个时代的延续，写法也如出一辙，而战地军邮曾为士兵和其他有服兵役义务的数百万人提供了阅读材料。

帕贝尔出版社延续了这一传统。该出版社战后出版的《士兵笑了——制服幽默》特意模仿民族观察员出版社出版过的《至今我仍因此发笑》和《至今士兵仍因此发笑》，连封面都与这两部销量很高的笑话和轶事集锦相似。这绝非偶然，而是有意为之，刻意要与旧的熟悉的事物建立起联系。"战争是一件严肃的事情。我们所有人都知道它的恐怖，绝不能低估。"[68]那本书的引言写道。还有:"本书不仅会为老兵和新兵带来乐趣,让昔日的士兵抿嘴一笑,使他们回到'服兵役'的年代,并且还会向所有'缺席'的人证明,士兵们具有怎样的人道主义立场,正是这种人道主义立场使德国士兵精神的名声远播世界。"[69]

如人们所愿,西蒙·维森塔尔中心埋葬了《士兵》这个"濒死者"。归根到底,该系列手册小说中对战争的轻视和简化不过是延续了其他很多书籍、电影中的缄默。书籍、电影勾勒出了一副怪诞的二战形象,而这种小说或许是缄默的最持久的形式。

民主德国的手册小说：
《反攻虚无》《自由还是香蕉》

"联邦德国和美国制造的'垃圾文学'被视作西方'帝国主义心理战的一部分'"[70]。民主德国人民教育部部长弗里茨·朗格的一份长达几页的卷宗这样认为。伴随着垃圾文学的出现（早在魏玛共和国时期），一直有一种老套的论证模式：受此种读物的影响，特别是青少年，"很有可能出现残暴和蔑视人类的倾向"[71]。"在民主德国，"人民教育部认为，"出版社致力于出版有趣的儿童和青少年作品，有必要再接再厉。……在苏联，最杰出的作家把为儿童和青少年创作优秀的作品视为爱国义务。在我们国家也应如此。"[72]那么，民主德国有可能允许出现类似联邦德国的手册小说这样的东西吗？

是的，手册小说即便在民主德国也有读者，而且销量可观，例如库尔特·达维德的《反攻虚无》。达维德曾以士兵身份亲历过战争，当过苏联战俘，并且在成为自由作家后的第一部作品中便书写了这段并不遥远的过去。[73]该作品被标注为"中篇小说",但在读者看来,完全是典型的手册小说——封面刺目花哨。该小说由国家防务部出版社出版,很明显以爱好浅显的消遣文学的读者为目标。达维德曾供职于国防军,后被俘,之后又当过人民警察,他很清楚自己要写什么。

《反攻虚无》从普通士兵的视角描述了战争的徒劳与虚无。书中提到了满满一箱子的奖章、铁十字架和骑士十字勋章,这"一百公斤铁"[74],就是人们在学校的一所建筑物里苦苦抵御进攻的苏联军队保卫下来的东西。最后,主人公——二等兵沃尔夫冈·菲德勒决定结束这场毫无意义的斗争。他和一些幸存的战友向苏联军队投降:"我会再见到你的,克里斯特尔,沃尔夫冈心想。人们不会给计划击毙的人包扎。"[75]

一件难以隐瞒的事实是,库尔特·达维德从1972年起有十余年之久被国安部视作非正式员工。他的军官上司在一份鉴定中写道:"这位非正式员工报道了他逐渐了解到的一些现象,尤其是文艺圈中政治和意识形态方面的破坏。"[76]后来由于健康和年龄原因,他被取消了非正式员工的身份,也就是说被"抛弃"了。

民主德国也完全意识到了这种"小形式"的大众传播的影响力,另外几册书也证明了这一点,比如标题优美且内涵丰富的《自由还是香蕉》一书。该书作者鲁道夫·海因里希·道曼恩在魏玛时期是德国社会民主党的成员,职业是教师和校长,曾写过工会相关主题的作品(《罢工》,1932年出版于古腾堡书协)。"第三帝国"时期,他任教于一所天主教会学校,在此期间写过多部乌托邦小说,从经济情况来看,他顺利度过了这一时期。道曼恩被视作"民族社会主义国家及其机构"的"积极的市民"。[77]从

VII
寄本书去那边吧！阻碍重重的文学交流

销量来看，他还是1933年至1945年间与汉斯·多米尼克比肩的最著名的乌托邦小说作家。战后他在波茨坦地方广播台担任过一段时间的广播节目负责人，一生笔耕不辍，作品中较受关注的有印第安人小说《塔坦卡-约塔卡》和《达科他的毁灭》。"民主德国的科幻小说研究认为他的书中有社会民主思想，试图将他与'美国化的'类型区分开来，并尊其为独创的'社会主义'未来文学的鼻祖"[78]。

《自由还是香蕉》描写了英属洪都拉斯的居民反对联合水果公司（金吉达香蕉背后的美国康采恩）的斗争。"我知道你们在伯利兹和本克别霍之间的土地上对勤奋的黑人和快乐的印第安人做了什么。你们嘴里说的进步，指的就是香蕉。但我们要的是自由，而不是给联合水果公司提供香蕉。我们如何和睦相处？"[79]这个"香蕉共和国"的自由之战很符合当时欧洲不断激化的东西矛盾，只不过该书将以经济强权为特点的美国描写成了侵略者。在道曼恩的小册子中，最终邪不压正："万岁！工人们，无论在山间还是海边！/我们不再任人鱼肉/联合水果公司的流氓！/自由还是香蕉！/我们旗帜上的星星/喊的是'自由'而非'香蕉'！/联合水果公司滚蛋！"[80]

有着不光彩过去的
畅销书销量冠军：库尔特·赫尔瓦特·巴尔

民主德国传统的手册小说的销量相当可观。新生活出版社的"新冒险"系列中，库尔特·赫尔瓦特·巴尔创作的（部分与他人合著）手册仅在1956年至1961年间就达到了150余万册的总销量，《与芭芭拉的交易》（又名《月球观测站的火灾》）的年平均销量为16万册，售价25芬尼。从这个意义上讲，巴尔虽然由于没有创作出不朽的作品，算不上伟大的作家[81]，但他的影响范围的确堪称广泛。

库尔特·赫尔瓦特·巴尔1945年之前就开始从事新闻工作，曾多年效力于反犹主义的民族杂志《锤子》。他是一名反犹煽动者，据说后来公开支持过《纽伦堡法案》。[82]自由法学家调查委员会在其关于《昔日曾供职潘科的纳粹分子》的出版物中就关注过巴尔，并公布了他生平的一些细节：1933年5月加入纳粹党，后来成为党卫军杂志《黑色军团》的自由撰稿人。这份出版物还

VII
寄本书去那边吧！阻碍重重的文学交流

指明，他是"大量民族小说的作者……(《狼子之路》，林佩特出版社，1938年；《德意志洪流》……)"[83]。事实上巴尔其人其作也出现在了民主德国的所有禁令上，包括德国人民教育管理处的"必须禁止的作品名单"。他的财产在去纳粹化过程中被没收。[84] 然而后来他又被获准"改造"，并效力于新的国家。民主德国相关的作家和出版社圈子都了解巴尔的过去，埃里希·勒斯特后来就曾回忆："所有与库尔特·赫尔瓦特·巴尔有业务联系的作家都知道他的纳粹罪行，并把他的谦逊的态度视作默默忏悔的姿态。"[85]

巴尔与洛塔尔·魏泽合著的《月球观测站的火灾》[86]，初版发行量达到了16.3万册。该书讲述了一个典型的科幻故事：一名贪婪的英国企业家出于纯粹的经济利益，企图破坏英国和苏联科学家之间的和平合作，并策划了一起谋杀，但计划最终没能得逞。就是这样一本简单的消遣小说。在另一本标题为《……驶往塞得港》的小册子的印刷许可中有这样的评语："这是一部关于苏伊士运河国有化及揭露英国阴谋诡计的小说，但多处证据证明该书是匆忙写成的。很多东西晦暗不明，对埃及的事和人的喜爱、对英国不公正要求的排斥倒是显而易见。"[87] 该作的审查官也清楚这一点。这不是什么高雅文学，而是传播广泛的大众文学，最多只能传递出政治上的机会主义的信息。一家出版社对巴尔的另一部作品做出了十分贴切的评价："整体上相当干净，即使有时有些拖泥带水和啰唆。巴尔不过分追求深度，而是更加关注情节的丰富性，这种风格有利于把控那些难以驾驭的素材。由此创作出的涉及时政话题的消遣小说，满足了出版社对作者的期望和要求。"[88] 消遣文学为人们提供一个壁龛——一个朝向"各个方向"的壁龛。

Der Traum vom Jahre Null

Autoren, Bestseller, Leser:
Die Neuordnung der Bücherwelt
in Ost und West nach 1945

VIII 冷战的军械库：
体系斗争中的作家们

《良心在骚动》：鲁道夫·彼得斯哈根

纳粹借助德国国防军将整个欧洲变成一片废墟，造成了各方数百万的死难者。对欧洲犹太人的大屠杀，也是在士兵的执行和战争的阴影下才能达到如此大的规模。因此，指望德国士兵——尤其是军官——在战后能反思自身的责任和罪行就相当合情合理了。然而这种指望并没有顺利实现。士兵们坚称自己只是按命令行事，这种辩护已经变成了固定说辞。"在法庭上，希特勒帝国的高官要员几乎毫无例外地把所有战争和屠杀的责任推得一干二净"[1]。直面自己过去的人不多，其中一个便是鲁道夫·彼得斯哈根。彼得斯哈根生于1901年，从1919年起至1945年战争结束一直是职业军官，一开始是志愿军，后来加入了德国国防军。"服从的问题长久以来一直折磨着我。我很清楚每支军队都需要服从。但在某时、某处终归有个界限：按照军法，士兵没有义务执行要求他们犯罪的命令。但什么是犯罪？如果由希特勒引发的整个战争本身就是犯罪呢?"[2]

怀着这些想法,鲁道夫·彼得斯哈根展开了自传性质的回顾。出版其回忆录的出版社执行着对于民主德国来说似乎很不寻常的纲领:"本出版社的所有出版物都致力于争取中产阶级、曾经的纳粹党成员,以及早前的军官和希特勒军队中的职业士兵,以巩固和保证所有劳动阶层的联合,使其承认、支持和促进工人阶级及其统一的政党——德国统一社会党的领导地位。"[3]这家出版社就是隶属于德国国家民主党(NDPD)的国家出版社,社长是金特·霍费。该出版社将通过文艺和科学"与帝国主义斗争"视为己任。比如"以传记和自传的形式,描述中产阶级成员典型的人生轨迹和发展历程,呈现昔日纳粹党成员、希特勒军队中的军官和职业士兵的政治转变"[4]。《良心在骚动》一书便完全符合这一意图,该书作者彼得斯哈根本人也是国家民主党党员。国家出版社审校部的重点任务是"转变文学的发展……。向我们靠拢的人,其意识转变的重要标准是对法西斯的过往,特别是对二战及其后果的深入探讨"[5]。几年间,国家出版社出版了冠以"转变文学"标签的不同作家的全系列作品。

彼得斯哈根谈论并记录下了纳粹和德国国防军的罪行。他毫不隐讳,"所谓突击部队隶属的情报服务部门",其任务就是谋杀"警官、犹太人和其他可疑分子"[6]。同样毋庸置疑的是,"苏德战争不是正义的战争,而是一场屠杀"[7]。如此清晰的表达,在50年代的联邦德国文学中很难再找到。

彼得斯哈根真正的考验在战争末期。由于受伤,他被从东线调回家乡,1945年成为格赖夫斯瓦尔德的司令员——此时红军正在向这座城市挺进。彼得斯哈根没有服从坚守到最后一颗子弹的命令，而是将整座城市拱手交给了胜利者，并由此获得了"格赖夫斯瓦尔德拯救者"的非官方称呼——至今该市的一条林荫大道和一个日托所仍以这位荣誉市民的名字命名。

彼得斯哈根和他的妻子在战后仍维持着与不同占领区的联系，包括他们在联邦德国的家族纽带。1951年的一次联邦德国之旅中，彼得斯哈根在慕尼黑被美国的情报机构CIC（作战情报中心）逮捕。他被指控在为东边从事间谍活动，并事实上两次被判处6年监禁。具有讽刺意味的是：他被关进了位于兰茨贝格的战犯监狱，所在的劳教组"有五六个人，都是特意挑选出来的集中营囚犯，全是'BV'，也就是所谓的惯犯"[8]。彼得斯哈根在一个美国人与昔日的战犯紧密合作的世界中重新找到了自我——双方始终视重新军事化和对抗社会主义为目标。"在美国的监视和统治下，囚犯们所写的简报被汇总。他们和美国佬一道负责持续不断地向东边刮暴风。"[9] 他勾勒出了一幅联邦德国的图景，在这里，昔日的高层军官尽管被判了刑，但仍然很快重新站稳了脚跟；"小人物"就不一样了，他们通常出身贫困，由于经济窘迫而成为罪犯，从此无法翻身。彼得斯哈根将这些人塑造成"作为受害者的德国人"。所谓的"受害者"有时甚至包含双重含义。比方说，在纳粹时期他们作为囚犯被关进了集中营，好不容易熬成了囚犯头子，甚至升为党卫队成员，现在又作为战犯进了美国人的监狱——而在这里，那些"真正的"战犯，那些将领们，又爬上了高位。

彼得斯哈根对待"美国佬"的态度很像同时期一些联邦德国作家对待"苏联人"的态度。他们就像投影屏一样，"美国人为了实现自己的目的什么都可以利用，包括同时利用犹太人和反犹主义者。他们没有道德，只知道追求世界霸权"[10]。对于"美国佬"来说，金钱是最重要的,他们还利用金钱使德国女人臣服:"'美国佬会用自己的手段征服你的闺女。'一帮人笑着。但是他相信自己的女儿。"[11]我们发现,在彼得斯哈根这里,作案人和受害者的关系被颠倒了,只不过有其政治借口:"这场政治公审的真正主导者是美国的情报机构,它操纵着法官和检察官。很多事情令人回想起德国的法西斯,想起盖世太保的统治。"[12]种族主义的刻板印象被投射到美国人身上(富有、充满情欲、追求世界霸权的美国人就是"恶毒的犹太人"的一种借尸还魂)。彼得斯哈根对苏联人满口赞誉,尽管身为侵略者,但他在战俘营中却始终受到了人道的对待。虽然他也把战俘经由弗里德兰返回西方作为题目,但是由于政治原因战俘在那里完成了一项"伟业"。西方则情愿闭口不提另一方的战俘。

以这种方式面对德国的罪行,特别是军官团的罪行,当然需要勇气。这个圈子已经培养出了特有的阶级意识,尽管在纳粹时期就已经有了很大程度上的动摇。在兰茨贝格,人们用传统的观念来评价彼得斯哈根,称他为"红色上校"。与此相反,彼得斯哈根在民主德国找到了强有力的支持者。然而支持者不像人们可能会猜测的那样,来自他所属的德国国家民主党。即使他的书《良心在骚动》由隶属于该党派的国家出版社发行,但自己人在幕后起到的作用更像是绊脚石。大力支持彼得斯哈根及其项目的反而是民主德国国家安全部。卷宗表明,彼得斯哈根当年实际上并非以个人身份,而是"受托"前往的慕尼黑。国家安全部的资料直接提供了相关信息:"很可能彼得斯哈根在他的书里已经描述过自己受他人,而非德国国家民主党委托前往联邦德国的经历,因此民主德国国家民主党不会称赞这一行为,也不会接受政治上的批评,即不会承认本党成员接受国家安全部或其友人(指苏联情报机构)、左翼机构等的委托,从事间谍活动,因为该党要推行自己的政策。"[13] 后来又有人称,他"从事全德事务"并于1955年"交换"回到民主德国。[14]

回到民主德国后,彼得斯哈根连自己要出版什么作品都要和"公司"——民主德国国家安全部沟通。安全部的人对他的工作非常了解,并且早在1956年第一次审阅他的手稿后就表示:"我们原则上同意。"[15] 大约一年后,《良心在骚动》一书的校样通过埃里希·昂纳克送到了副部长布鲁诺·贝阿特尔的手上。"中央委员会的主管部门求助于昂纳克同志,因为民主德国国家民主党的领导暗示,彼得斯哈根肯定是安全部的人,否则安全部不会亲自过问,要求德国国家民主党的出版社出版他的作品(这是卑劣的谣言)。昂纳克同志不知道自己接下来该拿这本书怎么办,现在又向米尔克同志求助。我已经回复他,我们有兴趣让彼得斯哈根出书,但我们不知道他要写什么。"[16]

很明显国家安全部通过当时监管文化和反对党的主要部门V,已经参加了这部回忆录的构思。在相关材料中,同志们非常看重彼得斯哈根在把格赖夫斯瓦尔德交与红军的过程中起到的作用。

对于书中所呈现的联邦德国监狱中的经历,读者兴趣不大,只是希望对还留在民主德国的前国防军成员起到震慑作用:他们可以看到,如果他们在联邦德国会有何种遭遇。校样受到了国家安全部的主要部门V/6的审查,并被鉴定为良好。"彼得斯哈根遵从了我从上校贝阿特尔同志那里得到的构思"。特别是投降苏联的描写完全符合要求。"这本书呼吁所有的爱国力量团结起来,阻止美国人挑起第三次世界大战。该书引起了民主德国民众最广泛的关注,在联邦德国同样也有读者。"[17] 对于该书是否为彼得斯哈根本人所著的疑虑也已消失。

该书在国家出版社出版后，很快成为畅销书。出版后4年间售出了8万本，"然而对该书的需求仍然存在，大量的书被寄往了联邦德国"[18]。1961年播出了基于该回忆录的电视剧，埃尔温·格绍内克饰演主角。到80年代，这部自传的总发行量达30万册左右，还不包括在其他社会主义国家发行的外语版本。

彼得斯哈根一直维持着与国家安全部的联系。一方面是为了他后续的写作项目，另一方面是为了个人利益。总的来说，他是一个——不仅在NDPD——麻烦的人物。格赖夫斯瓦尔德专区机关的一位工作人员逐渐和他建立起紧密联系，这位工作人员写道："彼得斯哈根在谈话中反复表现出，他在一定程度上有点愤世嫉俗，对整个世界都不满。"[19]他的亲信尽力使他平和一些。国家安全部一如既往地——用秘密警察的行话来说——对这位昔日的上校持有战略上的兴趣。一方面人们看到了他的话语和文字对于公众的宣传潜力，另一方面他和他夫人被视作重要的联络员，可能主要由于其市民和贵族出身以及与西方的联系。安全部尤其想利用他联系联邦德国在位或已退休的高层军官。昔日的军官曾多次前来探访，费用皆由安全部承担。在私人环境中，国家安全部的同事，例如彼得斯哈根常年的联络员比朔夫，被介绍与这些来访者认识："我请求彼得斯哈根，尽全力促成（将军）对格赖夫斯瓦尔德的访问。1956年10月13日彼得斯哈根从我这里获取了1000马克的访问经费。"[20]有时彼得斯哈根本人也会相当活跃，在一位退役将军来访时，他"精神和体力都充沛得令人惊异"。但他在探讨政治和军事话题时必须谨慎，"连私人联系，比如和我的联系，都受到监控，甚至要受到宪法保卫局的传唤……。因此我与他约定，我们之间特别的政治书信都交由信使传递。对此他表示同意。他曾作为总参谋部的军官从事反间谍活动。但在我的印象中，他从不疑心别人，也避免引起别人的怀疑"[21]。曾有一位西方访客被彼得斯哈根带到吕根岛，国家安全部报销了70马克的费用："此行的目标是巩固与汉堡的R.的联系，并为与XV的合作做好准备。"[22]在"路线XV"背后隐藏着HV A，HV A是国家安全部的外国情报处在地区的分支。

尽管此时彼得斯哈根与国家安全部已有了"多年的非正式接触"[23]，但1964年他又重新被招募，并以"鲁道夫"[24]的化名参与合作——这很少见，但并非完全超乎寻常。他在安全部的联络员始终是任职柏林干部和培训科的比朔夫中校，以及格赖夫斯瓦尔德专区机关的领导特龙普少校。根据秘密警察的记录，彼得斯哈根与两位联络员的会面持续了14天。"通过劝说对其进行招募。"国家安全部撰写的情况报告称，"他相信，通过与安全部的合作，可以为反对WD（联邦德国）帝国主义提供强有力的支持。只要力所能及，他乐意提供任何支持。他的夫人知晓这一合作，并同样表示愿意提供一切支持，二人都致力于内部防御工作。基于他们广泛的人脉圈子以及与各种社会组织的积极合作，他们可以很好地完成信息工作。他们与联邦德国和前法西斯军队军官的联系，以及与联邦德国联邦国防军中高层军官的亲戚关系，都会得到有效的利用。在迄今为止的合作中，他们非常认真和可靠。"[25]

彼得斯哈根1969年4月13日在格赖夫斯瓦尔德逝世。很多民众参加了他的葬礼，市政厅的人保证了葬礼的顺利进行。秘密警察的同志们也来告别，并"为秘密信息员鲁道夫的葬礼献上了20马克的花束"[26]。

《骗子手》：哈里·图尔克的阴暗面

在关于民主德国作家的辞典中可以读到：图尔克"也以成功的电影和电视编剧而闻名，他的电影剧本《只是为了眼睛》揭露了联邦德国和美国间谍破坏社会主义的活动，歌颂了共产主义侦查员的英雄行为，该剧本于 1964 年获民主德国国家奖"。接着写道：他的作品"除了描写世界范围内的社会主义和帝国主义之间的斗争，还可以让人了解到民主德国国家安全机关的工作"[27]。对"侦查员"的歌颂——民主德国对间谍的正确称谓——怕是会令人惊诧，"了解到民主德国国家安全机关的工作"也是如此。两者听起来都半官方化——几十年后大概还是如此。《新德意志报》称他的另一个电视剧本"是按照国家安全机关的卷宗编写的"[28]。

"亲爱的部长同志！恰逢我们安全机关的 25 周年纪念，我在顿河畔罗斯托夫——我眼下的供职之处，致以热情的问候。我希

VIII
冷战的军械库：体系斗争中的作家们

望，您的成功会为文学提供新的素材。与您紧紧握手！"[29]这是哈里·图尔克通过海底电缆向柏林的埃里克·米尔克同志——1957年起安全部的领导人——发的电报。说话的这个人满怀信心，他与安全机关亲密合作了几十年，大部分成就都要归功于此。在邀请他参加波茨坦法律大学（该大学是国家安全部为了培养接班人而设立的教学机构）的朗诵会前，有人称："朗诵会……获得了支持。哈里·图尔克与宣传处有常年、稳定的工作联系。……与埃尔福特 BV 的 XX 处有战略接触。"[30]由于合作成功，图尔克受到米尔克的多次嘉奖，在他 50 岁生日时被授予铜质的"对人民和祖国有功的战斗勋章"，10 年后被授予该勋章的金质奖章："正值哈里·图尔克 60 岁生日之际，其数十年的政治和艺术成就，以及为国家安全部的公众工作所做出的卓越贡献理应获得表彰。"[31]授予此类勋章时绝不容有任何意外发生，表彰过程由 4 名高级军官负责，并在"物质保障"中标注："花束，施拉克负责，象征性的礼物。"[32]

国家安全部的"公众工作"是宣传处的任务之一。这项工作旨在赢得民众对"机关工作"的理解和好感，还要用宣传攻势对西方造成影响，利用大众传播运动对抗当时在联邦德国复登高位的旧纳粹分子。除了图尔克在民主德国大量发行的小说外，他的剧本在公众工作的框架内也受到了高度评价。在国家安全部的建议下，图尔克作为编剧，与演员阿尔弗雷德·米勒、导演亚诺什·韦伊齐一道，因其对德国电影股份公司的电影和电视剧的共同贡献，而被授予了特奥多尔·克尔纳奖。一名国家安全部的工作人员在报告中详尽记录了获奖理由："艺术地讲述了我们共和国成立之初发生的真实的敌对事件，对防御机关开创时期的报道,成为我们国家民众和安全机关成功斗争的永久纪念。该剧为巩固民众与安全部工作人员之间的信任关系做出了重要贡献。"[33]

图尔克在时代史的主题中发现了自己的工作领域,并获得了国家安全部的支持——为他提供资料和支持其出国旅行。对于一个民主德国市民来说是多么大的特权啊!宣传处竟然准许他在东南亚航线进行为期数月的海上旅行:"为一个新的文学项目所展开的学术之旅。"[34]人们对其项目的外部影响期许甚高,他本人和他的宝贵经验也不断地为安全部内部的培训所用,例如为宣传处电影室在"约翰内斯塔尔大楼"所做的一次报告:"哈里·图尔克同志非常同意,向我们的同事小范围地报道他在越南的个人经历。他将用有趣的照片活跃报告的气氛。"[35]图尔克的宣传工作一直都不是什么秘密,愿意的话,任何人都可以一桩桩一件件地列举出来。嘉奖也公开进行,并伴随着新闻报道。1963年,民主德国的特务头子马库斯·沃尔夫和副部长布鲁诺·贝阿特尔受米尔克的委托表彰图尔克,次日《新德意志报》和《柏林报》就登了简讯。[36]

几十年后,图尔克不再愿意回想这些往事。由一个粉丝创办的哈里-图尔克论坛上写着:"汇编文献《一个斗士的一生——马丁·魏克特回忆录》也被认为是哈里·图尔克的作品。事实上1988年在莱比锡出版的一本214页的书就是这个标题,后面还附有'由哈里·图尔克记录'的标注。值得一提的是,该书既没有 ISBN,也没有版权许可证号码,而且发行者不是出版社,而是一个叫作安德森·内克松的印刷工坊。哈里·图尔克本人也否认写过该书。"[37]

没有 ISBN 并非特别"值得一提",而是完全符合逻辑:这本用皮封面装订的小型纪念文集仅供国家安全部的内部人员传阅。[38]该书为1982年退休的安全部驻埃尔福特地区的负责人马丁·魏克特树立了一座纪念碑。两人肯定熟识,而且"哈里同志"为一位老战友友情执笔也是很自然的事情——一个不久也要告老还乡的雇佣作者的最后一项公务。

两德重新统一后,图尔克开始弥补他的过去:1995年他退出了民主德国笔会。实际上,早在1979年图尔克就出版了一部名为《骗子手》的著作。"他最大的成就是本年度出版的《骗子手》,6个月售出了25万册。"这是弗里茨·普莱特根在德国电视一台专访图尔克时的开场白。这次专访受到了国家安全部的关注,并且获得了他们的积极帮助。"这部长篇小说,是一部涉及性和犯罪题材的政治惊悚小说,常有腰身以下的场景描写。该书的主要内容是:美国中央情报局如何把苏联一名叫作威特洛夫的持不同政见者扶植成了诺贝尔奖得主。该书被民主德国媒体誉为意识形态斗争中的指导性作品,同时也被用作对抗国内批评家的武器。因为国内也有说德语的威特洛夫们。"[39]图尔克没有否认,威特洛夫这个人物暗指某位持不同政见者:"虽然小说中影射了人物原型索尔仁尼琴的形象,但基本上来说这个人物是虚构的……"作家面对德国电视一台的记者这样说道。其他同时代的人也几乎未做掩饰,有些甚至直接就以真名出场:例如索尔仁尼琴被取消国籍后曾短暂拜会过的海因里希·伯尔,在小说中名为"伯尔廷格","有点虔诚,有时有些怪诞。……他的书在苏联流传颇广"。[40]

普莱特根道出了人们的怀疑,即《骗子手》是"定制产品"。索尔仁尼琴1970年获得诺贝尔文学奖,1974年被捕,后被驱逐出境。在民主德国，由于比尔曼被剥夺国籍的事件①，出现了知识分子对这位词曲作家的声援浪潮，并有大量知识分子离境。因此威特洛夫们是一个时事性的现象，有必要——在民主德国领导人看来——与之斗争。但图尔克反驳了一点："我不认为人们需要按照合同来写书。作者对于笔下的题材，必须有热情……"[41] 无论是否有具体的合同——哈里·图尔克对该题材充满热情。他的长篇小说《骗子手》描写的文学圈中的持不同政见者都被西方收买，以诋毁自己的国家。他们不是真理的追寻者，而是发表一些西方特务向他们传递的流言，这就是"所谓的精神上的反对派"[42]。他认为，在威特洛夫和索尔仁尼琴描写的拘留营里，当然，很可能有无辜之人，而且有很多不义之事发生，但多数人都是罪有应得。图尔克的基本观点是：总的来说苏联的体系还是正确的，不能由于一些此类的"失误"而对其彻底批判。所有反对这一体系的苏联作家，在图尔克的小说中，都是受到了金钱的驱使："当下很好的一个商机就是写点东西卖到西方换外币。"[43]这话针对的当然也包括，而且更多的就是民主德国内部的一些作家，他们对体系不满，以母语进行写作并销往另一个德国换"外汇"。

图尔克描述了一名被美国中央情报局雇佣，为其实现宣传目的的苏联作家。图尔克清楚地知道自己所写的内容：此类政治宣传工作正是他的职业！在《骗子手》中，民主德国安全机关对世界的认识体现在了消遣文学中：反对派只能是受西方操纵的——这是国家安全部内部的信念和信条。"图尔克的恐怖故事与民主

---

① 沃尔夫·比尔曼，原民主德国一位持不同政见的诗人、词曲作家、歌唱家，1965 年起被剥夺国籍，禁止在民主德国演出。

Ⅷ
冷战的军械库：体系斗争中的作家们

德国不久前刚颁布的新的刑法规定如出一辙。"联邦德国的电视稿件称，"它们要把反对力量，包括讨厌的作家都变成罪犯，这些反对力量与西方的接触将来要被当成非法联系受到处罚。哈里·图尔克的小说为此提供了脚本。在民主德国建立的第30个年头，筑起了第二座无形的缄默之墙，围住了所有曾批判过这个国家的市民。从禁止西方记者发声，到把德国电视二台的记者驱逐出东柏林（指彼得·范洛延），从针对哈费曼和海姆的外汇诉讼，到把一系列作家从民主德国作家协会中开除，有谁在今年年初会想到，竟会出现这么多证明民主德国内部不安定的实例？"[44]

政治上的不服从——在国家安全部看来——只能是受外部操纵。就这点而言，《骗子手》首先对于他的作者来说就是揭露性的。图尔克在德国共产党的组织下，甚至带着他的《骗子手》在联邦德国进行了朗诵之旅。[45]图尔克的辩护人在两德统一后还称：作者所述的美国中央情报局的活动都属实，[46]并且他因职业之故，由国家安全部赞助的旅行"有时会引起很多被阻止到马略尔卡岛度假的人的嫉妒"[47]——这是事后对于隔离墙和界限的多么讽刺的评论啊。

真空地带的间谍交换:《红雪》作家金特·霍费

再回到五六十年代分裂的德国,回到冷战的高潮期。"霍费获释"——以此为标题,西柏林的《晚报》冷静且恰当地报道了某一事件的主要事实,该事件是两德在文学领域的体制之争的顶点:"东柏林'国家出版社'社长金特·霍费,去年10月6日进入联邦德国境内,因涉嫌从事间谍工作而被捕,如今获释,并于昨日抵达东柏林。联邦德国检察官指控霍费,从大约15年前起为苏占区和苏联的情报工作从事间谍活动。霍费同时也是'书商交易协会'的副主席,被单独监禁在卡尔斯鲁厄。他是在来联邦德国参加法兰克福书展时被捕的。"[48]

作为出版社的领头人,霍费的一生,堪称"转变文学"的代表。他从1936年至1938年在一个炮兵团服兵役,并作为后备军官退役。1939年战争伊始又被征召,做到了陆军上尉。作为前纳粹党成员,他在战后加入苏占区新建的民主德国国家民主党。

Ⅷ
冷战的军械库：体系斗争中的作家们

自1949年10月起，他在该党的国家出版社任总编，1950年成为社长。[49]1962年他的长篇小说《红雪》出版，该书以霍费本人当兵时在对苏战争中的经历为蓝本。截至1970年该书已售出超过20万册。实际上，《红雪》在1945年前就已经躺在作者的抽屉中了。第一稿起笔于1943年，后丢失。"这是一本所谓的'命硬的书'。第二稿在战争谈判期间从法国返回的路上被烧毁。1945年作者开始了第三稿的撰写，完成了600页后，1957年又全部被毁，只留下了30页。直到第四稿才得以出版。"[50]该书的诞生史直观再现了作者与自己的往事以及变化的社会环境作斗争的过程。

被联邦德国逮捕后，霍费出版社的同事们组织了一场运动，以此来引起人们对其社长命运的关注。[51]甚至联邦德国该行业的工作人员也为他请命。"为了出版界的名声，法兰克福贸易协会向联邦检察院和内政部致电报询问情况"[52]。德国笔会的秘书长鲁道夫·克雷梅尔-巴多尼也向检察院了解情况，得到的官方回复如下：调查与霍费的写作或出版事宜无关，重点是他的间谍嫌疑。[53]

有文件表明，事实上霍费从50年代起就与秘密警察过从甚密。他作为国家出版社的社长曾与国家安全部的代表正式会面，更确切地说，是与来自其主要部门V/6、主管文化领域的人。谈话内容主要关于"出版社的安全和文化政治领域的形势问题"[54]。此外从1958年起他与HV A，国家安全部的外国宣传教育处建立了联系。这些机构似乎主要对这位社长突出的西方联络能力和无数的旅行经历感兴趣。"通过与大量名人（汉斯·朔姆布尔克、冯·布劳希奇、迪娜赫·内尔肯、约翰内斯·特拉洛等等）建立联系，他从一开始就与西柏林和联邦德国有着深入的交往。"[55]他还策划了安排赛车手曼弗雷德·冯·布劳希奇迁居民主德国的具体事宜，布劳希奇的作品《米秒之争》1953年也是在国家出版社出版的。从霍费的社会环境来看，他一直处于保护之下，很可能甚至是处在"友人"，即苏联的庇护之下。[56]

相关资料表明，霍费与HV A的联系一直持续到了60年代——相关材料，和大多数其他的国外间谍活动的文件一起，在1989年至1990年间被毁。与安全部负责文化领域的部门同事进行对话时，对于涉及HV A的话题，霍费表现得寡言少语，"因为他已经'把其他事情向宣传教育处的同事交代清楚了'"[57]。

霍费在联邦德国被捕，是由于他与联邦德国亲近德国共产党的《周报》有联系。另外，据说这家出版企业是民主德国通过霍费以及国家出版社出钱资助的。"慕尼黑《德意志周报》曾经的出版商告诉国家安全部的一位非正式员工，他的报纸受明镜事件牵连而被禁，除了他还有三位编辑也全部被捕。他知道，其中一位被判了两年半监禁的编辑供述，自己通过霍费维持着与民主德国国家安全部的联系。"[58]联邦德国针对霍费展开调查的机关很可能会以这些或类似的信息为依据。

约一年后，霍费未经审讯而重获自由，很明显，波恩和东柏林肯定达成了某项交易。[59]民主德国文化部出版总局的局长布鲁诺·海德在他的贺信中表示："很高兴，把您从联邦德国阶级司法中解救出来的努力，终于在10个月后成功了，这次的胜利主要体现在波恩的当权者不敢将您送上法庭，也不敢公审。"[60]联邦德国媒体报道："上周周一卡尔斯鲁厄突然悄悄打开大门，《红雪》作者获准返回民主德国。"《镜报》给出了这次突变的解释："德新社关于民主德国释放区域内'大量'囚犯和'释放出版社社长金特·霍费'间存在关联的猜测,获得了'波恩政治圈'的证实。"[61]西方的文件也证实了这一猜测。霍费的案件从一开始就被联邦德国定为需要"特别努力"的事务。背后是两个德国之间逐渐有组织化的囚犯交换和保释。[62]这个案件肯定在联邦德国的最高层面——联邦议会——讨论过。联邦总检察长和联邦情报局局长最初一致表示,不会很快释放霍费,因为联邦德国的安全利益将会受到威胁。另外联邦总检察长还指出,不会随意终止诉讼程序,除非有紧急情况。例如打算交换的囚犯在民主德国面临死刑威胁。[63]一开始政府之间通过不同的律师就交换的囚犯进行谈判,最终达成的协议涉及数百名囚犯以及来自联邦德国的经济补偿。全德事务部行政专员雷林格记录道:"金特·霍费将于1964年9月15日获释。这项承诺基于对福格尔检察长能信守承诺的期待,即到1964年9月15日能释放250名囚犯。"[64]最终双方达成一致,"霍费于约定日期的15时在瓦尔塔边防检查站的真空地带由施坦格检察长移交给福格尔检察长"[65]。为此检查站被封锁了20分钟。本来两国政府约定对外界秘而不宣,但交换的第二天民主德国的德通社就报道了这次行动,如此一来整个事件就暴露在媒体面前了。

金特·霍费返回民主德国,继续他的出版工作。他不是以作家身份陷入政治利益的中心,而是作为经常出入东西边境的人——他恰好又是作家和有影响力的出版商。

不同世界间的漫游者：汉斯·冯·厄廷根

有一些作家，只看他们丰富的人生经历和经常出入东西边境的记录，就很容易让人怀疑他们在从事间谍活动。有关方面对他们的关注不是由于他们的作品，而是由于他们经常出入边境。

汉斯·冯·厄廷根的书名听起来像是怪诞的廉价小说：《贷款谋杀》《黑夜老鼠来》《胡尔先生十二点来》……对于民主德国来说，这些书有的初版发行量相当大，例如1962年的《严格保密——一个骗子喜剧》就达到了14万册。他的很多作品都被改编成电影，例如《赌场纠纷》，这本书在申请印刷时引发了领导们的争议。鉴定过程中文学和出版局的内部通告称："提交的两部手稿只能被称为厚实的作品。两本书都欠缺应有的批判性。"[66]文学和出版局甚至要和出版社的负责人、以引进西方素材和作家而闻名的金特·霍费谈话："必须使出版社最终明确，不能再继续这样，如果不能做出对我们有用的发展，那么出版社所有的全德

VIII
冷战的军械库：体系斗争中的作家们

事务也都是白费劲儿。"

尽管筹备阶段就受到激烈批评，这本书还是出版了，甚至还被德国电影股份公司改编成了电影。出版社在其鉴定中曾说明："尽管作者很保守，但该书的价值在于具有威慑力地反映了资本主义国家的毒瘤。德国电影股份公司认可了这一素材的现实性、情节的曲折性以及产生大范围震慑性教育效果的可能，并购进了其电影版权。"[67]翻拍电影也引发了争议：在受到高层，包括文化部长约翰内斯·R.贝歇尔的干涉后，德国电影股份公司的首部彩色立体声弧状宽银幕电影最后变成了电影院中的黑白电影——他们称，尽管有批判性的背景音乐，但西方的魔力太吸引人了。[68]

汉斯·冯·厄廷根，1919年生于海德堡，原本是一名记者，二战时成为德国国防军军官，战后继续自己宣传专家的生涯。[69]据说他描写赌场的长篇小说，是基于其担任联邦德国一家赌场的新闻处处长的经历所写的。他属于那类作品主要在民主德国发行的联邦德国作家。不光在宣传上，而且纯粹从经济上看，他的项目对于出版社也意义重大。"厄廷根的新书将会帮助出版社完成财务计划。"金特·霍费在与一名国家安全部的军官谈话时如此说。之所以要申明经济理由，是由于对这本"以西方为榜样的侦探小说"[70]内容上的批评从未退潮。在50年代被柏林墙完全隔绝之前，此类题材在消遣文学中非常典型，放在西方占领区也一样会出版发行。毕竟民主德国与联邦德国很多人的阅读经验都一致，如果不想被联邦德国抢走读者，民主德国就不得不向他们提供自己原本看不起的"侦探小说"。

民主德国与联邦德国之间的此类相似之处引起了国家安全部的兴趣。安全部并没有完全信任霍费，他们还另外在出版社里雇用了秘密信息员——后来的非正式工作人员(IM)的前身,暗中来观察冯·厄廷根。秘密信息员"埃克哈德"向他的委托人汇报了作家的生活情况。从他的报告中可以了解到,《赌场纠纷》的封面设计来自西柏林的一位版画家,厄廷根在西柏林也出版过宣传方面的书,他住在瑞士,但在利赫特费尔德城西也有一处住所。[71] 这位秘密信息员在出版社主要负责宣传方面的工作,一年后又汇报如下:"最近我和厄(廷根)有过一场相当激烈的争吵。因为我告诉他,我不能太早为他的书做宣传,毕竟不是所有的宣传预算都能给他用,我们更多地要考虑文化和政治因素。然而厄廷根声称,这一切他都无所谓,他只关心钱,此外都无所谓。"[72] "埃克哈德"特意把他认为的国家出版社的"好"书与"糟糕的、商业性的"书对立起来:《安妮日记》,"极其具有现实性,具有重要的政治意义";而冯·厄廷根参与出版的《波罗的海集》,"虽然完成了政治任务,但意义不大"。[73] 自行满足读者的某些特定需求,在一定程度上造成了民主德国出版业的相关矛盾。

尽管"埃克哈德"和其他政府机构强烈批判这位联邦德国作家,但他与民主德国出版社的积极合作并未受到影响。双方的合作一直持续到1983年厄廷根去世,在他去世两年前,他的回忆录在国家出版社出版,标题是《我的人生冒险——草率之人的歧途与洞见》。有一件事显示了出版社和这位作家的亲密关系:索引卡片表明,二者都与主管机关A,即国家安全部的外国特务处有联系——没有厄廷根相关的更多材料。档案始于1956年8月,结束于1970年5月。[74] 还有一些"文件登记号码"之外的证据。厄廷根在他的回忆录中写道,他曾被西柏林的政治警察逮捕,间接地迫使他最终迁居民主德国。这一事件与他在HV A的登记年份

VIII
冷战的军械库：体系斗争中的作家们

一致。

作家在他的回忆录中隐瞒了一件事：1964年11月他在瑞士（他似乎经常去瑞士）和一名瑞士公民一同因有特务嫌疑而被捕，并被处以两年以上的监禁。经过东柏林检察长福格尔的斡旋，最终和霍费的案件类似，两国政府达成交易：厄廷根同年5月即可获得自由，相应地，具有瑞士和德国双重国籍的公民的回迁申请，以及父母一方为瑞士人的民主德国儿童的假期居留应获得肯定批复。[75] 瑞士的对外事务处压力巨大，因为他们发现，厄廷根身患重病，按照瑞士法律很快就能享受到假释。这场交易很快就谈成了——厄廷根获释。当时已经显露端倪的一种重症，在厄廷根离开瑞士没几年，就使他卧床不起，直至去世。在《民主德国作家辞典》中，厄廷根受到了称赞，但同时，该书语气温和地批判他道：他"由于低级趣味的措辞风格而受到批评"[76]。厄廷根死后备受尊崇，在柏林的多萝西区公墓与其他名人安葬在一起。

"铁幕在我们之中":反共信号下的鼓动

在东西体系的政治斗争中,将作家及其作品工具化并非单方面使用的手段。1947年,美国记者梅尔文·J.拉斯基在柏林的德国第一届作家大会上发表了一场轰动性的发言。拉斯基是最有名的间谍之一——只不过是西方的间谍。他的表现为他带来了"柏林的冷战之父"的别名[77]。拉斯基在登上文化舞台后,开始向美国军事管理部门建议开展文化斗争:"欧洲几代人耳熟能详的老套路,即在戈培尔的领导下被纳粹的宣传机构推到极致的反民主、反美的说辞重新甚嚣尘上",他给司令官卢修斯·D.克莱的办公室写信,"人们满脑子都是美国所谓的经济上的自私……,所谓的文化上的荒芜,……所谓的道德上的虚伪"[78]。他的对策是创办一份杂志,借此"使德国受教育阶层的大部分人摆脱共产主义的影响"[79]。这次动员促成了《本月》杂志的创办,该杂志先后受到马歇尔计划和福特基金会的资助,并一直享受美国中央情报局的资金支持。"《本月》是一份国际性的政治和思想杂志……《本月》应成为以能够让人自由表达思想、坦诚交流和自由辩论的论坛,倾听来自欧洲和世界各地的尽可能广泛的各种声音。"版本说明中称:"出版人和主编:梅尔文·J. 拉斯基。"[80]版本说明还明确提及了真正的"幕后主使":盟军最高委员会新闻处。

《本月》的重要目的是反共,例如该杂志对汉斯·黑尔穆特·基斯特持激烈的批判态度,在其与弗朗茨·约瑟夫·施特劳斯的论战中明确偏向后者。该杂志称基斯特"对现实很敏感——或者该说是机会主义"[81]?该作家在当时关于德国重新军事化的激烈讨论中,被污蔑为"见风使舵的写手"以及"昔日的纳粹头子",对此该杂志的一篇关于兵营练兵场的评论稿恐怕难辞其咎。该杂志在同一期还通过对《阿诺尔特·布龙宁的记录》的书评,对阿诺尔特·布龙宁进行了猛烈抨击,称布龙宁"在接近500页里什么都反对"[82],反对犹太人,反对纳粹党,反对战争,反对和平,只有一样不反对:共产主义。最猛烈的指责则是针对布龙宁的出版商:恩斯特·罗沃尔特,说他比作者本人更应为《阿诺尔特·布龙宁的记录》一书的亲苏立场负责。

有明确导向性的不仅有杂志,还有文化自由代表大会(CCF),该文化组织成立于纽约和柏林的两次大会之后,旨在将知识分子团结起来共同反对共产主义,被视为"美国中央情报局在欧洲最重要的反共掩护"[83]。

该组织与美国秘密警察的联系当时无人不知。英国历史学家休·特雷弗-罗珀曾回忆道:"我到达时,看到整件事被安排得如此完美……我很清楚,肯定有一个强大的政府机关出钱资助。"[84]

美国中央情报局作为文化活动的幕后主使者并非哈里·图尔克等作家创作的幻象，而是政治事实。但图尔克的很多描写都过于夸张，夸大了秘密警察的力量，秘密警察凭一己之力肯定不可能造就诺贝尔奖得主。另一方面他的报道又特别现实——他从切身经历中，明白了如何在技术上组织秘密警察的宣传。

连文化领域都是冷战的战场，拉斯基已经认识到这一点，后来文化自由代表大会也学会了利用这一领域。在美国中央情报局的一份卷宗中，文化、大众传媒，以及经济和军事手段同时被列入"冷战的武器库"。它们可能会影响"大众的行为、公众的观点和个人的思维方式，是进行心理战的根本的前提条件"[85]。在体系之争中，所有的传播手段主要用于突出代议制民主、基本权利和私人财产方面的优势。人们相信，以这种方式可以强化人类对专制政府的反抗精神。一份在当时被列入"绝密"的文件也表示，不得已时可以动用——在一切可能的地方——公民渠道来传播资料。因此对于宣传工作来说，比争取各个作家更重要的，势必就是动用所有渠道来传播思想。

从一无所有中崛起？
出版商约瑟夫·卡斯帕·维奇

在此背景下，联邦德国有一位关键性的人物，那就是居住在科隆的约瑟夫·卡斯帕·维奇，在今天的秘密警察看来，维奇在文化自由大会上的"德国出版商之中扮演了最重要的角色"[86]。从维奇的出版活动看，他与公共机关的联系紧密而清晰。民主德国国家安全部的一份简短调查中，汇总了在秘密警察眼中最重要的事实："维奇从1933年至1945年间是纳粹党的成员，他坚定不移地致力于在文学，特别是在图书馆业中推广纳粹思想。1948年他从耶拿非法逃到联邦德国，并在科隆建立了基彭霍伊尔&维奇出版社。"他是"波恩的极端分子实施其对抗民主德国政策的重要支柱"。在柏林墙修建起来之后，他曾呼吁联邦德国贸易委员会封锁民主德国与莱比锡博览会。"维奇与联邦德国的全德事务部和贸易部维持着紧密的联系，并受其委托出版煽动性文学。他的出版社出版的反民主德国的煽动性作品包括《德国的共产主义》和《在校长的接待室/12年间的潘科》(原文如此！事实上原标题是《专制的接待室》)。维奇还是半月刊《苏占区档案》的出版商，该杂志利用各个特务团体的信息散布反对民主德国的宣传。"[87]

维奇的出版活动和言论受到国家安全部的严密监视和评估。特别是他针对民主德国文学的批判乃至激进的言论令国家安全部很不满。在法兰克福书展的一次媒体会议上，他说："我们不希望在我们的书架上看到民主德国作家的任何作品，无论其文学质量如何，归根结底他们支持非人道"[88]——他指的是安娜·西格斯，她的长篇小说《第七个十字架》计划在联邦德国的卢赫特汉德出版社出版。

维奇的有趣之处在于：他在1945年之前有过一段不太光彩的历史，甚至在苏占区也有过那么一段（尽管很短暂）。因此，维奇代表了一种很典型的德国人的命运。尽管他在耶拿的恩斯特·阿贝图书馆及阅览室任馆长，以及领导图林根民间图书馆管理处的经历不能被看作是纯粹的纳粹宣传活动，但他的行为至少可以被视为存在矛盾。根据一份关于他在民间图书馆时期的调查，他在每次事件中都是顺势而为。有证据可以证明他在战争时期的言论和立场，"他支持战争，并且配合宣传战争目标"[89]。谈到文学在战争中的作用时，他就写作政策发表的言论与宣传部长的观点如出一辙。"前一段时间，与消遣文学及其功能紧密相关的几个问题引发了日益激烈的讨论。"在阿尔弗雷德·罗森贝格与戈培尔的论争中，罗森贝格赞成将注意力集中于本质，也就是说少一些消遣的要素；维奇直接援引了这场论争，并继续展开支持戈培尔的论证，"在战争中，也就是在每个工作人员——谁今天不是这个身份呢——的劳动负荷都极其沉重,至少目前极其沉重的情况下,这个问题不仅特别迫切,而且也涉及广泛。放松和消遣能促成必要的劳动力再生产,因此就变成了为战争服务的要素。"[90]维奇既然在纳粹文化机构中身居要职,不可能不是纳粹党成员。

尽管前期经历对他很不利,维奇还是于1947年在图林根再一次声名大噪,被《明镜报》冠以民主德国的"灰衣文化主教"①之名,并受到了尖锐的攻击:"这位现今出版业和图书业的监督员,1933年后曾是冲锋队队员、纳粹大学生协会会员,而且直到战争的最后一天还是灵巧的元首歌颂者。而现在,维奇博士却操着特别民主和反法西斯的腔调。"[91]与此同时,维奇开始在魏玛与享有盛名的出版商古斯塔夫·基彭霍伊尔合作,目标是共同成立一家出版企业。基彭霍伊尔贡献了自己的经验,并提供了版权。图林根去纳粹化委员会将他无罪释放后,维奇在1948年前往西占区,[92]还带去了享有盛誉的出版社的名称——基彭霍伊尔。次年,古斯塔夫去世,维奇与其遗孀诺阿和解,并获准自1951年脱离民主德国的"总部",以两人姓氏基彭霍伊尔&维奇的形式继续使用出版社的名称。新近的调查研究认为维奇在创业时期"非常可疑"[93]。"即使人们为该时期的维奇开脱,认为货币改革的困难情势和法律状况导致了他行为上的不得已和企业家的困难",但比吉特·博格认为,他还是表现出了"一个令人诧异的青年出版商的形象——擅于通过采取快速行动使变化的局势为己所用,并

---

① "灰衣主教"原本指的是法国历史上著名的红衣主教黎塞留的亲信约瑟夫·杜特朗布莱神父,由于他经常穿着灰色衣服,人们便称其为"灰衣主教",后来,"灰衣主教"又被赋予了"心腹谋士,幕后掌权者"这一隐义。

以其行动之快获得成功"。[94]直到今天，仍在广泛传播着一个关于古斯塔夫·基彭霍伊尔的场景：他口袋里揣着去往西方的车票，在去火车站的途中死去。[95]这一描述，对于维奇是否有权获得基彭霍伊尔的遗赠以及至关重要的出版社的名称意义重大。基彭霍伊尔的遗产之争很快变成了东西冲突。十几年后，诺阿·基彭霍伊尔还在信中郑重讲述，她的丈夫"绝非在'途中'，而是在魏玛伦巴赫路的出版社"[96]去世的。她说她和丈夫是在维奇向他们递交出版社战后恢复营业的许可时认识他的；基彭霍伊尔的计划是让维奇全权在西区开设一家分社；另外她经营的魏玛古斯塔夫·基彭霍伊尔出版社并非国有，而是一家私营的出版社。"国有出版社"和她的丈夫死在"途中"的说法，都只是维奇的一面之词。

在一份没有标注日期，大概出自 1947 年至 1948 年间的简历中，维奇否认曾是纳粹党成员。事实上他 1937 年加入纳粹党[97]，自 1933 年起就已经是冲锋队的队员[98]。1947 年至 1948 年间他声称："我在 1933 年前属于德国社会民主党和德国大学生联合会。……现在我是德国统一社会党和德国自由工会联合会的成员。我始终站在纳粹的对立面。"[99]尽管他的这一转变很可能由于社会民主党与德国共产党强制联合后组建了德国统一社会党——从形式上看他在这份简历中的描述很清晰。[100]接下来的人生道路他同样表现出政治上的不坚定：从威斯特法伦州哈根地区社会民主党的追随者（并且是党员），到后来阿登纳的仰慕者。就他的党政立场而言，为维奇撰写传记的作者弗兰克·默勒的评价基本正确。面对这位出版商针对自己加入纳粹的混乱陈词，默莱尔说这是"成员身份问题上的机会主义立场"，与此同时"他与各个纳粹组织的关系……大多数时候都是工具性的"[101]。他属于德国统一社会党的"声明"，也不代表可以证明他的成员身份,而只能说明维奇在一份由他撰写和签名的简历中如此声称。从情势和他的职业角度来看,这是有意为之。

从以上引用的国家安全部对维奇的反共活动的评价来看,1966年的卷宗基本是正确的。但这也不算出人意料,因为有些情况是举世皆知的。维奇效力于文化自由大会,被视作德国文化自由大会活动的中心人物,负责从科隆发出严密的反共指示。特别是在政治图书领域,不同形式的外来赞助发挥着巨大的作用。一本起初叫作《传媒中心档案》(来源于德国统一传媒中心),后来改名为《苏占区档案》的杂志就是典型。该杂志一开始受到文化自由大会(因此也包括美国中央情报局)的联合资助,1952 年资金支持的接力棒交到了联邦全德事务部。[102]一份新近关于这个事务部的调查把维奇和他的出版社看作"冷战高潮时期反共和德国政治宣传的中流砥柱"[103]之一。

《苏占区档案》页面底端印着的"请意识到你们的力量——联邦德国变强了!"的口号表明了它的立场。杂志文章也激烈抨击了内政的敌对者,有一篇就写道:"够了,罗沃尔特先生!"在这篇文章中,恩斯特·罗沃尔特由于支持《斯德哥尔摩宣言》(由苏联提出的反对原子武器的倡议),被称为"社会主义的听差"[104]。整个事件的顶点是呼吁德国图书贸易协会将恩斯特·罗沃尔特和他的出版社从协会中开除:"我们的职责是明确指出,在基于绝对精神和无限自由的德国文化生活中,已没有罗沃尔特先生的立足之地!"[105]对政治对手下达从业禁令,不管谁是幕后推手,都是流氓,撇开种种其他动机,让人不由得猜测是"出版社对头"维奇的自身利益使然。呼吁的最后:"取下他(罗沃尔特)那滑稽的帽子,给他戴上他应得的那顶——带有苏维埃红星的钢盔！"由此我们不仅看到了50年代反共运动的情景，而且对此前的怨恨和敌对场景的回忆也复苏了。一切都是在精神自由的符号下。

人们如何重构及阐释维奇政治传记的各个时期并不重要。显然有一本书不符合对于战后德国来说很典型的出版商和出版社的发迹史——《从一无所有中崛起》。科隆的这家出版社乐于让人以为它在西占区和联邦德国头几年的成果全是白手起家得来的。库尔特·岑特纳是这部两卷本的讲述1945年至1953年联邦德国历史的图书的责任编辑。对于这一工作，岑特纳绝非毫无经验。他的手艺是在"第三帝国"学会的：在德国出版社任《柏林画报》的图片编辑和主编。[106] 早在1935年岑特纳就曾开展过一个类似规模的项目《图片中的一年——柏林画报年鉴》的出版，这次出版受到了约瑟夫·戈培尔领导的宣传部在创意和人员上的鼎力支持。"除了政治事务，我们还会用图片和文章探讨一系列非政治问题，从而获得更大的销量，实现必要的放松。"[107] 当时负责这一项目的乌尔施泰因出版社如此阐述其构思。

这个行业在1945年后还记得起库尔特·岑特纳吗？无论如何，联邦德国的书商批评维奇是在用岑特纳的这套书支持阿登纳。[108] 这部受到批判的两卷本社会学作品，用丰富的图片呈现了战后德国的全景，而且配备了与各个主题相关的新闻报道，这种将图片装订成书的形式在那些年成了传播知识的一种特别的方式。虽然经济奇迹之国的不光彩历史还没有隐去，但重点非常清晰。例如第二卷在"罪与罚"[109] 一章，一方面介绍了集中营的残暴和受害者，另一方面也考察了对凶手的追究和惩罚。然而对德国犯下的最大的罪行，即屠杀欧洲的犹太人和对苏联的歼灭战，却只字不提。

只在一幅图片的图说顺便提到了某些民族的命运和种族迫害:"在宪兵的严密监控下,被拖走的人离开了联邦德国的土地。……12万人踏上了去往以色列的路途,那是曾被他们的父辈歌颂的国度。"[110]使用"歌颂的国度"的表达方式,在这一语境中近乎嘲弄。整部作品的基本倾向是:首先将德国人描述成牺牲者——挨饿、受冻、找寻工作,"从一无所有中崛起",成功地向着更好的未来进发——看起来一切按照逻辑只能越来越好。该书在论述占领区界限以及比较占领国政权时,总是偏向美国人,因此毫无疑问地传达出了反共的核心信息。就这一点而言,书商的批评完全合理。这是出版社为现任政府和阿登纳采取的宣传措施。人们在阿登纳所领导下的德国可以做出如下报道:"《圣雷莫的轰动事件》和《蓝色面具》,两部马里卡·罗克的电影。舞着、唱着的罗克女士重见天日,在战后电影中也获得了一席之地。"[111]这一席之地,很多德国人期待已久。

联邦德国的东线外军处：
联邦德国作家和盖伦组织

《始于魏克瑟尔河畔》和《易北河畔的终结》使于尔根·托瓦尔德广为人知。这两部作品描写了德国国防军1945年3月底至5月初在东线的最后战斗，而东线实际上早已延伸到德国土地上。由于其长期畅销的特质，专业人士将其归为"关于二战在东线的军事结局，以及德国人民逃亡与被驱逐的最有影响的纪实文学作品"[112]。托瓦尔德的书里有一些章节令今天的我们觉得难以置信，尤其是人们仍然牢记着修正主义和新纳粹主义的立场，即认为对于德国罪责的讨论已经太多了。事实恰恰相反。1945年后只在几年间稍微提到了德国的罪责，很多时候反而是在讨论作为牺牲者的德国。《易北河畔的终结》中一些较长的节选可以证明这一点。作为特别的艺术手法，该书作者在这些章节中直接使用"历史"一词——就好像控制叙述过程的不是作者一样："历史可以断定……"[113]"对此历史也无法断定……"以及"或许最终历史会

VIII
冷战的军械库：体系斗争中的作家们

做出解答……"诸如此类，叙述者企图借此免除对所言之事负责，并且同时将相关结论提升到一个更高的层面上。在这几处，托瓦尔德将德国人在二战末期于捷克斯洛伐克所遭受的痛苦，与之前他们对犹太人施加的苦难相对比，一方面大力描述了德国人遭受的暴行，另一方面对"犹太人的命运"却一笔带过，没有更进一步的阐述。托瓦尔德认为决定性的差别在于，"屠杀犹太人并不是涉及大多数德国人或相当比例的德国人的公众事件，如果真是这样一起公众事件，那么历史就会不断提醒德国人，他们对此负有责任，因为他们低估了让高举反犹旗帜的人上台的后果。驱逐和屠杀本身是纳粹以及一小撮发布命令者和执行者的事。这些人在 1938 年刻意制造暴动后不久，就蓄意借助隐蔽的集中营以及更加隐蔽的东线，在德国民众以及世界面前隐藏自己的行为"[114]。也就是说，在该书看来，德国案犯只是一小撮人，他们的罪行广大民众毫不知情，民众只是纯粹的牺牲品。与此相反，"1945 年 5 月至秋天的野兽般的残忍行径却是公众事件，所有的捷克人无一不知情，数百万人即使不是案犯，也是鼓动并协助的看客"。这几个段落把罪责问题反转，德国人成了无辜的受害者，而捷克人成了"甘愿效劳的执行者"，没有比推卸罪责更极端的方法了。

令人惊异，或者说也并不那么令人奇怪的是，托瓦尔德的观点没有引发抵制，在国外没有，在德国更是近乎零。最近一份关于托瓦尔德的研究得出结论，称他"描摹了那个时代的常情"[115]；公开的纪念政策倾向于关注由德国人导致的受害者，而个体化的记忆则基本上把德国人看作受害者，二者截然不同。托瓦尔德使这种"德国悲剧"的个体视角影响更加广泛。

托瓦尔德，本名海因茨·邦加茨，早在 30 年代就成为记者，曾任职于纳粹的一份大型报纸——《埃森民族报》。战争期间，托瓦尔德继续进行写作活动，出版了几本关于空战和海战的书。这时的他究竟是战地记者抑或被征召的海军历史学家——原始资料含混不清——其实无关紧要。战后他更名改姓，不仅仅是为了洗白自己的历史。[116] 在1945年前的岁月里，他掌握了写作的营生，战争文学的叙述技巧影响着他此后的写作。此外托瓦尔德自40年代末50年代初开始，受雇于后来的联邦情报局盖伦组织，由情报局长本人亲自招募。这种联系有无数证据，甚至出现在70年代的报刊中。新闻杂志《明镜报》称托瓦尔德为盖伦的"御用史学家"。[117] 在希特勒的国防军中领导东线外军处军事宣传室的赖因哈德·格伦，在战后直接被美国情报机构聘为俄国问题专家。他领导的盖伦组织驻扎在巴伐利亚的普拉克，成为后来的联邦情报局，也是联邦德国驻外间谍的发源地。

托瓦尔德的作品无疑具有广泛的影响。如果情报处有宣传方面的考虑，那么他们选择的托瓦尔德的确受众甚广。这位作者不久就实现了几百万的销量。不光如此，每份出版物都有具体的政治目标。据说托瓦尔德的《他们想要毁灭谁》一书就是在盖伦的倡议下写成的，该书是一个关于希特勒国防军中的苏联志愿兵的故事，讲述了"一个被希特勒错失的机会，即在战争时期借助俄国民众，从内部破坏在此期间强大起来的苏联帝国主义的国家体系"[118]。盖伦组织建立了一个协会，即"昔日的志愿者协会的辅助机构"，旨在为当前的冷战争取与该协会相关的专家。在这个协会中，出现了另外一位有名的作家："昔日的党卫军一级突击队大队长，与来自阿尔高地区塞格的东线战地记者埃德温·埃里克·德温格尔，现在效力于组织，1956年后效力于联邦情报

VIII

冷战的军械库：体系斗争中的作家们

局。"[119]德温格尔也掌握了专业知识，他的《弗拉索夫将军——我们时代的悲剧》一书也在1951年出版。最终"来自弗拉索夫部队……中的大多数叛军成员已经任职普拉赫机关，因为他们的语言和民族知识在奥得河与尼斯河东部的新旧目标地区又派上了用场，而且在联邦总理维利·勃兰特领导的福利－民主政府中，一直发挥着作用，直至退休"。[120]旧的专业知识在新的政治背景下又具有了很高的现实意义。新老骨干分子，托瓦尔德和德温格尔，可以真真正正地向彼此伸出手来。

Der Traum vom Jahre Null

Autoren, Bestseller, Leser:
Die Neuordnung der Bücherwelt
in Ost und West nach 1945

IX 模糊的事实：有关事与人的书

集德国戏剧于一身：以绍尔布鲁赫为例

著名的外科医生费迪南德·绍尔布鲁赫的回忆录是战后德国销量最高的10部书之一。《这就是我的人生》在1951年初版后的10年间售出了约120万册。一直到90年代，各种袖珍书和读书会的版本仍在不断发行。绍尔布鲁赫作为医生闻名两德，魏玛时期就已经攀登上了职业生涯的顶峰：他从1928年起就在柏林的夏里特外科诊所任所长。纳粹时期他是国防军的军医总监，1945年他做到了柏林市政府卫生处的处长，并在苏占区参与建立了基民盟。连他在英占区的去纳粹化过程都进展顺利。东部的《柏林报》曾对此做过报道："判决依据称绍尔布鲁赫经常给纳粹帮倒忙。由此有理由期待，上诉人会为新的德国的和平建设提供支持。"[1]这里主要指的是东区进行的建设工作，而与此同时，这位明星外科医生仍然住在西柏林的高租金区格吕纳瓦尔德。

绍尔布鲁赫于1951年夏去世，没有亲眼见到回忆录的成功。

该书在《周刊》杂志连载后不久就正式出版，三年后改编成的电影也大获成功，《南德意志报》为此发表了评论，标题十分贴切，"为德国而切割"[2]——影射克莱门斯·拉尔的《……为德国奔腾》，该书以马为主题，改编成电影后同样非常受欢迎。

以这位教授广受读者喜爱的回忆录为例，可以概览1945年后德国畅销书的全貌，它含有成功的大众文学的所有基本要素。主题和主要人物——医生——都从属于消遣文学的子类，即医生小说。最晚从20年代起，大众对讲述科学主题的纪实文学以及书中"英雄"的兴趣渐增。绍尔布鲁赫已经具有了一定的品牌效应，他被视作"医生"的化身。此外，传记、自传多年以来就稳居畅销榜。与名人共同感受悲欢，可以帮助读者降低阅读难度。为了在这些基础上打造出一本真正的畅销书，出版商还有必要熟知该题材的潜力。他不能只是简单地把手稿带去出版社，而是必须积极地促成书的出版。还是以绍尔布鲁赫的情况为例，多亏赫尔穆特·金德勒适时地出现，这位医生的回忆录后来跻身该出版社历史上最成功的书之列（可与塞巴斯蒂安·哈夫纳的《对希特勒的评注》媲美）。《明镜报》很快就报道了该书的诞生过程："出版商金德勒承认，'枢密大臣先生的回忆录有一部分是他的夫人玛戈·绍尔布鲁赫博士口述的，其他叙述由我们的首席通讯员汉斯·鲁道夫·贝恩多夫完成。'"[3]贝恩多夫是一位经验丰富的写手，在1945年曾任《柏林画报》的主编，并化名鲁道夫·范韦特出版过《坦嫩贝格——兴登堡是如何击溃俄国人的》以及《我的宝贝你也同去》等书。[4]

绍尔布鲁赫的回忆录引发的第一次轰动来自教授的职业圈子，他们认为回忆录中所述的并不全是事实。而此时，在出版了

IX
模糊的事实：有关事与人的书

仅仅9个月后，该书已经售出超过13万册，为这位已故外科医生的继承人带来了逾20万马克的稿酬。有人指责称："该回忆录讲述的并非全是事实——像出版社宣称的那样，而是真相与大手笔的创作相结合的产物。"[5]

鲁道夫·尼森，绍尔布鲁赫的一个学生，在所有关键性问题上，比如与纳粹的接触等，都为其师出具了良好的证明。但是他后来彻底怀疑这本"有问题的回忆录"[6]的真实性。尼森在前期甚至和代笔人建立了私人联系，试图说服他，"一个丧失记忆的病人的'回忆'是不能发表的"[7]。但是尼森的干涉是徒劳的。当他将出版后的回忆录拿在手里时，发现"读起来使人非常沮丧，为了迎合读者的猎奇心理，内容充满谬误"[8]。不仅内容有错误，来源出处也不可靠。出版社从绍尔布鲁赫处获得的手稿和笔记，有一部分是出自专业人员的手笔。由于出版社对这些材料的错误估计，导致日后只能无休止地对由此而生的"剽窃""表示遗憾"[9]。《这就是我的人生》的有些版次不久就附上了另一位原告玛蒂尔德·鲁登道夫的反驳性的文章。她坚决否认绍尔布鲁赫的回忆录中与其亡夫有关的两处情节的真实性：一处是鲁登道夫——一身制服——"没收"了自己在绍尔布鲁赫那里的病例，据说是为了隐瞒自己在世时的病史；另一处是希特勒在鲁登道夫70大寿时专程拜访了他，想任命他为陆军元帅。鲁登道夫的遗孀对这两处予以否认，并为教授辩解道："枢密大臣绍尔布鲁赫先生的书中关于亡夫的那几页，可能只是以对话的形式叙述的，因此这些回忆上的差错也不能都怪他。"[10]总体而言，这部长达600多页的作品明显有别人帮工的痕迹，多处都是拼凑而成，没有宏观的叙事线。同时代的批评家已经有所察觉："标题当然使人感觉是绍尔布鲁赫本人写了这本书。但是任何人，即使不了解这本传记的历史，只要他熟悉绍尔布鲁赫清晰优美的风格，就会改变自己的看法。这本书只是报道了绍尔布鲁赫在病痛中讲述的故事，正是这个病使他在1951年7月2日去世。"[11]

这一切并没有影响销售上的成功。不久后该书又被拍成电影，编剧"费利克斯·吕茨肯多夫博士……对医生回忆录丰富的故事情节进行了加工处理"[12]。1954年，这部聚集了大量德国知名演员的影片在电影院上映。2008年德国的《读者文摘》刊登了《这就是我的人生》的最新缩编本。吕茨肯多夫——和贝恩多夫相似——也不能被视作一张白纸，他的剧本主要是在1945年前发挥了巨大影响，因此他参与了电影《理想音乐会》的剧本创作，并且撰写了《斯图卡》《赤色恐怖》《关于世上的一切》等宣传片的草案。贝恩多夫和吕茨肯多夫这两名纳粹宣传体系中的实践者成了绍尔布鲁赫作品的助产士，这绝非偶然或例外，而是那个年代的规则：战前的专业人士帮助战后的英雄发声。幸好贝恩多夫和吕茨肯多夫在纳粹时期没有过分地抛头露面，所以吕茨肯多夫的纳粹党成员和党卫军突击队大队长的身份[13]没有对他的飞黄腾达造成太大的阻碍。

绍尔布鲁赫于74岁时告别职业生涯并非出于自愿，虽然《柏林报》的简讯曾报道，人民教育部的部长"遵照教授的愿望"[14]免除了他所有的工作。民主德国声称教授是正常退职。人们担心"将生病的绍尔布鲁赫免职，会被西方阐释为是出于政治原因将一名不受欢迎的科学家免职"[15]。当时的民主德国与联邦德国矛盾正全面展开。实际上，绍尔布鲁赫已经无法胜任医生的工作了。他身患脑动脉硬化，这对他的病人来说是很危险的。然而这些医疗丑闻直到10年后才被于尔根·托瓦尔德在《解雇——外科医生费迪南德·绍尔布鲁赫的结局》一书中揭发出来。[16]不管是文学（和电影）方面持久的身后名，还是对其名声的削弱，都是在第三帝国练就了手艺的专业人士一手造就的，或许人们可以将此看作历史的反讽。连本名海因茨·邦加茨的托瓦尔德也属于此列，他早在战前就在纳粹的报社工作，后来又在海军舰队做宣传工作。[17]在为绍尔布鲁赫奏响终曲之前，托瓦尔德已经凭借作品《外科医生的世纪》成名——声名直达医学界。通过这些书籍，"他在参与塑造外科医生神话英雄的公众形象过程中发挥了相当重要的作用。'白衣半神'就此诞生了……"[18]不仅是那些为构建绍尔布鲁赫神话而辛勤劳作并努力捞钱的作者们，连绍尔布鲁赫这个角色也保证了连续性。以他为代表的这类人，诞生于帝国时期，在魏玛时期就已攀登上了事业的顶峰，与纳粹没有保持明显的距离，名扬两个德国。"纳粹德国创作的医生电影，旨在拔高、颂扬'民族'医学，将德国的医生塑造成超人医生、领袖医生和卓越的科学家。战后读者对这些医生神话也没有产生丝毫怀疑。因此1954年8月13日首映的电影《绍尔布鲁赫》不仅是一部非常成功的消遣电影，而是明确（标志着）原有的医生类型作品的延续……"[19]

《众神、挖掘者和学者》：逃向过往

这可能是20世纪最被高估的一本畅销书。它完全不是作者声称的样子。它既非长篇小说，也不是"所叙述的一切……，都毋庸置疑地由事实组合而成"[20]。唯一可以确定的是，C. W. 策拉姆的《众神、挖掘者和学者》仅在1949年至1962年间就售出了约130万册，到1999年在世界范围内售出约500万册。[21]另外，虽然不时会有批评家对这本书嗤之以鼻，但它就是非常引人入胜。只不过今天的读者在读上几页后，会被堆积如山的词语彼此碰撞的声响刺得耳朵疼。据说50年代第一版由于许可费用和酬金没谈拢而未能发行，1978年民主德国的人民和世界出版社获准特许出版[22]——当然多亏了不出格的前言和后记。文章本身从"马克思主义和唯物主义"的角度来看似乎也不会制造问题。

C. W. 策拉姆1967年版的《众神、挖掘者和学者》有400多页，其中大约一半在讲述纯粹的事实，一名严格的审稿人本可以

IX
模糊的事实：有关事与人的书

删掉所有的冗词赘语。策拉姆喜欢对照（"在蒙马特的污浊跋涉过后，他在镶木地板上几乎还未站稳"[23]）、反差明显的文字游戏（"那里是已经消亡的历史，开罗曾是令人陶醉的未来，然而他们面前是战乱的当下"[24]），更多的还有无尽的堆砌（"正好还有公使，'很好的普通人'，富有、没有牵绊，如今他发现自己的名字在流亡者名单上，看见自己的物品被充公，财产被没收"[25]），并且他推崇形容词，对策拉姆来说，简单地写某人贫穷是不够的，必然是"贫穷，孤单，众叛亲离……在寒碜的住处（艰难地过活……）"[26]。围绕着一件事，比如说一个历史日期或者一个人在某处出现，大量此类的词语被堆积。仅靠这种"词山"还远远不能将一本关于考古学的纪实文学书籍变成以自然界某件事物为主题，使用小说的表现手法的纪实文学，例如德语作家卡尔·阿洛伊斯·申钦格尔的作品（《苯胺》和《金属》）。而策拉姆的这本书充其量只是现存考古文献大量堆砌而成的编纂物，当时的人为它取了个不是很动听，然而很贴切的名字："陶瓷制品"。[27]

能说会道的作者/叙述者在文中寻找与当前的关联时，变得出奇的寡言少语。这时他好像突然失去了编造故事的能力，尽管在前言中他把"建立与当下的相关性"[28]称为自己的目标。关于二战中撒丁岛的金矿，文章只是简短地写道："然后发生了第二次大规模战争，炸弹投掷下来。部分收藏保持完好并被转移到安全的地方。"[29]引人注目的还有第一版和其他版本之间的不同之处（还未对细节进行研究）。例如在第一版中关于施利曼的宝贝还有这样的句子："德国出现了崩溃、困难、死亡和逃亡。"[30]以后的版本就没了这一句。初版虽然采取了把德国当作受害者的视角，但仍然简短地评价了刚刚结束的战争，后续版本中这样的描述逐渐弱化，直接的关联越来越少。

还有几页写道："贸易和战争是交往的推动力——在古代的狭小世界以及我们当今的广阔世界中，和平与掠夺都是并存的。"[31]转眼间，二战结束四年之际，该书的出版将其精巧地历史化。回顾这场战争时，战争责任被归为偶然。在联系古代一场毁灭性远征时，书中提及"二战中的现代西方（绝非德国！）深刻影响了'用力擦掉'①和'考文垂化'②两个词"[32]。只有一处明确提到了希特勒：将他称为他的新首都日耳曼尼亚的"建筑工程师"。[33]

尽管该书大获成功，但其中的技术性错误、措辞失当和不完善却不容忽视，尤其值得一提的是，作者策拉姆，原名库尔特·W.马雷克，本是一名编辑。1945年前，他成为作家的初步尝试是当战时记者，以及后来在不同的宣传部门做战地记者，他的《我们坚守纳尔维克》开启了当时德国有关战争书籍的出版浪潮。[34]

到目前为止，所有对《众神、挖掘者和学者》的成功进行解释的尝试都主要从作品本身出发。达维德·厄尔斯在其关于罗沃尔特出版社的研究中指出，这本书在50年代末把该出版社从一场严重的财务危机中解救出来。这次的拯救行动也成为联邦德国图书贸易在国际上取得的首次成功。出版商和作者（后者早就是罗沃尔特的总编辑）紧密合作，通过他们"对大众的影响力"[35]来支持此书。"……马雷克的新开端多多少少与'第三帝国'的发迹直接相关。"[36]厄尔斯继续推测道，大多数人本来就清楚作者的真实身份。该书纯粹从内容上也能与很多读者的经验世界相连，他们

---

① 德语"ausradieren"，本意为（用橡皮或刀）擦掉，被纳粹用来表示"彻底摧毁"。
② 考文垂（Coventry）是英国城市，被纳粹空军炸毁，纳粹党人在该城市名称的基础上创造了考文垂化（coventrieren）一词，意为"夷为平地"。

IX
模糊的事实：有关事与人的书

作为"步兵"走遍了整个欧洲，尤其是希腊罗马地区。《众神、挖掘者和学者》完成了对刚刚逝去的历史的相对化：这位考古者只对事件感兴趣。"在对昔日的伟大事物进行此种考古学的评价时，"厄尔斯认为，"重要的不是建造金字塔时是否有被强制的劳工死去、玛雅人是否为他们的神献上人祭，或是亚述人是否残害过整个种族——对于'幸存'起决定性的是保留下来的遗迹。"[37] 书写世界历史时，必须不时有人献身，这种格言使看似无关紧要的评注也发挥着为读者开罪的功能。例如书中这样描写一名埃及的统治者："他两次给英国军队以毁灭性的打击。为了解决与麦默洛克王朝的政治纠纷，他借口邀请 480 名显要人物前往开罗用膳，并在席间将他们杀害，造成了世界历史上最大规模的大屠杀之一。无论如何，……"[38]——作者眼中"世界历史上的大屠杀"的简短章节就这样简洁而又意味深长地结束了，并且该章节对于关于牺牲者和暴力的描述，在这部"考古学的长篇小说"中很有代表性。

除了内在原因之外，该书在德国畅销的一个重要原因是其为读者提供了他们想读的题材。它脱胎于一种人们熟悉的文体（一种纪实文学书籍），描写的主题不会刺痛人，而且标题、价格和装帧也有一定的规范。18 马克的高价也不是问题，因为纪实文学的目标读者主要是男性，而男性当时还掌管着家庭收入。[39] 另外他们特别易于接受文学性的专业书籍，因为纯粹事实性的内容被赋予了文学性的外观：这就确认了此书的地位，为读者创造了威望，也就是说它适合成为文化地位的象征。

所有（德国）纪实文学之母：申钦格尔的《苯胺》

为"陶瓷制品"开疆拓土的作品中，包括卡尔·阿洛伊斯·申钦格尔的一系列畅销书。他的《苯胺》是第三帝国时期最为成功的叙述性作品：截至战争结束，该书售出接近 100 万册，到 1951 年 5 月（1945 年也几乎没什么中断）已超出 160 万册。纳粹时期的巨大好评并非偶然。申钦格尔的书是文学批评家（如果人们还愿意这样称呼他们的话）和读者的最爱。"这是一条充满了牺牲和放弃的道路，"基尔地区的《北部评论》这样写道，"从热带的靛蓝种植地，穿过杜伊斯堡的李比希、科氏的实验室，再到颜料产业工会，申钦格尔在他的《苯胺》中总结了研究者近一个世纪的工作，凭着扣人心弦的冲击力而为德国化学赢得了极高的声誉。"[40] 尽管申钦格尔的出版商威廉·安德曼给了这本书"长篇小说"的商号标志，但这部书绝不是什么普通的小说。它属于原材料小说的大系列，披着虚构的外衣将纪实文学的主题呈现给读者。与很多现代的纪录片类似,在申钦格尔的作品中,记录性的章节和纪实文学性的段落,与戏剧化的叙述形式相交织。"今天几乎已经完全成为流行书籍的纪实文学"[41]的前身和典范都在魏玛共和国时期,在第三帝国时取得了巨大的成功,并在40年代和50年代续写着胜利。以原材料为主题的纪实文学或许是纳粹时期"最现代"的图书类型。不光是在今天,即使当时的读者也没有受这些书头上的标签所限,而是更倾向于将这些书当成纪实文学来理解和阅读。例如"特殊领路人"维尔纳·卡克就以《步兵读什么》为标题报道称:"飞行员和值机员由于工作原因(肯定)更易于接受这类书籍。那些流传甚广、关于自然科学和技术材料的美好而独特的说明便由他们而生,这些材料——经常经过集体加工——会引发最大的好奇。从申钦格尔的《苯胺》,到毕尔格的作品、多米尼克的长篇小说,再到最难懂的科学著作,都会在每个晚上,远离喧嚣,被细细研读。"[42]事实表明——战时在巴黎做过前线书商的图书市场专家弗朗茨·欣策也回忆道——只要条件允许,很多士兵都试图把自己的军旅时间用在自我进修上。因此真正的专业书籍一直受到穿国防军制服的读者的高度欢迎。读完申钦格尔的作品,人们也感到自己对科学史方面的人物和事件有了了解,而人物形象和他们的心理或社会维度则引不起多大的兴趣。

这种新的图书类型及其作者在申钦格尔时期就已经是公众讨论的对象。与事实的关联继承了20年代的"新现实派"。埃尔温·巴尔特·冯·韦雷纳尔普,战后埃科出版社的负责人,联邦德国最有名的纪实文学出版商之一,1937年在一本文学杂志中写过纪实文学方面的文章。他曾在化学工业的经济团体当过两年记者，因此可以说，他是受成长中的康采恩的"委托"而为"通俗的知识传授"大事宣传。有必要将"外行人的世界"与"科学家的世界"联系起来，不仅如此，还有必要为此而"祛除技工的忧虑"[43]。他认为最基本的问题在于，外行人的世界和科学家的世界分离得越来越远，由此产生了社会中一个怪诞的现象，那就是虽然社会化程度越来越高，但其中的大多数人却几乎对科学一窍不通。这种必要的桥梁可以由文学搭建，特别是申钦格尔这种风格的：一种新的"报道形式日渐兴盛，它知晓旧的教育理想的消亡，可以更直接地与人们对话，并且更为成功。这种报道形式试图从一个时代出发或者从研究者的行为出发来描写科学事物"。"只有把专门科学的基础打牢"，这种报道形式才会成功。

正如韦雷纳尔普后来，即1945年后，要依靠申钦格尔等作者发展起这种图书类型（韦雷纳尔普本人于1937年在世界出版社出过一本题为《来自煤的颜色》的小册子），第三帝国的纪实文学作者们也不是凭空发明了纪实文学。20世纪文学中即有先例，特别是国外的纪实文学都是榜样。汉斯·多米尼克除了写作未来小说，也写作"纪实文学"。他以美国人保罗·德·克鲁伊夫1926年出版的《微生物猎人传》为榜样，"以戏剧的形式描写技术发明领域的大事"[44]。德·克鲁伊夫是将人文关怀注入干巴巴的科学中的第一人。这也是申钦格尔的秘密所在——据说库尔特·W.马雷克后来在《众神、挖掘者和学者》的前言中以策拉姆的身份明确提到过德·克鲁伊夫。

卡尔·阿洛伊斯·申钦格尔，生于1886年，学过医学，战时任部队精神病科医生，后来获得博士学位。1923年后去了纽约两年，靠着医生和电影编导的工作艰难度日。

IX
模糊的事实：有关事与人的书

他首次在德国引起较广泛的关注是凭借1932年出版的长篇小说《机智的希特勒青年》，这部小说在希特勒上台后被改编成电影。影片1933年首映时，希特勒青年团的领袖巴尔杜尔·冯·席拉赫和希特勒本人均出席了首映式。申钦格尔从未加入纳粹党，这一点所有传记都没有出入，尽管如此，他还是被希特勒青年团授予了金质的希特勒青年团团标。[45] 他的作品《苯胺》与《镭》《人造毛》《金属》等，同属原材料小说系列。《苯胺》的纳粹特征在于与当权政府微妙的哥们儿义气。该书没有肤浅地炫耀新政权的符号，而是在另一个，也是更成功的层面上进行"宣传"。此书体现了技术崇拜的传统，甚至将社会问题的解决寄托于技术进步：这也是20年代的遗产。小说的开头就是德国化学家弗里德利布·费迪南德·伦格对苯胺染料的发现。他人生的悲剧（以及他书中人物的悲剧）在于，在世时其成就并没有完全得到认可。他的发现史与从植物中提取靛蓝染料的过程形成对照。在印度，这种植物在艰难、不人道的条件下被种植并被航运到欧洲。只有欧洲的进口商是赢家，他们主要是在伦敦的原材料交易所进行投机活动。民族主义者的潜台词将英国人的投机与德国人的发明精神相对照：一边是交易所中对利益最大化的追逐，另一边是利用技术进步来为人类谋福利的愿望。申钦格尔在书中以冷静的笔触描写了焦油染料的发现史，以及此后现代化学工业的诞生，在此过程中德国的工厂和研究者起到了关键作用。这本书的高潮是染料产业工会的成立，该工会最终追随主人公踏上了去往新德国的路程。这个新的国度虽然没有飘扬着纳粹的万字旗，也没有"元首"致意，但还是清晰节俭地勾勒出了纳粹国家的特征。书中甚至有反犹太主义的暗示，里面描写的一个商人团体打算阻止一种治疗疟疾的药品的传播，并且这个团体"主要是一些天性和思想意识上对新的德国不怀善意的商人"[46]。所有最终被证明对世界人民的健康大有裨益的发明，都是德国发明家做出的。人工染料是在违背英国殖民势力的情况下被研发出来的，从此人人都买得起染料。尽管一战的战胜国大量侵犯德国的专利权，勇敢的科学家还是继续进行研究。

《苯胺》特别成功，是由于它是一部先进的作品，能够与新近的新现实派相联系。从语言到各个场景，它又以技术小说为榜样，例如伯恩哈德·克勒曼的《隧道》，这可能是德国文学第一部现代的畅销小说：在两部书中都用描述战争的语言来描写工作（和研究），甚至"专题报告人讲话就像司令官在决战前训话"[47]。《苯胺》之所以受欢迎，大概也是由于所描述的生活很贴近大多数人民群众的现实生活，他们受制于日益重要的生产过程。申钦格尔没有明显地巴结当权者，这肯定也是一大优势。最后这点也很重要：《苯胺》是一部说客小说，它将强大的康采恩、染料产业工会的利益引入文学中，却没有很快遭到文学领袖们的批评。

正是这些特征使这本书后来得以延续。申钦格尔的老出版商威廉·安德曼在1945年后重新出版了这本书，使其在年轻的联邦德国再次大获成功。很显然，战后的版本删去了先前版本中引用的"帝国部长弗里克博士"关于"种族健康、充沛的民族"[48]的话。1949年又出版了该书的修订版，然而，书中的关键之处被删减了：所有关于染料产业工会卷入民族谋杀，使其声誉不保的描述这次都被删除，太过军事化的表述也被删除了。关于一战战胜国，尤其是英国人（现在又坐在了胜利者的一方）的贬损性的话语也找寻不到了。"我们被束缚住了，无论是地理上、经济上，还是政治上。我们想要生存！"⁴⁹这个句子1949年"退役"。其他的强调重点也做了轻微的，然而是决定性的转移。例如1945年前有一句话是："人工材料成了德国的生存问题。"⁵⁰而现在在盟国的审查下，减弱了激进性，只具备重建的含义："人工材料在今天决定着德国经济的未来。"⁵¹阅读习惯受《苯胺》等书影响的读者也成了《众神、挖掘者和学者》的读者群。连接线从20年代的纳粹时期，一直贯穿到50年代。策拉姆成为畅销书作者并非完全没有先决条件。

但是申钦格尔本人的故事在1945年后如何继续呢？他作为作家的不堪过往在40年代末50年代初仍停留在人们的脑海中。他的话被人引用（或者是别人说出了他的心里话，具体不得而知）："我并非作家，我只是想报道发生的事情。我写了《苯胺》，但我不是化学家；我写了《金属》，但我不是工程师；我写了《原子》，但我不是物理学家——我写了《克韦克斯》，但我不是纳粹。"⁵²事实上位于伊萨尔河畔的兰道的消灭纳粹主义的法庭，曾在1948年5月21日做出判决，将申钦格尔归入随大流者。他只是付了点赔偿金和诉讼费，总共约230马克。曾经使他的作品引起"第三帝国"的宣传兴趣并在读者中大获成功的，恰恰是与意识形态的距离和广泛的连续性，而这两点如今成了他脱罪的论据。申钦格尔为思想自由的《法兰克福报》工作过，他的律师在回复起诉书时解释说，申钦格尔拒绝了"书写讨好某个党派的小说，而他的著名作品《苯胺》和《金属》……，绝没有讨好任何党派。也因此出版商和书商都向他预言，这些书会彻底失败。至于这些书仍然售出百万册，那是另一个话题"⁵³。申钦格尔把他的写作活动表述为反抗行为：他的长篇小说《苯胺》可以被"理解成一种拒绝"。"人们把我看成是变节分子,并且在我面前毫不掩饰"。[54]作者声称,对一项"自由的科学创造"的描述恰恰是他本人"在那个时代的一种独特的行为上的反抗"[55]。申钦格尔觉得自己至少"从1935年起就用语言和行动站到了这种意识形态的对立面"。这类文学因其所谓的远离体系而特别稳固地发挥着影响,并且受到戈培尔周围部分纳粹领导的专门提携,而它真正的功能是什么?法庭没有就此讨论。在口头调解过程中,人们也几乎完全专注于《机智的希特勒青年》一书和电影,因为该作品似乎最容易证明申钦格尔与纳粹意识形态的接近,然而这些证据不足以将其判刑。

纪实文学"发明者"的幸存/人生谎言：
埃科出版社的《圣经的确有道理》

时钟并未归零，对于纪实文学的出版商来说亦如此。威廉·安德曼，申钦格尔的出版商，曾借德国将军的图片合集大赚一笔，并在1945年后立即把旧的传统延续了下去。与他出版的传记相类似的作品还有很多。我们已经遇到过在第三帝国时期作为纪实文学理论家的埃尔温·巴尔特·冯·韦雷纳尔普。在他的传记中可以读到，他曾于1932年至1933年在柏林的德国人民剧院任戏剧顾问，后来"被判处禁止从事该行业"[56]，这促使他转行成了记者。在记者这一行业中他肯定非常出色，以至于不久就能为化学工业的经济团体发挥其专职作用。[57]他在三四十年代发表的书籍很多，最终他得以继续以自由职业者的身份继续工作。在他出版的作品中有一些书名具有殖民史色彩，如《欧洲看向非洲》或《追寻秘密服务的痕迹》等，出版时印数都非常可观。《追寻秘密服务的痕迹》是一项宣传措施的组成部分。他们想把1939年

11月8日针对阿道夫·希特勒的炸弹袭击嫁祸给英国的间谍。纳粹打算不惜一切代价，否认德国人格奥尔格·埃尔泽是单独作案人和抵抗运动的斗士。"刺客被捕后，他的委托人已被确认身份。整个德国民族在问：这起谋杀的指使者在哪？"[58]可以肯定的是，出版了韦雷纳尔普的小册子并在第一年销量就达到8万册的尼伯龙根出版社，一开始就是由纳粹的宣传部为了反共而建立的。出版社的社长埃伯哈德·陶贝特，兼任戈培尔的同事，最后升到了处长的职级。[59]他为更广的圈子所知是作为电影《永远的犹太人》的编剧。在希特勒与斯大林签订秘密条约之后，尼伯龙根出版社的产品必须暂时调整。出自韦雷纳尔普的反对英帝国的小册子便是这种新导向的一部分。纳粹时期最受欢迎的多媒体项目——国防军的"愿望音乐会"的伴奏乐队不久也在尼伯龙根出版了作品。显然该出版社保留了反对"德国的敌人"的政治路线。这里或许没有一本书不是在政党或国家机器的直接影响下而被列入规划的。

韦雷纳尔普的"禁止从事该行业"估计是由他本人后来一手策划的，找不到任何证据，而且背景也不明了，然而这位作家的出版、宣传活动轮廓实在太清晰了。其他一些被归在他的名下却又下落不明的作品（比如一本叫作《穿白马甲的犹太人》的小册子），可以推断是纯粹的煽动性文章。这些出版物当时使他获得了"党卫军祖先遗产①的正面鉴定"[60]。韦雷纳尔普的《秘密服务》一书也不能完全排除与党卫军的关联。毕竟前言就提到了德国警察的头目海因里希·希姆莱。无论如何，这个小册子是用来传播纳粹的"艾尔塞肯定是一个大阴谋的一部分"的断言。逃亡中的

---

① 一个纳粹德国的智库。

前纳粹追随者奥托·施特拉塞尔，在韦雷纳尔普这本书的第11页就被称为"慕尼黑袭击的组织者"[61]。

战后不久，这些活动就不再对作者和出版商有消极影响了。1950年，韦雷纳尔普建立了埃科诺米亚出版社，简称埃科出版社，在联邦德国早期曾崛起为最重要的纪实文学出版社之一。如今埃科出版社作为特殊的标记隶属于乌尔施泰因出版集团，在其网页上仍将埃尔温·巴尔特·冯·韦雷纳尔普誉为"德国现代纪实文学的发明者"[62]。当时的经济部是一个纳粹德国的智库。路德维希·艾哈德的纲领性文章《所有人的富足》等使埃科出版社成为经济奇迹之国的招牌。即便他肯定不是现代纪实文学的发明者，但"或许（韦雷纳尔普）是——在经过最初的犹豫之后——把'纪实文学'这一概念积极正面地用于自己的图书和广告的第一人，而此前这一概念一直被图书管理员和国民教育家用作贬义"[63]。另外"纪实文学能在畅销书名单中占据重要地位完全要归因于韦雷纳尔普与博多·冯·哈伦贝格的友情，哈伦贝格在60年代初开始为其《图书报告》汇总这份名单"[64]。为出版社带来突破性发展的是维尔纳·凯勒的《圣经的确有道理》，该书在1955年初版发行后没几年就售出超过50万册，到1960年已经被翻译成了17种语言，预计总销量为150万册。[65]正如副标题"研究者证明历史真相"所表明的，凯勒试图将新旧约中有名的圣经故事与考古学的认识联系起来。作家将专业科学知识描写得通俗易懂，并且将其醒目地与各条圣经引语对照。通过科学认识将圣经材料更新并确证，在当时有广泛的读者。出版社几年后便又出版了鲁道夫·珀尔内尔的《坐着电梯去罗马人的时代》。

埃科出版社的这两本图书已经表明了现代畅销书的一个重要

因素：一个有说服力的能代表品牌特性的标题。一个流传广泛的说法是，康拉德·阿登纳非常喜欢埃科出版社创造的新词，据说他曾问过自己的经济部长——埃科的作者艾哈德，埃科的撰文者是否也能为 CDU（基督教民主联盟）创作广告语。[66]

有很多证据表明，凯勒的书也受了策拉姆的鼓舞。《时代》就曾在其评论中问道："维尔纳·凯勒的书会按照策拉姆的方式取得世界性的成功吗？"[67]凯勒在前言中写道，他在 1950 年就开始着手这一主题。据说韦雷纳尔普是通过报纸上的一篇文章注意到凯勒的——他向凯勒阐明构思，并资助了两年多他的工作。[68]1909年出生的凯勒接受的是法律教育。1932 年 7 月底，据柏林高等法院当时的一名候补官员的描述，他"出于信念"[69]，加入纳粹党。1933 年获得法学博士学位，从 1937 年起任记者。"在《柏林日报》上，他报道了东弗里斯兰的日耳曼王室陵墓、挪威北角的北欧海盗船的残骸等，沉陷的文化成为他的重要主题。他的语言知识（英语、法语、挪威语和意大利语）帮助他减轻了调查研究的难度。"[70]

50 年代的记者们也把凯勒的书视作读者实现愿望的机器："……它满足了对考古学，也就是对人类历史和来源的可靠证据的广泛兴趣；通过提供一架以所谓科学为基础的、通向圣经内容的桥梁，它迎合了对信仰的渴望。"[71]

凯勒成功之作描写的主要是犹太民族，而圣经讲述了该民族的故事。但是在他的书中，没有任何语句提到这个民族最大的苦难在 10 年前才刚刚被终结，并且主要是由德国人引发的。《圣经的确有道理》是一本和解之书——曾经的施虐者与受害人和解，当然没有以任何方式探讨自己的行为。凯勒的畅销书可以这样阐

IX
模糊的事实：有关事与人的书

释：一本考古学的作品自然并非一定要以最新的历史为主题。但是在一本由一名德国人在德国、在大屠杀几年之后写成的书中，是不是得写一写这段历史呢？作者在以"按照圣经重建"为标题的最后一章中，却研究了以色列国的现在（从当时的视角）。可以找到"新的国家区域"和"对于这些毫无经验的新移民来说，这块土地完全陌生，……他们发现旧约是异常珍贵的帮手"[72]等字眼。关于这些新移民从何而来？他们的命运是如何？却只字未提。

"犹太人的人口损失无比巨大"，这里回忆的不是德国的大屠杀造成的死亡，而是很久以前的牺牲者："根据塔西佗的记载，围攻期间有60万人在城内。弗拉维奥·约瑟夫指出，不算被钉十字架和被剥膛开肚的人数，共有9.7万名俘虏；他还补充道，在3个月内仅从一扇城门就拖出了11.58万具尸体。"[73]他接着写道："这片被赞颂的土地上，在公元66年至70年的血腥的犹太战争，以及132年至135年间的巴尔科赫巴起义中没有丧命的民众，大部分都被卖为奴隶。"[74]与德国当代的历史中德国多处犹太教堂被烧的大屠杀之夜形成类比的还有多处："犹太教堂被攻击，迦百农的教堂也成了一片废墟。一双无情的命运之手将以色列从民族总谱一笔抹去。"[75]整部作品中到处被引用作为证据的（尤其是作为主标题《圣经的确有道理》的证据），是圣经中一处用上帝的话来为犹太民族的消失说明理由的文字："他们要倒在刀下，并被掳到各国去。"[76]但是应该强调的是：所讲的始终都是犹太人古代遭受的苦难，而且时时显露出一种反犹太主义的基本模式，例如文中宣称，休斯敦·斯图尔特·张伯伦的有关耶稣是一个罗马军团士兵的私生子（也就是半个雅利安人）的"理论"，其实要归因于"严守教义的犹太人的反基督倾向"[77];文中另有一处还写道"耶稣联结各个民族、维系各个民族的教义……早就在全世界踏上了不可阻挡的胜利之旅"[78]。很显然这是在含蓄地诋毁——犹太人的命运一定程度上是自己造成的。

如果未来的考古学家从废墟中发现了凯勒的一册书,破译了他的文字,并按此塑造历史画面——那么大屠杀就像从来不曾发生过。而对于德国读者来说,这本书是和解性的。现代国家以色列将会在圣经的帮助下重建。该书的末尾又是一段圣经的引言:"过路的人,虽将这片土地视为荒废之地,现今这荒废之地,仍得耕种。他们必将会说'这先前为荒废之地,现在再次成了伊甸园'。"[79]属于肇事民族的深深的伤痛,至少在读这本书时获得了治愈并且消失了。

社会主义的通俗专业书籍：
《佩尔隆女士》和其他历史

民主德国的纪实文学领域又是如何表现出连续性的呢？那里到底有没有可以进行对比的文学呢？简单来讲：即使在创作领域，那些1945年前大出风头的人也多是在联邦德国寻找未来。但民主德国也并非完全没有过去的痕迹，只是纪实文学在联邦德国的热销并未带来它在民主德国的相应发展。此外纪实文学的概念在民主德国更多地被用作贬义。"在'非社会主义的国外'诞生的有着这一名称的书籍只能被认为是操控和利益的最大化。与之相比，人们更喜欢'普及性科学书籍'这一名称'"[80]。60年代初，德国统一社会党中央委员会科学处处长汉内斯·赫尔尼格概述了这种"普及性科学书籍"的几条基本特征："普及性科学文章能够揭示自然和社会发展过程中的所谓秘密。这类文章可以很清晰地与专业作品区分开来，并且被用于广泛的普及教育。在赫尔尼格的眼中，纪实文学的作者除了要具备专业技能，还必须特别具备教育技巧。"[81]

不久在民主德国大量印刷的几部书,被用来作为成年仪式的官方礼物,其中包括从 1954 年起开始发行的《宇宙,地球,人类》,一部用来向青少年传递唯物主义的无神论世界观的合集。第一版配上了瓦尔特·乌布利希撰写的前言,在新生活出版社出版了 12 万册。1960 年该合集由《我们明天的世界》取而代之,这卷书在出版一年半后就实现了 32 万册的印数。[82]两卷书都阐明了未来的发展方向:这关系到社会主义人民的教育。

然而如果考察 50 年代的各本书,就会发现民主德国与联邦德国之间表现出很多共同点。汇总了工业界报道的《佩尔隆女士》便是一个例子。迪特尔·诺尔的这卷书 1953 年在建设出版社出版,该书虽然没有表现出畅销书的特征,但是与联邦德国的原材料小说形成明显的比照。该书也是将日常世界化作历险故事:"群山之间吐着烟的烟囱,本生灯咝咝作响的实验室,提升井架盘旋的绳轮,以及锤子敲打矿层的隆隆声——这就是迪特尔·诺尔作为发现者和报道者所游历的世界。"[83]简介文字这样写道。是的,工农国家及其生产场所的赞歌被唱响,用一切手法:"贝伦纤维的福音书以这样的语句开始:太初有煤,煤与波兰人民同在。波兰人民交出煤,这是一份贸易合同的条款规定的。"[84]尽管有这种明显的倾向,但这卷书仍富有启示,因为书中有几处一闪而过,认为根本没有归零,工业(按照逻辑)也必须与先前联系起来。就这样我们再次与人造毛相遇。"对于人造毛这种'德国的白色黄金',过去似乎已经做了足够的广告,而且有些书就是为此而写。我们就不必多说了。"[85]诺尔以此来影射原材料小说(汉斯·多米尼克撰写的《人造毛——德国的白色黄金》)。此时生产资料才"转移到人民手中"[86]，并且——在作者看来——一切"都好"。然而与那段不光彩历史的联系却一笔带过。例如在该书的"青霉素"一章，汉斯·克内尔被尊为是一位"我们共和国上千名市民都要感谢的人"[87]。该章说他多次被授予国家奖章，从1938年起在耶拿生活和工作，在那里他洁身自好（至少在诺尔的描述中）度过了纳粹时期："战争结束了。在当时的苏占区没有什么值得一提的制药工业。克内尔独立生产青霉素的大胆想法变成了现实。……耶拿制药从无到有成长起来……"[88]克内尔1932年加入纳粹党，1932年至1935年也属于冲锋队。[89]据说他早在1942年就推动了"欧洲大陆首批使用大型机器技术来生产青霉素"[90]。但是迪特尔·诺尔对此未置一言，柏林-勃兰登堡的科学院——克内尔曾是其成员——也在他们主页上有关汉斯·克内尔的（如早已承认的那样）少量记录中对此一言不发。[91]可以肯定的是，相应的实验室和研究在1945年前就存在了。

德国统一社会党下的《微生物猎人传》：
维尔纳·奎德瑙的《罗伯特·科赫》

在克鲁伊夫的《微生物猎人传》中就处于中心的科学领域，在民主德国的出版界也受到了关注。民主德国出版了维尔纳·奎德瑙的传记作品《罗伯特·科赫》。奎德瑙也像是得了申钦格尔和其他前辈的真传。"'母亲！母亲！'他激动的喊声穿过房屋，'想想吧，母亲，罗伯特把一只老鼠放到了桌子上，并用一把厨房刀割开了它的肚子！'"[92]奎德瑙这样介绍那位著名的医生和研究者，罗伯特·科赫的故事被以小说般的形式讲述了下去。《罗伯特·科赫》到了第三版仍停留在3万册的销量，而同一出版社出版的关于克拉拉·舒曼的传记却达到了6万册。

出版商和作者将该书送交文学和出版局举办的"创造崭新的儿童和青少年文学有奖竞赛"，并且有意识地与前文已经多次提及的纪实文学史上的前辈建立联结。显然读者方面仍存在着巨大的、迄今为止在民主德国仅部分得到满足的需求。"出版社自身

IX
模糊的事实：有关事与人的书

始终认为该书的出版是合理的，因为我们在这一领域还没有其他作品。"[93]当时任卢齐厄·格罗塞尔老柏林出版社编辑的约翰内斯·博布罗夫斯基这样说道。该书的出版一波三折，1954年初版时标题为《以显微镜开始》，是作为青少年书籍来构思的。表现出的问题是，作者不仅受到了德·克鲁伊夫等前辈的启发，而且书中有整段的文字明显抄袭了《微生物猎人传》——这一点在1952年11月就引起了有奖竞赛评审委员会的注意，最后该书退出了竞赛。

最终出版社和作者共同努力打造出了一个新版本，对有问题的章节进行了加工。在此期间作者据说已经表达过自己要在联邦德国的出版社出版该书的打算，因为他必须养活家人。这种威胁事实上有必要加以认真对待。因为确实有一些线索表明，作者已经匿名将相关作品交到了联邦德国。[94]

在加工过程中，老柏林出版社考察了所有能互相比较的作品，以防出现新的剽窃现象。其中既包括德·克鲁伊夫的《微生物猎人传》，也包括赫尔穆特·翁格尔于1943年在莱比锡出版的《罗伯特·科赫》，以及这位作家1942年的作品《不朽的遗产》，甚至是40年代的其他相关文章。"然而出版社很重视并要加以强调的是，奎德瑙手稿的主要特质超出了相关主题迄今的所有文献"，老柏林出版社再次写道，"奎德瑙果断地将科赫的活动置于他那个时代实际的社会框架中，叙述了必要的关联性，明显反对俾斯麦的反动立法，并且将科赫作为一名在深刻的社会变革基础上改善公共卫生的果敢先锋。在他的描写中，科赫成为我们青少年的榜样。"[95]换言之，"老英雄"被带到新航线上。约翰内斯·博布罗夫斯基在为老柏林出版社写的审稿鉴定中做出这样的评价:"最后,一部一流的作品,一部早就被期待的作品,其现实性通过瓦尔特·乌布利希的著名评论而得以彰显。除了科学劝导,该作品还使读者对我们民族伟大的人道主义功绩产生恰当的自豪感,使他们具有责任感和毅力,并且恳切地、毫不傲慢地展示了我们祖国的伟大和价值。"[96]博布罗夫斯基指的大概是整整一年前乌布利希对五年计划所做的阐述,德国统一社会党中央委员会的总书记提醒"要维护我们伟大民族的科学遗产"[97],并且称罗伯特·科赫是这一遗产的代表。

尽管有了这些支持,还是需要向当局重新提交"具有可比性的作品",最终在 1954 年 1 月,"再次彻底审查手稿和所提交的有关罗伯特·科赫的作品之后"[98],该书获得了出版许可。

奎德瑙在成为自由作家之前,曾接受过成为面包师的培训,[99]因此在民主德国能够出版其他相关内容的书。然而在 50 年代末他被揭了老底。例如在《明镜报》就可以读到,德国统一社会党的奎德瑙同志是"由于问卷造假"而被开除出作家协会的。这份时事杂志接着写道,在问卷中他隐瞒了曾加入纳粹,为党卫军工作过,甚至在"阿道夫·希特勒的警卫旗队"效力过等情况。[100]国家安全部——当然是很久以后,也做了一张索引卡片,上面记录的就是类似的猜测。[101]无论如何可以肯定的是,奎德瑙继续在联邦德国飞黄腾达,并迁居到了布伦瑞克。他接下来的作品都在隶属于贝塔斯曼出版集团的西格贝尔特·莫恩出版社出版。

经常出入国境的畅销书作者：
巴尔克豪森、施图克、布劳希奇

在最初的几年里，纪实文学领域还有其他一些经常出入国境的人，其中包括作家和编剧约阿希姆·巴尔克豪森。巴尔克豪森1937年与埃尔弗里德·布吕宁结婚，育有一女。他在纳粹时期被委以"为战争服务的写作任务"[102]。他的作品《克鲁格总统》是一本关于南美布尔人领袖保罗·克鲁格的书。1941年曾有一部有很强的反英倾向的纳粹宣传电影面世。但是巴尔克豪森的《克鲁格总统》被德国人民教育局列入清理名单中，这一事实[103]似乎并未阻碍作者在民主德国继续活动。在另一份柏林市政府人民教育处公布的名单中，他甚至在"全部作品都要被清除库存"的作者之列。[104]巴尔克豪森由此被打上了"种族主义"的标签。尽管如此，他在1950年还是得以和亚历山大·格拉夫·施滕博克-费莫尔一道，随同德国电影股份公司的电影《泽梅尔魏斯，母亲救星》出版了配套书籍。只不过这套包含了静止姿态照片和剧本节选的配套书籍仅发行了一版。总体而言,巴尔克豪森在德国电影公司主要进行编剧工作。多年后,巴尔克豪森在施滕博克-费莫尔自传的后记中看待历史的目光仍不够犀利。一部名为《红色的格拉夫》的著作,1973年在国家出版社首次发行,后再版多次。对于出版社来说,这是一部典型的转变文学,从"工人运动"的一面展现了"其他阶层成员"的道路。由于施滕博克-费莫尔在写作自传的过程中去世,人们便向"西柏林仍健在的、与施滕博克-费莫尔合著过德国电影股份公司大量电影的长年老友"巴尔克豪森求助。出版社的代表对他的作品非常满意:"巴尔克豪森为这项任务投入了他的写作经验、对细节的密切了解以及为故人尽到朋友之责的愿望。无论是在政治和客观信息上,还是在鲜明生动上,这篇后记都比现有的作者的版本要好得多。"[105]

这些已转变之人发出的信息似乎在使人们忘掉他们不光彩的过去。自传《红色的格拉夫》的初版销量为2万册,后续仍有别的版本发行。

巴尔克豪森在回顾自己与纳粹掌权者的关系时写道,他虽然与宇宙电影股份公司(UFA)签订了作者协议,"但在所谓的攫取权力后很快就被解雇了"[106]。未提及《克鲁格总统》,丝毫没有。相反:"一些作为自由撰稿人从业的尝试都失败了。大德意志电影当时的那些老爷们对我吹毛求疵。"[107]

其他项目也有相似的动机。要满足特定的阅读需求——即使主人公的传记具有某些特别之处。因此令人惊奇的是,尽管赛车手汉斯·施图克在"第三帝国"辉煌一时并且之后生活在联邦德国,但他的自传《山林之王》仍可以在民主德国的运动出版社独家出版,而且销量达4万册。更加成功的是曼弗雷德·冯·布劳

IX
模糊的事实：有关事与人的书

希奇的作品。他同样是纳粹时期的一名赛车偶像，只不过后来移居民主德国，并在那里任职体育部门领导。"作者考察的主要是，赛车运动如何被纳粹政权用作宣传……战争结束后作者一直在联邦德国反对旧的腐朽的战争政策的复活，直到最终在民主德国找到自己新的家乡。"[108]该书的需求量大到短时间达到了6万册，出版社和出版社总局面临的最大问题是，以现有的印刷能力完成任务，并且尽可能准时，从而不耽误圣诞节的生意。

关于鱼和马的新闻？
汉斯·哈斯与克莱门斯·拉尔

某些人对于我们来说与一个特定的时代紧密相连，以至于我们几乎无法设想他们在这个时代之前或之后的生活。就像汉斯·哈斯与他的妻子洛特，两个人好像一直在蓝色的环礁湖里游着，追逐着水底的奇珍异兽。"海底女孩"洛特是20世纪五六十年代的水下偶像，经常通过电影和电视进入我们的客厅。"在1939年至2005年间，汉斯·哈斯出版的德语作品达32部，一共被翻译成22种语言、84个版本。从这位2013年去世的海洋研究者（生于1919年）的主页上可以读到，他的作品中被翻译最多的是1957年出版的《我们来自大海》（12个不同语言的版本）和1947年出版的《三名海底猎人》（11个不同语言的版本）。"[109]然而哈斯早在此前就为他的知名度和他后来的成就打下了基础。1939年，正值战争开始，他的《在水下狩猎》在斯图加特的世界出版社出版；两年后在柏林的德国出版社出版了《在珊瑚和鲨鱼之中——

IX
模糊的事实：有关事与人的书

加勒比海底奇遇》。该书当时的发行量相当可观，达 5.7 万册。在接下来的几年中陆续出版有丹麦语、瑞典语、拉脱维亚语和捷克语版本。到 1961 年该书的总发行量达 27.5 万册，只不过出版该书的德国出版社又换回了乌尔施泰因的老名字。他去世后大量讣告都提到，他在战后带领广大观众走近了水下世界；然而这并非全部的事实，实际上，观众早就已经认识了这位作者。"汉斯·哈斯"的名号在德语区（或者不如说在被德国占领的地区）早就打好了基础。在哈斯的早期作品中，时代的印迹隐隐闪烁着，就像照片上的一艘在加勒比库拉索岛"被战争耽搁的"[110]德国商船。在做继续冒险的计划时，他写道："我的目光继续探求着未来。战争仍在激烈地进行，祖国仍需为其伟大的目标做生死抗争；但是当获胜之时，美好而伟大的和平将拥抱着人民。那也将是我的重大计划实现之日。"[111]

另一个将成功延续到了 1945 年后的体育界的故事来自克莱门斯·拉尔。这位作家本名埃伯哈德·克普泽尔，是一名消遣小说作家，他的飞黄腾达始于 30 年代，因为与马有关的作品而闻名。其中最有名的《……为德国奔腾》从 1936 年至 1980 年间共发行了多个版本，销量达 19.7 万册。作者没有亲历该书的长久生命力，他——公众认真地记录了下来——于 1960 年在自己位于柏林格吕纳瓦尔德的别墅阳台上自杀了。[112]

拉尔是一位专业而多产的作家，1945 年前就出版了大量披着流行外衣的军事题材作品。50 年代他陷入与柏林出版商恩斯特·施塔内克的司法纠纷中。施塔内克与拉尔签订了一份关于几个图书项目的合同，声称具有独家版权，但最终在庭审中败诉。德国联邦法院在判决中称，拉尔"战前曾以作家的身份，通过撰写军事领域的真实报道而出名"[113]。

"人们会问,是什么促使出版社和作家在1950年再版了一本1936年首次问世、在一定程度上似乎不可避免地属于一个本应被回避的时期的书",这是克莱门斯·拉尔的《……为德国奔腾——卡尔·弗里德里希·冯·朗根,一名骑手的命运》[114]战后版本的开头。如果将该版与战前版本进行比较,就可以很容易地得到答案:读者依然存在,再次产生了对于"民族"事物的需求——此外,该版进行了彻底修改,在新的时期只会引起少量人的反感。

这本书描述了德国很受欢迎的马术骑手冯·朗根男爵的故事,他在一战中受重伤而退伍,后来把全部心思投入到马术运动中,并取得了国际性的巨大成功,例如在1928年的阿姆斯特丹奥运会上。骑手和马在一定程度上象征着德国的重生。冯·朗根男爵在1934年的一次赛马中丧生。1945年前的帝国运动手册的前言中称:"他为我们和冲锋队的荣誉而死!以典范性的死亡方式结束了同样典范性的一生。"[115]一部在该书的基础上拍摄的电影,被戈培尔认为"具有国家意义",并吸引了大量观众。[116]该书战前和战后版本的差异使人惊讶。从副标题起就进行了修改,由早先的"一名勇士的命运"(1936)改为"一名骑手的命运"(1950);早前的版本强调他对政权的忠诚和信仰:"第三冲锋队立正!大家注意听!从今天起冲锋队候补人朗根将在我们这里执勤。"[117]而1950年的版本不再提冲锋队,我们只是模糊地读到:"大家注意听!从今天起候补人朗根在我们这里执勤。"[118]

冯·朗根的态度被作者进行了双重解读。一开始他被塑造成一个新政权的虔诚追随者:"……他大力宣传自己狂热的思想",

IX
模糊的事实：有关事与人的书

这个句子在战后的版本中被删除。"只能如此，因为他就是这种感觉。"[119]这是第二个被删掉的句子。他被重新刻画成了一名怀疑者——虽然相信新政权，最终却失望并被出卖。他"顽强而固执地(拒绝)，成为纳粹党党员"[120]，战后的版本可以读到这样的句子。此外他还为了抵御身边纳粹分子的反犹主义而进行自卫。在1950年的版本中，纳粹分子的英雄之死摇身一变，几乎成了为反抗政权而献身："就这样，成为骑手大队长的卡尔·弗里德里希·冯·朗根就有权利，或者不如说就有责任，在庆典和正式场合作为护卫参加骑行。朗根仍然虔诚。因此他只能死去。"[121]

"德国的骑手"超然于政治解读之外，把1945年前后联系到了一起。这一人物反映了读者的感受。政权的支持者和追随者现在成了怀疑者和批评者。

Der Traum vom Jahre Null

Autoren, Bestseller, Leser:
Die Neuordnung der Bücherwelt
in Ost und West nach 1945

X 小小的逃避：
讨喜的世界娱乐文学

从德国看世界：安娜玛丽·泽林科的《黛丝蕾》

《黛丝蕾》是二战后出版的最畅销的小说之一，讲述了法国市民博纳迪恩·欧仁尼·黛丝蕾·克拉里的传奇生涯。1951年到1960年间，安娜玛丽·泽林科的这部小说占据了整个德语地区的图书俱乐部，销量达到180万册，其中仅贝塔斯曼书友会的销量就超过80万册。[1]在此期间，唯一能超过该小说的作品是挪威作家特吕格弗·居尔布兰森的长期畅销书《森林永远歌唱》。早在30年代，特吕格弗的比约达尔系列小说就已经在德国甚至是国际市场上有了巨大的销量。泽林科是当时的科隆出版商约瑟夫·卡斯帕·维奇眼中最重要的女作家，她的作品《黛丝蕾》也是德语原版著作开始走上国际畅销书舞台的极少数成功案例之一。在1953年的夏天，她的这部作品甚至连续多周占据了美国畅销书排行榜榜首。[2]继首次出版之后的10年间，《黛丝蕾》的总销量达到了4500万册。[3]该书仅作为贝塔斯曼的主推书目（提供给所有书友会会员阅读的书目）就一次性销售了 50 万册，作家因此获得了高达 16.5 万[4]德国马克的版税，这对 1957 年年均收入 5000 德国马克的普通工人来说，简直是个天文数字。我们该如何解释这种巨大的成功呢？该书的有关评论一开始是比较矜持的——对一部分人来说这纯粹是一本娱乐小说，而另一部分人则会比较此书与历史事实的接近程度。"能让人如此兴奋的东西可能不太好，所以有了一些对'畅销书'的保留意见，即少许负面的声音"[5]，于是出版商总结了一些在他们眼中与作者不一样的典型评论。尽管有许多的质疑，这本小说还是成为最受读者欢迎的读物："维奇认为原因在于该书出色的文笔、读者对书中所描写时代的兴趣，以及该书以日记的生动形式呈现给读者的法国丝绸商之女黛丝蕾在不寻常的生活经历中实现梦想的过程。"[6]黛丝蕾曾是拿破仑的未婚妻，最终却嫁给了让-巴蒂斯特·贝纳多特元帅，后来跟随丈夫被封为瑞典王后。就像 1961 年简装未删减本的宣传广告中所写的，这是"古往今来最伟大的灰姑娘的故事"[7]。

安娜玛丽·泽林科的生平并不符合那个年代联邦德国成功娱乐作家的常规形象。她于 1914 年生于维也纳，1938 年嫁给一位丹麦外交官，在德国军队占领丹麦的时候，她一开始积极反抗，后来跟随丈夫一起逃到了瑞典，她的妈妈和姐妹因为犹太人的身份在纳粹集中营中被杀害。[8]

战后，因为丈夫继续从事外交工作，泽林科又去过很多欧洲国家，她身上带着一种自纳粹引发的那场大逃亡之后一直未能在德国生根的世界主义，尽管如此，她依然用母语写作。政治上作为流亡作家的泽林科对各种质疑毫不在意，她最成功的小说是献

X
小小的逃避：讨喜的世界娱乐文学

给被杀害的妹妹的："献给我的妹妹，纪念她身处苦难中的乐观与善良。"[9]与其作品的推广度相比，她本人的信息却很少，当时似乎没人对这位畅销书背后的女作家和她的流亡者身份感兴趣，在占了该书德国销量一半的贝塔斯曼书友会订购版中甚至没有献词。大家不得不对背后的意图加以猜测，认为她很有可能是不想提到最近那段德国历史，以免破坏读者的阅读体验。小说把对人权观念的宣传作为法国大革命的一大功绩摆在了显著的位置上："'人权法再也不会失效了，是吧爸爸？'我问。'是的，可能不会再失效了，但是会被废除，公开地或秘密地，或者被践踏。但是那些践踏人权的人终会成为历史的罪人。以后无论何时何地，对于那些想夺走同胞的自由平等权利的人，再也没人会说：原谅他们吧，因为他们不知道自己在做什么。我的小女儿，从人权法公布的那一刻起，你就要清楚地了解这些。'"[10]爸爸对小黛丝蕾说。

那场由德国发动的毁灭性的战争才刚刚过去6年，就将这种宣言引入身为肇始者的国家，会让人们很容易联系到自己的那段历史——但是却不可以。文学作品《黛丝蕾》与真实的历史究竟有多么紧密的联系？评论家弗里德里希·西堡大概是在泽林科的小说出版后第一个谈到此问题的人，他得出的结论是："一半的历史永远写不出一本完整的小说。"[11]因此很多人开始有意识地去分析小说表面上展现出的历史现象，而不想去留意它传递的信息。无疑，娱乐文学最重要的就是，人们可以去了解它表面上所表达出来的现象，并纯粹为了娱乐去消费它。也就是说《黛丝蕾》也没有与那些迎合大众口味、以娱乐为目的、避免直面历史的书唱反调。相反，它剔除了那些容易引起联想的内容，比如作者的献词，它还允许有不同的阅读方式：想跟历史扯上关系的人可以这么读，想回避的人则可以把这个故事放到之前的历史时期来读。这可能就是安娜玛丽·泽林科，尤其是她的出版商成功的关键。显然，出版商意识到了在那个年代中德国的这一潜在因素。维奇对时代和市场的敏锐嗅觉早在纳粹时期做大众图书管理员时就已经培养出来了。1942年秋，维奇表示："必须注意到，受读者阅读意愿的召唤，大众书店的图书已经开始从政治类书籍和战争文献向优美的文学作品转变，加上图书出版的影响，类似的转变肯定还会有更多。"[12]很明显这与戈培尔讲话中对人们的娱乐需求和放松需求的赞许以及对满足这种需求的要求有关。引用维奇的话就是"放松和娱乐……变成了为战争服务的因素"[13]。这位出版商的立场显示出纳粹对他的影响是持久的，他从中学到了很多关于文学作用的知识，并将这些知识运用到了随后的时代里。而从这些知识中也可以得出，50年代的读者对放松和娱乐的需求也并不完全是个意外，一方面文学是一种很容易吸引人眼球的东西，另一方面战后的德国延续了1945年之前就已经形成的娱乐繁荣。

泽林科的成功从国内走向了国际。在国家安全部一位化名"艾克哈德"的秘密情报人员关于基彭霍伊尔&维奇出版集团和其出版人的录音报告中，《黛丝蕾》是一篇标题为《哪些书销量最高》的报告中第一个被提到的。该报告简单描述其特征："一部用小说的形式呈现的下流性文学作品。"[14]

或许并不像人们所认为的，流亡作家在战后的联邦德国没有存在感，而是大家关注的只是"真正的"作家，毕竟安娜玛丽·泽林科就是这样一位拥有巨大群众影响力的流亡作家。类似的还有阿莉塞·埃克特－罗特霍尔茨，她的母亲是德国人，父亲是英国人。纳粹掌权之后她先去了英国，后来又去了泰国，那里是她的第一部畅销书《银碗里的米饭》的素材来源地，该书的全球销量很快过了百万。"55岁的阿莉塞·埃克特-罗特霍尔茨是一位成功的女作家，和玛格丽特·米切尔、维基·鲍姆、赛珍珠、安妮·戈隆一样，是女性畅销书作家中的一分子。迄今为止她一共写了五部小说，它们都感情丰富，来自热情的国度。第五部小说《朝圣者和旅行者》占据了当时的畅销书榜榜首。"[15]尤其是在德国，这位1933年以前就为德国周刊《世界舞台》撰稿的流亡女作家拥有庞大的粉丝群，即使她生前一直住在伦敦。

"有时候我认为,这根本不算什么":
胡戈·哈通的《我经常想念皮萝施卡》

这部小说是二战后最受欢迎的小说之一,初版于 1954 年,一年之后被拍成了电影,主演是莉泽洛特·普尔韦尔、贡纳尔·默勒、古斯塔夫·克努特,八年后小说收入超过百万德国马克。"有时候我认为,这根本不算什么。"这句话就出自胡戈·哈通的这部《我经常想念皮萝施卡》。在 1962 年《明镜报》的一篇关于 1945 年以后的德国娱乐文学作品榜单中,这本小说甚至高居榜首。[16] 小说的故事发生在 1923 年,当时德国通货膨胀严重,大学生安德烈亚斯去匈牙利度暑假,路上遇见了途经匈牙利去瑞士看望未婚夫的德国女孩格蕾塔和皮萝施卡,皮萝施卡是他此行目的地的火车站站长之女。安德烈亚斯在两个女孩之间摇摆不定,最终,在返回德国的那天夜里,他选择了皮萝施卡,这还多亏皮萝施卡的协助,因为这个德国学生在爱情方面表现得非常迟钝。作者组织了一场场有娱乐性的、欢快的对话,其中包含了畅销娱乐小说的所有元素。

小说中利用了常见的匈牙利套路,包括饮酒狂欢的夜晚、辽阔的草原和不停演奏音乐的"吉卜赛人":"……这儿的这些人都是一些很棒的小伙子,他们衣衫破烂、肤色棕黑,就像刚从野外抓过来的一样,手上拿着自制的荒诞乐器,却抱怨着古老的斯特拉迪瓦里和瓜尔内里琴……"[17]战后的德国——这个学生所来自的国度,时常会在远处亮起。与此形成对比的是似乎没有受到一战影响的以农业为主的国家匈牙利,这儿被描绘成了乐土:"伊鲁卡女士送给我一些带回德国的东西,这些东西在这儿一直都非常珍贵,比如色拉米香肠和辣椒腊肉。"[18]另一处写道:"院子里有一个腊肉桶,里面的腊肉尝起来确实是腊肉的味道,我这几周就像腊肉里的蛆,小日子过得很滋润。感谢亲爱的上帝,在这儿我离你更近了……"[19]哈通的语言切中了很多德国人的向往,对他们来说,就像在"通货膨胀困扰"中的安德烈亚斯一样,现在的50年代,随着供给状况的改善,他们终于又吃饱了。《我经常想念皮萝施卡》是一部回避晦暗的日常生活的小说,内容明快,被以电影等形式消费了几百万次,书名实现了一种时间上的跳跃,将时光倒回,表明:安德烈亚斯在最后和皮萝施卡度过了一个爱情之夜,但是再也不会(如原本承诺的那样)回到她的身边了。与皮萝施卡再次相见的渴望支撑起了这本书,它的开头为"我经常想念皮萝施卡,经常听见她的声音……但是接下来我就醒了"[20]。

结尾也是同样的基调。问题是,如果当时的安德烈亚斯完全献身于这次"纯洁的"初恋的话,他的生活会是另外一个样子吗?就像小说的主人公所记述的两点:当下,他身处的能够思考"或许这样就挺好"[21]的当下，德国实用主义盛行的当下，和昨天，那个用意味深长的"'皮萝施卡''……'"结尾的昨天。作者送给他的读者这样一部小说，其中经济奇迹下的德国构成了理性的基础，而20年代早期的匈牙利则是令人向往的国度，两者之间什么都没有，只有遗忘。哈通以此带他的德国读者们从某种程度上找回了纯真，他们成了还能记得匈牙利人是好盟友的人中的一员："啤酒杯碰着啤酒杯，啤酒杯碰着高脚杯，一片祥和的云围绕着我，一些从军事回忆和加利西亚战壕中保存下来的德语碎片环绕着我的耳朵。"[22]这是一个还没有被毁灭性的第二次世界大战笼罩的国家。这本书不只像以往的娱乐文学那样，借用当下的现实状况："我收到了家里的来信，它们看起来像来自另外一个非现实的世界。信中父母写了美元的状况。"[23]它同时也像一台许愿机，让人回到一个无忧无虑的时代，甚至让人联想到一种理论上的可能性，即下次给命运（如果你想称之为命运的话）另外一种可能。"有时我认为，这根本不算什么——和皮萝施卡在一起的这些事情，但是这可能就是全部，所有的一切"[24]。结尾的句子可以有两层意思：不管有多少希望的东西，都"根本不算什么"；又或者是天天在练习忘却和抹去已经发生的事情。

胡戈·哈通，生于1902年，大学期间选修过戏剧学、日耳曼文学和艺术史，上过表演课程，博士毕业之后到1931年间一直在巴伐利亚州的慕尼黑担任戏剧顾问和演员。[25]学生时代，哈通曾去过匈牙利、保加利亚、罗马尼亚、土耳其、捷克斯洛伐克、瑞士、意大利等不同国家旅行，小说《我经常想念皮萝施卡》中那位"学生先生"就带有明显的自传性质。他在剧院工作的时候就已经用笔名发表了部分作品，此外他还做过讽刺文学杂志

《极简主义》的撰稿人。哈通把约阿希姆·林格尔纳茨和后来流亡的奥斯卡·马里亚·格拉夫视作自己的引导者。1931年以后他开始做自由撰稿人,主要为广播写稿。关于哈通本人称仍然对纳粹政权持批判态度的说法听起来是很有说服力的。他一直坚持阅读在趋同化的媒体下相对来说比较国际化的《法兰克福汇报》。"我的图书馆里按照字母顺序摆满了奥斯卡·马里亚·格拉夫、托马斯、亨利希·曼、雷马克、布罗德、瓦塞尔曼、凯斯特纳、波尔加尔等被禁作家的作品。"[26] 为了减轻工作上的压力,他最终又放弃写作回到了剧院,先是去了奥登堡,后来又去了布雷斯劳。但是他的经济压力一直很大,就像哈通自己在去纳粹化①期间认为的那样,仅仅是他对纳粹疏离的态度就让他负债累累,在当时的条件下几乎没得选择。在战争结束之后,哈通必须承认的是,他之所以在1937年被迫加入了纳粹党,就是因为"害怕第三次失去生计"。"可以肯定的是,加入纳粹党并没有改变我的思想和行为。"[27]

1944年,哈通最终搬到了布雷斯劳,以一名普通士兵的身份经历了布雷斯劳堡垒战。1947年他作为自由民主党的党员重新回到了图林根,此次入党是他形式上去纳粹化的前提,也是他继续从事写作工作的前提。[28] 1947年,位于柏林和布克斯特胡德的赫尔曼·胡贝纳出版社为他们的作家争取出版许可,作为辩方主要证人的作曲家卡尔·奥尔夫帮哈通解了围:"根据我和他所有的会谈,以及他工作的方式给我留下的印象,哈通先生一直远离纳粹的意识形态,并且一直尽力保持这种姿态。"[29] 一位在布雷

---

① 去纳粹化是指二战结束后盟国及后来的联邦德国政府为了消除纳粹主义对德国民众思想的毒害,从而彻底消除纳粹主义的影响而进行的政治教育活动。

斯劳期间和哈通以及他的上司、剧团团长汉斯·施伦克有来往的医学教授进一步补充道："我认识的这两位先生都是品格高洁、绝不与纳粹为伍的正直之人。为了保住对德国人的精神生活来说非常重要的工作，他们……受暴力所迫才在形式上加入了纳粹党。"[30]他认为，阻止像哈通这样的人从事文化工作，是"对相关人员的不公和对所有重建工作的打击"，最终，"在为民众追求和保持更高的精神需求"中，他们只能成为"这种想法的牺牲品"。出版社的努力成功了，1948年，一本名为《伟大的贝尔蒙特音乐》的书得以出版，文化重建开始了。哈通的住处很快从图林根的奥尔拉搬到了西柏林，后来又搬到了慕尼黑，成为战后的娱乐作家中一个举足轻重的人物。

《在痕迹消失之前》：
"诗歌三部曲"作者的初次亮相

　　埃里希·勒斯特关于君特·格拉斯的判断是准确的：打破禁忌的人并不是后期写出《蟹行》的君特·格拉斯，许多作家（他们不属于右倾复仇的圈子）很早就已经涉及这个话题了。20世纪80年代末的一篇研究认为，至少有50部长篇小说和超过100部中篇小说描写了从东部逃亡或被驱逐的德国人。[31]联邦德国著名女作家克里斯蒂娜·布鲁克纳就在作品中大量并精确地描写了这种禁忌，她凭借1975—1985年间出版的"诗歌三部曲"（《贾赫和列夫科扬》《无处为诗歌》和《五重奏》）成功跻身20世纪下半叶作品传阅率最高的德国女作家之列。在"三部曲"被拍成电视剧之后，布鲁克纳成了真正家喻户晓的人物。不过她的小说早在1954年初次问世时就已经成为真正的畅销书。1962年，在《明镜报》列出的1945年之后最成功的德国通俗文学作品榜中，她的小说《在痕迹消失之前》位列第九：销量过50万册。[32]她的处女作在贝塔斯曼书友会的小说竞赛中获得了一等奖,这一开端让这位图书管理硕士、艺术史和文学专业的学生接下来能够以自由作家的身份生活。[33] 布鲁克纳的成功很大程度上归功于图书俱乐部。到60年代初,仅是图书俱乐部出版的版本数量就足以说明这个问题了。在试印了8000册之后,接下来的销量从9000册涨到了36.8万册,这对贝塔斯曼书友会来说并不奇怪,1954年它已经拥有超过100万的会员,而且人数还在持续上升中。[34] 这些是通过一个月的会员费所得出的参考值,它们显示出该书在贝塔斯曼销售的必要性,单是会员的购买义务所达到的巨大销量,就能把普通的图书市场轻松地甩在身后。

克里斯蒂娜·布鲁克纳在《在痕迹消失之前》里设计了一个世界,在那里,"秋天"还是"阳光明媚的",传统的家庭教育还是完好无缺的:"所有的人……对我都很体贴,完全承认我作为一家之主的地位,他们知道我在家的几个小时需要休息……"[35] 我们的国家正处在经济奇迹之中:人们喝阿斯巴赫乌拉尔白兰地,女人们做填馅儿的辣椒,饭后喝樱桃白兰地。书中的主人公,一位生活在联邦德国小城里、有房有车(一辆博格瓦德)有家庭的银行经理,被卷入了一场事故中。他开车撞死了一个女人,所有的证人和警察都一致认为他无罪,因为他开得很慢,是那个陌生女人在没有任何提示的情况下忽然闯入了车行道。因为始终没有联系到她的直系亲属,这位银行经理成为后事处理人。他试图探寻这位神秘死者的身份,踏上了寻找其生活痕迹之路,同时也踏上了回到这个年轻女人的过去之旅:这个女人名叫加布丽莱,她的父亲是牧师、忏悔教会的成员,同时也是一名反纳粹者,在战争期间就已经去世了。她的初恋在俄罗斯,她的兄弟也是在斯大林格勒送命的。此处的故事背景描写也只能表明,大概说的是"捷克斯洛伐克的事情"[36],是这个国家被占领的时候,这是第二次世界大战中具有决定性意义的事件。捷克斯洛伐克被占领之后的这 12 年构成了这位委托人寻找答案的主要参考区间。加布丽莱的母亲患有心理疾病,以小说所描写的社会中的眼光来看,她有病态的性渴求。这位母亲住在一个疗养院,被实施安乐死之前,加布丽莱和父亲在一个浓雾的夜里把她救了出来。加布丽莱坚信自己遗传了母亲的这种病,在性欲上不能自我约束,所以爱上她的那些男人在一段时间之后都会离开她。最后,很多事实表明,她死于交通事故并不是一场意外,而是她主动选择的一条"出路"。

布鲁克纳的书用简单的文学手段建立了一条与最近的德国历史交流的通道。虽然以加布丽莱的交通事故死亡为例提出了罪行和责任的问题,但当下终归是和平年代,而杀戮是属于战争的:"在战争中大家做过那些事情,但是现在一切都恢复正常了,我根本不想再去考虑。"[37]主人公想。小说中能够与读者融为一体的各个人物,完全是反对战争和当时的政权的,因此他们首先把自己看成是受害者。"我们当时太年轻,从今以后,这会是我们唯一的道歉"[38]。故事的主人公也成为受害者,并且从战争中活了下来,以银行经理的身份经历了德国的经济奇迹。他的命运是从加布丽莱的初恋中反映出来的,她的士兵恋人的信件在小说中被单独列了出来,其中核心的信息是:他作为一个士兵的死亡可以是任何一个别的什么人,所有人都是潜在的受害者,甚至战后也依然是这样。美国占领者"……就像动物园管理员,高兴的时候就给我们点什么,不高兴的时候就让我们饿着。饥饿已经是一种屡试不爽的有效的惩罚方式"[39]。

虽然作者在她的书中明确表示反对纳粹暴行,但是通篇对

1945年之前那段时间的认识还是摇摆不定的，因此会一不小心用到类似"消灭"这样的词。书中一位女医生以惊人的理智汇报了对所谓的"没有价值的生命"犯下的罪行："安乐死在20年代就已经是争议的对象了，而今天（此处指的是50年代）依然跟当时一样颇具争议。对于安乐死这件事，人们可以站在医生、带有意识形态的种族主义者和基督徒的不同立场上去看，其中，只有种族主义者对实施安乐死毫无顾忌。在当时我完全同意这种看问题的方法。"[40]虽然说这话的不是作者，而是文学作品中的人物，但是这段话并没有受到批评和质疑，而且此处对一些概念的使用也未加反思。基本上，这种想法在整个故事中都被认为是正确的。加布丽莱很不幸，因为她得了这种"遗传病"，最终她就是想死，我们的主角以此来为自己这场交通事故开脱，证明自己只是一个大计划中的一部分。这种个人罪责处理方式，正是读者处理他们各自内心罪恶感的投影："大家在战争中做了那些事……"最后我们发现主角是清白的，并准备继续参与经济奇迹的建设。"当我拐进我们这条街的时候，我感觉完全自由了，我必须在栅栏上靠一会，给我的这种感觉一点时间。立在我面前的是我的房子；用阴影包围我的是我的花园；我的妻子、我的孩子——这一切多有爱啊。"[41]

克里斯蒂娜·布鲁克纳在小说《在痕迹消失之前》中给一代人的遗忘提供了一种典型的理想处理模式。它虽然是描写战争和纳粹时代的书，却始终站在随大流的参与者的视角，而且通篇都是作者的自怜。应该就是这两个特征让这本书成为那个时代图书俱乐部的流行小说之一。这本书处于一个中间地带，它致力于描写战争及其后果，同时又给回忆找到了一条出路，它是痕迹消失瞬间的短暂的印象。

"真正的家乡小说"：
埃尔泽·许克-德希奥的欢快的故事

《斯图加特报》的副刊曾经这样评价过埃尔泽·许克-德希奥，"多年以来她用自己欢快的思乡基调屡次超过伯尔和格拉斯的作品"[42]。实际上她是五六十年代的出版大户，某些今天被视为典范的作家当时都难以望其项背。埃尔泽·许克-德希奥，1897年生于爱沙尼亚的塔尔图（俄语里称为尤里耶夫），1920年结婚后随丈夫——工厂主理查德·许克搬到了吕登沙伊德。她的作品首次出版于1934年，到1944年，《桑德内斯的婚礼》和《为托尔格而战》两部小说的总销量已经达到10万册。因为初版《桑德内斯婚礼》的出版社破产，她的书被转到了德国纳粹党中央出版社（弗兰茨-艾尔-纳赫法伦出版社）。在一篇可能是她死后由她的妹妹多拉·冯·格罗特写的个人传记中可以看出，她对这段"成功"是带着歉意的："埃尔泽·许克-德希奥的这些描写'北欧的'书看起来很适合出版社的计划，1938年又重新出版了一次,并且销量特别大,以至于接下来的几年作者被邀请进了魏玛的'作家讨论会'。"[43] 此处的"作家讨论会"很可能指的是在魏玛举办的德国图书周或作家见面周,部分人认为这个欧洲作家见面会是由宣传部和约瑟夫·戈培尔共同组织的,参会的都是当时在文学领域有影响力的作家。据她的妹妹回忆,在见面会期间一家书店的橱窗是这样布置的:"中间是由希特勒的《我的奋斗》摆成的金字塔,四周铺满了《桑德内斯的婚礼》和《为托尔格而战》。"她又接着补充道:"当然,埃尔泽·许克-德希奥是反纳粹的,而且从来没有加入过纳粹党。"[44]

在战后想要出版一本长篇小说的尝试失败之后("1948年和1949年间一家出版商都找不到"[45]),她最终凭借中篇小说《是的,那时候》取得了突破,该书于1953年在海尔布隆的欧根·萨尔茨尔出版社成功问世,书中包含了两个跟圣诞节有关的故事——《塔夫绸领子》和《图特欣姨妈》。《是的,那时候》是一本名副其实的礼品书,它在1961年的销量就已经达到45.5万册。这本书描写了古老的多帕特(今天的塔尔图)的生活,故事《塔夫绸领子》讲的是一个年轻牧师的妻子,她特别想要一块漂亮的布料来做圣诞节的裙子,但是这个愿望与她丈夫节俭的原则相悖。但是最终她得到了她的塔夫绸领子:她的丈夫屈从了,由于疏忽,他在教堂的讲坛上祈祷时,大声地把"拥有力量"(Kraft zu tragen)说成了"塔夫绸领子"(Taft zum Kragen),一位经常在教堂里聆听祷告的布料商听到之后,偷偷地把一小块他们渴望已久的布料放到了牧师的门前。

这篇简短的小说没什么特别的,只是一本微型的娱乐小说,没什么特色。在某种程度上有所突破的是这本小册子的简短的前

X
小小的逃避：讨喜的世界娱乐文学

言。前言的作者是钢琴演奏家和作曲家威廉·肯普夫，他在前言中描写了50年代初与作者在巴伐利亚的艾尔玛城堡会面的场景。自20年代起，埃尔泽·许克-德希奥与她的丈夫就和艾尔玛城堡的建造者——神学家和哲学家约翰内斯·米勒成了朋友，这份友谊和对当地风景的热爱让许克-德希奥夫妇决定搬到穆尔诺。[46]时间是在50年代初，"那是一个夏日的午后，我们在艾尔玛城堡里讨论了上帝和世界、战争与和平、东部和西部、爵士乐和贝多芬的第九交响曲，"肯普夫回忆道，"后来大家讨论这些有深度的话题讨论得累了，想找一个轻松的话题来收尾，这时在场的一个人向一位小个子女士提了一个问题：'我听说您是写小说的，您不想给我们读点什么吗？只是读点小东西，您知道，读点就像莫扎特行板一样能让我们恢复平静的东西，但是看在上帝的分上千万别读关于东部和西部，关于强奸、战争和瘟疫的东西，读点关于爱情的美好的小故事……'"[47]

在许克-德希奥的散文和上面所提到的中篇小说中，一再地出现从20世纪直到她身处的时代欧洲所发生的事情。这是"真正的乡土作品"[48]，至少能让人们在记忆中重建失去的东部家园。早在20年代，许克-德希奥就已经离开了家乡。十月革命以后。在一封写给妹妹的信中，许克-德希奥讲述了她1942年去塔尔图——她古老的家乡——时的印象。在塔尔图她再次见到了多年以前在父母家工作过的厨师："罗西的商店连同所有的货物都被一把火烧掉了。"[49]她预感不到几年整个德国东部都会被占领，怀着恐惧，她和过去的世界做了最终的告别："我穿过我们的房子和花园，现在这儿是德国驻军指挥部，在前厅的三页窗前面伫立着一尊巨大的希特勒半身像。一位亲切的爱沙尼亚女秘书带着我走过所有的房间,在一旁诧异地观察我。因为我,一个来自德国、来自富足的生活环境的人,站在窗边一边哭,一边把手放在熟悉的贴瓷砖的炉子上,仿佛它是我心爱的人一样。"[50]许克-德希奥在基督教信仰的光辉中找到了和解的可能性(与自己的过去和失去的东西):"除此之外我一点都不悲伤,我唯一的感觉是幸福,庆幸自己还能再次见到这个老相识,这个我深爱的物件。它是世界上唯一能和我的灵魂对话的东西。"[51]也就是说由于自己的经历,她理解后来她的读者中那部分从东部逃出来的人,她的作品就是由这样的基调组成的,忧郁、伤感,但是有一个和解的结局。就是凭借这样的基调,让她在那个时候轻松地胜过了伯尔和格拉斯。

《飘》：米切尔的第二次成功和其他的故事

如果将注意力放在畅销书书目上，我们就会发现，考虑到几个重要特征，与其说在所谓的 1933 年到 1945 年是文学的断裂时代，不如说文学作为一股洪流仍然不屈不挠地继续发展着！当然，在纳粹德国时期，有一些作家被排斥、被迫害、被查禁，直到 1945 年之后他们才重新被接受，其中具有代表性的如埃里希·凯斯特纳、维基·鲍姆、埃里希·马里亚·雷马克、托马斯·曼、亨利希·曼、阿诺尔德·茨威格、安娜·西格斯等。但是从大众文学的角度来说，他们的作品只是一种边缘现象，占统治地位的其实是那些在德国一直受欢迎的作家，或者说像下面提到的美国女作家一样，是那些写作工作只是短暂受阻的作家。

很多人误以为玛格丽特·米切尔的《南北战争史诗》是一部战后小说，这是因为由小说改编成的电影是在 1945 年以后才在德国首映的，它让这本书更加畅销、为更多人所熟知。但这部拿过多项奥斯卡大奖、由克拉克·盖博和费雯·丽主演的电影,其实早在1939年就已经在美国上映了,但是直到1953年才在德国上映。从票房成绩来看,今天它仍然被认为是有史以来最赚钱的电影之一。

小说的成功则要早得多,1937年,米切尔作品的德语译本首次出版,并在纳粹德国取得了不俗的成绩:销量超过30万册。德国出版商亨利·戈费茨先是从美国的文学评论中了解到了米切尔的作品,之后通过一位出版代理的介绍,从美国原出版商处拿到了出版许可。甚至连党报都称赞这部作品"对美国历史的描述十分壮丽且充满激情",《大众观察家》写道,"它不可思议地再现了当时的历史环境,并从令人钦佩的精神角度刻画了人性"[52]。

《飘》在当时就已经具有了深远的影响,这部小说在40年代甚至跻身德国娱乐文学的典范。战后,书和电影之所以能够受到人们的普遍欢迎,就是因为1937年秋到1941年夏这段时间已经做好了全面的准备。随着美国加入了二战反德国阵营中,《飘》接下来所有的出版和销售都终止了。然而不难想象,该书依然在被传阅,依然有读者。战后,《飘》的阅读量达到了预料之中的高度。1949年,在联邦德国书商的一份关于"拥有读者数最多的作者"[53]的调查问卷中,玛格丽特·米切尔是为数不多被提到的外国作家之一。尤其是在电影的推动下,仅在1950年到1960年间,该书在德国图书市场上就销售了近120万册。[54]

为了持续推销米切尔,克拉森出版社在1951年就已经准备好了一份出人意料的声明:从一定意义上来说,这本书是一种类似家庭财产的东西,在战后德国的重新购置清单中,它被列在第一位。它是"那些遭受轰炸和逃亡的人——无数的信件表明——

X
小小的逃避：讨喜的世界娱乐文学

最渴望重新出版的书之一"[55]。也就是说，战争作为重建的动力，同样也是图书市场的动力。出版社甚至还对书的内容做了一个从整个战后畅销文学领域来看似乎很合理的阐释。这本书同时提供了近距离与远距离的观察，近的是一个被战争彻底改变了的世界，远的是时间上的距离，即19世纪的美国，米切尔的故事发生的时间。"在《飘》中，读者，尤其是女读者们，从空间和时间上的'遥远'世界里那极其贴近生活的描写中，重新找到了与战争和战后相关的体验。其中相当重要的是，小说中的女性所要去战胜的，恰好是与我们的同胞们相似的命运。"[56]

许多作家战后的成功都归功于1945年前扎实的准备工作，在这一点上，外语作品尤其出人意料。如苏格兰作家A. J. 克罗宁的小说《堡垒》《群星俯视》等就是这样出现在市场上的，这两本书都早在纳粹德国时期就已经出版并广泛传阅了。1952年，在探寻克罗宁的畅销书《西班牙园丁》热卖的原因时，佐尔尼出版社提到了"克罗宁的大名"和"这是一本有文学品质的娱乐小说"[57]等说法和评价，克罗宁的名字早在1945年之前就已经不陌生了。安托万·德·圣埃克苏佩里——现在主要是作为童话小说《小王子》的作者被大家所熟知——在第三帝国时期也是最成功的非德语作家之一。他的小说《风、沙与星星》销量尤其巨大。虽然这个法国人不久之后就积极投身到了反对纳粹德国的战争中，并最终不幸牺牲。圣埃克苏佩里可能是第三帝国时期唯一一个主动投入反德战争中，其作品在战争期间却还一直可以大规模出售的畅销书作家。在借阅书店特别推荐的文学作品列表中甚至都有他的作品，他的书在1940年——不管出于什么原因——还和其他一些"能够证明（它们的）作者……反对各自国家的政治立场"的英语和法语作品一起出现在列表中。[58]苏格兰作家克罗宁能够一直得到支持的原因也是类似的,最终,为了迎合戈培尔的宣传,他在自己的社会批判小说中主动描绘了一幅批判英国反战阵营的画。

圣埃克苏佩里也出现在了1952年的年度畅销书调查榜中,卡尔·劳赫出版社从中看到了他的优点,认为他表现出了"最直接的人性","毫不畏惧、毫不怀疑地肯定了人性的存在"[59]。1950年《小王子》出版之后,在最初的10年里卖出了60万册,仅出版后前5个月就卖出了3万册。"这标志着,这儿有大量的读者在寻找内心的、真正的灵魂深处的东西。"[60]出版社肯定地说。

约翰·克尼特尔的两种生活：
《维亚玛拉》以及其他的成就

"1934年，沃尔夫冈·克吕格尔在柏林成立了这家出版社，他是一位浪漫主义文学和冒险文学的爱好者，二战爆发前就开始收集德国和世界上顶尖作家的作品（此外还有B. 特拉文和C. S. 福雷斯特）。1943年，出版社被赶出柏林，1945年，出版商带着出版社去了汉堡，在那里，他们重新白手起家，到五六十年代已经成为一家有'中等规模的、有价值的娱乐文学'出版社（《交易周刊》，1961）。"[61] 今天，在菲舍尔出版集团的主页上，一篇优美的文章这样记录着克吕格尔出版社的历史。从70年代起，克吕格尔这个标签就已经归到了这个出版集团旗下。1945年以后在看似一穷二白的条件下重建起来的出版社中，"白手起家"的克吕格尔出版社只是随机的一例。

1951年"沃尔夫冈·克吕格尔出版社最热卖的作品"[62]是约翰·克尼特尔的《泰拉马格纳》。因为一个美丽的小错误，这位瑞士作家在 1933 年到 1945 年间既是德语图书市场上最受欢迎的作家之一，同时考虑到他的手稿是用英语撰写的，他又被列入了最受欢迎的外语畅销书作者中。克尼特尔的《艾尔哈基姆》和《维亚玛拉》销量估计都超过了 20 万册，这其中还没有把各个书友会算在内。如果把欧瑞尔·福斯里出版社为瑞士图书市场出版的版本也算进去的话——这里面有部分可能也卖到了德国，仅在德国的销售量就有 30 万—40 万册。

30 年代对克尼特尔来说可能是重要的 10 年，在 30 年代末，纳粹德国的宣传部长约瑟夫·戈培尔也是他的忠实粉丝之一。戈培尔曾在晚间读完克尼特尔的作品之后，在日记本中一遍又一遍地写下类似"伟大的作品"[63]、"引人入胜的小说"[64]、"一部特别优美动人、触动心灵深处的小说"[65]之类的评论。后来，在欧洲已经卷入战争的时候，这位瑞士世界主义者结识了这位民族主义者。因为在纳粹德国拥有庞大的读者群和与戈培尔的非公开会面，瑞士在战争期间就已经怀疑克尼特尔在为德国从事间谍活动，想在瑞士联邦知识分子中进行纳粹宣传。瑞士的警察和军队对他进行了调查，但是并没有找到相关证据。[66] 相反，瑞士的有关文件记录显示，克尼特尔的会面一直是有联邦政府机构的批准的，而且每次会面之后都会向联邦政府做相关的报告。戈培尔在他的记录中也证实，克尼特尔会"在有机会的时候告诉瑞士联邦委员会"[67]这次会谈的内容。从双方的角度来说，克尼特尔更多的是充当了一个"外交大使"的角色。然而，1945 年之后，那些有可能是嫉妒他的人将他是纳粹的朋友这一流言夸大并散布出去。克尼特尔甚至因此退出了瑞士作家协会，他的作品至少在瑞士暂时停止了销售。[68]

然而在联邦德国，1945 年以后就没有人再对他的这种态度耿耿于怀了。从战后的接受程度来看，克尼特尔是第三帝国时期典型的畅销书作家。这种成功在联邦德国得以延续，并且还继续发酵。直到今天，克尼特尔的作品出版了无数图书俱乐部版本和平装版本。杰特·弗罗比的电影(1961)和马里奥·阿多夫的多集电视剧(1985)将《维亚玛拉》的题材变成了流行文化中人类共有的知识财富。看来，白手起家的起点是不一样的。

"咬到流苏"：洛塔尔·布兰法勒特与《安热莉克》

洛塔尔·布兰法勒特几乎是和克吕格尔同一时期进军出版业的。"1935年，年仅25岁的布兰法勒特在柏林成立了与其同名的洛塔尔·布兰法勒特出版社。二战期间，纳粹的统治让他中断了经营，但是1946年时，这位精明的书商就已经在美英法各自的占领区拿到了出版许可，这样的人几乎没有第二个。当时，这个柏林的出版社出版了F.斯科特·菲茨杰拉德、沃尔特·惠特曼和克劳斯·曼等作家的作品。"[69] 不一样的出版社，同样的故事：今天拥有布兰法勒特商标的朗德姆·豪斯出版集团把他们的出版说明列入了年轻的图书交易史中。战争中许多出版社都受到了出版限制，而该说明则用"纳粹的统治"使他们的工作"中断"的表述暗示大家，出版社之所以不再受欢迎，是因为政治原因。仅就目前朗德姆·豪斯在他的出版说明中所传达的信息来看，它不仅产生误导，而且是完全错误的。布赫瓦特出版集团洛塔尔·

X
小小的逃避：讨喜的世界娱乐文学

布兰法勒特——这家企业当时使用的商标名称——的生意很好，1939 年的时候还谋求成立一家主要出版侦探小说的分公司（出版了一些）。[70] 德国国家图书馆的图书目录证明，有 90 多部图书是由布赫瓦特出版社在第三帝国时期出版的，其中有 9 本书的出版年份是 1943 年或 1944 年——而且几乎所有的书都为前线的士兵出版了大量的战地邮政版本。其中最成功的当属容尼·利泽冈的系列小说，正如出版社的广告中所写的，作为"真正的幽默故事书"[71]，小说将战争背景下的一个家庭的命运用柏林方言搬上了舞台，这些小说包括《这让我难受》《这也让我难受》《这里面有音乐》和《皮塞尔一家的战地邮政信》。小说总共出版了 10 万册。显然布兰法勒特以大众幽默准确地迎合了士兵们的口味，帮助他们通过阅读实现暂时的逃避。如果真像所说的那样，"禁令"限制了出版社的出版的话，1944 年就不会是这个情形了。出版社应该是在图书行业那场大的关闭浪潮中才被波及的，即 1944 年 9 月，战争在德国土地上打响的同时 2000 家出版社被迫关门。[72] 跟许多出版社一样，布兰法勒特出版社在战争接近尾声的时候才被迫关闭。也就是说，它在战后的联邦德国之所以能够获准出版并发展成商业典范，肯定不是因为二战时对纳粹的"反抗"，而是因为它是一个有经验的老出版商（虽然战争结束时他才 35 岁）。

洛塔尔·布兰法勒特在联邦德国年轻的图书市场上留下了浓墨重彩的一笔，尤其是当我们将目光投向那些年的畅销书榜时。布兰法勒特把自己打造成了一个成功的商标，直到今天，贝塔斯曼、朗德姆·豪斯都还在打理它。1954 年的时候，这个位于柏林的出版社凭借一本关于世界杯足球赛的书引起了巨大的轰动。这本名为《我们是怎样成为世界冠军的》的书出版 9 天就打破了销售记录,"首印10万册,到9月份应该能破百万册。7月18号恰好是星期天,正值世界冠军颁奖仪式在奥林匹克运动场举行之际,此书开始销售。'布兰法勒特射门很快'——他自己这样说。"[73]汉纳·索贝克,出版商的一位老相识是本书的图片编辑。索贝克在柏林赫塔体育俱乐部踢了很多年球且成绩优异。1930年和1931年,他所在的球队成为德国冠军。1935年,索贝克曾在布兰法勒特出版社出版过一本自传性质的体育小说《进……!》,这部小说虽然不怎么热卖,但是它作为出版商的练手之作,为以后体育书籍的出版打下了基础。

1954年的世界杯足球赛过去两年之后,布兰法勒特凭借法国女作家安妮·戈隆的历史小说《安热莉克》在大众图书市场上取得了最终的突破,戈隆的小说在德国全球首发(1957年该书才在法国首次出版),成为一系列顶级小说的领跑者。"四年前它和迪兰佩杜萨的《豹》、纳博科夫的《洛丽塔》齐名,两年前它与海因里希·伯尔、乌韦·约翰逊以及伦多夫伯爵的作品齐名,一年前她与伯爵夫人登霍夫、哈珀·李的作品齐名,而在这个秋天,这个拥有一双蓝绿色眼睛和一头浓密金发的小姑娘'安格里克'与君特·格拉斯和特奥多尔·豪斯的作品一起,与伯尔的《小丑》、霍赫胡特的《教皇》和弗里登塔尔的《歌德》一起登上了畅销书的榜单。"[74]1963年,据《明镜报》估计,"戈隆的情色历史小说的世界销量大概能达到1000万册",布兰法勒特出版社的第一部小说的销量此时已经达到了30万册,第二部小说《安格里克和国王》的销量达25万册。此外,玛格丽特·米切尔的小说《飘》的巨大成功也是这位女作家的榜样。就像《明镜报》当时报道的,布兰法勒特通过优美的翻译、精致的装帧以及特别的价格政策，成功地把《安热莉克》这部娱乐小说包装成"好书"推向了德国高端图书市场。该系列图书直到80年代都是德国无数客厅书柜里的必备图书。迄今为止，该套书的世界销量已经超过1.5亿本。

这部小说具有这种特殊魅力的首要因素应该是里面的色情淫秽桥段。故事以17世纪下半叶的法国为背景，安格里克，一位没落贵族之女，被许配给了一个有钱的贵族。这个贵族——对接下来的情节发展有非常重要的作用——引领她进入了"爱的艺术"："她闭上眼睛，任自己被情欲的洪流冲走，她不再抗拒这种痛苦，因为她身体的每一寸肌肤都疯狂地想要这位先生的统治。当他进入她的身体时，她没有喊叫，但是她的瞳孔放大了，春天夜空的星星在她绿色的眼睛里闪烁。"[75]在这样的热情里，太阳王路易十四的法国也不由自主地变成了彻彻底底的陪衬。

迪娜赫·内尔肯:"……1945年之前家喻户晓"

迪娜赫·内尔肯的成功当归功于她在三四十年代特别畅销的一本书——《我想你》,这是一本爱情小说,而且首先是一本成功的礼品书,"一本故事情节和寓意都适合恋爱中的人和想要恋爱的人读的书信体小说"[76]。它采用的不是传统的叙述方式,而是以图文结合的方式呈现给读者的。"一个如此平凡却又伤感、简单却又崇高的爱情故事,就像每一段爱情一样,在信中、在字条上、在车票上、在电报中、在电影票中和对内心渴望不经意的小小坦白中。这是一本图画书?不,这是一本读本,书中讲了两个恋爱中的人的故事。"[77]战争开始以来,无数情侣被迫长期分离,这为《我想你》提供了持续上涨的需求,到第三帝国结束时,该书的销量已经远超20万册。小说出版不久,就被改编成由布丽吉特·霍尔奈主演的电影《一个像你一样的女人》,让该书的销量很快增长了5倍。

X
小小的逃避：讨喜的世界娱乐文学

早在1950年，霍夫曼和卡姆普出版社就曾再次提到《我想你》是他们"最大的销售业绩"，"原因很明显：该书的受众广泛，特别适合年轻的小情侣之间当礼物赠送，而且毕竟它在1945年之前就已经家喻户晓了。"[78] 到1965年，这本书在霍夫曼和卡姆普出版社的销量达到了47.6万册，还不算书友会的销量。

内尔肯也是对纳粹德国持批判态度的人物之一，然而因为得靠当作家的收入生活，所以她并没有选择对抗，而是保持着与写作官僚机构合作的态度。虽然她主要的图书销售区域仍然是德国，但是她本人至少在空间上与其保持了距离。她先是去了维也纳，在那儿她赶上了1938年的"德奥合并"，后来有一段时间她住在南斯拉夫，1940年，她为了编写一本关于达尔马提亚的书而申请的旅游基金被德国的相关部门拒绝，[79] 紧接着她又去了意大利，在那里她熬到了战争结束，直到50年代才回到西柏林。

内尔肯的经历或许能够解释，为什么虽然《我想你》在联邦德国热卖，但是她的其他新书都是在民主德国出版，而且她在政治上也是倾向民主德国的。她在民主德国的出版社——国家出版社，为数量众多的联邦德国作家提供了出版的故乡。内尔肯也是柏林墙建起来后留在出版社的6个联邦德国作家之一，他们私底下是以"精简人员"[80] 的形式被整体卖给出版社的，内尔肯之所以没有因此成为受害者，是因为她的小说《跳出你的影子，跳！》获得了文化部的嘉奖。此外她的政治立场看起来很明确："迪娜赫·内尔肯在纳粹统治期间离开了德国，她在政治上很明显是支持我们共和国反对阿登纳统治的。她在很多事情上都勇敢地反对波恩的战争方针。"[81] 虽然她生活在西柏林，但是她的新工作在民主德国获得了认可——大概是因为她的小说《弗勒尔·拉丰塔内的胆战心惊的英雄生活》在民主德国被拍成了以安杰丽卡·多姆罗斯为主演的电影的缘故。内尔肯的儿子彼得通过流亡和非法躲避得以在纳粹统治下幸存，1945年他主动选择了苏占区。在民主德国，从1958年起，他在讽刺杂志《滑稽者》做了8年之久的主编。[82]

80年代的迪娜赫·内尔肯致力于"艺术家促和平"倡议，反对欧洲的高度军备化。1989年，柏林墙倒塌的那一年，她在西柏林去世了。内尔肯曾经且一直是一个跨越边界的人。

比尔森布劳的正义：埃姆·韦尔克

在民主德国，埃姆·韦尔克并不是一个普通的作家，而是国家奖(1954)的获得者和艺术学会的会员。他是在两德分化不断加深的过程中，为数不多的能够在全德出版作品的作家之一，民主德国的报纸一直都在强调他的这一特点，他在联邦德国也被看作是努力保持"全德作家"[83]身份的人。1937年，他最有名的书《库默罗的异教徒》首次出版，以73万册的销量跻身纳粹德国最成功的小说之列。1945年之后，这本书很快在铁幕的两边再版，1948年在罗斯托克的辛斯托夫出版社出版了1万册，同年在汉堡也有出版，很快辛斯托夫出版社就开始每年出版新的版本，1954年，联邦德国杜塞尔多夫的德罗斯特出版社出版了该书，1959年贝塔斯曼书友会最终也加入发行行列——从经验上看这个版本的重要性不言而喻。

在1949年到1952年间，韦尔克甚至偶尔会出差去联邦德国参加读书会，虽然他作为"来自民主德国的作家"[84]有时会处在特别监视下，甚至会被联邦德国的媒体敌视。毕竟体制的对抗已经全面展开。回到民主德国之后，他开始为这场宣传战贡献自己的力量：他跟公民们分享自己对联邦德国的印象，他通过民主德国统一社会党（SED）的机关报《新德国》传出消息，称在石勒苏益格-荷尔斯泰因还有超过10万移民生活在极端贫困中。"病态色情的劣质美国文学在这种贫困的氛围中找到了受众，此前一段时间在联邦德国的销量大概达到了300万册"[85]。

1967年民主德国和联邦德国联合出品了电影《库默罗的异教徒》，参与合作的还有保罗·达尔克、特奥·林根和拉尔夫·沃尔特。"乌布利希特的国有电影制片厂提供……免费的摄影棚、群众演员、技术人员以及包括电影原胶片在内的拍摄设备。民主德国电影股份有限公司（DEFA）因此在对'社会主义阵营'的评价上拥有了话语权"[86]。

看上去，这位国家奖获得者同时也符合第三帝国的标准，《库默罗的异教徒》的下部——《库默罗的正义》甚至拿过宣传部的奖项。虽然这本书1943年才出版，但是销量很快就超过了10万册："埃姆·韦尔克凭借在我们这里出版的小说《库默罗的正义》拿到了帝国民众启蒙宣传部颁发的娱乐文学一等奖，奖金为1.5万帝国马克"[87]，他当时的出版社的负责人在注释中骄傲地写道。这些作品肯定是符合纳粹文化政策的。关于民主德国作家的辞典指出，韦尔克在那些年写的是"非政治的书"，这些书是与"纳粹时代常见的'鲜血和土地'文学"[88]保持距离的。在民主德国，人们之所以对韦尔克有很高的评价，首先是因为他对民主德国建设的投入。他被认为是"第一时间站出来，并且是最积极的

X
小小的逃避：讨喜的世界娱乐文学

人"[89]。他的传记表明，人们并没有怀疑他是纳粹的追随者。韦尔克的记者生涯在1934年结束，因为他在一篇社论中批评了强制统一的媒体和宣传部长约瑟夫·戈培尔，他主编的报纸被禁3个月，本人则在奥拉宁堡集中营里被关了好多天。[90]工作被禁之后，韦尔克只能逃到农村去，在那儿，他开始以作家和代笔人的身份为他的老出版社乌尔施泰因写稿。过了很多年，直到1942年，在他有了一些成功的作品之后，他才得到官方的许可，从事主编的工作。[91]

因为不能当记者，韦尔克开始写书。《库默罗的异教徒》包含了那个年代的娱乐文学所需要的所有噱头。"这本书根据事实改编，共有十八章，故事发生在位于山后沼泽地带的库默罗，时间是从复活节前的星期天到米迦勒节的半年间，在那个放牛郎不得不离开的时候，故事在明朗与晦暗的事件中，在人们爱和善意的、懦弱和恶意的行为中展开"[92]，这就是韦尔克作品的序幕。他把他的捣蛋鬼故事的地点放在了前波莫恩某处的一个虚构的地方。1884年，韦尔克出生在乌克马克的比尔森布劳，他对这个地方很熟悉，他的父亲以及老师、村里的神父等人都是他的写作原型。《库默罗的异教徒》的故事写得驾轻就熟，很有娱乐性。故事发生的时间是德意志帝国在世纪之交的某个时期。这个时期恰好也是韦尔克的青年时代。"一本非常棒的书，饱含高超的幽默和丰富的生活乐趣"[93]，《图书借阅杂志》的评论员兴奋地说。

韦尔克的作品很具有煽动性，读者的同情心一下子被带给了与寒门出身的约翰内斯·宾斯普龙做朋友的马丁·格拉姆鲍尔和马丁的父亲戈特利布。戈特利布被认为是一个精于世故的人，他在柏林工作过，而且"可以说还很聪明"，因为他是这个地区的农民中唯一保存着一份报纸的人。戈特利布·格拉姆鲍尔反抗教会和教皇的统治，小说通篇都弥漫着一种反教会精神，这估计特别受某些纳粹批评家的欢迎——而且肯定也迎合了后来民主德国的支持者。不过韦尔克书中的所有人物（就连教会人士）都深受读者的喜爱。在所有类似的常规乡情小说中，韦尔克想的和写的有所不同，而且与鲜血和土地的意识形态保持着距离。他在情节中植入了小小的中断和惊喜时刻，用以不断挑战那些糟糕得不能再糟糕的叙述惯例。如果你想在字里行间读出一些反抗精神的话，埃姆·韦尔克的小说做到了。在一个章节中，一位好谈政治的唱诗班领唱在坐满人的课堂上说："我跟你们说，精神一定会胜利的，只要它与坦诚的心相伴；一定会胜利的，只要有勇气，不仅仅是用强硬手段介入的勇气，还有勇于承认的勇气。你们会发现的，你们这些库默罗的懒鬼。……追求伟大的人，根本不知道什么是朋友和敌人。……只知道好人和坏人，但是这跟他们怎么对他没关系，而是取决于他们对别人的好坏。"[94]在这样黑暗的时期，这是多么伟大和具有揭露性的话啊。虽然埃姆·韦尔克无意成为畅销书作家，但是他写的东西很快证明了他的巨大成功。一直奉行实用主义的宣传部长也很快认识到了他的作用。宣传部长需要这样的娱乐文学，那些在纳粹统治下工作的人应该可以在这里放松身心并为自己充电。由此可以看出，这本被认为是非政治的书所起的作用却并非总是非政治的，它在很大程度上起到了稳定政权的作用，就如同上面讲到的情况，它起到了一种阀门的作用，也就是说它为人们对统治者的批评留出空间，但是又使人们不要求推翻现状。《库默罗的异教徒》所扮演的是一个能让这种类型的文章融入不同的统治条件的角色。

在韦尔克70岁生日之际,德国统一社会党中央委员会在《新德国》中给他的贺词写道:"1945年你成为德国共产党一员,今天你投入到了实现我们伟大目标的工作中,你在德国广为传阅的作品为此做出了宝贵的贡献。"[95]在这份报纸的同一页还有对他的评价,其中关于纳粹时期的部分写道:"并不是埃姆·韦尔克当时出版的所有作品都能挺过那个黑暗的时代,是的,有些东西是属于那种黑暗的。"[96]《库默罗的异教徒》从那段黑暗中幸存了下来,并且直到今天仍一再出版,长久地感动着读者。

社会主义娱乐？
埃尔弗里德·布吕宁小说里的妇女解放

在民主德国，特别是因为抵制低俗文学（通常和西方的劣质文学作品画等号）的风潮，"轻松的娱乐文学被官方禁止"[97]，在1959年8月比特费尔德会议之后这种状况才慢慢有所改变——迪特里希·勒费尔在他对阅读行为的研究中这样写道。此处，对这个时间范围加以研究，是因为从根本上来说轻松的娱乐文学在民主德国处境艰难。民主德国基督教民主联盟的机关报《新时代》的一篇文章为此提供了早期的证据。为了弄清"民主德国最大的图书成就"[98]，该报的记者画了一张关于那些年文学市场情况的直观图，比起负责人所希望的，这幅图在某些方面提供了更多的信息。图上首先体现出来的是，"进步书籍"在所有地区广泛传播，它们"源于生活又服务于生活，源于时代又服务于时代"。其次，该图进一步向我们展示出民众对苏联文学的需求也在增长，列宁和斯大林都非常受欢迎。这些都有必要说一下，没有它们这篇文章可能也就不会出现了。

最后，引用这位来自开姆尼茨的基民盟机关报记者的话："年轻人和以前一样需要卡尔·迈，他们不理解，为什么这些书再也买不到了。"此外，共和国从南到北缺少的是"女性文学"以及娱乐性的冒险文学。"共和国不再需要低俗文学，但是却一直需要卡尔·迈……"因此，《新时代》的这篇文章首先可以作为对这种巨大缺口的暗示来读——有关文学需求的正面例证当时只不过是摆设。不过对于一个无视市场规律，需求不是由供给而是由政治决定的图书市场来说，这些都是可想而知的。

埃尔弗里德·布吕宁是试图填补这一空白的女作家之一。"她后来的小说主要转向关注现代女性问题，试图通过'娱乐小说'的手段，把小市民的感情连接起来，以此让该阶层的阅读群体接近社会主义现实。"[99]《社会主义德语文学百科全书》中这样记载。她的作品虽然算不上非常畅销，但是涉及的题材却是很多读者所关心的。最值得一提的是她的小说《雷吉娜·哈伯科恩》，该书出版于1955年，6年之后销量达到了9.5万册；还有《罗马，邮政总局待取》，该书后来被拍成了电视剧。她的作品在民主德国时期的总销量据她自己估计达到了150万册。[100]

《雷吉娜·哈伯科恩》描写了年轻的社会主义国家的一场妇女解放运动。主人公雷吉娜想去工作，却受到了来自婚姻和家庭的压力。"几个月前来我们工厂，在第七车间铺云母的女工是谁？此前她曾是丈夫眼中的模范妻子，孩子眼中的好母亲。她之所以来我们工厂，只是因为她要为新卧室攒上几百马克，自从她的卧室在战争中被一把火烧掉，她就一直迫切地想要实现这个愿望"[101]，在大欢喜的结局马上就要到来的时候，雷吉娜的丈夫在厂报的一篇文章中这样写道。雷吉娜不仅获得了大奖，而且从一个临时工变成了生产组长和知识分子，她的婚姻最终也得到了拯救："是的，通过工作你变得不一样了，对我来说现在的你更加值得追求了。"[102] 此处塑造的文学形象刚好符合社会主义国家的典范："为了更准确地描写主人公的工人身份，我在亨尼斯多夫的机车工厂工作了半年。小说因为受到了工人们的欢迎而多次再版"[103]，埃尔弗里德·布吕宁在很多年后回忆。

她的小说《雷吉娜·哈伯科恩》在民主德国的文化副刊上引起了一场激烈的辩论，辩论以《柏林日报》上的一篇题为《警惕深红色的玫瑰》[104]的文章开始，该文章将她的作品归入"现代小说中传阅率最高"但是却遭到强烈批评的庸俗文学之中。认为它们虽然题材严肃、认真，但是人物形象却千篇一律，小说中包含了"每一本低级趣味小说中都成打使用的陈腐套路"。就连我们为什么要工作这个问题设计得也不好（这里指的可能是在社会主义理念之下）。"除了那些可以从考库尔茨－马勒小说中找到的理想，一个国营企业的负责人难道真的就没有别的理想了吗？"埃尔弗里德·布吕宁感觉自己的小说被贴上小资产阶级的标签是被误解了。很快又有别的评论家出来反驳，认为作者并非是要传播一种小资产阶级理念，而是要描写一个即使是进步人士也要和小资产阶级的观念作斗争的世界——这恰恰是属于娱乐文学的范畴！也有声音说，真正重要的是为了迎合特定的阅读群体而选择特定的表达方式。"那边的舆论在干什么？认为她写的是伟大的文学作品这一点本就是个大大的错误"[105]。——来自另一个德国的观点是这样的。

在这样的背景之下，作为回复，布吕宁也给《社会主义德语

X
小小的逃避：讨喜的世界娱乐文学

文学百科全书》中她的传记作者写道："……亲爱的弗朗茨·哈默尔，到底什么叫'小资产阶级的'？我很想摆脱掉这个标签，这个乌尔苏拉·皮舍尔在之前的评论中给我的《雷吉娜·哈伯科恩》贴上的标签，但是现在她早就承认这个说法是错误的了。"[106] 对她打击更多的，应该是对她1945年以前的作品的评价，她认为："'她的书是在法西斯统治之下为了生活而写的平庸的娱乐小说'这一表达并不恰当。"[107]

是的，布吕宁的事业很早就开始了。她对文化、对写作的兴趣萌芽于她父母在柏林威丁区经营的租书店，到那里借书的人主要是通用电气和西门子的工人。《柏林日报》和《法兰克福汇报》[108] 上曾有报道称，几十年之后她依然坚信，从20年代自己的作品第一次在小资产阶级报纸上出版起，她从未摆脱这个所谓的污点。"小资产阶级的"[109] 这个标签贴得很牢。

1934年起，布吕宁开始以作家的身份涉足娱乐题材，她的小说《在贫瘠的土地上》顺利出版。30年代的报纸和杂志应该是"喜欢非政治题材"[110] 的。托比斯电影公司拿到了电影拍摄的版权，女主角原计划由布丽吉特·霍尔奈担当——只不过电影最终并没有投入拍摄。埃尔弗里德·布吕宁并不是完全没有政治色彩的，1935年10月，她被普鲁士的秘密警察逮捕，就是因为怀疑她与无产阶级革命作家联盟有关系，这是一个支持共产党、在纳粹时期被禁的作家联盟。幸运的是，审理程序因为缺少证据而中止，她在几个星期所谓的保护性拘留之后重新获得了自由。[111] 就在监禁的过程中，布吕宁的第二本书《年轻的心需要流浪》诞生了，"也就是说，就在盖世太保的眼皮底下。这是我在纳粹时期创作的三本书中最差的一本。但是至少它出现在了《柏林日报》

的预印样板中，后来在舒茨恩出版社出版，也就是以前的摩斯出版社"[112]，也正是因此她认识了她后来的丈夫、作家和审稿人约阿希姆·巴尔克豪森，是他让她的书得以在舒茨恩出版社出版。他们共同孕育了女儿克里斯蒂娜，这段婚姻帮了她一程，保护了她内心流亡的身份。

  留在民主德国的人后来是与外界隔绝的，埃尔弗里德·布吕宁说，约翰内斯·R.贝歇尔和其他作家并没有感受到这种内心的流亡。"我得等到70岁才能获得文学奖"[113]。最终，她迎来了渴望已久的荣誉——民主德国首都歌德奖（一个每年由市政府为艺术创作而颁发的奖项）和德国自由工会联合会艺术奖。

早期联邦德国和民主德国的阅读需求

在20世纪40年代和50年代初,普通大众的阅读需求转变得非常缓慢。卡尔·路德维希·莱昂哈特,贝塔斯曼书友会的审稿人和书目负责人曾谈到过面向小市民读者的"讨喜的世界娱乐文学"[114]。1957年,贝塔斯曼书友会的一项调查得出了会员的普遍阅读意愿。大家最想看的是下列作家的书:"克尼特尔、刚霍夫、法斯查理、黑塞、海明威、贝根格鲁恩、申钦格尔、布克、特奥多尔·克勒格尔、托马斯·曼、塞拉姆、杜穆里埃、穆施勒、保罗·凯勒、乔瓦尼·瓜雷斯基、勒恩斯、勒·福特、克罗宁、温塞特、陀思妥耶夫斯基和弗赖塔格。"[115]以上列举的这些名字从克尼特尔一直到吉奥瓦尼·乔瓦尼·瓜雷斯基都是在1945年以前就已经为人们所熟知的。德语作家中只有托马斯·曼一人是流亡回来且作品在纳粹时期被禁的。其他所有人的作品都在1933—1945年间就已经属于娱乐文学的典范了,或者按照莱昂哈特的说法,"首先是老一代人不想错过的各色家庭文学书目"[116]。新的战后文学或熟悉的批评声音——比如来自流亡女作家的声音——在这里是找不到的。

原本今天我们不应该将书友会的读者和那些年的图书消费群体画等号,因为书友会的大部分读者是来自特定的阶层和年龄段的。不过从整体上来看,这份由贝塔斯曼给出的阅读偏好清单跟整个图书市场是吻合或相似的——即使图书俱乐部的阅读需求很可能比较极端。这份清单同时显示,在图书市场领域一直存在一种惯性,即一本书留存的时间会比较长,比如说,我们会去阅读父母书柜里的书。这一点即使是一些类似图书禁令或去纳粹化的极端事件也很难改变的。在纳粹上台后我们可以观察到类似的现象:即使是那个时候,一些不受欢迎和被禁的书也依然在被传阅,私人的藏书直到纳粹统治结束都未曾改变。1945年以后,虽然有很多的引导措施,但是人们的阅读习惯并不是简单地按个

100本畅销书中,超过半数的书要么在1933年之前就已经出版,要么来自内心流亡作家或者与纳粹政权有联系的作家

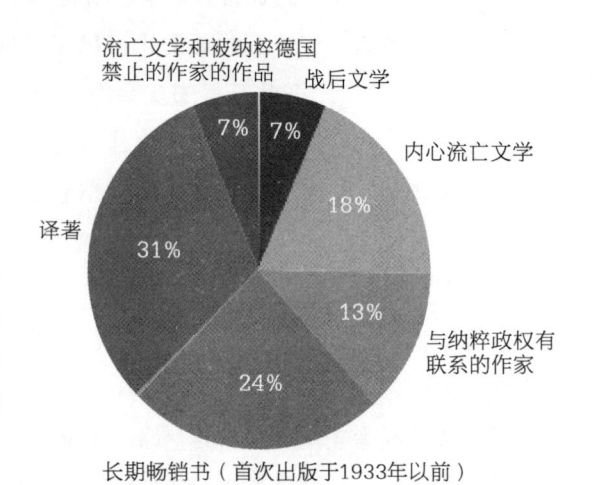

流亡文学和被纳粹德国禁止的作家的作品 7%
战后文学 7%
内心流亡文学 18%
与纳粹政权有联系的作家 13%
长期畅销书(首次出版于1933年以前) 24%
译著 31%

战后德国最畅销的100本书

按钮就能调整的,大家继续读着他们熟悉的东西。

联邦德国和民主德国之间在有些方面是有可比性的,但是民主德国的图书推广并不是按照市场的供给与需求进行的,而是由国家决定供给内容,包括出版什么、怎么出版、出版多少。如果图书商想引导读者转变阅读兴趣,就要顾忌政治意识形态方面的问题。如果当代文学卖得好,就会被人置疑:情况不太对。像施特里马特的《奇迹创造者》和阿皮茨的《赤手斗群狼》等书推广时,就有人怀疑这些书的出版是出于"纯粹的商业意识,这些书的出售纯粹是出于商业利益"[117]。面对成功的商业出版书籍,我们感到不安,这种不安在早些年我们就已经很熟悉了。即使在纳粹时代,书店首先也应该起到教育作用,如果它在经济上获得很大的成功,马上就会被批评的眼光盯上。这项在民主德国对个体书商进行的调查,其背景是一项强制的规定,其目的是尽可能地把该行业所有产品都导向国营书店,即国有化。私营书店在很多方面

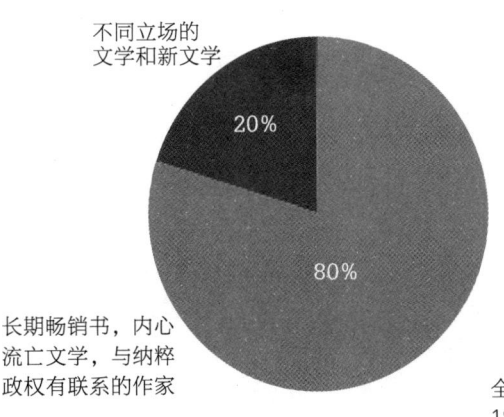

不同立场的
文学和新文学
20%

80%

长期畅销书,内心
流亡文学,与纳粹
政权有联系的作家

如果不考虑文学翻译作品的话,能够得出一个更加清晰的图表

全德数据,时间范围:
1945—1961,基础数据参见
www.christian-adam.net.

战后德国最畅销的100本书

都处于劣势：它们给雇员的薪酬必须明显低于国营书店，必须缴纳高额营业税，并且在图书采购中处于劣势。这个策略长期发酵，1947年大概还有4000家私营书店，到1959年这个数字就降到了2300家，其中只有400家是完全经营图书的。[118]

一张图表显示，在民主德国那些对旧藏书比较容易接受的地方，其消费行为与联邦德国是类似的。迪特里希·勒费尔在他的民主德国消费行为研究中得出结论，"战后的阅读偏好是混合的，其中占主导地位的是传统的阅读方向，这主要来源于私人藏书和图书馆，新书是慢慢地传播开来的"[119]。

因此，1947年的一项调查数据显示，在梅克伦堡州的借阅书店中阅读量最高的图书与联邦德国的类似，这就没什么好奇怪的了。借阅率最高的作家有埃德加·华莱士、路德维希·刚霍夫、埃姆·韦尔克、列夫·托尔斯泰、瓦维克·迪平、杰克·伦敦、卡尔·迈、戈特弗里德·凯勒、马克西姆·高尔基和约翰·克尼特尔。几乎所有的作者在联邦德国都同样有名，而且他们在1945年前就都是传播很广的作家。单部作品的情况类似，除了托马斯·曼的《布登勃洛克一家》、法拉达的《用洋铁罐吃饭的人》、冯塔纳的《艾菲·布里斯特》、托尔斯泰的《安娜·卡列尼娜》和亨利希·曼的《臣仆》，还有约翰·克尼特尔的《维亚玛拉》、韦尔克的《库默罗的异教徒》、古尔布兰森的《与死神对决》、大仲马的《基尔山伯爵》。唯一"现代"的作家是《斯大林格勒》的作者特奥多尔·普利维尔。[120]

勒费尔断定，在"大众读物"中，"市民娱乐文学和通俗文学"占统治地位，同时市民文学和进步文学"并存"。[121] "四五十年代，以小市民文学流行时间的延长为特点的阅读偏好，向以社会主义

X
小小的逃避：讨喜的世界娱乐文学

现实主义为主导的阅读偏好过渡","直到60年代中期"[122]才有结果。

像往常一样，禁书名单不仅说明在特定制度中哪些文学作品是不受欢迎的，更是告诉了我们，哪些作品在某个不受欢迎的时间段还能买到。正因为如此，1957年的一份《违反借阅书店公众教育工作性质的书目列表》向我们透露出，除此之外的下列作家的作品还在流通：埃莉·拜因霍恩、约瑟法·贝伦斯-托特诺尔、汉斯·弗里德里希·布伦克、赫尔曼·布尔特(《维尔特费博》)、黑德维希·考库尔茨-马勒、汉斯·多米尼克、库尔特·埃格斯、汉斯·格雷姆、汉斯·约斯特、费利克斯·格拉夫·卢克纳、欧根妮·马里特、特奥多尔·普利维尔(现在已经过气了)、卡尔·阿洛伊斯·申钦格尔(《金属》)、古斯塔夫·施勒埃尔、海因里希·施珀尔(《你可以安静地谈论这件事》)、特雷默·艾格特(《生命之路》)、安东·齐施卡(《石油战争》)。[123] 这些来自大约1400份登记在册的禁书书目中的小小的选择(包括单独的书目以及作家和他们全部的作品)，给我们提供了一份和联邦德国的书架陈列类似的书目。其中大量的名字卷入过第三帝国的意识形态，或者和这种思想亲近过。

也就是说，书架中小市民和纳粹时代遗留下来的书，依然是读者们喜欢阅读的，这些在德国并没有那么容易区分开来。

Der Traum
vom Jahre Null

Autoren, Bestseller, Leser:
Die Neuordnung der Bücherwelt
in Ost und West nach 1945

XI "文学晨曦计划":
文学史家、教科书作者、教师和过去

"图书市场"这个概念在民主德国几乎是用不到的，民主德国的图书出版实行的是预审查模式，自由的市场规则普遍上是无效的。这也就导致了文学中介（这里指的是在作者和读者之间起媒介作用的出版商）仅仅处于从属的地位。文学应该是什么？读者可以读什么？在民主德国这些应该全部由文化政策所决定。在这种情形下，六七十年代横跨两德的知名作家、文学评论家汉斯·迈尔于1963年在联邦德国定居的这一决定就并非偶然了。他这一类人在民主德国几乎没什么影响，而且也不受欢迎。

在联邦德国完全是另外一种情形。因为这里的政策负责的是外部的框架条件，所以文学评论家很快就占据了主导地位，后来，他们通过四七社的成立，决定着作家的前途，主导着文艺副刊上的评论，不断推出畅销书，出版人在联邦德国的活动范围和可发挥的空间也完全不一样了。

教科书领域是整个联邦德国文学教育的缩影。虽然这边也有国家机构负责（联邦德国文化部）教学计划的制订和教学材料的准入，但是具体的教学内容还是喜欢交给专业人士决定，交给那些在1945年之前就在该领域享有盛名的专业人士。在观察教科书领域的时候我们不应该忘记，不只是教科书编撰人员具有延续性，整个文学领域都具备这样的特性。同样，也不仅仅有熟悉的老作品和新作品（或流亡作品）之间的争夺（就像我马上要给大家展示的那样）。除此之外，在文学创作和比较文学研究上也存在广泛的一致性。"文学创作不是现实的伪装……，也不是对现实的模仿……，而是一个自己的世界……，因此它不能用传记（作者生平）或历史（时间）等文学创作之外的手法去解释或推导"[1]。与此相反，文学基本上是不必成为教科书的一部分的："我们认为，文学本身就是每一部真正的文学作品的灵魂，同时也是现代文学作品的精髓，它起到了确立规则的作用。不遵守文学规则的作品，我们很难找到它的教育价值。我们会尽可能少的选用颓废派、超现实主义和极端自然主义的作品做教科书读物——除非是为了刻画时代现象和时代病的特点——比如缺少实质性创作内容的有关政治或世界观的文学作品，或优秀的修身文学作品。"[2]

也就是说，那些不能称之为文学创作的作品，也是不能用作教育目的的。50年代又出现了一些新的思想，这些思想的传统可以追溯到1933年之前，它们是19世纪末受教育的市民阶层在反对文化现代化的过程中形成的，是"一种艺术、艺术家和人民之间特别紧密又仿佛是有机的结合，一种因此既不会创造出'过分强调理智的'现代先锋作品，又不会制造出低俗的大众艺术的结合"[3]。艺术（文学创作）能够教育民众的作用也属于这些思维

XI
"文学晨曦计划":文学史家、教科书作者、教师和过去

体系,而现代文学被认为不具备这种能力。此外,真正的文学作品还显示出"一个更高的、超越时间的领域,一个永恒的真与美的领域"[4],也就是说,文学需要符合经典美的理念,才能称之为文学创作。所有这些在下列观察中都有考虑到。

阿尔诺·穆洛特：从民族文学史到联邦德国教科书

在研究纳粹的文学政策对它之后和现在的影响时，不仅要对作家，还要对他们的作品进行批判性的分析。文学传播者显得更加敏锐，从另一个角度看，可能其作用也因此会更加持久。教师、批评家、文学家、学者把读者带到了一本书面前，那么如果这些人因为受旧的思想、团体和爱好所引导而拒绝进行新的尝试呢？

"如果没有对时代背景的介绍，我们是无法理解单个时期的文学现象的。"1953年首次出版的《德国文学史》的前言中这样写道，"此外，每章前都有引言，它是对历史和文学生活的简明总结与概述。"[5]我们很乐意跟随作者去了解一下20世纪的德语作品和德语文学概况。在今天的读者看来是理所当然的东西，很可能对战后的文学传播者来说是一项重点革新：通过对时间史和文化史知识的讲解让文学现象变得明朗。毕竟巴伐利亚教科书出版社

XI
"文学晨曦计划":文学史家、教科书作者、教师和过去

出版的《德国文学史》首先是为教学而设计的。"法国日耳曼学者罗伯特·明德恰切地描写道,那儿很多地方的德语课都变成了舞台文艺表演","为的是自己内心的快乐,在这种拔高的精神生活中包含的是对历史的逃避、对不适问题的回避,痛苦只有作者自己承担,他们进入了无人的国度,只有那些远离日常喧嚣专心致志的人才能够进入,整个文学被塑造得无比庄严。"[6]

《德国文学史》这本书是具有一定的进步意义的,但是令人感到吃惊的是,当涉及20世纪的"历史基础"时,作者维利·格拉贝特和阿尔诺·穆洛特就沉默了。在文学史上,20世纪中有对他们来说尤为阴暗的12年。在魏玛共和国时代,"社会贫困和失业蔓延,这种情况推动了国家社会主义的产生,1933年希特勒上台,1939年到1945年间把德国带入了第二次世界大战的深渊。经历了巨大的人口流失和破坏之后,德国被摧毁、被占领",但是还"未分割":"美国和俄罗斯作为起领导性作用的世界强国从战争中走了出来,数百万德国人不得不离开他们东部的家乡,逃往德国内地,货币和经济完全崩溃。然而德国人以让人钦佩的求生意志重新奋斗、重新建设,在精神上重新寻找一种新的寄托。"[7]

今天的读者可能会对"让人钦佩的求生意志"这一说法感到吃惊,但其实真正让读者吃惊的是那些没有写出来的东西。战争结束几年之后,这部最新的德国文学基础导论成功地避开了"焚书""流亡""大屠杀"等字眼(或是类似的替代字眼),只是模糊地谈到了"第二次世界大战的巨大冲击"[8]、"即将到来的衰落"(能以此来认定纳粹的可怕罪行吗?),一些作家通过精神上的自我实现以及对宗教和人类价值的认知来对抗这种衰落。在充满求

生意志的德国人面前，忽然出现了一些内心流亡的作家，像盖特鲁德·冯·勒福特、伊娜·赛德尔、汉斯·卡洛萨，他们是对抗衰落的代表性人物。那些被焚书、被禁、被驱逐或被谋杀的作者呢？这些我们都是顺便得知的，或者需要自己去发掘的。托马斯·曼"1933年去了瑞士，1939年去了美国"——言简意赅；杜布林"在流亡期间还一直坚持写作"——完全没有解释流亡的原因和情况；亨利希·曼"和他的弟弟一样，也流亡到了国外"——原因？缺少说明；对斯蒂芬·茨威格的说明已经算得上是"多嘴"了，"他在流亡中极度思念家乡，对人生产生了怀疑"[9]；或者再看一下约亨·克莱珀，"他和他的犹太人妻子不堪迫害而自杀"[10]——迫害是否跟他妻子的犹太人出身有关？50年代的学生可能会这样猜测，但是找不到明确的说明。

而就在几年前我们还能找到《德国文学史》其中一位作者阿尔诺·穆洛特的明确说明，说明提到了"北方日耳曼的生活状况"和"由此所决定的世界观和上帝观"。穆洛特在1945年之前出版的文学史分册中这样介绍库尔特·埃格斯：著名党卫队作家、典型的纳粹作家，致力于"重新唤醒血统传承和民族传承"，但这更多的只是"艰难地坚持反对过度外来化的一种手段"[11]而已。埃格斯于1943年在苏联战死，他被视为年轻一代中充满希望的作家，看起来也是因为这个原因被从纳粹小品文作家中选拔出来，成为第二次世界大战时期的"战争诗人"。他重新"打开了德国人被埋没的本性之源"[12]。穆洛特从埃格斯的作品中提取出"他的世界观中有倔强的'不'和骄傲的'是'：对过去说不，对轻视生命、美化弱点的过去，对使人从属于宗教的过去；对未来说是，对能够掌控生命、让伟大的死亡变得高尚的未来，让强大理

XI
"文学晨曦计划":文学史家、教科书作者、教师和过去

智的人从救赎的信仰中解放出来、承担起军人的责任的未来"。我们正在听的是纳粹时期最有影响力的一位文学史家的胡说八道。原来早在《德国文学史》首次出版的近10年之前,我们就能在穆洛特身上找到极端的民族文学观。虽然我们可以遗憾地说,这位文学历史学家也许只是写出了他找到的东西,但是不能忽视他对这种观点的积极拥护。其中写道:"在与个人主义的瓦解和捆绑作斗争的过程中,当代德语创作努力追求与民族相连的、隶属于民族的创作方式和世界观。"[13]此处并没有点明这些"沥青文人"①是谁,但必然是有所指的。这些从现代主义(和现代文学)中脱离的人"重新在民族共同体的简单生活和工作秩序中找到了归属","沉浸在情绪和印象中的大自然成为人们的家园,它是每个成熟的生活共同体有机结合的典范,是上帝赋予人类的使命,是血缘与命运的民族共同体的象征"。"从民族灵魂深处升华出来的艺术,在为人民服务中得到完善。通往上帝的路是充满鲜血的真理、自然的本性的,这就是所谓的民族本性"。对于纳粹的受害者和德意志民族本身来说,这应该是一条灾难性的路。

这种明确的定位并没有使穆洛特战后的职业生涯中断,只是在文学史首次出版时,他的名字被隐瞒了下来,后来到1992年第24版时,又看似理所当然地出现在了封面上。肯定有许多日耳曼学者和德语老师都清楚穆洛特过去的经历,但他们并没有对此表现出不满。实际上早在1957年,民主德国出版的专业杂志《新德国文学》上就有一篇名为《凶手的学校》的文章尖锐地批评了这部文学史,书中一些明显的观点被饶有兴致地解剖了出来,如种族观念主导着诗学:"作者只有在自己的种族中创作明白易

---

① 贬义,指生活在大城市、描写大城市人的迷失生活的文人作家。

懂的东西时，其作品才是健康的。"[14]同时也提到了书中对反传统主义路线的作家们的忽略："亨利希·曼根本不是这个样子的，贝托尔德·布莱希特和托马斯·曼被一笔带过。写教科书的人甚至都不愿费力去用新瓶装旧酒"，"是放在旧形式中的旧东西，在纳粹的形式中，在制服中"。[15]几乎没有比这更具有摧毁性的判决结果了。

"我们不是去纳粹化机构"：
弗伦策尔夫妇和他们的《德语文学编年史》

格拉贝特与穆洛特合编的文学史似乎并不是个别现象，而更多的是一种规则。类似的权威著作还有伊丽莎白和赫伯特·A.弗伦策尔夫妇撰写的《德语文学编年史》。几年前，《法兰克福汇报》上又重新展开了对这部权威著作的讨论，因为直到今天，这本书还一直在再版，陪伴过数十万的文学爱好者和学习者，尽管大家对主要作者的生平都很了解。福尔克尔·魏德曼的文章最终使德国袖珍书出版社将这部作品从书单中删除。[16]《德语文学编年史》有过长久的畅销（销量远远超过 50 万册）和深远的影响：因为它，一部分德国文学作家被永久地雪藏了起来——魏德曼提到的有奥斯卡·马里亚·格拉夫、伊姆嘉德·科伊恩、库尔特·图霍尔斯基或克劳斯·曼。因为这位以前忠于路线的弗伦策尔女士按照自己的喜好编写的文学史，弗伦策尔夫妇及其同事的工作将纳粹的禁令延伸到了 1945 年之后。1953 年，原版书出版社基彭霍伊尔&维奇在首次出版这本书时也耍了一点手段，隐去了比较有名的女作者的名字，因为其生平有"污点"。原始的标题为《德国文学编年史概况——在几位专业人士的共同努力下由赫伯特·A.弗伦策尔编写》。[17]

在这件事情上，出版商很清楚作为作者的弗伦策尔夫妇可能带来的影响。在整理原稿期间，《电报报》上刊登了一篇名为《昨日的曙光》的文章，到这时，这种怀疑才开始出现。[18]其中提到了伊丽莎白·弗伦策尔于1942年发表的一篇名为《德国舞台上的犹太人形象讨论》的论文。关于这一点，赫伯特·A.弗伦策尔和维奇之间互通了书信，信中前者主要是为了解释和扫除所有的怀疑，这其中不仅涉及人文历史问题，而且还涉及一些残酷的事实：弗伦策尔在宣传部是约瑟夫·戈培尔的同事，他的妻子也曾经在纳粹党的理论领导者阿尔弗雷德·罗森贝格手下工作过，在这方面这两人都有一些不能写出来的历史。然而维奇选择了息事宁人，"我们不是去纳粹化的机构，"他给弗伦策尔夫妇写信说，"我们没有兴趣去关心作者的私生活，我们也没有权力这么做。"[19]虽然有"大量的证据证明"，"在第三帝国时期，这两位戏剧学家在极大程度上出卖过自己，为纳粹时期的文学管制服务过"。[20]面对铁一样的事实，出版商还是继续厚颜无耻地为其掩饰。弗兰克·默勒在他的《维奇传》中记录了维奇和一位在美国教书的文学理论家、以前从维也纳逃出去的哈里·聪的通信。这个人想知道，《德语文学编年史》的作者和《德国舞台上的犹太人形象讨论》的作者是否是同一个人。维奇10年前就和弗伦策尔就这一问题仔细地书面讨论过，而在1961年他却厚颜无耻地撒谎说："我们并不知道弗伦策尔教授发表过你们提到的那篇论

XI
"文学晨曦计划"：文学史家、教科书作者、教师和过去

文。"[21]他以此成功地赢得了一些解开这个"人物之谜"的时间。弗兰克·默勒试图通过研究，从维奇的角度解释他与有政治污点的人打交道的不同方式。是什么打动了这位出版商，让他在弗伦策尔夫妇事件中选择了宽容？按照默勒的说法，其中一个原因是他将相关人员的错误行为归为"年轻时候犯下的罪行"，其次是，这些人在工作中具体来说属于二线人员，而且战后能够很好地适应民主环境。[22]但这些不过是冠冕堂皇的理由，对于这位野心勃勃的出版商来说，更加有说服力的一点是：图书编撰者能够带来的业绩。事实上他应该是对的，他的图书一直保持着良好的销售业绩。

那么《德语文学编年史》的问题究竟是什么呢？就像开头已经描述过的，它导致很多作家被雪藏，并有意识地模糊化了最近的文学历史背景。就这样，一些作家像贝托尔德·布莱希特、托马斯·曼或阿诺尔德·茨威格流亡国外——没有明确的原因。该书在编写过程中采用了最近的历史中这种雾蒙蒙的风景，这完全忠于初版的前言："历史的描写要力求以特殊的方式提供尽可能确定的'数据'，所以它有必要以梗概的方式保留最近发生的事情，让每个读者都可以或者有可能根据自己的经验和判断去补充。"[23]此处，文学史，尤其是它的历史背景被解释成了私事，因此不受第三方评判。有了这个论点，遗忘就变得堂而皇之了。

父辈和子辈：朗根布赫尔 & 朗根布赫尔

"要远离那些令人讨厌的、丑陋的东西，那些与社会和风俗的真实描写相关的东西，诗学应该高于日常生活，应该脱离现存的压力，应该使生活得到美化。"[24]这句话概括了从教学角度看具有价值的教科书数十年来所做的工作。德国教科书所做的这些事情距今还不算远。就像彼得·格罗茨和沃尔夫冈·R.朗根布赫尔在他们1965年的《错过的课》中标注的，虽然这一工作1945年才开始，但是很快就与20年代及其以前的传统结合了起来。"德国从1949年开始的修复工作让教科书修订者们迅速恢复了珍贵的传统和'秩序'"[25]。与此相关的第一批批评的声音在50年代还尚未出现，教科书(联邦德国)保持了它原有的样子：保守。大多数的出版者都实现了"文学晨曦计划"[26]，"工业国家中有组织的农业文学"。格罗茨和朗根布赫尔引用法国日耳曼学者罗伯特·明德的话这样评价。

XI
"文学晨曦计划":文学史家、教科书作者、教师和过去

慕尼黑大学的这两位年轻的科学工作者的教科书改革计划首先收到了来自希尔德加德·汉姆-布吕歇尔的"福音"。这位女政客根据自己的研究得出,在巴伐利亚地区五六年级的教科书中,大约有70%的内容涉及"农民和小城市主题或生活领域"[27]。"极有可能存在其他的文学作品",两位年轻的评论家坚信这一点,他们被一种"启蒙的激情所打动"。[28]这是一种让他们摘下眼罩的启蒙的冲动,除流亡作家之外,他们的选集理所当然地也包含了这样一些民主德国的作家:埃贡·埃尔温·基施、库尔特·图霍尔斯基、安娜·西格斯、贝托尔德·布莱希特,甚至是卡尔·马克思。在西柏林逗留的那段时间,朗根布赫尔和格罗茨几次三番地造访东柏林,那里能接触到基施等人的大量出版作品——以此找到汇编的方法。其间,部分西柏林的同事甚至怀疑他们让大家陷入了隐藏着意识形态的东西方阴谋中。

甚至连《明镜报》都为这两位的计划写了报道。记者们报道了那些过时的风俗画,报道了"里面有年代错误的"书籍,以及"描写过于田园化的人物、世界和职业,文中都是德国好人,大多是农民,经常是巴伐利亚人在任劳任怨地从早工作到晚"[29]的书籍。但是教科书里的田园诗不仅展现了一种无害的落后,而且还可以拿来供我们取乐,这让《明镜报》的记者们非常满意。同时这一发现还展现了更深处的问题。此处从教科书里凭经验分析出来的特点,同样适用于战后文学的其他领域。从长远来看,纳粹分子有关教科书内容的选择政策做得很好。朗根布赫尔和格罗茨引用了沃尔夫冈·舒尔茨的一份研究:"在116本德国教科书中,包含了1933年普鲁士作家协会承认的12位作家的12篇文章,而除此之外的12位替补'作家'中的文章则有334篇"[30]。

朗根布赫尔在一个保守的学校环境中长大，因此不得不去别的地方寻找自己的文学榜样。"作为学生"他曾是"一个比较差的读者"，直到今天他依然这样回忆道。虽然他来自一个文学氛围浓厚的家庭：他的父亲和叔叔都在出版行业工作了很多年。他的父亲赫尔穆特在战争前曾是慕尼黑朗根－米勒出版社新闻处的负责人，该出版社是久负盛名的通俗文学出版社之一。赫尔穆特为自己的兄弟埃里希在那里谋到了一个秘书的差事。之后，赫尔穆特成为阿尔弗雷德·罗森贝格的帝国德语写作促进部门的创建成员。1933年起，他当上了《德国图书交易行情》的主编，从1933年10月到1936年9月一直住在柏林，之后直到战争结束，因为健康原因他一直住在黑森林卡尔夫附近的施罗姆贝格。他的主编职责一直履行到了1943年。按照他在去纳粹化程序中的自我说明，直到40年代他能够拿到的年薪大约为2万帝国马克。真正有影响力的是他出版的《当代民族文学作品》[31]，这本出版物——他的儿子现在是这样说的——曾经对书商来说像"《圣经》"一样"。赫尔穆特用这本书严格界定了在第三帝国时期哪些算是文学作品，哪些不是，为大家提供了一个参照对象，他认为这是在"剔除所有外来赝品，净化德国文化生活"[32]。

赫尔穆特从1929年直到第三帝国结束一直是纳粹党员。在1946年去纳粹化程序所填写的表格中，他认为自己只是扮演了小人物的角色："我从1932年起一直只致力于文学工作（文艺和文学史创作），远离有目的的政治活动，过着一种完全隐居的生活，始终坚决拒绝接受任何一个国家或政党机构的职位。"[33]他当时的出版社同样也患了健忘症："朗根－米勒出版社内部并不清楚相关人士的政治活动"[34]，出版社的委托管理人在回复克赖尔

XI
"文学晨曦计划"：文学史家、教科书作者、教师和过去

斯海姆法庭的问询中这样写道。其他的证人也并不想真正去回忆。曾经有两个"朗根布赫尔"，"我所了解的那个是一个无害的人，而另一个应该在帝国文献处有过很高的职位"。[35] 埃里希，朗根布赫尔兄弟中年少的那个，是否只是一个"无害的人"，也是值得怀疑的。实际上，他也是纳粹党员，而且加入过冲锋队，属于戈培尔宣传部的精英人员，1939年起担任《大德意志借阅书店报》的主编，在戈培尔的授权下负责该刊物的编辑出版。通过他的书评和专业文章，这份报纸对第三帝国时期的娱乐和大众文学的评价与推广起到了决定性的影响。埃里希利用这个重要的平台，把自己和部长的纲领和思想带到了被图书行业诱导的民众之中。

赫尔穆特·朗根布赫尔，两人中年纪比较长的一位，根本没有必要"在党和国家中担任公职"，就能对图书领域施加决定性的影响。按照扬-彼得·巴比安的说法，赫尔穆特·朗根布赫尔是纳粹时期的"文学教皇"[36]、民族文学理论和图书学的思想领袖。没有与德意志民族的血脉相连就不会有灵魂，只有在这张温床上才能产生真正的作品——这是他的基本思想之一。"因为自己的种族特性，犹太人不能写出生动的作品，他们可以同时以一系列的语言出版同一部新的作品或者直接用多种语言写作。在德国，他们写的东西会像讨厌的幽灵一样消失，"他在1938年写道，"他们能以此来证明为别的哪个民族服务吗？恐怕连他们自己都不会相信，也没有一个民族愿意承认，因为他们是站在苍白的空间里的，他们将继续站在里面，总有一天会覆灭，即使别的民族还会恢复正常意识。我们举这个犹太文化的例子，用以警告那些抱有精神能够脱离民族的土壤而存在的想法的人。"[37]

尽管有这种毫不掩饰的、鲜明的态度和立场，在1948年4月法院诉讼程序结束的时候，他还是仅仅被定为随大流者，被判罚2000帝国马克的赎罪金，加上约1200帝国马克的诉讼费。除去1946年的几个月的拘留，他几乎算是没受到什么惩罚。

儿子沃尔夫冈·R.朗根布赫尔从未尝试跟他的父亲就其以前在文学政策上的历史问题直接探讨过。父亲的书他最多只是简单地翻过，但是从未认真读过。在他眼中的父亲经过了一场历练，"他现在是另外一个人了"[38]。沃尔夫冈试图回避与过去的联系。

赫尔穆特·朗根布赫尔战后很快又重新回到了出版行业，从1951年到1970年间，他先是当审稿人，后来在斯图加特的欧洲图书俱乐部做书目制定者。他很艰难地维持着自己和大家庭的生活。多亏父亲的工作，作为学生的沃尔夫冈才可以偶尔为图书俱乐部做鉴定员。对提交的大量出版物的鉴定工作，比如以时薪计算的对马克斯·弗里施的《施蒂勒》的审核，不仅给这位大学生带来了一些收入，而且还扩展了他的文学视野。从某种角度来说，赫尔穆特·朗根布赫尔用他的工作推动了儿子的读本改革计划。有些在审核时碰到的文本后来甚至出现在了文选中，比如威廉·豪夫的文章。沃尔夫冈·R.朗根布赫尔回避了与父亲的对立，寻求并找到了另外的途径：他和彼得·格罗茨一起合作创建了一个图书计划，该计划有助于慢慢消除第三帝国的文化政策——一项他父亲曾经起过决定性作用的文化政策——在战后德国投下的阴影。

从突击队到图书俱乐部：格哈德·舒曼

战后民族文学史学家赫尔穆特·朗根布赫尔只在欧洲图书俱乐部中工作了几年，俱乐部的书单中就再次出现了 1945 年之前就已经在德国有影响的作家：伊娜·赛德尔、恩斯特·冯·萨洛蒙、弗兰克·蒂斯、奥托·罗姆巴赫，甚至还有汉斯·弗里德里希·布伦克，纳粹文献处首位处长。另外还出现了一些支持放开欧洲现代主义和流亡文学的作家，如西蒙娜·德·波伏娃、弗兰茨·维尔福、利翁·福伊希特万格、欧内斯特·海明威、托马斯·曼、马克思·弗里施。这些作家的作品集以经典版本、文集和年鉴的形式相互补充。作为编辑的朗根布赫尔在工作中用的是笔名。威廉·豪夫合集和尼古劳斯·莱瑙的作品就是他以"赫尔曼·恩格尔哈德"的名字出版的。这是他净化的标志？是出于良心的不安？还是因为考虑到很多人觉得朗根布赫尔这个名字听起来不一样、很刺耳？人们不禁会产生这样的一些联想。

朗根布赫尔在欧洲俱乐部中的关系处得很好,因为他很有可能是总经理格哈德·舒曼的老朋友。格哈德·舒曼生于1911年,同样也在第三帝国的文化部门工作过。他1930年就已经加入了纳粹党,后来又加入了冲锋队和国家社会主义德意志学生联盟。[39]

舒曼一开始在文化领域从事义务写作工作,1939年被汉斯·约斯特任命为帝国文献处成员,并很快成为该部门的领导。"我个人,"他在事先秘密写信给汉斯·约斯特,"对这项文化政策的文献工作非常感兴趣,在今天这个时代,比起我现在做的大量的、但是几乎是纯程式化的档案工作来看,我认为文献处对我来说有更大的施展空间。"[40] 1939年,他自愿报名参加了国防军,在里面当过排长和连长,后来在战争中受了伤。1942年,"他从野战医院退役,之后被批准免服兵役"[41]。同年,他晋升为斯图加特符腾堡国家剧院的首席剧作家。[42] 1944年12月,按照舒曼在他的去纳粹化审讯中的说法,他"成了党卫队的武器,并被招到党卫队总部的文化局工作"[43]。

舒曼曾经在《士兵祈祷》中写过这样的诗句:"上帝,我们的语言贫瘠/现在请仁慈地聆听我们的祈祷/让我们的灵魂坚定、强大/剩下的我们自己来做……,庇护我们的元首和国家/让孩子享受和平宁静/我们把他们交到你的手中/剩下的我们自己来做。"[44] 在希特勒和戈培尔都到场的帝国文化处固定会议上举行了舒曼的国家图书奖颁奖仪式,当时媒体是这样描写的:"出自格哈德·舒曼诗集的《英雄的庆典》,一首阿道夫·希特勒的斗士们战斗与牺牲的赞歌,一首属于德国的现在和未来的胜利赞歌,拉开了大会的序幕。舞台上,在染成金色的该年度的巨大版五月徽章前面,最高冲锋队领导的党卫队分队的朗诵队,拿着冲锋队的冲锋

XI
"文学晨曦计划":文学史家、教科书作者、教师和过去

旗和帝国首都唯一的军旗,上面有'霍斯特·维瑟尔'的名字。国家演员洛塔尔·米特尔穿着简单的褐色衬衫,在参加这场活动的士兵面前朗诵这位获奖者的诗句。"[45]

1959年人们已经在媒体上发现了他"褐色①"的过去,联系到他纳粹时期的诗歌创作,称他为"仇恨布道者"。人们反感坐落于苏黎世、萨尔茨堡和斯图加特的拥有近20万会员的图书俱乐部——里面包括像威利·布朗特、马丁·尼默勒和维科·托里亚尼这样的名人——的流行文学是由一个曾经的褐色宣传者带来的。他们尤其要谴责的是,舒曼已然觉得自己再次成了"当代的精神领袖"[46]。

他评价自己有特别的功绩,认为从一开始的编辑到很快成为代理人和总经理,他在图书俱乐部的工作"为很多人提供了重建失去的图书馆的可能性"[47]。此处指的不是被纳粹禁止的书籍,而主要是在战争冲击下被损坏的藏书。"人们想要经典文学和现代文学中最好的部分,不仅要重新纠正对那些伟大的流亡者的不公,而且还要通过放逐1945年之后的'再教育者'②,让遭受不公、被排挤出文学领域并保持缄默的伟大的德语作家们发声"[48]。

最后一句关于"再教育"的话表明了,我们正在与谁打交道。舒曼属于不可教的一类,即使他自己不承认这一点。特别是在他的生平回顾《对艺术和生活的思考》中他曾经明确地表示过,他

---

① 褐色为纳粹军服的颜色。
② 1945年初,美国副国务卿阿奇博尔德·麦克利什成立了一个工作组,该工作组着眼于战后德国的状况制定了备忘录《德国再教育长期政策声明》,备忘录首先指出,为了使德国得到彻底的改造,军政府是不可或缺的。具体说来,经济和社会结构需要完全重建,文化生活也要彻底重塑。自1946年起,《德国再教育长期政策声明》成为德国的美国占领区(巴伐利亚、黑森、符腾堡北部和巴登北部)的官方文化政策。

一直是一个反民主的人,在魏玛共和国的末期,他只看到了"布尔什维克的议会国家或帝国的救赎"[49]这两个选择,并且选择了后者。他的借口是,他只是想报道自己所经历的东西。这让他毫不厌烦地强调,"他的冲锋队"在图宾根不是暴力的团队,他没有参与过暴力行为,也没有"在施瓦本的三所大学里面""举办臭名昭著的焚书运动"[50]。类似的言论他已经在去纳粹化的审判中发表过,在审判中他假装自己只是一个被希特勒本人吸引的虔诚的国家民族主义者,而且曾一再为"被纳粹政权迫害的人"[51]做工作,并勇敢地反对党内一切可能出现的弊端。

回顾过去,他认为对历史的审查是由"外国历史学家"主导的,是"鼓吹历史分裂"[52]的。他完全使用了纳粹时期的概念,如"民族共同体"[53]、"人民主体"[54](1974),并称自己是一个"国家社会主义者"[55]。他将"第三帝国历史中最黑暗、最恐怖的篇章"称为"犹太人篇章"[56],而且承认对"持不同政见的人,主要是犹太公民"[57]的不公平。对于民族社会主义这一理念的失败,舒曼将其归咎于希特勒周围的一个小圈子,他在说明中同时也把所有的责任都归咎于此,一个"目无法纪的傲慢的小圈子"[58],而他本人和德国大众则首先是受害者。"集中营"这个词主要是与同盟国"极其残酷的拘留和监禁时期"[59]有关。毕竟美国人很快给了他在集中营中证明自己文化工作能力的机会,像其他很多被捕的作家一样,通过做"图书馆主管、报告负责人和集中营报的编辑",证明自己是一个"值得信赖和可靠的人"[60]。法院审讯中的辩护策略起作用了,在评估完所有提交的证据之后,他被划到了罪行较轻的一组。就连他的党卫队成员身份也没有受到负面评价,大家认为他没有参与实施犯罪行为。因为舒曼是属于从战俘营里回来

XI
"文学晨曦计划"：文学史家、教科书作者、教师和过去

的人，所以赦免法对他来说也适用，而且免交罚金，甚至都没有禁止工作。[61]

考虑到 50 年代的读书会和图书俱乐部在大众图书服务中的重大意义，人们还是低估了一个像格哈德·舒曼这样有不光彩历史的书目制定者的影响。调整是细微但却极其有效的，因为他们成功推出了流行版和大众版图书。在工作了整整 10 年之后，舒曼退出了书友会，彼时的他才刚 50 岁。他的退出可能是因为，当时像他这样一个政治极端化的人已经不适合再待在领导岗位上。他对图书的商品特性的鄙视，也会让把这种商品特性放在交易中心地位的书友会同事们很为难。当然，这很有可能也只是他的老雇主的一套说辞，因为在一个像洗涤剂和香烟一样，要"通过问卷调查和电脑提前预计出销售业绩之后才能做决定"[62]的畅销书世界里，他很快就什么都做不了了。

格哈德·舒曼对当代文学的看法仍然受战争年代的一些概念的影响，例如，他曾提到让他的艺术创作在很大程度上被联邦共和国文化创作系统忽略的"沙龙布尔什维克派"[63]。按照舒曼的说法，这也应该是他很快成立自己的出版社的一个原因，该出版社负责出版"有名望的作品"（舒曼毫不谦虚地将自己的作品也划了进去），并且忽略掉和现代派眉来眼去的"描写性器官、妓女和黑帮的文学"[64]。公众在对舒曼的霍恩斯陶芬出版社的评价中是这样描述他的，这个人"往好了说是'保守'，往一般说是'反动'，往最差了说是'新纳粹'"[65]。

舒曼感觉他和他的出版社受到了不公平待遇，被边缘化了。与图书俱乐部的出版相比，霍恩斯陶芬出版社无足轻重得可笑，但是却和联邦共和国内很多极端保守、带有新纳粹性质的小出版

社沆瀣一气。直到最后舒曼都认为自己是对的。毕竟,在1948年,时任巴登-符腾堡文化部长的特奥多尔·鲍厄勒评价他是"一位有名望的作家,而不仅仅是一个被党捧到高处的蹩脚诗人"[66],他只是固执地坚持年轻的理想主义和对希特勒及国家民族主义思想的信仰。

Der Traum vom Jahre Null

Autoren, Bestseller, Leser:
Die Neuordnung der Bücherwelt
in Ost und West nach 1945

**XII 来自灰色地带的回忆或
望向前方的迟疑**

《维尔纳·霍尔特历险记》：
迪特尔·诺尔的历险阅读教材

近年来，至少出现过两次围绕战后文学的中心人物，甚至可以说是战后文坛巨匠展开的辩论，因为他们曾经参加过罪恶的纳粹活动。其中一位是君特·格拉斯，他在自传中承认了冲锋队队员身份，[1]为其长期以来的心理压抑找到了坦白的方式。这时，一位历史学家注意到了埃尔温·施特里马特的生平，这位作家在民主德国的地位可以和君特·格拉斯比肩。作为纳粹秩序警察成员，他曾经被征入伍，所在的队伍后来被编入了冲锋队，毫无疑问，他也参与了战争罪行。[2]不管是对诺贝尔奖得主君特·格拉斯还是对施特里马特来说，最重要的不是他们曾经参与过纳粹活动，而是这两个有污点的人是如何在他们的文章中分析德国人的过去和罪行的。格拉斯在这方面就有不足之处，专栏作家格里特·巴特尔斯的总结很到位，"他的很多作品最终都是围绕这一不足之处展开的：自我安慰、自我欺骗、排斥"[3]。这是一个全德性的话题,而不仅仅是关系到联邦德国对历史的态度,或民主德国对反法西斯的讨论。在联邦德国人的眼中,民主德国对纳粹历史的讨论是上层规定的,因此是不真诚的;而联邦德国虽然开始得晚,但是很多人却更加真诚。然而,就像前面章节中所提到的,联邦德国那些对群众有广泛影响的文学作者首先选择的是遗忘或沉默。在民主德国的文学中,这样的例子就少得多。在联邦德国,作家们对第三帝国的剖析,几乎很少围绕罪行和责任问题。

我们以选入民主德国阅读教材的一部小说《维尔纳·霍尔特历险记》为例。这是一部发展小说①,写了一个年轻人在纳粹帝国、战争和战后的经历,身处民主德国的所有人和他一起成长。到1972年,这部作品在民主德国出版了大约50万册,最终,该书的出版总量可能达到了上百万册——包括取得巨大成功的德国电影股份有限公司的电影版。而且,尽管有柏林墙的阻挡,这本书却能在首次出版(1960)几年之后成功在联邦德国出版——包括《明星画报》中提前刊登的部分。[4]诺尔甚至凭借这本书登上了《明镜报》畅销书榜,"改过自新的希特勒青年②深受德国读者的喜爱,他性格上正直,政治上懵懂"[5]。

小说分两部分讲述了一个年轻人的故事,标题分别为"一个年轻人的故事"和"回家的故事"。主人公生于1927年,是一名预备役炮兵,在二战末期加入了纳粹国防军,身陷战争,最终历经监禁和漂泊,认清了纳粹发动战争的本质,找回了自我。这部

---

① 发展小说又称为"塑造小说"或"教育小说",出现于18世纪的德国,而17世纪格里美豪森的《痴儿西木传》已开其先河。这类小说,以一个人为中心,写主人公从儿童时代到成熟的思想性格发展过程,其中有各种不同的经历和突破精神危机的转变阶段。
② 出自德国1933年上映的电影《机智的希特勒青年》(Hitlerjunge Quex)。

XII
来自灰色地带的回忆或望向前方的迟疑

小说之所以能够打动读者，是因为它能够与读者自己的经历相通，使他们产生共鸣。小说使用的文学模式，是以年轻人为主角、以军事为背景的发展小说常用的娱乐文学模式。脾气古怪的老师换成了脾气古怪的教练员，由他们接手这些年轻的预备役炮兵。学员们走向战场就像年轻人一起去森林探险一样。炮兵维尔纳·霍尔特经历了与一位年长女人的初恋，开始进入成人世界，失去了双层意义上的贞洁。她第一次给他讲纳粹的罪行和大屠杀，"在总执政府领导下，他们杀害了几十万的波兰人和犹太人，是冲锋队干的……犹太人几乎灭绝了"[6]。在拜访他的父亲时——霍尔特的父母分开了——他也不得不面对罪行与责任的问题。老霍尔特放弃了他收入不菲的化学工作，因为他接到了颜料产业工会的委托，"在大型哺乳动物身上实验不同化合物的毒性作用"，"现在，冲锋队用他们生产的氢氯酸和氯氰菊酯化合物在集中营屠杀了几十万人。"[7]但是这一切这位父亲却不能告诉霍尔特。不久之后，霍尔特也遇到了苏联战俘，他给他们提供食物。他发现，"所有这些人的兽性不过是身体状况极度衰退的末期表现而已"[8]。他与朋友达成一致，必须去帮助他们，因为这两个年轻人很清楚战争的责任在谁："不是他们发起的。"[9]最终在空袭中，他们的肉体体验到了战争的残酷性，这场空袭是针对他们的高射炮阵地的。他开始醒悟，回忆起自己走上战场的过程，"霍尔特一下子想到了遥远的过去。我受够了父母，受够了学校，我再没什么可期待的了，我渴望战争。"[10]在后来的帝国志愿工作，但其实可以说是反游击战的军事工作中，他目睹了冲锋队的战争罪行："他所看到的是极其黑暗的东西……"[11]霍尔特后来不得不加入了国防军，接受了因为战争而被缩短的培训。迪特尔·诺尔按照时间顺序，通过描写志愿工作的阴谋揭露了战争的罪行，从而使《维尔纳·霍尔特历险记》从其他的士兵故事中脱颖而出。即使对战争的描写一直服务于历险主题，文中却一再植入霍尔特直面德国所犯下的罪行的片段，比如霍尔特所在的部队在撤退过程中，在路障后面目睹了集中营犯人的死亡游行，他的一个同学因为反对冲锋队屠杀手无寸铁的囚犯而被枪毙。直到第一部结束，霍尔特才开始反抗，并意识到："我是盲目的犯罪工具，是罪恶的帮凶。可怕的回忆！白活了十八年，受了十八年的蒙蔽，有罪、有罪。"[12]

同时，小说也不断地向前看，着眼于重建，《维尔纳·霍尔特历险记》的上下两部也是基于这种精神而写的，而且在计划的三部曲中这种精神是第二部的重点。因此小说中的主人公收到的消息是："这是唯一的机会！你们中的一些人必须留下来，战争快要结束了，或许很快，你们必须继续生活下去。"[13]"那些试图不惜一切保护自己的人，不是因为胆小，霍尔特，而是出于理智，他们是为了……德国而保护自己。"[14]故事的中心就是这种转变，从一个被诱惑的虔诚的纳粹追随者向重建新秩序的候选人转变的过程。这种转变的母题在《维尔纳·霍尔特历险记》中被塑造成了典范。按照卡斯滕·甘泽尔对回忆模式的研究，这种英雄之路是发展小说的特征。"有趣的是，这条由过去通往现在的路，重点在于发展，在于变化。"[15]"君特·德布勒因、马克思-瓦尔特·舒尔茨和迪特尔·诺尔的转变类小说是这方面的典范，比如，虽然回忆了过去所谓的'纯粹的真相'，但是接下来却能实施并'完成'向未来的转变。"[16]按照甘塞尔的说法，首先我们可以在《维尔纳·霍尔特历险记》中看到一种对过去的拒绝，但是为

XII
来自灰色地带的回忆或望向前方的迟疑

了正确评价这本书，我们必须承认，诺尔没有回避那些敏感的主题，而是将其融入了读者可以接受的叙述中。与其他很多同时期的文章不同的是，作者讨论了罪行和责任这一主题。同时期《明镜报》中的短评根本不能给予此书正确的评价。诺尔不仅仅是民主德国的汉斯·黑尔穆特·基斯特，基斯特也不会出现在联邦德国的教科书中，而迪特尔·诺尔的书却作为阅读教材广为人知。

在文学史中，《维尔纳·霍尔特历险记》的作者还是勤奋的国家安全部线人[17]和德国共产党的拥护者。为了表达对党和国家领导人的声援，他给《新德国》写过一封公开信，在给"尊敬的埃里希·昂纳克同志"的信中，他写道："少数几个堕落分子，像海姆、赛皮尔或施耐德，为了让自己获得廉价的价值，他们频繁地与阶级敌人合作，显然，他们没有能力在我们的工人阶级中得到响应，所以他们肯定不能代表我们共和国的作家。"[18]这种宣传式的支持与斯特凡·海姆因为"违反外汇法"而受到的非难有关——海姆的批评斯大林主义和民主德国的小说《科林》首先是在联邦德国出版的。"尊敬的埃里希·昂纳克同志，从您对我的《维尔纳·霍尔特历险记》一书表示肯定到现在，已经有很长时间了。我试着尽可能完美地利用这段时间，即使有时我的周围会很安静。今天，我的小说唤起了人民的一些兴趣，这给了我为您写下这些话的冲动，以便让您确信：我和我的作家同事是永远忠于党的。"诺尔以表达他的忠心作为贺电的结尾，并再次提到了他在图书市场上的巨大成就。

埃尔温·施特里马特和他的现代"痴儿西木"

"不久前,东柏林的《国家报》给埃尔温·施特里马特在重建出版社出版的小说《奇迹创造者》打上了'畅销书'的标签,这是一个在民主德国非同寻常并被打上引号的资本主义词汇。"[19]联邦德国的一本新闻杂志在评论这本小说时开篇如此写道。联邦德国的记者最看中的不是施特里马特小说的文学质量,而是沉睡在其中的具有重大现实意义的政治信号。这是一本"社会主义特色的发展小说",主角斯坦尼斯劳斯·比德内尔是一个穷人家的孩子,他于1909年出生在还是帝国的普鲁士。读者陪伴着他经历了德意志帝国、魏玛共和国直到第二次世界大战。在小说各章节内容的简明扼要的总结中,施特里马特使用的修辞手法带有格里美豪森的大师级作品《痴儿西木传》的烙印,让很多受过古典教育的读者有身临其境的感觉。这本书在民主德国取得了巨大的成功,出版了外语版本,还于1965年在联邦德国由贝塔斯曼书友会出版。1961年8月,菲舍尔出版社已经为该书在联邦德国的首次出版印刷好了书,却因为柏林墙的修建而未能交付。[20]

"终于,"马塞尔·赖希-拉尼基在他的文章中写道,"有一位有代表性的党派作家写出了这样一部小说,里面有色情的桥段、老男孩的笑话和各种各样的恶作剧,作为娱乐读物非常适合不怎么挑剔的读者。"[21]甚至同时代的《明镜报》也收回了"社会主义"这个形容词,因为记者在施特里马特的回忆中看到的更多的是两德的结合而不是分离:"小说的最后三分之一——兵营的折磨、在巴黎和俄罗斯的冒险、在希腊的开小差——已经没有特别的无产阶级色彩。普通士兵的战争回忆是相似的,即使这些士兵来自不同的阶层。"[22]因此就连为民主德国的平装版写后记的作者也必须做出一些努力,以便让民主德国的读者掌握正确的阅读方法。此处,后记作者提到了一个"两德主题"[23],这本书的主要目的是"反对迷信,因为它在我们共和国的一些村子里,尤其是在联邦德国仍然很普遍"。也就是说我们正在反思过去。是的,后记作者,以及格里美豪森的小说或西班牙流浪小说的作用就是这样的。这不是一部资产阶级的发展小说,因为斯坦尼斯劳斯·比德内尔一直秉承的基本态度来自"对即将到来的阶级解放的确信"。此处,我们解读文本的立足点完全在文本之外。在1973年和1980年才出版的第二部和第三部中,小说中的人物才了解到了真正的社会主义。

事实上,在《奇迹创造者》的第一部中,能够确定的更多的是德国的共性,而非民主德国的特性。1912年出生的施特里马特属于作家中主动经历战争的一代人。按照一个比较新的研究说法,在《奇迹创造者》中,这种"对士兵的牺牲的描写","被扩展成了故事情节的支撑要素"。[24]或者简单地说：施特里马特让天真纯朴的主人公斯坦尼斯劳斯以士兵的身份跌跌撞撞地走过第二次世界大战，首先是把德国人当成牺牲者描写的。因此，德国的罪行和大屠杀虽然会出现在文章的某些地方，但是整体上来看更多的是作为旁注，其作用显得非常隐蔽。读者通过比德内尔的眼睛观察到的对犹太人的迫害，被描写得非常隐晦，以至于人们只能大概猜测真实的情况。比德内尔和他的同伴试图去帮助犹太人，后来还要因此为自己辩解。他们被一位上司问道："知道这是犹太人的事吗？"罗凌答道："我们想的是——人。"[25]比较直接的，是对他们一个本无罪却被判处死刑的同伴的描写："'妈妈，妈妈，我不想参加战争！'他喊道。"[26]这个场景直接让(德国)读者产生了共鸣，尤其是在后面的内容中，读者还会再次听到：在一个统一的欢乐之夜，被比德内尔催眠的少尉在公开的舞台上重复了这位被处决的同伴惊恐的喊声。施特里马特采用了一种"经过多次验证的能让人产生共鸣的二战解读模式"[27]，这种模式虽然基本上承认了德国人的罪责，但是在这一过程中却一直在寻找动机来为个人脱罪。斯坦尼斯劳斯之所以是一个如此优秀的主人公，就是因为我们一直相信他所有的单纯都是与生俱来的，而这可能是那些年很多德国人想再次回到的状态。小说快要结束的时候，斯坦尼斯劳斯·比德内尔在战争中开始了某种形式的"内心流亡"：他和一个伙伴一起逃跑，最后，打扮成僧侣的模样，住到了希腊一个岛上的寺院里。

一顶"时髦的无知小帽子"
或者说君特·格拉斯的前线剧团

"外面高射炮砰砰地开火，四面八方都有炸弹呼啸而下，而他们的演出还在地下大厅里继续着：一个扮演小丑的矮人引起了大家极大的好奇……几个小矮人耍着杂技，其中一位娇小的女士，擅长优雅地扭曲身子把自己打成个结……这帮艺人是巡回演出的战地剧团，团长是一个扮成小丑的白发矮老头。"[28]当读者拿到君特·格拉斯的自传《剥洋葱》时，那些场景和人物立马就浮现在了读者的眼前。作者将自己的亲身经历写进了他的著名小说《铁皮鼓》里。书中的主人公奥斯卡·马策拉特，三岁时就决定不再长大，从此以后敲着他的铁皮鼓度过一生，遇到了《剥洋葱》中的那个剧团，剧团团长贝布拉，暂时充当了奥斯卡父亲的角色。

相比年轻时参加过党卫军的事实，人们对君特·格拉斯的指责更多的是因为他长达几十年之久的沉默。既然作者已经在《剥洋葱》中大胆地穿过时间,从中找到母题并以文学的形式呈献给我们,那么现在的我们不妨跟随他一起在他的路上走一段。重读格拉斯2006年那篇被很多人认为是为了推销"洋葱"而写的"揭露"自己的文章是很有启发性的。仅仅是《剥洋葱》的语言就已经让人大开眼界。格拉斯一开始还在以令人信服的腔调讲述有关矮人剧团的记忆,他坚信这是"一幅难以忘怀的画面",而几行之后他就转变了画风。"唯一需要声明且值得怀疑的是,只有在这里,在这座仍未受到战争影响的城市中,我……才能确定自己是属于哪个部队的"[29],这个部队就是党卫军。而且这位诺贝尔文学奖得主几乎还没有靠近问题的核心,就开始凭借其高超的语言技艺和稀泥。"问题是:我当时是否害怕了?即使是在60年后的今天,当我看到备忘录里的两个S[①]时依然感到恐惧,当时在征兵办公室不可能没有看到这些,那么我当时是否也同样的心惊肉跳?"[30]没有明确的答案。"洋葱皮上并没有刻上任何能够解读出恐怖或者仅仅是吃惊的痕迹"。然后作者就把时态转换到了第二将来时,该时态描述的是讲话时某件事情的完成情况,同时表达对已经发生的事情的猜测:"与其说是害怕,我更有可能是把党卫军看成了一种精英组织,它总是在前线封锁被突破的时候启用,比如要炸开德米扬斯克包围圈,或重新占领哈尔科夫。我并没有觉得制服领子上这两个重复的字母让人厌恶。"[31]像君特·格拉斯这样的人,是很清楚自己说了什么的,即使他在下面一句话里继续远离自我,以观察者的视角写:"对那些自以为已经是堂堂大丈夫的少年来说,最重要的是兵种:如果不能上潜水艇……,

---

① 代指党卫军,德语中为 die Waffen – SS。

XII
来自灰色地带的回忆或望向前方的迟疑

那么就当坦克兵……"[32]

《铁皮鼓》中的奥斯卡·马策拉特同样没怎么犹豫,就答应了前线剧团老板贝布拉的邀请:"来吧,到我们这儿来吧,年轻人,来敲鼓,唱碎玻璃杯和灯泡!在美丽的法国、在永远年轻的巴黎,德国占领军会感谢您、为您欢呼的。"[33]站在奥斯卡的立场上就能想象那个少年君特,他"唱碎灯泡"时也没有太多的犹豫。《铁皮鼓》中一再触及责任问题。母亲的情人、可能是他亲生父亲的波兰人杨·布朗斯基陪奥斯卡一起去但泽的波兰邮局,因为他的铁皮鼓需要修理。不幸的是,就在这天,1939年9月1日,第二次世界大战刚刚开始的时候,邮局被党卫军攻击,在无望的反抗之后,邮局大厦落入了德国人的手中。杨·布朗斯基被当成起义者处决了。面对德国占领者,奥斯卡甚至给了他的亲生父亲犹大之吻①,害死了他。"尽管我抱憾终身,但我不能否认,我的鼓,不,我本人,鼓手奥斯卡,先是把我的妈妈,然后是杨·布朗斯基——我的舅舅和父亲,送进了坟墓。"[34]奥斯卡的罪过被相对化了,因为在故事的框架中,叙述者——这部小说是以回忆的方式写的——是一个住在疗养院里的人。可是在知道了作者隐瞒了几十年的党卫军身份之后,接下来的章节该怎么读?"在那些日子里,一种怎么也赶不走的罪恶感粗暴地将我按到疗养院的枕头上,于是,像所有人一样,我总是以无知为借口来原谅自己,这种无知在当时很时髦,而且直到今天这顶小帽子依然很衬某些人的脸。"[35]想补充一下的是,就连这个"年轻人",也一直时髦地戴着这顶小帽步入老年。在很多年之后,"剥洋葱"剥开的不是容易得到宽恕的年轻时所受到的诱骗,而是老年时的声誉:

---

① 此处以犹大之吻喻可耻的叛卖、变节行为。

"即使作为共犯的我能够被劝止,今天也会留下不能偿还的部分,这部分时髦的叫法是共同责任,我的余生肯定是要和它一起度过的。"[36]此处不禁要向格拉斯的语言欺骗艺术提一个问题:他共同犯下的罪行应该被谁劝止?

格拉斯笔下的奥斯卡这个人物让人印象深刻的是,他决定不再长大,以这种方式让自己保持着孩子的无辜的外貌,而并不是真正意义上的无辜。他代表了用无知做辩解的一代人。在对德国历史的分析中,天真的少年(维尔纳·霍尔特)、流浪者(斯坦尼斯劳斯·比德内尔)或者拒绝长大的侏儒(奥斯卡·马策拉特)几乎是必然地成了中心人物。这是迎合读者需求的一种人物选择——在联邦德国和民主德国都是一样的。格拉斯的《铁皮鼓》取得了成功,成了畅销书,在第一年的销售量很快达到了10万册。首先,读者可能会在人物中重新发现自己,他们能够找到认同。其次,这些创造出来的人物是无辜的,这种无辜虽然是从作案者的角度来看的,但是从某种方式上来说,人们更多的是把他们看成受害者,而不是一个精力充沛的成年人。在构建这些受害者的过程中,我们可以看到一个"在共同经历了灾难性历史之后,人们集体努力形成共同体验的范例"[37]。这种在文学作品中形成的共同体验,在以上这些畅销书的外形下很容易被大众所接受。最终,在1979年《铁皮鼓》被沃尔克·施隆多夫拍成电影之后,类似"整个民族轻信的圣诞老人,其实是一个煤气抄表员"[38]这样的句子深深地印在了德国大众的记忆中。

向前看的《败兵》：
汉斯·维尔纳·里希特和四七社

《铁皮鼓》给君特·格拉斯带来了意想不到的名声，伴随着《铁皮鼓》第一章的朗读，格拉斯也为"早期联邦德国文学制作工厂创造了一个划时代的时刻"[39]。这一时刻发生在1958年四七社在格罗霍兹鲁特的会议上。四七社是由作家、时事评论员维尔纳·里希特等人创办的文学团体，目的是给战后的德国新文学提供一个平台。四七社的一个基本原则是，只有在精神领袖里希特的邀请下才能加入。会上，作家们用朗读的方式介绍自己尚未发表的作品，并进行讨论——但是作者本人不允许参与其中。截至1967年已经有20年历史的四七社，成为这个时代联邦德国最有影响力的作家联盟，然而它并没有固定的组织结构。"格拉斯在世界上的声誉归功于四七社——同时格拉斯的轰动性登场也为该社带来了声望，确立了该社的市场统治地位。"[40]

1949年，汉斯·维尔纳·里希特在慕尼黑的库尔特·德施出版社出版了他的首部小说《败兵》,这虽然不是一部畅销书,但是却很快被译成多国语言出版——也就是说该书的销量稳定。在这部带有自传性质的小说中,作者描写了普通士兵古勒的故事,他作为一名国防军士兵在意大利打仗,被美国人俘虏,最后在美国的战俘营里找回了自我。和里希特的经历相似的是,书中的古勒在狱中负责文化工作,为狱友上文学课,并参与战俘集中营中一本文学杂志的编辑出版。毫无疑问,古勒是反纳粹的,他和他志同道合的伙伴们都很吃惊,在美国的集中营里还能碰到大量虔诚的纳粹分子,他们——战争还没结束——依然相信最终的胜利。"'犹太人会输掉这场战争。'一阵如雷的掌声穿过食堂大厅,然后那个纳粹份子谈到了元首钢铁般的意志、欧洲堡垒和灭绝犹太人的必要性。"[41]古勒的文学课换来了褐色小组的敌视,因为他让大家读海涅,并且提到了托马斯·曼,这"意味着叛国"[42]。

根据里希特后来的报告,该书是在出版商库尔特·德施的敦促下创作的:"您,亲爱的里希特,必须为我写一本小说,一本时代小说。"[43]里希特拿到了一份合同和一份月基本工资,然后就开始工作了。1948年,他在四七社的年会上朗读了前两章,然而"批评家们并不满意"[44],里希特非常沮丧地回到家,撕毁了他的手稿。虽然里希特在次年重新接受了评论,但是"成绩"还是跟之前差不多:他的文章"被他自己的追随者责难"[45]。因此,里希特在文学史中主要是以四七社的组织者和指导者的身份出名,而很少是因为他的文章。但是在《败兵》这件事上,他让文学社的批评变得富有成效:"里希特把四七社中作家的最理想状态展示了出来,即模范地接受批评,不因为自以为受到了冒犯而愚弄朋友圈和同事圈,并能承担批评所带来的后果。"[46]

在此,必须承认四七社的批评是正确的,这本书在文学上没有什么大的成就。但是它描述了一部分里希特那代人对时事的看法,就是那些把自己看成是时代的牺牲品的人,他们生于民族社会主义思潮中,与政权保持着批判的距离,最后却又不得不投入战争。在小说中的战俘集中营里,战俘们感觉战胜的美国人并不理解他们,因为这些人并没有看清纳粹的统治机制:"'对于纳粹他们没有经验。'古勒说。'是的,'布赫瓦尔德说,'没有经验。现在在我们当中有一堆盖世太保,他们控制着一切,但是老美却没有发现。'"[47]里希特的书着眼于主观,渐渐地隐藏了大的时间历史背景,同时,有关罪行和责任的总体问题,或许还有老一辈的问题也被渐渐地隐藏了起来。因此,他借古勒的一个狱友之口总结道:"'……我们一直以来都在受骗,一开始他们在练兵场上对我们进行魔鬼训练,后来我们在斯大林格勒和卡西诺吃土,而现在我们吃咸鲱鱼。'"[48]归根结底,我们是不能指责里希特的,他的态度看起来很老实,他的反纳粹立场鲜明——但是他仍然是那个时代的孩子。因此,他为小说做了如下的题词:"我的四个兄弟,他们是这场战争的反对者和战士,他们恨一个制度但却为其战斗,他们既不出卖自己的信仰,也不出卖他们的国家。"[49]这种共同的阅历肯定就是早期那代作家(不仅仅是四七社中的作家)重要的黏合剂。"罪责"不是思想的中心范畴,赫尔穆特·波蒂格尔在他对四七社的研究中称,沃尔夫迪特里希·施努雷是少数几个以"罪责"为重要动机的人之一。[50]而除此之外的大多数人都感觉自己"在纳粹问题上主观上是无罪的,因此不想和其有牵连"[51]。

一本关于斯大林格勒的小说当属最惊险离奇的故事之一。和里希特的《败兵》相似,这本小说的出现也要归功于战俘生活,只不过是在俄罗斯的战俘生活,它就是海因里希·格拉赫的《被出卖的部队》[52]。格拉赫本人就是一名参加过斯大林格勒战役的士兵,在1943年1月包围战结束时被俘虏,凭借着这段经历给他留下的直接印象开始写作,[53]同时在德国军官联盟(BDO)[①]从事领导性工作,该联盟成员在出狱之后的定位是支持德国反对希特勒。他在1944年到1945年间所写成的题为《突破斯大林格勒》的手稿,在1949年被苏联秘密警察拿走,格拉赫本人则被释放。最后他来到联邦德国,为了重新找回丢失的小说,他向医生求助并使用了催眠术——鼓励和资助他的是马路报刊和报道这个轰动实验的《快》杂志。小说中大概有150页是以这种方式找回的,剩下的部分则是作者在没有催眠师的帮助下,花了4年的时间,边回忆边补完的。格拉赫和他的书取得了成功——太成功了,以至于因为催眠医生的分红而闹上了法庭。首次出版10年之后,就已经卖出了好几个版次。[54]几十年之后,文学理论家卡斯滕·甘泽尔在俄罗斯的档案馆中找到了格拉赫的原版手稿,他还特地描写了手稿作者穿过战俘集中营的长途跋涉。从某种程度上来说,直到这时,一道在作者失去手稿时留下的伤口、一道成为他以前向催眠师求助的主要动机的伤口才算愈合:"这本书的丢失深深地刺痛了我。"[55]《明镜报》在讲这位作者的故事时引用了这句话。他的故事给人留下了特别深刻的印象,它表明,在通常情况下,

---

[①] 德语为"Bund deutscher Offiziere",缩写BDO,该组织于1943年9月11日由95位德国军官在莫斯科附近的伦乔沃监狱集中营成立。成立不久之后与"自由德国"国家委员会(Freies Deutschland)合并。在苏联的承诺下,他们希望通过与苏联的合作为保护战败的德国做贡献。

XII
来自灰色地带的回忆或望向前方的迟疑

记忆(无论是个人的还是集体的)对一个文学家来说有多么重要,尤其是对于那些经历过战争的文学家。读者对于格拉赫等人作品的广泛接受显示出,德国战后的读者群体有多么渴望这类"纪念品"。为了实现纪念这一功能,就必须让广大的读者都能读到这些作品,就像格拉赫或者迪特尔·诺尔的《维尔纳·霍尔特历险记》一样。

失败的 1×1：沃尔夫冈·克彭的"失败三部曲"

"这样一本各方面都与众不同的小说，在50年代的德国遭到顽固的抵制并不意外。"[56]德国最有影响力的文学评论家之一马塞尔·赖希－拉尼基在60年代初这样评价沃尔夫冈·克彭的三部曲小说《草中之鸽》《温室》和《死在罗马》。"联邦德国的公众一开始并不怎么理解，后来甚至根本不理解克彭对那些有伤风化的事实的诗意描写。"[57]因此克彭小说的销量一般也就不奇怪了。《死在罗马》在第一年拖拖拉拉只卖出了6000册[58]，这肯定与克彭是少数几个触碰到禁忌的人有关。如果我们了解一下这个时期的文学语境，就会发现他的书是非同凡响的——而且今天也依然如此。在书中，克彭没有描写过去，而是致力于能够反映过去的现在。

如果从大众文学普及的角度来看的话，克彭其实并不在研究范围之内。然而，他作为负片透露出了更多那些年的人和市场期

XII
来自灰色地带的回忆或望向前方的迟疑

待在书中看到的东西。《死在罗马》，1954年在斯图加特的舍尔茨＆戈菲尔茨出版社出版，两年后，位于萨勒河畔的哈勒的中德出版社就拿到了该书的特许出版权。[59] 20年之后，鉴定者为该书的民主德国版本写道，《死在罗马》"像联邦德国少数的著作一样，一直是一部兼具尖锐的批判和个人反法西斯努力的小说"[60]。鉴定中，作者主要是被看成了一个对联邦德国体制的批评者，因此人们乐意给他提供一个平台。

《死在罗马》有意识地影射托马斯·曼的《死于威尼斯》。在书中，战争结束之后，一个德国家庭的不同成员在罗马相遇，他们中有战犯、随波逐流者、纳粹时代的受害者。中心人物是戈特利布·尤德亚恩，他以前是党卫军的将军，现在靠做军事教练和贩卖军火谋生，也就是在为战犯工作；他的儿子阿道夫想成为神父，他的外甥西格弗里德·普法夫拉特是一个作曲家，他们都是下一代中能对自己的过去进行批判性分析的代表。戈特利布·尤德亚恩之死让这个普法夫拉特-尤德亚恩分支家庭的不同成员以各自不同的方式出场。德国人对犹太人以及种族犯下的罪行通过这个角色被带到了当下，被以各种方式"回忆起来"："尤德亚恩很遗憾他没有杀人，这是他的过错……但是后来他因为自己小小的杀人事件引起的混乱就手忙脚乱……困住了他，……想到解决犹太人问题的方案最终失败……在尸坑前面给裸体女人拍照的回忆此刻唤醒了他内心扭曲的想法，尤德亚恩就这样锁定了他的牺牲者……"[61]

克彭首先介绍的是那些在联邦德国早已经身居要职的随波逐流者，这些片段证明了前纳粹分子在两德体制的斗争中对联邦德国的渗透："在为希特勒效劳的过程中尤德亚恩变成了中产阶级，飞黄腾达了、长膘了、有高级头衔了、结婚了,而且和大红人结成了姻亲,这个大红人是他的战友,一个受益者和善于钻营的人,他曾是最高主席、市长、基金经理和去纳粹化法庭的追随者,现在又再次成为公选出来的老市长。"[62]

尤德亚恩在临死之前还要"杀死伊尔泽·库伦贝格……,那个犹太人的女儿,那个逃脱的人……尤德亚恩向着杂志放空枪,他连续射击,这次是他亲手开的枪,这次他不光是下命令……直到最后一枪伊尔泽·库伦贝格终于倒下,元首的命令执行完毕"[63]。对伊尔泽·库伦贝格来说,这次谋杀几乎可以算是"事后补上的种族灭绝",它可以看成是"对纳粹种族主义者的固执和狂热的一种苦涩而又讽刺的说明,它表达出克彭对排犹主义者这种事后找补行为的拒绝"[64]。克彭以此成为"犹太人形象塑造的先驱,他对犹太人形象的塑造在坦诚和直接方面绝无仅有"[65]。

克彭文章的特别之处是理所当然地把纳粹的罪行看成是既有事实。他没有怀疑、没有相对化、没有和德国人的痛苦相比较。为什么并不重要,重要的是现在该怎样继续走下去。"克彭小说中的无意义并不是由存在的空虚或精神的衰竭造成的,相反,这似乎是主动认识大屠杀暴行和当时的政治处理方式的唯一可能的结果。"[66]克彭曾经是也一直是一种个别现象。"多年以来一直没有其他的德国作家有勇气传播这样极端的信念。"[67]认为德语文学的失声与大屠杀有关的安斯蒂·施琅特,同样从这本小说中看到了克彭的特别之处:"《死在罗马》可以看成是一本力争为想要说的话寻找表达方式的小说。"[68]

而克彭的生平——在所有能够给他定位的确定性内容中——也不是完全没有灰色地带的。一篇直到今天都没什么名气的文章

XII

来自灰色地带的回忆或望向前方的迟疑

的发现,将这位来自年轻的联邦共和国的作家和他"以前"在纳粹时代的生活(和工作)联系了起来:[69]《雅各布·利特纳的来自地洞的笔记》。战争一结束,克彭就成为大屠杀幸存者的代笔人。"一份材料被保留了下来,这份材料被他——匿名、专业而且一次性收取费用(一罐美国罐头)——改写成了符合市场要求的记叙文。"[70]在出版商的授权下,克彭将犹太邮票商人雅各布·利特纳的笔记改写成了一本书,这本书被列入了战后立即出版的受害者自传作品中。"我吃着美国罐头,写着德国犹太人的苦难记。这就是我的故事。"克彭后来这样描述《笔记》的创作过程。那么他本人在第三帝国扮演着怎样的角色呢?约尔格·德林研究那个年代的克彭发现,这位作家虽然喜欢谈论"归隐",但实际上他虽然不是高收入者,却也是一个凭借写剧本和电影随笔,收入比一般人要高的作家。[71]

《亚当，你到过哪里？》：
向海因里希·伯尔和当兵的那代人提出的问题

纵观战后文学作品，我们不应忘记那些在今天已经成为典范，但在当时却是几经波折才站稳脚跟的作家。虽然，像海因里希·伯尔这样的作家，他的作品销量已经很大，但是在50年代却很难把他的作品划归到大众读物里面去。他的《亚当，你到过哪里?》以自身经历为基础，在一系列相互联系的情节中，讲述了士兵法因哈尔斯的战争经历，而他原来是一名建筑师。真正值得注意的是，实际上，《亚当，你到过哪里?》这本书在民主德国的销量跟在联邦德国的吕腾 & 略宁出版社以及后来的里克拉姆莱比锡出版社的销量可能一样高。"海因里希·伯尔主要关注的问题是：对战争和法西斯主义的无情控诉，加上作者富有创造性的语言，让眼前这本书的出版看起来必会盈利。"1955年国家出版社在出版鉴定中这样说明，并且请求批准10万册的印刷量。"还不算为了与反对德国文化工作者统一战线的那些人相对抗，作者

XII
来自灰色地带的回忆或望向前方的迟疑

不久前就已经同意在民主德国再版的数量。"[72]出版许可后来被转让给了吕腾&略宁出版社。按照里克拉姆鉴定人几年之后的说法，这本书"不管有什么缺点，都是当代联邦德国文学中最重要的批判现实主义作品之一"[73]。

最值得注意且对这个时代来说不寻常的是伯尔对德国迫害犹太人这一罪行的文学处理。他的主人公法因哈尔斯在匈牙利——德国人已经在打长期的撤退战——爱上了一个信奉天主教的犹太女子，这个女子不久之后就因为家庭出身在集中营遇害了。"但是犹太人中只有信奉天主教，且未婚的女性，天主教徒伯尔才把她们算作是希特勒的受害者"，有人这样批评伯尔的立场："这样的观点出现在一位具有较高的道德敏锐度的作家身上，足以证明，对犹太人的偏见植根之深，它是一种无意识的行为，而且它依然在悄悄地起作用"[74]。

即使"海因里希·伯尔的作品"，另一种批评的声音说，"……长期以来的特征可能一直是艰难地刻画着成为受害者的'小士兵'"[75]，但是我们也必须承认，与很多其他作家相比，伯尔成功地将德国的"受害者"，即非自愿的士兵法因哈尔斯和犹太人以及其他真正的受害者联系在了一起。伯尔以这样的方式为士兵的亲属和那些被士兵伤害的人提供了连接点。法因哈尔斯失去了爱人，在他们真正在一起之前："……可能，在这场战争中爱上一个犹太女子并且希望她能活下来是一个无理的要求。"[76]书中描述了战争的荒谬性，例如，一声令下，作为后勤的"壮举"，河上一座以前被炸毁的桥准时重建了起来，只是为了能在下一次爆炸命令下达时再次炸毁它。同样还描写了集中营指挥官如何以虐待犹太人取乐：他们非常"喜欢"垂死之人的歌唱艺术。"……

因为这个他以前送押犹太人的大集中营就要转移了，而他的小集中营不通火车，所以他必须把他们都杀死在集中营里，但是他现在还有足够的指挥权……，至少还能保住优秀的歌手"[77]。这名指挥官最终枪杀了法因哈尔斯无辜的爱人——在她为他唱完歌之后。同时他下达了命令，清除掉集中营中剩余的人："外面已经开始屠杀了。"[78]

法因哈尔斯回到了德国的家乡，那里仍然被美国和德国的封锁线所包围。在能够以平民身份自由活动后，他想要回父母家，却在家门口因为炮击而送命。他的死亡完全是个意外，因为一个炮兵军官受不了他父母家屋子上的白旗，于是让人朝那上面开了炮。最终，无意义的牺牲把他和他信奉天主教的犹太爱人连在了一起。

"去纳粹化的帝国写作协会"?
阿尔弗雷德·安德施和"其他人"

据说,是《亚当,你到过哪里?》为海因里希·伯尔带来了四七社——那个长时间对联邦共和国的文学生活起决定性作用的"机构",战后最有名的作家协会——的邀请。在那里,他得到许可读了自己的一篇文章,获得了文学社的赞赏。"四七社是一个小资产阶级的聚会,一个去纳粹化的帝国文学协会,一个前纳粹士兵和希特勒男孩们的协会,他们中没有人承认,自己为希特勒杀过人或者至少是憎恨过别人。这些子辈和他们的父辈一样爱撒谎、不容置疑、具有小资产阶级的胆怯,他们谈论文学就像那些人谈经济奇迹一样:骄傲、完全不带讽刺和自我怀疑。"[79]这是马克西姆·比勒对这个联邦德国文学"圣殿"的蓄意挑衅性评价。还有各种不同的看法:"很久之后,当四七社已经成为历史,……一些成员的传记会蒙上阴影:君特·艾希写过有关纳粹精神的广播剧;为了讨好帝国写作协会,阿尔弗雷德·安德施跟他们说他与自己的犹太妻子分开了。而君特·格拉斯直到 2006 年之前一直隐瞒着他曾经是党卫军一员这件事,以免被四七社拒之门外或者被赶出去——因为当时的里希特毫不含糊。"[80]

在这方面,阿尔弗雷德·安德施是一个典型的、重要的文学社代表。在《桑给巴尔或最后一个理由》中,只有当渔夫克努森知道了"他们在精神病院里抓到那些精神病人后要对他们做什么"[81],纳粹的罪行才得以揭露。此外,这本 10 年卖出超过 23 万册的小说就像是一部室内剧。它讲的是拯救一座被纳粹引入"堕落的艺术"而要摧毁的雕像,以及帮助一个横渡波罗的海的犹太女孩躲避纳粹迫害的故事,那些纳粹分子一直被称作"其他人"。一个神父想要拯救雕像《读书的修道院学生》:"格雷戈尔非常理解别人为什么不想让这个年轻人坐在那里读书。一个像他这样在这儿读书的人是一种危险。"[82]

在小说中,围绕着帮助犹太女孩和雕像对抗"其他人"的事情,个人的自由观念相互权衡。就像渔夫克努森的例子所表达出来的,一种自由通常是放弃另一种自由换来的:"该死的,我想要留下我的船,我要把鱼带回家,我要留在贝塔身边,直到'其他人'消失,住户重新回来。"[83]但是最后渔夫驾船拯救了小姑娘和《读书的修道院学生》。

我们到底应不应该把安德施申请加入帝国写作协会看作是一种讨好,可以暂且搁一搁,他跟其他几百个人一样,也为加入协会而努力过,因为这似乎是他以作家的身份工作的前提——他和他的犹太人妻子早就分开了。[84]后来,在战俘集中营里,据说他因为策略上的原因,又重新承认与妻子有联系。[85]

对于很多战后的作家和作品,也包括四七社的作家,我们都

XII
来自灰色地带的回忆或望向前方的迟疑

能从很多方面发现他们的一些灰色地带:"面对那么多对纳粹专制、侵略战争和大屠杀罪行的明确评价,里希特和安德施依然在他们的名誉作品中坚持'斯大林格勒、阿拉曼和卡西诺山……的战斗者在布痕瓦尔德的罪行中是无辜的'。安德施在1946年12月就已经把联军的轰炸、被驱逐出东部地区、'数百万前德国士兵的巴比伦囚房①生活'以及他们恶劣的营养状况当成是对德国人所犯下的战争罪行的弥补了。而在1947年3月里希特的一篇文章里也开始在集中营囚犯和士兵之间做艰难的类比……,这成为有关纳粹历史的德语文学工作的主要内容。"[86]

无论这些作家的影响力有多大,他们都有部分的欺骗行为,他们不能或者不想提及具体的关联或罪行。"直到后来人们才发现,该文学社的作家虽然致力于战争以及战后问题的研究,但是20世纪50年代欧洲犹太人的灭绝却不在他们的课题内,这些战争的参与者几乎没有对他们在战争中和第三帝国中的角色进行过讨论和自我批评,而且该文学社还总是找流亡作家的麻烦。"[87]

很多人把1961年耶路撒冷的艾希曼审判和1963—1965年的法兰克福的奥斯维辛审判看作是真正的转折点:通过这些审判,大屠杀的暴行被公之于众。从那时起,似乎就没有办法否认和隐瞒了。"法庭上扣人心弦的供词是即时性的,不允许压制的,同时历史文献和证人的权威也不容回避和搪塞。虽然否认和规避的长期策略依然占着上风,但是沉默的方式改变了。"[88]

---

① 巴比伦囚房或巴比伦之囚是指古犹太人被掳往巴比伦的历史事件。这段历史,犹太人自称为受难时代。文中用来指代前德国士兵战败后被囚禁的悲惨生活。

Der Traum vom Jahre Null

Autoren, Bestseller, Leser:
Die Neuordnung der Bücherwelt
in Ost und West nach 1945

XIII 梦醒

从20世纪30年代到50年代，德国和德国的图书市场经历了如此重大的转折和剧变，所以在这几十年里是找不到零时年的。完全空白的零起点充其量只是一个梦，一个作家、出书人或读者出于不同原因偶尔做的梦。实际上，德国图书市场遭受了两次沉重的打击："纳粹化"和12年之后的"去纳粹化"。作家们因为纳粹分子而被迫流亡，书籍被禁、被烧毁，部分书的作者被威胁、迫害、谋杀。图书市场受到了严密的监控，处在禁书单和禁令的统治之下。第二次世界大战的战胜国重新启用的禁书单上列的则是被认定为纳粹文学的书。战胜国几乎没有别的选择。对各方来说，书籍都有重要的教育功能，不管是现在已经卸任的纳粹文化政治家，还是战胜国的文化委托人。把书籍去纳粹化的人，同时也将其读者去纳粹化了。

在观察联邦德国和民主德国大量传播的作品时，大家会提及一股文学发展的普遍潮流,这股潮流——在某些领域有所调整和改变——从20年代一直持续到了50年代,统治了整个德国的流行文学领域几十年——尽管它经历了各种重大政治事件。1945年之后,人们对这种大潮流提出了质疑,主要是因为,民主德国作家开始致力于发展自己独特的社会主义文学,而联邦德国的新作家们也开始支持年轻的联邦德国文学。然而直到20世纪50年代初,这两股势力的影响力依然很弱。

可以明确地说——如果把两个德国放在一起看——联邦德国接收了第三帝国的遗留人员,而民主德国则继承了它的结构性遗产。

虽然那部分曾经亲近纳粹的作家在民主德国重新立足后,比在联邦德国的地位低得多,但是他们原本也不是一流的作家。本来,像埃德温·埃里克·德温格尔和卡尔·阿洛伊斯·申钦格尔这样的作家,在民主德国可能都不能再从事写作工作。图书领域其他的活跃分子,如阿尔诺·穆洛特和赫尔穆特·朗根布赫尔也是同样的情况。在民主德国,通常是纳粹党的一些"简单的"成员,他们承认自己的党员身份,然后就理想地成了转变和再教育的榜样。如果他们隐瞒了自己与纳粹亲近的事实,就会有被惩罚的危险,像维尔纳·科维德诺或本诺·弗尔克纳。人们可能会感到吃惊的是,民主德国借出版社特意创造了一种环境,有意识地招揽以前的纳粹党员或国防军成员——既有作家也有读者——并把他们定义为目标群体。与此相反,在联邦德国,在各类出版社中,我们发现了很大一部分出版社里出现了旧纳粹,他们可以完全不加掩饰地公开发表自己的想法。

可能同样令人惊讶的是,直到50年代,民主德国官方还多

XIII
梦醒

次承认德国民族文学的存在，其中包括像托马斯·曼这样的资产阶级代表。这种认知在独特的社会主义文学开始登上历史舞台时才开始退居幕后，这也促使人们去试着讨论一股开始被慢慢引到另一个方向的洪流。当然，民主德国对托马斯和亨利希·曼等人的争取也不是完全没有潜在动机的，它努力地想要得到国际上的承认，并以这种方式做出承诺。这使得流亡文学在民主德国比在联邦德国更加有名，得到更大的肯定，最终，重要的代表作家如贝托尔德·布莱希特、安娜·西格斯、阿诺尔德·茨威格、约翰内斯·R.贝歇尔都被划到了这个国家的著名作家之列。

单看流行的纪实作品和通俗文学，50年代联邦德国的主流出版物要么是1945年之前很早就出版的，要么是与传统的文学形式相结合的。在民主德国的最初几年里，当问到人们偏爱的读物时，也经常会提及一些1945年之前的名字，这肯定与被限制的图书供应有关。此外，在体制转变的过程中，私人藏书和公共图书馆的藏书通常没什么变化：旧的东西并不能如人们所希望的那样，很快被新的替换掉。因此，像埃姆·韦尔克这样的作家属于整个德国共同的财产，他最成功的作品都是在纳粹时期创作的。这位作家自愿效力于民主德国新政权的建设工作，而他的作品也很好地适应了所有的制度。如果要进行道德评估的话，这位作家在第三帝国的表现比很多人清白得多。他甚至曾经因为公开批评而进了监狱，但是这些并没有改变他的文章后来在被他批评的政治制度下——不管他现在愿不愿意——有稳定的影响的事实。

纳粹文学其中一个最长远的影响可以从埃姆·韦尔克、海因里希·施珀尔或者后来的胡戈·哈通等作家的持续成功中看出来。尤其是在战争开始之后，宣传部推行了一种被误以为是没有意识形态的、在1945年之后还可以继续出版的娱乐文学。与电影喜剧相似，50年代主要在联邦德国占统治地位的"娱乐文学"——至少间接——是由戈培尔和其同伙决定的，而新的声音慢慢地才被人听到。类似的事情显然也发生在读者的身上，这与之前那些年形成的阅读习惯有关。当然也有个别想找到自己丢失的财富的人，但是大众还是对"主流"更感兴趣。

关于"结构性遗产"，在两个德国再次显示出一种令人不安的持续性。在通常具有政治意义的"污垢和垃圾运动"过程中，民主德国和联邦德国一样都准备销毁书籍。民主德国统一社会党让少先队焚烧书籍时，甚至无须查找其中是否有有伤风化的东西，同样，联邦德国的大量出版物变成了废纸——二者都在与新公开的政治敌人作斗争。而今天再回头看时，这两边都挺莫名其妙的。他们之间最大的不同是，联邦德国发展起来一个很大程度上不受政府干预的自由图书市场，而在民主德国则形成了一种国家调控制度，通过发行许可审查，几乎将新出版的内容完全控制了起来。

对经历了12年纳粹专制影响的人们来说，引用或继续贯彻特定的文学控制方法是否有利，在很大程度上还只能推测。事实是，战胜者和被战胜者对文学的作用有相似的看法，这符合当时的科学交际模式：谁决定了书里写什么，也就决定了人们想什么。在民主德国，人们相信，和汽车或猪肉的生产一样，所有的文学生产工作都是可以计划和调节的。同样令人吃惊的是，在联邦德国，显然有无数的国家公务员有计划地蓄意侵犯公民的权利，比如通信或法律规定的言论自由等，而这也是为了和政治敌

XIII
梦醒

人作斗争。这与专制经历的影响有多大的关系，只能通过个别案例来解释了。

与此相反，专制经历对文学文本的影响却相当清楚，在两个德国的流行图书里都能找到各种各样的作品范例，它们继承了1945年之前的观念和想法。联邦德国和民主德国都继承了传统的叙述模式，例如继续维护着外国人（"犹太人"或"俄国人"）的原有形象，并借由传统叙述模式的写作潜移默化地影响着人们的想法。正如海因茨·G.孔萨利克和哈里·图尔克笔下的"俄罗斯人"形象可以追溯到同一个起源一样，后来围绕君特·格拉斯和埃尔温·施特里马特的生平所纠结的问题也只不过是同一个主题的变体，即整个德国在纳粹政权下所犯的罪行，以及个人与纳粹政权的联系。

而这些作品又是如何传达德国人的罪行和责任问题呢？令人吃惊的是，这些销量很高的作品，尤其是联邦德国的作品，对德国所犯下的罪行保持了高度的沉默。甚至在那些明确描写战争的书中，也采取了回避的策略，将个人的责任最小化，甚至经常是把德国人首先描写成受害者。而值得注意的是，一些来自民主德国的作家和作品打破了这一沉默。首先要提到的肯定是安娜·西格斯，她用《第七个十字架》——当然这是一本流亡小说——明确表达了自己的立场；其次还有特奥多尔·普利维尔，他称得上是"整个德国"的作家，在《斯大林格勒》小说中，他用强硬的表达方式阐述了德国人在战争中扮演的角色，该书是东柏林建设出版社的第一本超级畅销书；尤其值得一提的还有哈里·图尔克和布鲁诺·阿皮茨。不管他们的人和作品有多么矛盾：他们在当时对德国人的罪行和责任问题都选择了极其明确的表达方式，而这种直接的、具有普遍影响的立场在当时的联邦德国是很少见的。

不过最引人注目的还是年轻的联邦德国里大量的回避策略，这与 50 年代的社会总体写作规范相符。很难想象，人们只能以委婉的方式来谈论所有熟悉的事情，包括德国人的战争罪行和大屠杀，明明这些认识是大家共有的遗产。在早期进行了短暂的研究之后，德国通俗文学的中心似乎就已经放在了将德国人刻画为受害者上。这种掩饰的影响之深远可以在广泛传播的非通俗文学中看出来。这种类型的文学来自 20 世纪 20 年代，在第三帝国进一步发展，同时具有高度的结合能力。例如，考古小说《众神、挖掘者和学者》的长期畅销，它可以示范性地体现出，即使是去往遥远的古代远足，也首先要回避新近那段历史。这个标题和其他无数标题之所以能够吸引公众，恰恰是因为它们为公众提供了这种回避的可能性。尽管有同盟国在教育上的各种努力，以及公开反法西斯或反纳粹的作家和出版商的努力，战后的德国还是得到了它想要的文学。

Der Traum vom Jahre Null

Autoren, Bestseller, Leser:
Die Neuordnung der Bücherwelt
in Ost und West nach 1945

附录

精选畅销书及其销量

此处统计的销量只是一个大概的数字，因为联邦德国和民主德国出版的版本不同，加之还有图书俱乐部版或平装版等完全不同的特许版本，所以只能统计出一个最接近的数字。如果没有其他标注的话，这里给出的是从首次出版开始到20世纪60年代初的总销量。为了更好地进行比较，那些在1945年之前就已经出版的书，例如《飘》，只计算了战后的销量。这个书单包括了在之前的研究中比较重要且能够查到具体销量的图书。

1 800 000 册　安娜玛丽·泽林科：《黛丝蕾》

1 300 000 册　C. W. 策拉姆：《众神、挖掘者和学者》

1 200 000 册　玛格丽特·米切尔：《飘》

1 200 000 册　费迪南德·绍尔布鲁赫：《这就是我的人生》

1 170 000 册　胡戈·哈通：《我经常想念皮萝施卡》

1 000 000 册　约瑟夫·马丁·鲍尔：《极地重生》

1 000 000 册	汉斯·黑尔穆特·基斯特:《08/15》(第 1 部分)
800 000 册	布鲁诺·阿皮茨:《赤手斗群狼》
800 000 册	安妮·弗兰克:《安妮日记》
600 000 册	沃尔夫冈·博尔歇特:《在大门外》
600 000 册	特奥多尔·普利维尔:《斯大林格勒》
600 000 册	卡尔·阿洛伊斯·申钦格尔:《苯胺》
600 000 册	安娜·西格斯:《第七个十字架》
500 000 册	维尔纳·凯勒:《圣经的确有道理》
500 000 册	克里斯蒂娜·布鲁克纳:《在痕迹消失之前》
500 000 册	迪特尔·诺尔《维尔纳·霍尔特历险记》(1972 年之前的版本)
500 000 册	君特·格拉斯:《铁皮鼓》
455 000 册	埃尔泽·许克-德希奥:《是的,那时候》
415 000 册	海因茨·G.孔萨利克:《斯大林格勒的医生》
350 000 册	汉斯·黑尔穆特·基斯特:《08/15》(第 2 部分)
325 000 册	恩斯特·冯·萨洛蒙:《问卷》
300 000 册	安妮·戈隆:《安热莉克》
280 000 册	汉斯·黑尔穆特·基斯特:《08/15》(第 3 部分)
270 000 册	埃姆·韦尔克:《库默罗的异教徒》
270 000 册	迪娜赫·内尔肯:《我想你》
260 000 册	欧根·科贡:《党卫队—国家》
250 000 册	汉斯·朔尔茨:《在施普雷河河畔》
230 000 册	阿尔弗雷德·安德施:《桑给巴尔或最后一个理由》
200 000 册	汉斯.哈斯:《在珊瑚和鲨鱼之中》
160 000 册	库尔特·赫尔瓦特·巴尔:《月球观测站的火灾》
150 000 册	卡尔·楚克迈尔:《魔鬼将军》

140 000 册　汉斯·冯·厄廷根:《严格保密——一个骗子喜剧》

100 000 册　克莱门斯·拉尔:《……为德国奔腾》

80 000 册　鲁道夫·彼得斯哈根:《良心在骚动》

50 000 册　埃里希·马里亚·雷马克:《生死存亡的年代》

50 000 册　埃德温·埃里克·德温格尔:《堤坝冲开时》

30 000 册　维尔纳·奎德瑙:《罗伯特·科赫》

数据来源于以下文献和网站:

1. Hans Ferdinand Schulz: Das Schicksal der Bücher und der Buchhandel. Elemente einer Ver-triebskunde des Buches. Berlin 1952.

2. ders.: Das Schicksal der Bücher und der Buchhandel. System einer Vertriebskunde des Buches. 2. stark erweiterte und völlig umgearbeitete Aufage. Berlin 1960.

3. Was wird gelesen? Bestseller in der Bundesrepublik. In: Der Spiegel 16(1962) vom 18.4.

4. Magnum. Die Zeit-schrift für das moderne Leben 55, »Deutschlands Schriftsteller«, Jahresheft 1964.

5. Wolfgang Langenbucher: Der aktuelle Unterhaltungsroman. Beiträge zur Geschichte und Theorie der massenhaft verbreiteten Literatur. Bonn: Bouvier 1964.

6. www.christian-adam.net.

注 释

I "我们并非从零时年开始"

1. Merkheft für Besuche und Reisen von Personen mit ständigem Wohnsitz in Berlin(West) nach Ost-Berlin und in die DDR. Hrsg. vom Presseund Informationsamt des Landes Berlin. 17. Aufage,1987,S. 46.
2. The Visiting Committee of American Book Publishers(Hrsg.):German Book Publishing and Allied Subjects. Munich; New York City:1948,R. 16. (Übersetzung:C. A.)
3. Friedhelm Kröll:Literaturpreise nach 1945. Wegweiser in die Restauration. In:Jost Hermand, Helmut Peitsch & Klaus R. Scherpe (Hrsg.):Nachkriegsliteratur in Westdeutschland 1945—1949. Schreibweisen,Gattungen,Institutionen. Berlin:1982
4. Als rein formales Kriterium für 〉 systemnah 〈 wurde hier wie dort die NSDAP-Mitgliedschaft gewertet. Ein differenzierter Blick auf die Biografien wurde bei dieser ersten Autopsie unterlassen,da es zunächst darum ging,Tendenzen aufzuzeigen.
5. Wolfgang Joho:Wir begannen nicht im Jahre Null. In:Neue Deutsche Literatur 13,1965, H. 5,S. 5 – 11.
6. Vgl. hierzu einen ersten statistischen Befund unter dem Titel 》 Berichte und Berichtigungen. Ausländische Literatur in Deutschland von 1933 bis 1945 《. In:Prisma(1948),H. 17,S. 37 ff.
7. Zitiert nach Hans Mayer:Vorbemerkung. In:Leonard Frank:Karl und Anna. Erzählung. Leipzig 1954,S. 6.
8. Benno Wundshammer:Deutsche Chronik 1954. Stuttgart,Zürich,Salzburg:Europäischer Buchklub 1955,S. 26.
9. Ebd.
10. Hans Mayer:Einleitung. In:Hans Mayer(Hrsg.):Deutsche Literaturkritik. Vom Dritten

Reich bis zur Gegenwart(1933 - 1968). Frankfurt/M. :S. Fischer 1978,S. 45.

Ⅱ 图书世界的新秩序:1945 年后的文学出版政策与市场

1 Bernd R. Gruschka: Reeducation als US-Verlagspolitik. In:》Neuanfang 1945 《. Sonderdruck aus Börsenblatt für den Deutschen Buchhandel(1995),S. 61.
2 Bernd R. Gruschka: Der gelenkte Buchmarkt. Die amerikanische Kommunikationspolitik in Bayern und der Aufstieg des Verlages Kurt Desch 1945 bis 1950. In:Archiv für Geschichte des Buchwesens 44(1995),S. 40.
3 Bernd R. Gruschka: Reeducation als US-Verlagspolitik. In:》Neuanfang 1945 《. Sonderdruck aus Börsenblatt für den Deutschen Buchhan-del(1995),S. 61,bzw. ders. : Der gelenkte Buchmarkt. Die amerikanische Kommunikationspolitik in Bayern und der Aufstieg des Verlages Kurt Desch 1945 bis 1950. In: Archiv für Geschichte des Buchwesens 44 (1995),S. 52. Eine Parallele zwischen der Politik der Alliierten und der der Nationalsozialisten sei auch schon einigen Zeitgenossen aufgefallen. Vgl. dazu ders. : Der gelenkte Buchmarkt. Die amerikanische Kommunikationspolitik in Bayern und der Aufstieg des Verlages Kurt Desch 1945 bis 1950. In:Archiv für Geschichte des Buchwesens 44(1995),S. 45 f.
4 The Visiting Committee of American Book Publishers(Hrsg.): German Book Publishing and Allied Subjects. Munich; New York City:1948,S. 13.
5 Militärregierung-Deutschland. Kontroll-Gebiet des Obersten Befehlshabers. Gesetz Nr. 191. Bestätigt und ausgegeben am 24. November 1944,abgeändert am 12. Mai 1945.
6 [Übersetzung C. A.] Former Nazis were definitely more voracious bookreaders than non-Nazis and this finding underlines the desirability of reaching these people with literature useful for reorientation purposes. Surveys Branch. A Preliminary Study of Book Reading in Germany,v. 28. 6. 1946. Zit. nach: Bernd R. Gruschka: Der gelenkte Buchmarkt. Die amerikanische Kommunikationspolitik in Bayern und der Aufstieg des Verlages Kurt Desch 1945 bis 1950. In: Archiv für Geschichte des Buchwesens 44(1995),S. 54.
7 Bernd R. Gruschka: Reeducation als US-Verlagspolitik. In:》Neuanfang 1945 《. Sonderdruck aus Börsenblatt für den Deutschen Buchhandel(1995),S. 60. Siehe dazu detaillierter auch ders. : Der gelenkte Buchmarkt. Die amerikanische Kommunikationspolitik in Bayern und der Aufstieg des Verlages Kurt Desch 1945 bis 1950. In: Archiv für Geschichte des Buchwesens 44(1995),S. 68.
8 Ausschaltung der nazistischen und militärischen Literatur. Bekannt gegeben am 25. September 1945. In: Befehle des Obersten Chefs der Sowjetischen Militärverwaltung in Deutschland und amtliche Bekanntmachungen des Stabes der Sowjetischen Militärverwaltung in Deutschland. Verlag der Sowjetischen Militärverwaltung in Deutschland. Berlin 1946,S. 37.
9 Befehl Nr. 4 vom 13. Mai 1946. Einziehung von Literatur und Werken nationalsozialistischen und militaristischen Charakters. In: Amtsblatt des Kontrollrats in Deutschland, Nr. 7, 31. Mai 1946.
10 Liste der auszusondernden Literatur. Herausgegeben von der Deutschen Verwaltung für Volksbildung in der sowjetischen Besatzungszone. Vorläufige Ausgabe nach dem Stand

vom 1. April 1946. Berlin: 1946.
11 Vgl. Ernst Umlauff: Der Wiederaufbau des Buchhandels. Beiträge zur Geschichte des Büchermarktes in Westdeutschland nach 1945. In: Archiv für Geschichte des Buchwesens 17(1977/1978), S. 113.
12 Illustrative List of National Socialist and Militarist Literature [Military Government 1946]. Staatliche Bibliothek Ansbach, SB 110/I c 154.
13 Ernst Umlauff: Der Wiederaufbau des Buchhandels. Beiträge zur Geschichte des Büchermarktes in Westdeutschland nach 1945. In: Archiv für Geschichte des Buchwesens 17(1977/1978), S. 112.
14 So weit Oberst Douglas Waples von US-amerikanischer Seite auf einer Buchhändler-Tagung im Dezember 1946. Zit. nach: Ernst Umlauff: Der Wiederaufbau des Buchhandels. Beiträge zur Geschichte des Büchermarktes in Westdeutschland nach 1945. In: Archiv für Geschichte des Buchwesens 17(1977/1978), S. 433.
15 Verzeichnis der auszusondernden Literatur. Herausgegeben von der Abteilung für Volksbildung im Magistrat der Stadt Berlin unter beratender Mitarbeit der Kammer der Kunstschaffenden und des Kulturbundes zur demokratischen Erneuerung Deutschlands. Berlin: Magistratsdruckerei 1946.
16 Verzeichnis der auszusondernden Literatur. Herausgegeben von der Abteilung für Volksbildung im Magistrat der Stadt Berlin unter beratender Mitarbeit der Kammer der Kunstschaffenden und des Kulturbundes zur demokratischen Erneuerung Deutschlands. Berlin: Magistratsdruckerei 1946, S. 5.
17 Ebd., S. 6.
18 Militärregierung-Deutschland. Kontroll-Gebiet des Obersten Befehlshabers. Nachrichtenkontroll-Vorschrift Nr. 1. Kontrolle über Druckvorschriften [sic], Rundfunk, Film, Theater und Musik. Bestätigt am 12. Mai 1945.
19 Reinhard Wittmann: Geschichte des deutschen Buchhandels. München: 1999, S. 392.
20 Vgl. hierzu und zum Folgenden Angelika Königseder: Entnazifizierung. In: Wolfgang Benz (Hrsg.): Deutschland unter alliierter Besatzung 1945 – 1949/55. Berlin: 1999, S. 114.
21 Kontrollrat. Direktive Nr. 38. Ausgefertigt in Berlin am 12. Oktober 1946.
22 Angelika Königseder: Entnazifizierung. In: Wolfgang Benz(Hrsg.): Deutschland unter alliierter Besatzung 1945 – 1949/55. Berlin: 1999, S. 117.
23 Resolution des Schriftstellerkongresses. In: Ursula Reinhold, Dieter Schlenstedt & Horst Tanneberger(Hrsg.): Erster Deutscher Schriftstellerkongress. 4. – 8. Oktober 1947. Protokoll und Dokumente. Berlin: 1997, S. 498.
24 Redebeitrag von Melvin J. Lasky am 7. Oktober 1947. In: Ursula Reinhold, Dieter Schlenstedt & Horst Tanneberger(Hrsg.): Erster Deutscher Schriftstellerkongress. 4. – 8. Oktober 1947. Protokoll und Dokumente. Berlin: 1997, S. 300.
25 Ursula Reinhold, Dieter Schlenstedt & Horst Tanneberger (Hrsg.): Erster Deutscher Schriftstellerkongress. 4. – 8. Oktober 1947. Protokoll und Dokumente. Berlin: 1997, S. 31.
26 Arnold Bauer: Die deutsche Verlagstätigkeit seit Kriegsende. Redebeitrag am 7. Oktober 1947. In: Ursula Reinhold, Dieter Schlenstedt & Horst Tanneberger(Hrsg.): Erster Deut-

scher Schriftstellerkongress. 4. – 8. Oktober 1947. Protokoll und Dokumente. Berlin:1997,S. 306.
27　Redebeitrag von Wolfgang Harich am 7. Oktober 1947. In: Ursula Reinhold, Dieter Schlenstedt & Horst Tanneberger(Hrsg.) :Erster Deutscher Schriftstellerkongress. 4. – 8. Oktober 1947. Protokoll und Dokumente. Berlin:1997,S. 347,348.
28　Helmut Peitsch:Nachkriegsliteratur 1945 – 1989. Göttingen:2009,S. 29.
29　Ebd.
30　Dietrich Löffer:Buch und Lesen in der DDR. Ein literatursoziologischer Rückblick. Berlin:2011,S. 40.
31　Otto A. Kielmeyer:Der Kulturelle Beirat und das Verlagswesen. In:Börsenblatt für den Deutschen Buchhandel,Leipzig,114. Jg. ,1947,Nr. 34, S. 329.
32　Ebd.
33　Gesetz über die Verbreitung jugendgefährdender Schriften vom 9. Juni 1953. In:BGBl. Teil I,S. 377 ff.
34　Eberhard Strom:Die unsichtbare Zensur. In:Stuttgarter Zeitung vom 28. Juli 1959. Zitiert nach:K. Volter:Moral-Spiegel. Eine Untersuchung der Tendenzen, geistige Bevormundung im Rahmen der Gesetze zu verwirklichen, an Hand eines beispielhaften Falles. Stuttgart:Freyja-Verlag 1959,S. 176.
35　Vgl. dazu Werner Fuld:Das Buch der verbotenen Bücher. Universalgeschichte des Verfolgten und Verfemten von der Antike bis heute. Berlin:2012,S. 297.
36　Robert Schilling:Schund-und Schmutzgesetz. Handbuch und Kommentar zum Gesetz über die Verbreitung jugendgefährdender Schriften. Darmstadt:1953.
37　Verordnung zum Schutze der Jugend vom 15. September 1955. In:Gbl. der DDR Teil I vom 29. September 1955,S. 641.
38　Ein Vorgehen,das bei den Lehrern und innerhalb der Elternschaft auch immer wieder für Unruhe sorgte. Siehe dazu Schriftwechsel in:BArch DR 2/22293(Ministerium für Volksbildung).
39　Josef Spiegel:》Opium der Kinderstube 《. Comics und Zensur in der Bundesrepublik der fünfziger Jahre. In: Stiftung Saarländischer Kulturbesitz (Hrsg.) : Von der Mangelwirtschaft zur Massenaufage. Printmedien in den 50er Jahren [Ausstellungskatalog]. Wadgassen:2007,S. 123.
40　Verordnung zur Entwicklung einer fortschrittlichen demokratischen Kultur des deutschen Volkes und zur weiteren Verbesserung der Arbeits-und Lebensbedingungen der Intelligenz vom 16. März 1950. In:Gbl. der DDR vom 23. März 1950,S. 189.
41　Verordnung über die Entwicklung fortschrittlicher Literatur vom 16. August 1951. In: Gbl. der DDR vom 27. August 1951,S. 785.
42　Zur institutionellen Entwicklung siehe die Einleitung zum Online-Findbuch 》Ministerium für Kultur der DDR 《 auf www. bundesarchiv. de.
43　Vgl. hierzu und zum gesamten Druckgenehmigungsverfahren:Johanna Marschall-Reiser: Zensur oder Druckgenehmigung? -Administrative Anbindung und Regelungen zum Verfahren in der DDR. In:Mitteilungen aus dem Bundesarchiv 20(2012),H. 1,S. 68 – 84, hier S. 78.

44　Verordnung über die Entwicklung fortschrittlicher Literatur vom 16. August 1951. In: Gbl. der DDR vom 27. August 1951,S. 785.
45　Zitiert nach: Dietrich Löffer: Buch und Lesen in der DDR. Ein literatursoziologischer Rückblick. Berlin:2011,S. 44.
46　Reinhard Wittmann: Geschichte des deutschen Buchhandels. München:1999,S. 416.
47　Helmut Peitsch: Nachkriegsliteratur 1945 – 1989. Göttingen:2009,S. 118.
48　Ebd. ,S. 121.
49　Heinz Ludwig Arnold: Aufstieg und Ende der Gruppe 47. In: Aus Politik und Zeitgeschichte 25(2007) vom 18. Juni,S. 6.
50　Ebd. ,S. 11.
51　Zitiert nach Helmut Peitsch: Nachkriegsliteratur 1945 – 1989. Göttingen:2009,S. 254.
52　Zitiert nach Matthias Judt(Hrsg.) : DDR-Geschichte in Dokumenten. Beschlüsse,Berichte,interne Materialien und Alltagszeugnisse. Berlin:1997,S. 334.

Ⅲ 填饱饥饿的图书市场:占领区的第一次出版大丰收

1　Arnold Bauer: Die deutsche Verlagstätigkeit seit dem Kriegsende. In: Ursula Reinhold, Dieter Schlenstedt & Horst Tanneberger (Hrsg.) : Erster Deutscher Schriftstellerkongress. 4. – 8. Oktober 1947. Protokoll und Dokumente. Berlin:1997,S. 303.
2　Lebenslauf Kuckey. In: Antrag auf Gewerbegenehmigung für den IndigoVerlag-Berlin vom 24. Oktober 1947. Dokumente im Archiv des Autors.
3　Max Fechner(Hrsg.) : Wie konnte es geschehen. Auszüge aus den Tagebüchern und Bekenntnissen eines Kriegsverbrechers. Berlin:JHW Dietz Nachf. 1946,S. 8.
4　[Exposé] An die Propagandaleitung der Obersten sowjetischen Militäradministration über den Kulturellen Beirat für das Verlagswesen. In: Antrag auf Gewerbegenehmigung für den Indigo-Verlag-Berlin vom 24. Oktober 1947. Dokumente im Archiv des Autors.
5　Bericht über die Arbeit des Sektors für Propaganda und Zensur der Politischen Abteilung der SMAD vom 15. Juli bis 15. Oktober 1945. In: Bernd Bonwetsch: Sowjetische Politik in der SBZ 1945 – 1949. Dokumente zur Tätigkeit der Propagandaverwaltung der SMAD unter Sergej Tjul'panov. Bonn:1998,S. 15.
6　Teilweise erhielten Verlage auch mündliche Zusagen, denen erst später eine offizielle Verlagslizenz folgte. Siehe dazu und zur Lizenzierung des Bauernverlags: Bettina Jütte: Verlagslizenzierung in der Sowjetischen Besatzungszone(1945 – 1949) . Berlin:2010,S. 168.
7　Dies zeigt minutiös: Bettina Jütte: Verlagslizenzierung in der Sowjetischen Besatzungszone (1945 – 1949) . Berlin:2010,S. 171 ff.
8　Verleger-Tagung am 19. Dezember 1946 in Berlin. In: Börsenblatt für den deutschen Buchhandel 114(1947) ,Leipziger Ausgabe vom 25. Januar,S. 13.
9　Bernd R. Gruschka: Der gelenkte Buchmarkt. Die amerikanische Kommunikationspolitik in Bayern und der Aufstieg des Verlages Kurt Desch 1945 bis 1950. In: Archiv für Geschichte des Buchwesens 44(1995) , S. 152 f.
10　Bernd R. Gruschka: Reeducation als US-Verlagspolitik. In:》 Neuanfang 1945 《. Sonderdruck aus Börsenblatt für den Deutschen Buchhandel(1995) ,S. 63 f.
11　Heidi Dürr: Doppelter Desch. Mit 78 Jahren will Verleger Kurt Desch noch einmal neu

anfangen. In: Die Zeit Nr. 11 vom 6. März 1981, S. 21.
12 Gustaf Gründgens: Wer ist Kurt Desch? In: [Kurt Desch:] Aus der Romanstrasse. Ein Almanach 1945 – 1953. Wien, München, Basel: Verlag Kurt Desch 1953, S. 63.
13 Schreiben Kurt Desch, Zinnen-Verlag, an Arnolt Bronnen vom 9. 2. 1943. In: Deutsches Literaturarchiv Marbach, A: Bronnen, 2001. 11
14 Bernd R. Gruschka: Der gelenkte Buchmarkt. Die amerikanische Kommunikationspolitik in Bayern und der Aufstieg des Verlages Kurt Desch 1945 bis 1950. In: Archiv für Geschichte des Buchwesens 44(1995), S. 110.
15 Ebd. ,S. 92.
16 Der Buchverlag. Ein Arbeitsbericht. In: [Kurt Desch:] Aus der Romanstrasse. Ein Almanach 1945 – 1953. Wien, München, Basel: Verlag Kurt Desch 1953, S. 104.
17 Bernd R. Gruschka: Der gelenkte Buchmarkt. Die amerikanische Kommunikationspolitik in Bayern und der Aufstieg des Verlages Kurt Desch 1945 bis 1950. In: Archiv für Geschichte des Buchwesens 44(1995), S. 112 f.
18 Detaillierte Zahlen zu Papierzuteilungen und Aufagen in der Frühphase bietet Bernd R. Gruschka: Der gelenkte Buchmarkt. Die amerikanische Kommunikationspolitik in Bayern und der Aufstieg des Verlages Kurt Desch 1945 bis 1950. In: Archiv für Geschichte des Buchwesens 44(1995), S. 134 f.
19 Bernd R. Gruschka: Der gelenkte Buchmarkt. Die amerikanische Kommunikationspolitik in Bayern und der Aufstieg des Verlages Kurt Desch 1945 bis 1950. In: Archiv für Geschichte des Buchwesens 44(1995), S. 168.
20 Christoph Links: Das Schicksal der DDR-Verlage. Die Privatisierung und ihre Konsequenzen. Berlin: 2009.
21 Bernd R. Gruschka: Reeducation als US-Verlagspolitik. In:》 Neuanfang 1945 《. Sonderdruck aus Börsenblatt für den Deutschen Buchhandel(1995), S. 64.
22 Reinhard Wittmann: Geschichte des deutschen Buchhandels. München: 1999, S. 409.
23 Die Verlagschronik 1945 – 1949. www. rowohlt. de(zuletzt besucht am 7. 6. 2012)
24 Sonderseiten zur Freien Universität Berlin, B 8. In: Der Tagesspiegel vom 21. 4. 2012.
25 Carl Zuckmayer: Geheimreport. Göttingen: 2002, S. 22.
26 Hans Altenhein:》 Auferstanden aus Ruinen 《. In:》 Neuanfang 1945 《. Sonderdruck aus Börsenblatt für den Deutschen Buchhandel(1995), S. 5
27 Vorläufiges Produktionsprogramm der Büchergilde Gutenberg vom 11. 7. 1947. In: BArch (ehem. BDC) , RK, Dressler, Helmut, 5. 12. 1910.
28 Dieter Lattmann: Stationen der literarischen Republik. In: Dieter Lattmann(Hrsg.) : Kindlers Literaturgeschichte der Gegenwart. Autoren, Werke, Themen, Tendenzen seit 1945. Die Literatur der Bundesrepublik Deutschland I. Frankfurt/M. ; 1980, S. 18.
29 Bern R. Gruschka: Der gelenkte Buchmarkt. Die amerikanische Kommunikationspolitik in Bayern und der Aufstieg des Verlages Kurt Desch 1945 bis 1950. In: Archiv für Geschichte des Buchwesens 44(1995), S. 172.
30 Inhaltsangabe als Anlage zum Schreiben des Rainer Wunderlich Verlags an die RSK vom 4. 5. 1938. In: BArch(ehem. BDC) , RK, Hamer, Isabel, 15. 3. 1912.
31 Aufagenzahlen nach Konrad Franke: Die Literatur der Deutschen Demokratischen Repub-

lik I. In: Kindlers Literaturgeschichte der Gegenwart. Autoren, Werke, Themen, Tendenzen seit 1945. Frankfurt/M. :1980,S. 209 f.
32 Aus: Anna Seghers: Eine tiefe Beschämung. Zit. nach Der Spiegel 30(2000)vom 24. 7. , S. 180.
33 Anna Seghers: Das siebte Kreuz. Berlin: Aufbau-Verlag 1946,S. 386.
34 Christa Wolf spricht mit Anna Seghers. In: NDL 6(1965), S. 13/14. Zit. nach Fritz J. Raddatz: Traditionen und Tendenzen. Materialien zur Literatur der DDR. Frankfurt/M. : 1972, S. 534.
35 Ebd. ,S. 535.
36 Fritz J. Raddatz: Traditionen und Tendenzen. Materialien zur Literatur der DDR. Frankfurt/M. ;1972,S. 228.
37 Ebd. ,S. 228 f.
38 Neues Deutschland vom 21. April 1948,S. 3.
39 Bernd R. Gruschka: Der gelenkte Buchmarkt. Die amerikanische Kommunikationspolitik in Bayern und der Aufstieg des Verlages Kurt Desch 1945 bis 1950. In: Archiv für Geschichte des Buchwesens 44(1995), S. 125.
40 Konstantin Ulmer: Ein Loch im literarischen Schutzwall. Die Publikationskontroverse um die Luchterhand-Ausgabe von Anna Seghers' Das siebte Kreuz im Jahr nach dem Mauerbau. In: Siegfried Lokatis, Theresia Rost & Grit Steuer(Hrsg.) : Vom Autor zur Zensurakte. Abenteuer im Leseland DDR. Halle:2014,S. 167.
41 Theodor Plievier: Stalingrad. Roman. Berlin: Aufbau-Verlag 1945,S. 63.
42 Ebd. ,S. 64.
43 Gunther Nickel: Faction. Theodor Plievier: Stalingrad (1945). In: Hans Wagener (Hrsg.) : Von Böll bis Buchheim: Deutsche Kriegsprosa nach 1945. Amsterdam, Atlanta: 1997,S. 51.
44 David Oels: Rowohlts Rotationsroutine. Markterfolge und Modernisierung eines Buchverlags vom Ende der Weimarer Republik bis in die fünfziger Jahre. Essen:2013,S. 191.
45 Berliner Zeitung vom 12. Juli 1947,S. 3.
46 David Oels: Rowohlts Rotationsroutine. Markterfolge und Modernisierung eines Buchverlags vom Ende der Weimarer Republik bis in die fünfziger Jahre. Essen:2013,S. 191.
47 Bitten an die Leser. In: Theodor Plievier: Stalingrad. Hamburg: Rowohlt Verlag 1947, S. 96.
48 Ebd.
49 Siehe dazu sehr fundiert: David Oels: Rowohlts Rotationsroutine. Markterfolge und Modernisierung eines Buchverlags vom Ende der Weimarer Republik bis in die fünfziger Jahre. Essen:2013,S. 94 ff.
50 David Oels: Rowohlts Rotationsroutine. Markterfolge und Modernisierung eines Buchverlags vom Ende der Weimarer Republik bis in die fünfziger Jahre. Essen:2013,S. 213.
51 Ebd. ,S. 221.
52 Vgl. dazu ebd. ,S. 200.
53 Stolze Bilanz der Buchproduktion. In: Großdeutsches Leihbüchereiblatt 4(1942)H. 11,S. 161.
54 Zu den Feldpostausgaben siehe ausführlich: Christian Adam: Lesen unter Hitler. Autoren,

Bestseller, Leser im Dritten Reich. Berlin;2010,S. 293 ff.
55 Bernd R. Gruschka: Der gelenkte Buchmarkt. Die amerikanische Kommunikationspolitik in Bayern und der Aufstieg des Verlages Kurt Desch 1945 bis 1950. In: Archiv für Geschichte des Buchwesens 44(1995), S. 165.
56 Rowohlt: Buch und Masse. In: Aufbau 3 (1947) 10, S. 253 f. Zitiert nach David Oels: Rowohlts Rotationsroutine. Markterfolge und Modernisierung eines Buchverlags vom Ende der Weimarer Republik bis in die fünf-ziger Jahre. Essen;2013,S. 214 f.
57 Kurt W. Marek: Theodor Plievier. Nachwort zu: Theodor Plievier: Stalingrad. Hamburg: Rowohlt Verlag 1947.
58 Theodor Plievier:Stalingrad. Roman. Berlin:Aufbau-Verlag 1945,S. 5.
59 Kurt W. Marek: Theodor Plievier. Nachwort zu: Theodor Plievier: Stalingrad. Hamburg: Rowohlt Verlag 1947,S. 96.
60 Theodor Plievier:Stalingrad. Roman. Berlin:Aufbau-Verlag 1945,S. 77.
61 Ebd. ,S. 77.
62 Ebd. ,S. 62.
63 Ebd. ,S. 110.
64 Ebd. ,S. 376.
65 Ebd. ,S. 383.
66 Ebd. ,S. 93.
67 Ebd. ,S. 11.
68 Ebd. ,S. 375.
69 Gunther Nickel:Faction. Theodor Plievier: Stalingrad (1945). In: Hans Wagener (Hrsg.): Von Böll bis Buchheim:Deutsche Kriegsprosa nach 1945. Amsterdam,Atlanta;1997,S. 59.
70 Vgl. Hans-Harald Müller:Nachwort. In:Theodor Plievier:Berlin. Augsburg;1998,S. 753.
71 Vgl. Frank Möller:Das Buch Witsch. Das schwindelerregende Leben des Verlegers Joseph Caspar Witsch. Köln;2014,S. 223.
72 Berliner Zeitung vom 14. September 1947,S. 2.
73 Hans-Harald Müller:Nachwort. In:Theodor Plievier:Berlin. Augsburg;1998,S. 760.
74 Theodor Plievier, Brief an die Leiter des Kongresses. Zitiert nach: Ursula Reinhold, Dieter Schlenstedt & Horst Tanneberger (Hrsg.): Erster Deutscher Schriftstellerkongress. 4. – 8. Oktober 1947. Protokoll und Dokumente. Berlin;1997,S. 495.
75 Ebd. ,S. 496.
76 Hermann Kant: Nachwort. In: Theodor Plievier: Stalingrad. Berlin: Aufbau-Verlag 1984, S. 533.
77 Ebd. ,S. 536.
78 Verlangen nach dem guten Buch. Die begehrtesten Romane. In: Neues Deutschland vom 19. Juli 1947.
79 Eugen Kogon: Der SS-Staat. Das System der deutschen Konzentrationslager. München: 1983,S. 11.
80 Ebd. ,S. 176.
81 Hendrik Buhl: Eugen Kogon: Der SS-Staat. In: Torben Fischer & Matthias N. Lorenz (Hrsg.):Lexikon der》Vergangenheitsbewältigung《 in Deutschland. Debatten-und Dis-

kursgeschichte des Nationalsozialismus nach 1945. Bielefeld:2007,S. 31.
82 Ebd. ,S. 33.
83 Volkhard Knigge:》Die organisierte Hölle 《. Eugen Kogons ambivalente Zeugenschaft. In:Jürgen Danyel,Jan-Holger Kirsch & Martin Sabrow(Hrsg.) :50 Klassiker der Zeitgeschichte. Göttingen:2007,S. 25.
84 Eugen Kogon: Der SS-Staat. Das System der deutschen Konzentrationslager. München: Verlag Karl Alber 1946,S. V.
85 US-Hauptquartier Bereich Berlin an Befehlshabender General US-Streitkräfte in Europa. Zitiert nach:Axel Springer Verlag AG(Hg.) :125 Jahre Ullstein. Presse-und Verlagsgeschichte im Zeichen der Eule. Berlin:2002,S. 95.
86 Mit diesen Worten soll sich der Direktor des NSDAP-Pressekonzerns und Präsident der NS-Reichspressekammer Max Amann damals über den Deal gefreut haben. Siehe: Erik Lindner:》 Arisierung 《, Gleichschaltung, Zwangsarbeit. Ullstein 1934 – 1945. In: Axel Springer Verlag AG(Hg.) :125 Jahre Ullstein. Presse-und Verlagsgeschichte im Zeichen der Eule. Berlin 2002,S. 77.

Ⅳ 讲述战争和集中营里的故事
1 http://www. bundesarchiv. de/digitalisate/dr1_druck/DR_1_2419/DR_1_2419_162. png
2 Vgl. hierzu die Projekte der Arbeitsstelle Holocaustliteratur an der JustusLiebig-Universität Gießen. http://www. holocaustliteratur. de/taetigkeiten/projekte/projekt-geobib. html # c1083(zuletzt besucht am 3. 1. 2012)
3 Sven Kramer: Tagebuch der Anne Frank. In: Torben Fischer & Matthias N. Lorenz (Hrsg.) : Lexikon der 》 Vergangenheitsbewältigung 《 in Deutschland. Debatten-und Diskursgeschichte des Nationalsozialismus nach 1945. Bielefeld:2007,S. 107.
4 Ebd.
5 Anne Frank:Das Tagebuch der Anne Frank. 12. Juni 1942 – 1. August 1944. Frankfurt/ M. ,Hamburg:Fischer Bücherei 1955,S. 130.
6 Ebd. ,S. 131.
7 Zitiert nach:Sven Kramer:Tagebuch der Anne Frank. In:Torben Fischer & Matthias N. Lorenz(Hrsg.) : Lexikon der 》 Vergangenheitsbewältigung 《 in Deutschland. Debatten-und Diskursgeschichte des Nationalsozialismus nach 1945. Bielefeld:2007,S. 108.
8 Zitiert nach:Zehn Fragen zur Echtheit des Tagebuchs der Anne Frank. Anne Frank Stichting 2007. http://www. annefrank. org/ImageVaultFiles/ id_14672/cf_21/zehnfragen_ de. pdf(zuletzt besucht am 31. 8. 2014).
9 Zitiert nach:ebd.
10 Ernestine Schlant: Die Sprache des Schweigens. Die deutsche Literatur und der Holocaust. München:2001,S. 19.
11 Ebd.
12 Jörg Echternkamp: Soldaten im Nachkrieg. Historische Deutungskonflikte und westdeutsche Demokratisierung 1945 – 1955. München:2014, S. 448.
13 Ernestine Schlant: Die Sprache des Schweigens. Die deutsche Literatur und der Holocaust. München:2001,S. 22.

14 Marie Beyeler:Frühe Erklärungsversuche deutscher Historiker. In:Torben Fischer & Matthias N. Lorenz(Hrsg.):Lexikon der 》Vergangenheitsbewältigung《 in Deutschland. Debatten-und Diskursgeschichte des Nationalsozialismus nach 1945. Bielefeld:2007,S. 35.
15 Marie Beyeler:Darmstädter Wort. In:Torben Fischer & Matthias N. Lorenz(Hrsg.):Lexikon der 》Vergangenheitsbewältigung《 in Deutschland. Debatten-und Diskursgeschichte des Nationalsozialismus nach 1945. Bielefeld:2007,S. 40.
16 Theodor W. Adorno:Kulturkritik und Gesellschaft I. Prismen. Ohne Leitbild. Gesammelte Schriften,Bd. 10. 1. Frankfurt/M. ;1977,S. 30.
17 Theodor W. Adorno:Die Kunst und die Künste . Zitiert nach:Peter Stein:》Darum mag falsch gewesen sein,nach Auschwitz ließe kein Gedicht mehr sich schreiben.《(Adorno). Widerruf eines Verdikts? Ein Zitat und seine Verkürzung. In:Weimarer Beiträge (1996), H. 4, S. 485 – 508, http://www. gbv. de/dms/lueneburg/LG/OPUS/2002/137/pdf/stein5. pdf(S. 9 der PDF-Version,zuletzt besucht am 11. 9. 2014).
18 Peter Stein:》Darum mag falsch gewesen sein,nach Auschwitz ließe kein Gedicht mehr sich schreiben.《(Adorno). Widerruf eines Verdikts? Ein Zitat und seine Verkürzung. In:Weimarer Beiträge(1996),H. 4,S. 485 – 508,http://www. gbv. de/dms/lueneburg/LG/OPUS/2002/137/ pdf/stein5. pdf(S. 1 der PDF-Version,zuletzt besucht am 11. 9. 2014).
19 Ebd.
20 Maren Röger:Adorno-Diktum. In:Torben Fischer & Matthias N. Lorenz(Hrsg.):Lexikon der 》Vergangenheitsbewältigung《 in Deutschland. Debatten-und Diskursgeschichte des Nationalsozialismus nach 1945. Bielefeld:2007,S. 39.
21 Fontane-Preis. Boccaccio in der Bar. In:Der Spiegel 12(1956)vom 21. 3. ,S. 44.
22 Hans Scholz:Am grünen Strand der Spree. So gut wie ein Roman. Hamburg:Hoffmann und Campe Verlag 1955,S. 56.
23 Ebd. ,S. 54.
24 Ebd. ,S. 58.
25 Ebd. ,S. 61 f.
26 Ebd. ,S. 65.
27 Heinz Ohff:Berlin -jetzt trauere um ihn. Zum Tode von Hans Scholz. In:Der Tagesspiegel vom 12. Januar 1988.
28 Fontane-Preis. Boccaccio in der Bar. In:Der Spiegel 12(1956)vom 21. 3. ,S. 45.
29 Ebd.
30 Hans Scholz:Jahrgang 1911. Leben mit allerlei Liedern. In:Hans Mommsen,Hans Scholz & Jan Herchenröder(Hrsg.):Jahr und Jahrgang 1911. Hamburg:Hoffmann und Campe 1966,S. 103.
31 Peter Seibert:Medienwechsel und Erinnerung in den späten 50er-Jahren. Der Beginn der Visualisierung des Holocaust im westdeutschen Fernsehen. In:Der Deutschunterricht 5 (2001),S. 74.
32 Ebd. ,S. 76.
33 Ebd. ,S. 79.
34 Hans Scholz:Am grünen Strand der Spree. So gut wie ein Roman. Hamburg:Hoffmann

und Campe Verlag 1955, S. 55.
35 Heinrich Vormweg: Prosa in der Bundesrepublik seit 1945. In: Dieter Lattmann (Hrsg.): Kindlers Literaturgeschichte der Gegenwart. Autoren, Werke, Themen, Tendenzen seit 1945. Die Literatur der Bundesrepublik Deutschland I, S. 294.
36 Christine von Bruehl: Er schreibt und schreibt und schreibt. Im Westen unbekannt, im Osten viel gelesen: Schriftsteller Harry Thürk. In: Die Zeit 43 (1997).
37 Der Konsalik des Ostens. Der frühere SED-Propagandist Harry Thürk erzielt in Ostdeutschland mit politpornographischen Romanen immer noch Spitzenaufagen. In: Der Spiegel 29 (1995) vom 17. 7. , S. 156.
38 Ebd. , S. 154.
39 Unentschlossenheit bedeutet Tod. Zu Harry Thürks Kriegsroman » Stunde der toten Augen «. In: Berliner Zeitung vom 2. November 1957, S. 3.
40 Franz Hammer: Detailschilderung oder Wahrheit? In: Neues Deutschland, Sa. 29. März 1958, Jahrgang 13 / Ausgabe 76 / Seite 10.
41 Lebenslauf des Genossen Harry Thürk, telf. Übernahme am 22. 6. 1970. In: BStU, MfS, ZAIG, Nr. 32034, Bl. 41.
42 Harry Thürk: Die Stunde der toten Augen. Berlin: Verlag Das Neue Berlin 1957, S. 301.
43 Ebd. , S. 283.
44 Ebd. , S. 257.
45 Ebd. , S. 258.
46 Ebd. , S. 235.
47 Ebd. , S. 223.
48 Ebd. , S. 207.
49 Ebd. , S. 110.
50 Ebd. , S. 347.
51 Ebd. , S. 161.
52 Ebd. , S. 339.
53 Ute Schneider: Der Buchverlag in der perfektionierten Vermarktungskette. In: Axel Springer Verlag AG (Hg.): 125 Jahre Ullstein. Presse- und Verlagsgeschichte im Zeichen der Eule. Berlin 2002, S. 51.
54 Frank Möller: Das Buch Witsch. Das schwindelerregende Leben des Verlegers Joseph Caspar Witsch. Köln: 2014, S. 599.
55 Liquidation mit dem Rotstift. In: Der Spiegel 51 (1954) vom 15. Dezember, S. 43.
56 Ebd.
57 Gutachten zu Zeit zu leben und Zeit zu sterben [anonym]. Abgedruckt in: Thomas F. Schneider: » Und Befehl ist Befehl. Oder nicht? « Erich Ma-ria Remarque: Zeit zu leben und Zeit zu sterben (1954). In: Hans Wa-gener (Hrsg.): Von Böll bis Buchheim: Deutsche Kriegsprosa nach 1945. 1997, S. 246 f.
58 Erich Maria Remarque: Zeit zu leben und Zeit zu sterben. Berlin: Aufbau Verlag 1957, S. 416.
59 Ebd.
60 Erich Maria Remarque: Zeit zu leben und Zeit zu sterben. Köln: Kiepenheuer & Witsch

1989,S.398.
61 Erich Maria Remarque:Zeit zu leben und Zeit zu sterben. Berlin:Aufbau Verlag 1957,S. 405.
62 Erich Maria Remarque:Zeit zu leben und Zeit zu sterben. Köln:Kiepenheuer & Witsch 1989,S.12. Siehe dazu auch den Hinweis im Nachwort von Tilman Westphalen. Ebenda, S.414.
63 Thomas Schneider & Angelika Howind:Die Zensur von Erich Maria Remarques Roman über den zweiten Weltkrieg » Zeit zu leben und Zeit zu sterben « 1954 in der BRD. Mit einem Seitenblick auf die Rezeption in der DDR. In: Ursula Heukenkamp (Hrsg.) : Militärische und zivile Mentalität. Ein literaturkritischer Report. Berlin:1991,S.310.
64 Ausgelassene Textstelle zitiert nach:Der kastrierte Remarque. Nochmals zu dem Roman » Zeit zu leben und Zeit zu sterben «. In:Neue deutsche Literatur 4(1957),S.114.
65 Den Hinweis dazu siehe im Nachwort von Tilman Westphalen. In:Erich Maria Remarque: Zeit zu leben und Zeit zu sterben. Köln:Kiepenheuer & Witsch 1989,S.407.
66 http://www. bundesarchiv. de/digitalisate/dr1 _ druck/DR _ 1 _ 5062/DR _ 1 _ 5062 _ 229. png
67 http://www. bundesarchiv. de/digitalisate/dr1 _ druck/DR _ 1 _ 2128/DR _ 1 _ 2128 _ 171. png
68 Brief Erich Maria Remarque an Josef Caspar Witsch vom 6. August 1956. Zitiert nach: Thomas Schneider & Angelika Howind:Die Zensur von Erich Maria Remarques Roman über den zweiten Weltkrieg » Zeit zu leben und Zeit zu sterben « 1954 in der BRD. Mit einem Seitenblick auf die Rezeption in der DDR. In: Ursula Heukenkamp (Hrsg.) : Militärische und zivile Mentalität. Ein literaturkritischer Report. Berlin:1991,S.314 f.
69 Vgl. dazu u. a. Thomas Schneider & Angelika Howind:Die Zensur von Erich Maria Remarques Roman über den zweiten Weltkrieg » Zeit zu leben und Zeit zu sterben « 1954 in der BRD. Mit einem Seitenblick auf die Rezeption in der DDR. In:Ursula Heukenkamp (Hrsg.):Militärische und zivile Mentalität. Ein literaturkritischer Report. Berlin:1991, S.307 f.
70 Die Dokumentation soll allerdings nicht vollständig sein. Hinweis darauf u. a. bei Thomas Schneider & Angelika Howind:Die Zensur von Erich Maria Remarques Roman über den zweiten Weltkrieg » Zeit zu leben und Zeit zu sterben « 1954 in der BRD. Mit einem Seitenblick auf die Rezeption in der DDR. In:Ursula Heukenkamp(Hrsg.):Militärische und zivile Mentalität. Ein literaturkritischer Report. Berlin:1991,S.315.
71 Janina Bach:Spuren des kollektiven Gedächtnisses an den Holocaust in der DDR-Literatur bis 1958. In:Carsten Gansel & Pawel Zimniak(Hrsg.):Reden und Schweigen in der deutschsprachigen Literatur nach 1945. Fallstudien. Wroclaw,Dresden:2006,S.154.
72 Aufagen bei Reclam Leipzig oder bei Kultur und Fortschritt müssen noch hinzugerechnet werden. Vgl. zur Angabe der Aufage im Mitteldeutschen Verlag:Helmut Peitsch:Nachkriegsliteratur 1945 - 1989. Göttingen:2009,S.128.
73 Lars Förster:Bruno Apitz. Eine politische Biographie. Berlin:2015,S.153.
74 Susanne Hantke: » Das Dschungelgesetz, unter dem wir alle standen «. Der Erfolg von » Nackt unter Wölfen « und die unerzählten Geschichten der Buchenwalder Kommu-

nisten. Nachwort in: Bruno Apitz: Nackt unter Wölfen. Berlin:2012,S. 518.
75 Julia Frohn: Literaturaustausch im geteilten Deutschland. 1945 – 1972. Berlin: Ch. Links 2014,S. 301.
76 Antrag auf Druckgenehmigung vom 24. 2. 1958 [im Original fälschlich 1948]. In: http://www. bundesarchiv. de/digitalisate/drl _druck/ DR_1_3941/DR_1_3941_156. png(zuletzt besucht am 1. 10. 2014).
77 Antrag auf Druckgenehmigung vom 5. 2. 1960. In: http://www. bundesarchiv. de/digitalisate/drl_druck/DR_1_3941/ DR_1_3941_164. png(zuletzt besucht am 1. 10. 2014).
78 Siehe dazu den Eintrag in Wikipedia. http://de. wikipedia. org/wiki/ Seven_Seas_Publishers(zuletzt besucht am 1. 10. 2014).
79 Brief von Dr. Häckel, stellvertr. Abteilungsleiter Hauptverwaltung Verlage, an Seven Seas Publishers vom 28. Juni 1960. In: http://www. bundesarchiv. de/digitalisate/drl_druck/ DR_1_3941/ DR_1_3941_169. png(zuletzt besucht am 1. 10. 2014).
80 Hierzu und zum Folgenden stütze ich mich auf: Susanne Hantke:» Das Dschungelgesetz, unter dem wir alle standen «. Der Erfolg von » Nackt unter Wölfen « und die unerzählten Geschichten der Buchenwalder Kommunisten. Nachwort in: Bruno Apitz: Nackt unter Wölfen. Berlin:2012.
81 Zitiert nach: ebd. ,S. 540.
82 Bruno Apitz: Nackt unter Wölfen. Halle-Leipzig: Mitteldeutscher Verlag 1980 (1958), S. 195.
83 Siehe dazu Susanne Hantke:» Das Dschungelgesetz, unter dem wir alle standen «. Der Erfolg von » Nackt unter Wölfen « und die unerzählten Geschichten der Buchenwalder Kommunisten. In: Bruno Apitz: Nackt unter Wölfen. Berlin:2012,S. 525.
84 Bill Niven: Das Buchenwaldkind. Wahrheit, Fiktion und Propaganda. Bonn:2009.
85 Günter de Bruyn: Vierzig Jahre. Ein Lebensbericht. Frankfurt/M. ;1996, S. 117. Zitiert nach: Carsten Gansel: Die » Grenzen des Sagbaren überschreiten « -Zu › Formen der Erinnerung ‹ in der Literatur der DDR. In: Carsten Gansel(Hrsg.) : Rhetorik der Erinnerung-Zu Literatur und und Gedächtnis in den › geschlossenen Gesellschaften ‹ des Real-Sozialismus. Göttingen:2009,S. 22.
86 Janina Bach: Spuren des kollektiven Gedächtnisses an den Holocaust in der DDR-Literatur bis 1958. In: Carsten Gansel & Pawel Zimniak(Hrsg.) : Reden und Schweigen in der deutschsprachigen Literatur nach 1945. Fallstudien. Wroclaw, Dresden: 2006, S. 170.
87 Professor Mamlock behielt recht. Ein Film nach elf Jahren. In: Der Spiegel 48(1947) vom 29. 11. 1947, S. 20.
88 Ebd.
89 Friedrich Wolf: Professor Mamlock. Ein Schauspiel. Leipzig: Reclam 1980, S. 38.
90 Friedrich Wolf: Ein » Mamlock «? -Zwölf Millionen Mamlocks! In: Friedrich Wolf: Professor Mamlock. Ein Schauspiel. Leipzig: Reclam 1980, S. 76.
91 Frauke Klaska & Torben Fischer: Dramen der Nachkriegszeit. In: Torben Fischer & Matthias N. Lorenz(Hrsg.) : Lexikon der » Vergangenheitsbewältigung « in Deutschland. Debatten-und Diskursgeschichte des Nationalsozialismus nach 1945. Bielefeld:2007, S. 50.

附录

92　Statistisches Jahrbuch der Deutschen Demokratischen Republik 1958, S. 141.
93　Statistisches Jahrbuch der Deutschen Demokratischen Republik 1960/61, S. 146 f.
94　Frauke Klaska & Torben Fischer: Dramen der Nachkriegszeit. In: Torben Fischer & Matthias N. Lorenz (Hrsg.): Lexikon der》Vergangenheitsbewältigung《 in Deutschland. Debatten-und Diskursgeschichte des Nationalsozialismus nach 1945. Bielefeld: 2007, S. 51.
95　Hans Sarkowicz & Alf Mentzer: Literatur in Nazi-Deutschland. Ein biografisches Lexikon. Erweiterte Neuausgabe. Hamburg, Wien: 2002, S. 118.
96　Wolfgang Borchert: Draußen vor der Tür und ausgewählte Erzählungen. Hamburg: 1981, S. 25.
97　Heinrich Böll: Nachwort. Die Stimme Wolfgang Borcherts. In: Wolfgang Borchert: Draußen vor der Tür und ausgewählte Erzählungen. Hamburg: 1981, S. 119.
98　So eine These von Jan Philipp Reemtsma paraphrasiert bei: Helmut Peitsch: Nachkriegsliteratur 1945 – 1989. Göttingen: 2009, S. 94.
99　Wolfgang Borchert: Draußen vor der Tür und ausgewählte Erzählungen. Hamburg: 1981, S. 54.
100　Anna Sophie Koch: Des Teufels General. In: Elena Agazzi & Erhard Schütz: Handbuch Nachkriegskultur: Literatur, Sachbuch und Film in Deutschland (1945 – 1962). Berlin, Boston: 2013, S. 311 f.
101　Frauke Klaska & Torben Fischer: Dramen der Nachkriegszeit. In: Torben Fischer & Matthias N. Lorenz (Hrsg.): Lexikon der》Vergangenheitsbewältigung《 in Deutschland. Debatten-und Diskursgeschichte des Nationalsozialismus nach 1945. Bielefeld: 2007, S. 52.
102　Hans Sarkowicz & Alf Mentzer: Literatur in Nazi-Deutschland. Ein biografisches Lexikon. Erweiterte Neuausgabe. Hamburg, Wien: 2002, S. 75 f.
103　Stefan Andres: Wir sind Utopia. Novelle. München: 1951, S. 104 f.
104　Den Hinweis entnehme ich Hans Sarkowicz & Alf Mentzer: Literatur in Nazi-Deutschland. Ein biografisches Lexikon. Erweiterte Neuausgabe. Hamburg, Wien: 2002, S. 77.
105　Stefan Andres: Sperrzonen. Hamburg: Verlag Hans Bredow-Institut 1959, S. 9.
106　Ebd., S. 16.
107　Ebd., S. 34.
108　Ulrich Lauterbach: Nachwort. In: Stefan Andres: Sperrzonen. Hamburg: Verlag Hans Bredow-Institut 1959, S. 39.

V 作者的"回归":流亡与留守作家的定位
1　Vermerk》Braunbuch DDR《 [o. D.]. In: BStU, MfS, ZAIG, Nr. 25958, Bl. 1.
2　Ebd., Bl. 2.
3　Ebd., Bl. 4.
4　Ebd., Bl. 5.
5　Stefan Tiepmar:》Bürgerkriegsliteratur《 und andere》staatsgefährdende Schriften《. Westdeutsche Abwehrstrategien im innerdeutschen Buchaustausch. In: Mark Lehmstedt & Siegfried Lokatis (Hrsg.): Das Loch in der Mauer. Der innerdeutsche Literaturaustausch. Wiesbaden: 1997, S. 67.
6　Vgl. dazu ebd., S. 71.
7　Karl Wilhelm Fricke & Roger Engelmann: Konzentrierte Schläge. Staatssicherheitsaktionen

und politische Prozesse in der DDR 1953 – 1956. Berlin:1998,S. 89.
8   Ehemalige Nationalsozialisten in Pankows Diensten. Herausgegeben vom Untersuchungsausschuss Freiheitlicher Juristen. Berlin:[1960],S. 3.
9   Ludwig Marcuse:Waren sie Nazis? Anleitung für den Leser. In:Ludwig Marcuse(Hrsg.): War ich ein Nazi? Politik-Anfechtung des Gewissens. München,Bern,Wien:1968,S. 11.
10 Graff,Si[e]gmund. In:Ernst Klee:Das Kulturlexikon zum Dritten Reich. Wer war was vor und nach 1945. Frankfurt/M. ;2007.
11 Carl Zuckmayer:Geheimreport. Göttingen:2002,S. 63.
12 Sigmund Graff:Goethe vor der Spruchkammer oder Der Herr Geheimrath verteidigt sich. Nach Johann Peter Eckermanns Gesprächen mit Goethe in den letzten Jahren seines Lebens. Göttingen:Plesse-Verlag 1951,S. 12.
13 Vgl. dazu Rechtsradikalismus. G. -Maßnahmen. In:Der Spiegel 12(1967) vom 13. 3. , S. 82.
14 David Oels:Rowohlts Rotationsroutine. Markterfolge und Modernisierung eines Buchverlags vom Ende der Weimarer Republik bis in die fünfziger Jahre. Essen:2013,S. 374.
15 Klappentext von Ernst von Salomon:Der Fragebogen. Hamburg:Rowohlt Verlag 1951.
16 Torben Fischer:Ernst von Salomon:Der Fragebogen. In:Torben Fischer & Matthias N. Lorenz(Hrsg.):Lexikon der » Vergangenheitsbewältigung « in Deutschland. Debatten- und Diskursgeschichte des Nationalsozialismus nach 1945. Bielefeld:2007,S. 113.
17 Ernst von Salomon:Der Fragebogen. Hamburg:Rowohlt Verlag 1951,S. 320.
18 Ebd. ,S. 350.
19 Vgl. dazu David Oels:Rowohlts Rotationsroutine. Markterfolge und Modernisierung eines Buchverlags vom Ende der Weimarer Republik bis in die fünfziger Jahre. Essen:2013,S. 366.
20 Ebd. ,S. 362.
21 Brief Kurt W. Marek an Ernst von Salomon vom 2. 10. 1950. Zitiert nach David Oels: Rowohlts Rotationsroutine. Markterfolge und Modernisierung eines Buchverlags vom Ende der Weimarer Republik bis in die fünfziger Jahre. Essen:2013,S. 358.
22 Ernst von Salomon:Der Fragebogen. Hamburg:Rowohlt Verlag 1951,S. 650.
23 Ebd. ,S. 670.
24 Ebd. ,S. 671.
25 David Oels:Rowohlts Rotationsroutine. Markterfolge und Modernisierung eines Buchverlags vom Ende der Weimarer Republik bis in die fünfziger Jahre. Essen:2013,S. 361.
26 http://www. rowohlt. de/buch/Ernst_von_Salomon_Der_ Fragebogen. 2402. html(zuletzt besucht am 6. 12. 2014).
27 Einen guten Überblick bietet:Torben Fischer:Exildebatte. In:Torben Fischer & Matthias N. Lorenz(Hrsg.):Lexikon der » Vergangenheitsbewältigung « in Deutschland. Debatten-und Diskursgeschichte des Nationalsozialismus nach 1945. Bielefeld: 2007, S. 48 – 50.
28 Ebd. ,S. 48.
29 Ebd. ,S. 48.
30 Zitiert nach Hans Sarkowicz & Alf Mentzer:Literatur in Nazi-Deutschland. Ein biografis-

ches Lexikon. Erweiterte Neuausgabe. Hamburg, Wien:2002, S. 52.
31　Zitiert nach ebd.
32　Zitiert nach ebd. , S. 53.
33　Axel Schildt & Detlef Siegfried: Deutsche Kulturgeschichte. Die Bundesrepublik-1945 bis zur Gegenwart. München:2009, S. 71.
34　Jost Hermand: Der Kalte Krieg in der Literatur. In: Hans-Erich Volkmann(Hrsg.) : Ende des Dritten Reiches -Ende des Zweiten Weltkriegs. Eine perspektivische Rückschau. München, Zürich:1995, S. 582 f.
35　Ebd. , S. 584.
36　Ebd. , S. 585.
37　Ebd. , S. 586.
38　Georg Wenzel: Gab es das überhaupt? Thomas Mann in der Kultur der DDR. Gransee: Edition Schwarzdruck 2011, S. 62.
39　Zitiert nach ebd. , S. 65.
40　Vgl. dazu ebd. , S. 81 ff.
41　Der Spiegel 33(1986) vom 11. 8. , S. 156.
42　Kurt W. Marek: Literaturgeschichte als Falschmünzerei. Paul E. Lüth, der Dilettant aus Perleberg. Der Tagesspiegel vom 14. April 1948(Beiblatt).
43　Paul Rilla: Literatur und Lüth. Eine Streitschrift. In: Hans Mayer(Hrsg.) : Deutsche Literaturkritik. Vom Dritten Reich bis zur Gegenwart(1933 – 1968). Frankfurt/M. : Fischer, S. 276.
44　Ebd. , S. 287.
45　Paul Rilla: Literatur und Lüth. Eine Streitschrift. In: Hans Mayer(Hrsg.) : Deutsche Literaturkritik. Vom Dritten Reich bis zur Gegenwart(1933 – 1968). Frankfurt/M. : Fischer, S. 293.
46　Hans Mayer: Der Richter vom Jahrgang 1919. Anmerkungen zu einer neuen Literaturgeschichte. In: Die Neue Zeitung vom 12. Dezember 1947.
47　Paul Rilla: Literatur und Lüth. Eine Streitschrift. In: Hans Mayer(Hrsg.) : Deutsche Literaturkritik. Vom Dritten Reich bis zur Gegenwart(1933 – 1968). Frankfurt/M. : Fischer, S. 316.
48　Ebd. , S. 320. Zitat aus: Hans Mayer: Der Richter vom Jahrgang 1919. Anmerkungen zu einer neuen Literaturgeschichte. In: Die Neue Zeitung vom 12. Dezember 1947.
49　Paul Rilla: Literatur und Lüth. Eine Streitschrift. In: Hans Mayer(Hrsg.) : Deutsche Literaturkritik. Vom Dritten Reich bis zur Gegenwart(1933 – 1968). Frankfurt/M. : Fischer, S. 356.
50　Paul E. H. Lüth: Literatur als Geschichte. Deutsche Dichtung von 1885 bis 1947. Zweiter Band. Wiesbaden: Limes-Verlag 1947, S. 518.
51　Zum Geburtsjahr Lüths kursieren zwei Versionen:1919 und 1921. Im Limes-Buch ist von 1919 die Rede, bei seiner Einschreibung zum Medizinstudium in Rostock gab er 1921 als Geburtsjahr an.
52　Siehe dazu: Junge Marschierer: Römer unseres Jahrhunderts. In: Der Spiegel 3(1951) vom 17. Januar; Angreifen und Zerstören. Als Vorläufer von 》Gladio《 finanzierten die USA

eine Truppe deutscher Partisanen mit rechter Gesinnung. In: Der Spiegel 48 (1990) vom 26. November.
53 Gunter Groll (Hrsg.) : De profundis. Deutsche Lyrik dieser Zeit. Eine Anthologie aus zwölf Jahren. München: Verlag Kurt Desch 1946.
54 [Gunter Groll:] Einführung. In: ebd. , S. 10 f.
55 Gruschka führte Ende der achtziger Jahre ein Interview mit Grolls ehemaliger persönlicher Sekretärin Franziska Violet. In: Bernd R. Gruschka: Der gelenkte Buchmarkt. Die amerikanische Kommunikationspolitik in Bayern und der Aufstieg des Verlages Kurt Desch 1945 bis 1950. In: Archiv für Geschichte des Buchwesens 44 (1995) , S. 128.
56 Ebd. , S. 165.
57 Franz Burda: Hermann Burte zum 100. Geburtstag. In: Hermann Burte: Gedichte. Auswahl. Offenburg: 1978 , S. 5.
58 Ebd. , S. 5 f.
59 Georg Thürer: Zugang zu Hermann Burtes Gedichten. In: Hermann Burte: Gedichte. Auswahl. Offenburg: 1978 , S. 15.
60 Alfred Holler: Der Geist muss Meister werden in der Welt. In: Oberbadisches Volksblatt vom 14. Februar 1959.
61 Alfred Holler: Der Geist muss Meister werden in der Welt. In: Oberbadisches Volksblatt vom 12. Februar 1944.
62 Ebd.
63 Vgl. ; Hermann Burte: Wiltfeber der ewige Deutsche. Die Geschichte eines Heimatsuchers. Leipzig: 1912 , S. 84.
64 Bericht über den Schriftsteller Hermann Burte zu Lörrach zu Händen der Deutschen Polizei des Landkreises Lörrach; der Französischen Militärbehörde des Landkreises Lörrach, von Rudolf Blaschek, Lörrach, Schulstr. 44 [handschr. datiert 19. 8. 1945] , S. 44. In: Hermann-Burte-Archiv, Maulburg.
65 Ebd. , S. 13.
66 Schreiben Hermann Burte an Paul Fechter vom 29. 6. 1953. In: Hermann-Burte-Archiv Maulburg.
67 Hermann Burte: Klage des Sehers. In: Hermann Burte: Das Heil im Geiste. Gedichte. Offenburg: 1953 , S. 44.
68 Ehrenbürger. Zuck-aus-der-Luft. In: Der Spiegel 14 (1959) vom 1. 4. , S. 30.
69 Personalien. In: Der Spiegel 13 (1948) vom 27. 3. , S. 21.
70 Brief Kuni Tremel-Eggert an Josef Wessely vom 31. 1. 1956. Im Besitz des Verfassers.
71 Vgl. dazu Christian Adam: Lesen unter Hitler. Autoren, Bestseller, Leser im Dritten Reich. Berlin: 2010 , S. 288 – 292.
72 Ehemalige Nationalsozialisten in Pankows Diensten. Herausgegeben vom Untersuchungsausschuss Freiheitlicher Juristen. Berlin: [1960] , S. 96.
73 BArch, MFKL, zentrale NSDAP-Mitgliedskartei, Eintrag: Voelkner, Benno; geb. 3. 9. 1900.
74 Günter Albrecht: Schriftsteller der DDR. Leipzig: VEB Bibliographisches Institut 1974 , S. 576.

75 Der entsprechende Hinweis findet sich in Günter Albrecht:Schriftsteller der DDR. Leipzig:VEB Bibliographisches Institut 1974,S. 576. Ebenso im Nachruf:Hans Jürgen Geerdts:Er erzählte von einfachen Leuten. Zum Tode von Benno Voelkner. In:Neues Deutschland vom 23. Januar 1974,S. 4.
76 Benno Voelkner:Jacob Ow. Historischer Roman. Schwerin:Petermänken-Verlag 1951,S.5.
77 Benno Voelkner:Jacob Ow. Historischer Roman. Schwerin:Petermänken-Verlag 1951,S.225.
78 Hans Jürgen Geerdts:Er erzählte von einfachen Leuten. Zum Tode von Benno Voelkner. In: Neues Deutschland vom 23. Januar 1974,S.4.
79 Lebenslauf von Benno Voelkner, geb. 3. 9. 1900 Danzig, vom 20. 4. 1953, Abschrift. In: BStU, MfS, BV Schwerin, AIM 1515/62, P-Akte, Bl. 70.
80 MfS,BV Schwerin,Abt. V an MfS,BV Magdeburg,KD Loburg vom 7. 3. 1957. In:In:BStU,MfS,BV Schwerin,AIM 1515/62,P-Akte,Bl. 109.
81 MfS, BV Schwerin,Abt. V an MfS,BV Magdeburg,KD Loburg vom7. 3. 1957. In:In:BStU,MfS,BV Schwerin,AIM 1515/62,P-Akte,Bl. 106.

Ⅵ 有关战争和战俘营的叙述:沉默

1 》Westfalen-Blatt《 und 》Westfälische Zeitung《 zitiert nach:Waren Sie Soldat? In:Der Spiegel 16(1954)vom 14. 4. ,S. 38.
2 Null-Acht-Fünfzehn. Auf höherer Ebene. In:Der Spiegel 21(1954)vom 19. 5. ,S. 30.
3 BArch(ehem. BDC),RK,Kirst,Hans Hellmut,5. 12. 1914.
4 Ebd.
5 Hans Hellmut Kirst:Der Schein trügt (auch ein Fragebogen). In: Ludwig Marcuse (Hrsg.):War ich ein Nazi? Politik-Anfechtung des Gewissens. München, Bern, Wien: 1968,S. 89.
6 Hans Hellmut Kirst:Null-acht fünfzehn. Die abenteuerliche Revolte des Gefreiten Asch. München:1954.
7 Deutschland diskutiert 》Null-acht fünfzehn《. [Werbeblatt des Verlags].
8 Schreiben H. H. Kirst an Kurt Desch [zu Werbezwecken aufbereitet]. In:Deutschland diskutiert 》Null-acht fünfzehn《. [Werbeblatt des Verlags].
9 Hans Hellmut Kirst:Null-acht fünfzehn. Die abenteuerliche Revolte des Gefreiten Asch. München:1954,S. 395.
10 Ebd. ,S. 304.
11 Ebd. ,S. 321.
12 Hans Hellmut Kirst:Null-acht fünfzehn. Die seltsamen Kriegserlebnisse des Soldaten Asch. München:1954, Klappentext.
13 Staatsarchiv München,SpkA K 4102:Strauß,Franz.
14 Ebd.
15 Staatsarchiv München,SpkA K 4327:Kirst,Hans.
16 Abschrift Appeal Case [ohne Datum]. In:Staatsarchiv München, SpkA K 4327:Kirst, Hans.
17 Schreiben von Kirst an den Landrat in Schongau vom 31. 3. 1946. In: Staatsarchiv München,SpkA K 4327:Kirst,Hans.

18 Leserbrief Hans Hellmut Kirst. In: Süddeutsche Zeitung vom 9. 8. 1978. In: ACSP, NL Strauß PV 11610.
19 Strauß. Der Primus [Titelgeschichte]. In:Der Spiegel 1(1957) vom 2. 1. ,S. 11 ff.
20 Vgl. Michael Kumpfmüller: Ein Krieg für alle und keinen. Hans Hellmut Kirst: Null-acht fünfzehn(1954/55). In: Hans Wagener (Hrsg.) : Von Böll bis Buchheim: Deutsche Kriegsprosa nach 1945. Amsterdam, Atlanta:1997, S. 251 f.
21 Hausmitteilung Amt für Literatur und Verlagswesen, Abt. Schöne Literatur, Elsholz, an Koll. Oskar Hoffmann vom 12. 10. 1956 [mit Zitaten aus dem Gutachten von Günther Deicke]. In: BArch, DR 1/5013a, Druckgenehmigungsvorgänge alphabetisch nach Autoren, Kirst-Kiwi.
22 Heidi Dürr: Doppelter Desch. Mit 78 Jahren will Verleger Kurt Desch noch einmal neu anfangen. In: Die Zeit Nr. 11 vom 6. März 1981, S. 21.
23 Hans Werner Richter: Die erste Begegnung. In: Kurt Desch: Aus der Romanstrasse. Ein Almanach 1945 – 1953. Wien, München, Basel: Verlag Kurt Desch 1953, S. 54.
24 Josef Martin Bauer: So weit die Füße tragen. Frankfurt am Main: S. Fischer 1960, hinterer Umschlag.
25 Ebd. , S. 139.
26 Ebd. , S. 211.
27 Ebd. , S. 113.
28 Ebd. , S. 113.
29 Soweit die Füße tragen. Dichtung, Wahrheit und ein Welterfolg. Radiofeature von Arthur Dittlmann. Erstausstrahlung in der Reihe » Zeit für Bayern « auf Bayern 2 im Jahr 2010.
30 Brief von Josef Martin Bauer an Reinhard Piper Verlag vom 20. 9. 1941. In: Deutsches Literaturarchiv Marbach, A: Piper, Reinhard Verlag.
31 Josef Martin Bauer: Die Kraniche der Nogaia. Tagebuchblätter aus dem Feldzug im Osten. München: R. Piper & Co. 1942.
32 Egid Gehring(Hrsg.) [Text von Gfr. Josef Martin Bauer] : Unterm Edelweiss in der U-kraine. München: Zentralverlag der NSDAP 1943.
33 Vgl. Schreiben Piper-Verlag an Josef Martin Bauer [2. Durchschl.] vom19. 3. 1942, Zeichen KP [Klaus Piper]/St. In: Deutsches Literaturarchiv Marbach, A: Piper u. Co. München an Bauer, Josef Martin.
34 Egid Gehring: Unterm Edelweiss in der Ukraine. München: Zentralverlag der NSDAP 1943, S. 5.
35 Ebd. , S. 11.
36 Ebd. , S. 39.
37 Ebd. , S. 50.
38 Ebd. , S. 54.
39 Ebd. , S. 53.
40 Ebd. , S. 49.
41 Hellmuth Langenbucher: Volkhafte Dichtung der Zeit. Berlin:1937, S. 412.
42 Nachwort von Herbert Günther. In: Josef Martin Bauer: Die barocke Kerze. Novelle. Leipzig: Reclam 1938, S. 77.

43 Josef Martin Bauer: Die Kraniche der Nogaia. Tagebuchblätter aus dem Feldzug im Osten. München: R. Piper & Co. 1942, S. 48.
44 Josef Martin Bauer: So weit die Füße tragen. Frankfurt/M. : S. Fischer 1960, S. 348.
45 Ebd. , S. 246.
46 http://www.historischer-kreis.de/? page_id = 112 (zuletzt besucht am 27. 8. 2012).
47 Josef Martin Bauer: Lebenslauf vom 26. 12. 1945, S. 3. In: Staatsarchiv München. SpkA K 3354: Bauer, Josef Martin.
48 Kontrollrat. Direktive Nr. 38. Verhaftung und Bestrafung von Kriegsverbrechern, Nationalsozialisten und Militaristen und Internierung, Kontrolle und Überwachung von möglicherweise gefährlichen Deutschen.
49 Klaus Piper: Eidesstattliche Erklärung vom 13. 9. 1946 [Abschrift]. In: Staatsarchiv München. SpkA K 3354: Bauer, Josef Martin.
50 In: Der Spiegel 40 (1959) vom 30. 9. , S. 67.
51 Walter Delabar: Dammbrüche und Untergänge. Edwin Erich Dwinger: Wenn die Dämme brechen (1950) und General Wlassow (1951). In: Hans Wagener (Hrsg.) : Von Böll bis Buchheim. Deutsche Kriegsprosa nach 1945. Amsterdam, Atlanta: 1997, S. 136.
52 Vgl. dazu: Ostforschung: Dwinger. Letzter Reiter. In: Der Spiegel 4 (1968) vom 21. 1. , S. 84, sowie nach eigenen Angaben in: Spruch der Hauptkammer Kaufbeuren. Abschrift. Füssen, den 28. 7. 1948, S. 13. In: Deutsches Literaturarchiv Marbach, A: Diederichs, Eugen-Diederichs-Verlag
53 Dr. Hupka: Gedanken zur Zeit. [Sendemanuskript, Durchschl.] v. 22. 7. 1948. In: Deutsches Literaturarchiv Marbach, A: Alverdes, 02. 8. 772.
54 Spruch der Hauptkammer Kaufbeuren. Abschrift. Füssen, den 28. 7. 1948, S. 2. In: Deutsches Literaturarchiv Marbach, A: Diederichs, Eugen-Diederichs-Verlag.
55 Ebd.
56 Edwin Erich Dwinger: Die Armee hinter Stacheldraht. Das sibirische Tagebuch. Überlingen: Otto Dikreiter Verlag 1950, S. 132.
57 Spruch der Hauptkammer Kaufbeuren. Abschrift. Füssen, den 28. 7. 1948, S. 17. In: Deutsches Literaturarchiv Marbach, A: Diederichs, Eugen-Diederichs-Verlag.
58 Ebd.
59 Ebd.
60 Beglaubigte Abschrift des Spruchs der Hauptkammer Berufungskammer Augsburg, Füssen, den 22. 3. 1949. In: Deutsches Literaturarchiv Marbach, A: Diederichs.
61 Brief von Dwinger an Peter Diederichs, Eugen-Diederichs Verlag v. 30. 4. 49. In: Deutsches Literaturarchiv Marbach, A: Diederichs, EugenDiederichs-Verlag.
62 Brief von Peter Diederichs an Dwinger v. 27. 4. 49. In: Deutsches Literaturarchiv Marbach, A: Diederichs, Eugen-Diederichs-Verlag.
63 Edwin Erich Dwinger: Wenn die Dämme brechen... Untergang Ostpreußens. Überlingen a. B. : Otto Dikreiter Verlag 1950, S. 544.
64 Ebd. , S. 284.
65 Ebd. , S. 284.
66 Ebd. , S. 161.

67 Ebd. ,S. 161.
68 Ebd. ,S. 271.
69 Dr. Hupka: Gedanken zur Zeit. [Sendemanuskript, Durchschl.] v. 22. 7. 1948. In: Deutsches Literaturarchiv Marbach, A: Alverdes,02. 8. 772.
70 Walter Delabar: Dammbrüche und Untergänge. Edwin Erich Dwinger: Wenn die Dämme brechen(1950) und General Wlassow(1951). In: Hans Wagener(Hrsg.): Von Böll bis Buchheim. Deutsche Kriegsprosa nach 1945. Amsterdam, Atlanta: 1997, S. 139.
71 Vgl. Andy Hahnemann: Keiner kommt davon. Der Dritte Weltkrieg in der deutschen Literatur der 50er Jahre. http://www. club-andymon. net/ wordpress/wp-content/uploads/ 2008/03/andy-hahnemann-wettlaufins-nichts. pdf(zuletzt besucht am 7. 11. 2012).
72 Vereinfachter Fragebogen des Office of Military Government Land Wuerttemberg-Baden, First Military Government Batallion, Information Control Division von Heinz Günther Konsalik vom 1. Juli 1948. Dokument im Archiv des Autors.
73 Der Spiegel 41(1999) vom 11. 10. ,S. 358.
74 Siehe biografischer Info-Kasten zu einem Interview des Spiegel mit dem Autor. Der Spiegel 1(1991) vom 31. 12. 1990, S. 148.
75 Der Spiegel 1(1991) vom 31. 12. 1990, S. 148.
76 Gunar Ortlepp: Urwaldgöttin darf nicht weinen. In: Der Spiegel 50(1976) vom 6. 12. , S. 221.
77 Heinz G. Konsalik: Der Arzt von Stalingrad. München: 1975 [1957], S. 12.
78 Ebd. ,S. 23.
79 Ebd. ,S. 22.
80 Ebd. ,S. 46.
81 Ebd. ,S. 45.
82 Ebd. ,S. 51.
83 Ebd. ,S. 52.
84 Norman Ächtler: Generation in Kesseln. Das soldatische Opfernarrativ im westdeutschen Kriegsroman 1945 – 1960. Göttingen: 2013, S. 7.
85 Arnd Bauerkämper: Verfechtung und selektive Erinnerung. Soldaten des Zweiten Weltkriegs und ihre Verbände im besetzten und geteilten Deutschland 1945 – 1990. In: Detlev Brunner, Udo Grashoff & Andreas Kötzing(Hrsg.): Assymetrisch verfochten? Neue Forschungen zur gesamtdeutschen Nachkriegsgeschichte. Berlin: 2013, S. 62 f.
86 Ebd. ,S. 64.
87 Jörg Echternkamp: Soldaten im Nachkrieg. Historische Deutungskonflikte und westdeutsche Demokratisierung 1945 – 1955. München: 2014, S. 446.
88 Heinz G. Konsalik: Der Arzt von Stalingrad. München: 1975 [1957], S. 215.
89 Archiv am Erscheinungstag: Vor 95 Jahren. Der 19. Juni 1908. Dr. Ottmar Kohler. Der Engel von Stalingrad. http://www. landeshauptarchiv. de/index. php? id = 402 (zuletzt besucht am 29. 10. 2013).
90 Lena Knäpple: Kriegsfilmwelle. In: Torben Fischer & Matthias N. Lorenz(Hrsg.): Lexikon der » Vergangenheitsbewältigung « in Deutschland. Debatten-und Diskursgeschichte des Nationalsozialismus nach 1945. Bielefeld: 2007, S. 119.

Ⅶ 寄本书去那边吧！阻碍重重的文学交流

1 Direktive Nr. 55 über den》Austausch von Druckschriften und Filmen im Interzonenverkehr《 des alliierten Kontrollrats vom 25. Juni 1947.
2 Ernst Umlauff: Der Wiederaufbau des Buchhandels. Beiträge zur Geschichte des Büchermarktes in Westdeutschland nach 1945. In: Archiv für Geschichte des Buchwesens 17(1977/1978), S. 1208.
3 Ebd. ,S. 1203.
4 Bericht von Alfred Grade, Vorsitzender des Hessischen Verleger-und Buchhändler-Verbandes, vom Mai 1948. Zitiert in: Ernst Umlauff: Der Wiederaufbau des Buchhandels. Beiträge zur Geschichte des Büchermarktes in Westdeutschland nach 1945. In: Archiv für Geschichte des Buchwesens 17(1977/1978), S. 1209.
5 Umlauff nimmt Bezug auf Aussagen von Ernst Grade aus dem März 1947. Ernst Umlauff: Der Wiederaufbau des Buchhandels. Beiträge zur Geschichte des Büchermarktes in Westdeutschland nach 1945. In: Archiv für Geschichte des Buchwesens 17 (1977/1978), S. 1276.
6 Vgl. dazu Ernst Umlauff: Der Wiederaufbau des Buchhandels. Beiträge zur Geschichte des Büchermarktes in Westdeutschland nach 1945. In: Archiv für Geschichte des Buchwesens 17(1977/1978), S. 1332.
7 Heinz Sarkowski: Die Anfänge des deutsch-deutschen Buchhandelsverkehrs (1945 - 1955). In: Mark Lehmstedt & Siegfried Lokatis(Hrsg.) : Das Loch in der Mauer. Der innerdeutsche Literaturaustausch. Wiesba-den: 1997, S. 95.
8 Ebd. ,S. 96.
9 Vgl. dazu im Folgenden Ernst Umlauff: Der Wiederaufbau des Buchhandels. Beiträge zur Geschichte des Büchermarktes in Westdeutschland nach 1945. In: Archiv für Geschichte des Buchwesens 17(1977/1978), S. 1355 ff.
10 Christian Heermann: Karl May-Heimliches und Unheimliches. In: Siegfried Lokatis & Ingrid Sonntag(Hrsg.) : Heimliche Leser in der DDR. Kontrolle und Verbreitung unerlaubter Literatur. Berlin: 2008, S. 364.
11 Ernst Umlauff: Der Wiederaufbau des Buchhandels. Beiträge zur Geschichte des Büchermarktes in Westdeutschland nach 1945. In: Archiv für Geschichte des Buchwesens 17(1977/1978), S. 1357.
12 Buchaustausch zwischen Ost und West. In: Der Schriftsteller. Zeitschrift der Vereinigung Deutscher Schriftstellerverbände e. V. 7(1954), H. 4 vom 15. April 1954.
13 Richard Sieben: Abkommen und Vorschriften zum Interzonenhandel. Mit einer erläuternden Einführung. Frankfurt/M. : Verlag für Wirtschaft und Verwaltung 1961, S. 42.
14 Anlage 3 des Berliner Abkommens vom 20. September 1951, abgedruckt im Dokumententeil bei Ernst Umlauff: Der Wiederaufbau des Buchhandels. Beiträge zur Geschichte des Büchermarktes in Westdeutschland nach 1945. In: Archiv für Geschichte des Buchwesens 17(1977/1978), S. 1665.
15 Richard Sieben: Abkommen und Vorschriften zum Interzonenhandel. Mit einer erläuternden Einführung. Frankfurt/M. : Verlag für Wirtschaft und Verwaltung 1961, S.

263,265,266.
16 Heinz Sarkowski: Die Anfänge des deutsch-deutschen Buchhandelsverkehrs (1945 – 1955). In: Mark Lehmstedt & Siegfried Lokatis (Hrsg.): Das Loch in der Mauer. Der innerdeutsche Literaturaustausch. Wiesbaden: 1997, S. 99 f.
17 Ebd., S. 105.
18 Vgl. dazu ebd., S. 102 f.
19 Siehe hierzu und zum Literaturaustausch allgemein Julia Frohn: Literaturaustausch im geteilten Deutschland. 1945 – 1972. Berlin: Ch. Links 2014, S. 64.
20 Ebd., S. 65.
21 Ebd., S. 67.
22 Ebd., S. 66.
23 Mark Lehmstedt: Im Dickicht hinter der Mauer-der Leser. In: Siegfried Lokatis & Ingrid Sonntag (Hrsg.): Heimliche Leser in der DDR. Kontrolle und Verbreitung unerlaubter Literatur. Berlin: 2008, S. 30.
24 DDR-Handbuch, 3. überarbeitete Aufage, 1985, S. 246.
25 Julia Frohn: Literaturaustausch im geteilten Deutschland. 1945 – 1972. Berlin: Ch. Links 2014, S. 82.
26 Julia Frohn: Literaturaustausch im geteilten Deutschland. 1945 – 1972. Berlin: Ch. Links 2014, S. 101.
27 Julia Frohn: Literaturaustausch im geteilten Deutschland. 1945 – 1972. Berlin: Ch. Links 2014, S. 373.
28 Siegfried Lokatis: Lesen in der Diktatur. Konturen einer Zensurwirkungsforschung. In: Siegfried Lokatis & Ingrid Sonntag (Hrsg.): Heimliche Leser in der DDR. Kontrolle und Verbreitung unerlaubter Literatur. Berlin: 2008, S. 12.
29 Verlag Philipp Reclam Jun. Leipzig, Hans Marquardt, an Ministerium für Kultur, Hauptverwaltung Verlagswesen, Karl Böhm, vom 24. 7. 1956. In: BArch, DR 1/16068, Bl. 262.
30 Ebd., Bl. 263.
31 Hausmitteilung, Amt für Literatur und Verlagswesen, gez. Morgenstern, vom 13. 8. 1956. In: BArch, DR 1/16068, Bl. 257.
32 Julia Frohn: Literaturaustausch im geteilten Deutschland. 1945 – 1972. Berlin: Ch. Links 2014, S. 95 – 97.
33 Ebd., S. 97.
34 Ebd., S. 110.
35 Siegfried Lokatis: Lesen in der Diktatur. Konturen einer Zensurwirkungsforschung. In: Siegfried Lokatis & Ingrid Sonntag (Hrsg.): Heimliche Leser in der DDR. Kontrolle und Verbreitung unerlaubter Literatur. Berlin: 2008, S. 16.
36 Bericht Nr. 200/61 über die Lage unter der Jugend und die Tätigkeit des Gegners vom 27. April 1961. In: Daniela Münkel (Bearb.): Die DDR im Blick der Stasi 1961. Die geheimen Berichte an die SED-Führung. Göttingen: 2011. www. ddr-im-blick. de (zuletzt besucht am 3. 7. 2013)
37 Dienstanweisung Nr. 20/63 vom 21. 10. 1963. Inhalt: Einfuhr von Literatur und sonstigen

附录

Druckerzeugnissen aus der westdeutschen Bundesrepublik, Westberlin und dem kapitalistischen Ausland im Postverkehr. In: BArch, DL 203 / 1611 (Zollverwaltung der DDR), S. 1.
38 Ebd. , S. 2.
39 Stefan Tiepmar:》Bürgerkriegsliteratur《 und andere 》staatsgefährdende Schriften《. Westdeutsche Abwehrstrategien im innerdeutschen Buchaustausch. In: Mark Lehmstedt & Siegfried Lokatis (Hrsg.): Das Loch in der Mauer. Der innerdeutsche Literaturaustausch. Wiesbaden: 1997, S. 56.
40 Ebd. , S. 59.
41 Ebd. , S. 58.
42 Josef Foschepoth: Überwachtes Deutschland. Post-und Telefonüberwachung in der alten Bundesrepublik. Berlin;2012, S. 77 f.
43 Ebd. , Umschlagrückseite.
44 Zitiert nach ebd. , S. 115.
45 Ebd. , S. 109.
46 Es gab eine zentrale Aussonderungsstelle. Siehe ebd. , S. 112.
47 Ebd. , S. 94.
48 The Visiting Committee of American Book Publishers (Hrsg.): German Book Publishing and Allied Subjects. Munich; New York City:1948, S. 13. [Übersetzung des Autors].
49 Ebd. , S. 13 [Übersetzung des Autors].
50 Ebd. , S. 13 [Übersetzung des Autors].
51 Ebd. , S. 13, 51.
52 Ebd. , S. 60 [Übersetzung des Autors].
53 Arbeitsrichtlinie Nr. 6/62, Inhalt: Vereinfachung bei der Beschlagnahme von Schund-und Schmutzliteratur bei den Paketkontrollämtern, vom 4. 4. 1962. In: BArch, DL 203 / 1580 (Zollverwaltung der DDR).
54 Zur Verordnung zum Schutze der Jugend vom 15. September 1955. 》Leg ihn um《, sagte der Filmheld. Aus dem Tagebuch eines westdeutschen Jugendpfegers. In: Neues Deutschland vom 24. 10. 1955, S. 3.
55 Bericht Nr. 200/61 über die Lage unter der Jugend und die Tätigkeit des Gegners vom 27. April 1961. In: Daniela Münkel (Bearb.): Die DDR im Blick der Stasi 1961. Die geheimen Berichte an die SED-Führung. Göttingen: 2011. www. ddr-im-blick. de (zuletzt besucht am 3. 7. 2013).
56 Information zu den an Berliner Schulen aufgetretenen Tendenzen der Überspitzung und des formalen und administrativen Vorgehens bei den Kontrollen gegen Schund und Schmutzerzeugnisse. Magistrat von Großberlin, Abteilung Volksbildung vom 17. 4. 1972, Bl. 2. In: BArch, DR 2/22293 (Ministerium für Volksbildung).
57 E. Schenderlein, Verlag Volk und Wissen, Sektion Zeitschriften, Betr. Mappenkontrolle in der 4. Oberschule Berlin-Treptow, Vermerk vom 19. 4. 1972. In: BArch, DR 2/22293 (Ministerium für Volksbildung).
58 Joachim Käppner: Wie es niemals war. Einstellung der 》Landser《-Hefte. Süddeutsche Zeitung vom 15. September 2013.

59 Hendrik Buhl: Landser-Hefte. In: Torben Fischer & Matthias N. Lorenz (Hrsg.) : Lexikon der 》 Vergangenheitsbewältigung 《 in Deutschland. Debatten-und Diskursgeschichte des Nationalsozialismus nach 1945. Bielefeld: 2007, S. 116.
60 http://www.vpm.de/zeitschriften/dokumentation/der-landser.html (zuletzt besucht am 28. 1. 2013).
61 Braunbuch. Kriegs-und Naziverbrecher in der Bundesrepublik. Staat, Wirtschaft, Armee, Verwaltung, Justiz, Wissenschaft. Berlin: Staatsverlag der Deutschen Demokratischen Republik 1965, S. 348.
62 Glorifying the Waffen-SS and Nazi War Criminals. Der Landser Magazine, published by Pabel-Moewig, a subdivision of the Bauer publishing firm. A special Simon Wiesenthal Center Report, written by Stefan Klemp, July 2013. http://www.wiesenthal.com/atf/cf/%7B54d385e6-f1b9-4e9f-8e94-890c3e6dd277%7D/LANDSER-FINAL-2.PDF (zuletzt besucht am 22. 12. 2014).
63 Joachim Käppner: Wie es niemals war. Einstellung der 》 Landser 《-Hefte. Süddeutsche Zeitung vom 15. September 2013.
64 Georg L. Fritz: Der Stuka-Franz. Roman. Aus der Reihe Der Landser. Nr. 8. Rastatt: Erich Pabel Verlag 1957, S. 43.
65 Ebd. , S. 38.
66 Ebd. , S. 58.
67 Ebd. , S. 61.
68 Erich Ebeling: So lachte der Landser. Humor in Uniform. Rastatt: Erich Pabel Verlag [o. J.], S. 3.
69 Ebd. , S. 3.
70 Fritz Lange: Schund und Schmutz-ein Teil imperialistischer psychologischer Kriegsführung [o. J. , zwischen 1954 und 1958]. In: BArch, DR 2/6215, S. 2.
71 Ebd. , S. 2.
72 Ebd. , S. 14.
73 Biografische Details in Günter Albrecht: Schriftsteller der DDR. Leipzig: VEB Bibliographisches Institut 1974, S. 109.
74 Kurt David: Gegenstoß ins Nichts. Berlin: Verlag des Ministeriums für Nationale Verteidigung 1957, S. 33.
75 Ebd. , S. 44.
76 Zitiert nach Joachim Walther: Sicherungsbereich Literatur. Schriftsteller und Staatssicherheit in der Deutschen Demokratischen Republik. Berlin: 1996, S. 688.
77 BArch RKK (ehemals BDC) Daumann, Rudolf Heinrich, geb. 2. 11. 1896. Zu Daumann siehe auch Christian Härtel: Grenzen über uns. Populärwissenschaftliche Mobilisierung, Eskapismus und Synthesephantasien in Zukunftsromanen des 〉 Dritten Reiches 〈. In: Walter Delabar, Horst Denkler & Erhard Schütz (Hrsg.) : Banalität mit Stil. Zur Widersprüchlichkeit der Literaturproduktion im Nationalsozialismus. Bern u. a. : 1999, S. 255.
78 Ebd.
79 Rudolf [Heinrich] Daumann: Freiheit oder Bananen. Berlin: Verlag Neues Leben 1954,

S. 8.
80 Ebd. ,S. 32.
81 Vgl. hierzu den Aufsatz von Freya Leinemann:Erst rechts,dann links. Wie der Leipziger Schriftsteller Kurt Herwarth Ball deutsche Geschichte schrieb. In: Siegfried Lokatis,Theresia Rost & Grit Steuer(Hrsg.):Vom Autor zur Zensurakte. Abenteuer im Leseland DDR. Halle:2014,S. 100.
82 Vgl. dazu Freya Leinemann:Erst rechts,dann links. Wie der Leipziger Schriftsteller Kurt Herwarth Ball deutsche Geschichte schrieb. In: Siegfried Lokatis, Theresia Rost & Grit Steuer(Hrsg.):Vom Autor zur Zen-surakte. Abenteuer im Leseland DDR. Halle:2014, S. 95.
83 Ehemalige Nationalsozialisten in Pankows Diensten. 3. ,ergänzte Ausgabe. Herausgegeben vom Untersuchungsausschuss Freiheitlicher Juristen. Berlin: [1960] ,S. 8.
84 Vgl. dazu Freya Leinemann:Erst rechts,dann links. Wie der Leipziger Schriftsteller Kurt Herwarth Ball deutsche Geschichte schrieb. In: Siegfried Lokatis, Theresia Rost & Grit Steuer(Hrsg.):Vom Autor zur Zensurakte. Abenteuer im Leseland DDR. Halle:2014,S. 96.
85 Erich Loest wurde dazu von Freya Leinemann befragt. Zitat nach ebd. ,S. 97.
86 Kurth Herwarth Ball & Lothar Weise:Brand im Mondobservatorium. Das Neue Abenteuer 161. Berlin:Verlag Neues Leben 1959.
87 Handschriftliche Bemerkung auf dem Druckgenehmigungsantrag durch den Verlag Neues Leben,Genehmigung erteilt am 18. 1. 1957 http://www. bundesarchiv. de/digitalisate/drl_druck/DR_1_3944/ DR_1_3944_145. png(zuletzt besucht am 2. 1. 2015).
88 Verlagsgutachten zu Kurt Herwarth Ball:Meister Annette,Verlag der Nation,10. 2. 1960 http://www. bundesarchiv. de/digitalisate/drl_druck/ DR_1_3944/DR_1_3944_205. png(zuletzt besucht am 2. 1. 2015).

Ⅷ 冷战的军械库:体系斗争中的作家们

1 Rudolf Petershagen: Gewissen in Aufruhr. Autobiographischer Bericht. Berlin: Verlag der Nation 1957 [1985] ,S. 258.
2 Ebd. ,S. 18.
3 Schreiben von Günter Hofé an Abteilung Literatur und Buchwesen beim Ministerium für Kultur,Dr. Häckel,vom 13. 1. 1960. Übersendung der 》 Leitsätze für den Verlag der Nation 《,S. 3. In:BArch,DR 1/16217.
4 Ebd. ,S. 4. In:BArch,DR 1/16217.
5 Schreiben der NDPD, gez. Dallmann, an Minister für Kultur, Hans Bentzien, vom 22. 3. 1963 zum Thema 》 Grundsätzliche Aufgaben des Parteiverlags 《, S. 4. In: BArch, DR 1/16217.
6 Rudolf Petershagen:Gewissen in Aufruhr. Autobiographischer Bericht. Berlin:Verlag der Nation 1957 [1985] ,S. 22 - 23.
7 Ebd. ,S. 24.
8 Ebd. ,S. 211.
9 Ebd. ,S. 247.

10 Ebd. , S. 142.
11 Ebd. , S. 173.
12 Ebd. , S. 184.
13 Bruno Beater, Stellvertreter des Ministers, an Gen. Oberstltn. Schröder vom 23. 4. 1957 [Entwurf]. In: BStU, MfS, AIM, 2361/69, P-Akte, Bd. Nr. I, Bl. 50.
14 KD Greifswald, Auskunftsbericht zu Rudolf Petershagen vom 27. 12. 1967. In: BStU, MfS, AIM, 2361/69, P-Akte, Bd. Nr. II, Bl. 159.
15 Aktenvermerk. Betr. Treff mit Petershagen am 12. 6. 1956. In: BStU, MfS, AIM, 2361/69, P-Akte, Bd. Nr. I, Bl. 67.
16 Bruno Beater, Stellvertreter des Ministers, an Gen. Oberstltn. Schröder vom 23. 4. 1957 [Entwurf]. In: BStU, MfS, AIM, 2361/69, P-Akte, Bd. Nr. I, Bl. 49.
17 Stellungnahme zum Fahnenabzug des Buches vom ehemaligen Oberst Petershagen, Bischof, Leiter Hauptabteilung V/6, vom 7. 5. 1957. In: BStU, MfS, AIM, 2361/69, P-Akte, Bd. Nr. I, Bl. 45.
18 KD Greifswald, Major Tromp, an BV Rostock, Oberstleutnant König, vom 5. 1. 1961. Betr. : Petershagen. In: BStU, MfS, AIM, 2361/69, P-Akte, Bd. Nr. I, Bl. 216.
19 Ebd. , Bl. 214.
20 Betr. : Kontaktaufnahme über den ehem. Oberst Petershagen zu dem General [Name anonymisiert], gez. Hauptmann Bischof, Greifswald, den 21. 10. 1956. In: BStU, MfS, AIM, 2361/69, P-Akte, Bd. Nr. II, Bl. 134.
21 Abschrift [Bericht Petershagen]. Zum Besuch des General a. D. [Name anonymisiert, ohne Datum]. In: BStU, MfS, AIM, 2361/69, P-Akte, Bd. Nr. II, Bl. 113.
22 [Handschriftliche Notiz] vom 10. 8. 1960, gez. Major Tromp. In: BStU, MfS, AIM, 2361/69, P-Akte, Bd. Nr. I, Bl. 113.
23 Vorschlag zur Auszeichnung, KD Greifswald, gez. Major Tromp, vom 22. 9. 1964. In: BStU, MfS, AIM, 2361/69, P-Akte, Bd. Nr. I, Bl. 196.
24 KD Greifswald, Auskunftsbericht zu Rudolf Petershagen vom 27. 12. 67. In: BStU, MfS, AIM, 2361/69, P-Akte, Bd. Nr. II, Bl. 159.
25 Ebd. , Bl. 160, 161.
26 Handschriftlicher Vermerk Major Tromp vom 15. 5. 69. In: BStU, MfS, AIM, 2361/69, P-Akte, Bd. Nr. II, Bl. 1158.
27 Günter Albrecht: Schriftsteller der DDR. Leipzig: VEB Bibliographisches Institut 1974, S. 558 f.
28 Peter Berger: Geschäft mit der öffentlichen Meinung. » Filmemacher «, ein Fernsehfilm von Harry Thürk. In: Neues Deutschland, Mi. 29. September 1971 / Jahrgang 26 / Ausgabe 269 / Seite 4.
29 Abschrift Telegramm Harry Thürk an Minister für Staatssicherheit. In: BStU, MfS, SdM, 676, P-Akte, Bl. 99.
30 Schreiben der Abt. Agitation, Stellvertreter, an Büro der Leitung, Leiter, vom 13. 6. 1979. In: BStU, MfS, ZAIG, Nr. 32034, Bl. 94.
31 Vorschlag zur Auszeichnung mit dem Kampforden in Gold vom 14. 1. 1987. In: BStU, MfS, ZAIG, Nr. 32034, Bl. 106.

32 Vorschlag für Gratulation anläßlich des 60. Geburtstags des Schriftstellers Harry Thürk am 8. März 1987. In: BStU, MfS, ZAIG, Nr. 32034, Bl. 110.
33 Ausführliche Begründung zum Vorschlag für den Theodor-Körner-Preis. In: BStU, MfS, ZAIG, Nr. 32034, Bl. 47-48.
34 Stellungnahme zum Einsatz als Reisekader. In: BStU, MfS, ZAIG, Nr. 32034, Bl. 83.
35 Abteilung Agitation an Stellvertreter des Ministers Gen. Beater vom 3. 8. 1966. In: BStU, MfS, ZAIG, Nr. 32034, Bl. 1.
36 Verdienstmedaille verliehen. In: Neues Deutschland vom 21. Juli 1963, S. 4. 》For eyes only 《 ausgezeichnet. In: Berliner Zeitung vom 21. Juli 1963, S. 6.
37 http://www. harrythuerk. de/werke/doku (zuletzt besucht am 20. 6. 2012) bzw. ein ähnlicher Hinweis in: Hanjo Hamann, Ulrich Völkel & Stefan Wogawa (Hrsg.): Harry Thürk. Sein Leben, seine Bücher, seine Freunde. Halle: Mitteldeutscher Verlag 2007, S. 216.
38 Das Leben eines Kämpfers. Martin Weikert erinnert sich. Aufgeschrieben von Harry Thürk. Offizin Andersen Nexö. Leipzig: 1988.
39 [Mitschrift] Staatl. Komitee für Rundfunk. FS 21. 15 vom 16. 7. 1979. In: BStU, MfS, ZAIG, Nr. 32034, Bl. 95.
40 Harry Thürk: Der Gaukler. Berlin: 1978, Bd. I, S. 262 f.
41 [Mitschrift] Staatl. Komitee für Rundfunk. FS 21. 15 vom 16. 7. 1979. In: BStU, MfS, ZAIG, Nr. 32034, Bl. 97.
42 Harry Thürk: Der Gaukler. Berlin: 1978, Bd. I, S. 237.
43 Ebd. , Bd. II, S. 23.
44 [Mitschrift] Staatl. Komitee für Rundfunk. FS 21. 15 vom 16. 7. 1979. In: BStU, MfS, ZAIG, Nr. 32034, Bl. 98.
45 Rudi Hechler: Zum Lesen und zum Nachdenken. In: Hanjo Hamann, Ulrich Völkel & Stefan Wogawa (Hrsg.): Harry Thürk. Sein Leben, seine Bücher, seine Freunde. Halle: Mitteldeutscher Verlag 2007, S. 162.
46 Mit Verweis auf Frances Stonor Saunders: Wer die Zeche zahlt ⋯ Der CIA und die Kultur im Kalten Krieg. Berlin: Siedler 2001.
47 Matthias Oehme: Harry Thürk zum 75. Geburtstag. 》Wer spannend erzählt ⋯《 In: Hanjo Hamann, Ulrich Völkel & Stefan Wogawa (Hrsg.): Harry Thürk. Sein Leben, seine Bücher, seine Freunde. Halle: Mitteldeutscher Verlag 2007, S. 148.
48 Hofé freigelassen. In: Der Abend vom 25. 8. 1964. In: BArch, DR1/16217.
49 Auskunftsbericht über Günter Hofé. Hauptabteilung V/6 vom 20. 1. 1964. In: BStU, MfS, AP, Nr. 14366/92, Bl. 1 ff.
50 Ebd. , Bl. 3.
51 Interview mit Bruno Brandl, Berlin, am 12. September 2013.
52 Stefan Tiepmar: 》Bürgerkriegsliteratur 《 und andere 》 staatsgefährdende Schriften 《. Westdeutsche Abwehrstrategien im innerdeutschen Buchaustausch. In: Mark Lehmstedt & Siegfried Lokatis(Hrsg.): Das Loch in der Mauer. Der innerdeutsche Literaturaustausch. Wiesbaden: 1997, S. 60 f.
53 ADN-Information (Grün) vom 7. November 1963. In: BStU, MfS, HA IX/11, ZUV, Nr.

83, Bd. 41, Teil 2, Bl. 374.
54 Auskunftsbericht über Günter Hofé. Hauptabteilung V/6 vom 20. 1. 1964. In: BStU, MfS, AP, Nr. 14366/92, Bl. 23.
55 Ebd. , Bl. 4.
56 Interview mit Bruno Brandl, Berlin, am 12. September 2013.
57 Auskunftsbericht über Günter Hofé. Hauptabteilung V/6 vom 20. 1. 1964. In: BStU, MfS, AP, Nr. 14366/92, Bl. 23.
58 Ebd. , Bl. 24.
59 Vgl. hierzu und zum Fall Hofé: Stefan Tiepmar: 》 Bürgerkriegsliteratur 《 und andere 》 staatsgefährdende Schriften 《. Westdeutsche Abwehrstrate gien im innerdeutschen Buchaustausch. In: Mark Lehmstedt & Siegfried Lokatis (Hrsg.) : Das Loch in der Mauer. Der innerdeutsche Literaturaustausch. Wiesbaden : 1997, S. 62.
60 Durchschrift Glückwunsch von Bruno Haid, Leiter HV Verlage, an Günter Hofé, vom 26. 8. 1964. In: BArch, DR 1/16217.
61 Der Spiegel 36 (1964) vom 2. 9. , S. 20 f.
62 Siehe dazu die Einleitung in: Elke-Ursel Hammer (Bearb.) : Dokumente zur Deutschlandpolitik, Sonderedition 》 Besondere Bemühungen 《 Bd. 1. München: 2012, S. XV.
63 Vgl. Vermerk des Staatssekretärs im Bundesministerium für gesamtdeutsche Fragen Krautwig Bonn, 15. April 1964. In: Elke-Ursel Hammer (Bearb.) : Dokumente zur Deutschlandpolitik, Sonderedition 》 Besondere Bemühungen 《 Bd. 1. München: 2012, S. 109 f.
64 Vermerk des Regierungsrats im Bundesministerium für gesamtdeutsche Fragen Rehlinger Berlin (West), 27. Juli 1964. In: Elke-Ursel Hammer (Bearb.) : Dokumente zur Deutschlandpolitik, Sonderedition 》 Besondere Bemühungen 《, Bd. 1. München: 2012, S. 164.
65 Ebd. , S. 173.
66 Druckgenehmigungsvorgänge nach Autoren, Of-Oe 1953 – 1965. In: BArch DR 1/5049a, S. 105.
67 Ebd. , S. 107.
68 Die gefährliche Farbe. In: Der Spiegel 44 (1957) vom 30. 10. , S. 58 ff.
69 Die Kurzbiografie folgt dem Umschlag von: Hans von Oettingen: Spielbankaffaire. Berlin: Verlag der Nation 1956.
70 Hauptabteilung V, Abt. 3, Ltn. Böttcher: Bericht. Aussprache mit dem Direktor des Verlags der Nation, Hofé am 24. 2. 1960. In: BStU, MfS, AP, Nr. 6728/89, Bd. 2, Bl. 112 – 114.
71 Bericht von GI Ekkehard vom 12. 12. 1956. In: BStU, MfS, A, Nr. 560/85, Teilabl. I, Bl. 128 – 130.
72 Bericht von GI Ekkehard vom 19. 2. 1959. In: BStU, MfS, A, Nr. 560/85, Teilabl. 2, Bl. 61 – 62.
73 Ebd. , Bl. 62. Bei dem Werk über die Ostsee muss es sich um das 1960 im VdN erschienene Buch Ostsee . Meer des Friedens handeln. Eine Beteiligung von Oettingens ist allerdings den bibliografischen Daten nicht zu entnehmen.
74 Vorhanden sind die Karteikarten F 16 und F 22 zu Hans Georg Wolfgang von Oettingen-

Reichenbach, die die HV A als die vorgangführende Einheit ausweisen.
75 Eidgenössisches Departement für Auswärtige Angelegenheiten. Zusammenfassende Notiz über die Freilassung des ostdeutschen Agenten Hans von Oettingen vom 25. Mai 1966. In: Diplomatische Dokumente der Schweiz, 1848 ff. , Online-Datenbank Dodis: dodis. ch/31180
76 Günter Albrecht: Schriftsteller der DDR. Leipzig: VEB Bibliographisches Institut 1974, S. 411.
77 Frances Stonor Saunders: Wer die Zeche zahlt ··· Der CIA und die Kultur im Kalten Krieg. Berlin: Siedler 2001, S. 39.
78 Melvin Lasky: The Need for a New, Overt Publication. 7. Dezember 1947. Zitiert nach: Frances Stonor Saunders: Wer die Zeche zahlt ··· Der CIA und die Kultur im Kalten Krieg. Berlin: Siedler 2001, S. 39 f.
79 Melvin Lasky: Towards a Prospectus for the 〉 American Review 〈. 9. Dezember 1947. Zitiert nach Frances Stonor Saunders: Wer die Zeche zahlt ··· Der CIA und die Kultur im Kalten Krieg. Berlin: Siedler 2001, S. 41.
80 Der Monat. Eine Internationale Zeitschrift, 6 (1954), H. 69.
81 Thilo Koch: Ein falscher Zeuge sagt die Wahrheit. In: Der Monat. Eine Internationale Zeitschrift, 6 (1954), H. 69, S. 248.
82 Hans Weigel: Unternehmen Vatermord. Bemerkungen über den Schriftsteller Arnolt Bronnen. In: Der Monat. Eine Internationale Zeitschrift, 6 (1954), H. 69, S. 304.
83 Erich Schmidt-Eenboom: Undercover. Der BND und die deutschen Journalisten. Köln: 1998, S. 329.
84 Interview mit Trevor-Roper, zitiert nach: Frances Stonor Saunders: Wer die Zeche zahlt ··· Der CIA und die Kultur im Kalten Krieg. Berlin: Siedler 2001, S. 85.
85 Inventory of Cold War Weapons by Paul C. Davis, 17. 10. 1951. In: www. foia. cia. gov, Freedom of Information Act Electronic Reading Room, CIARDP80R01731R003500170002 – 8.
86 Erich Schmidt-Eenboom: Undercover. Der BND und die deutschen Journalisten. Köln: 1998, S. 338.
87 Kurzdossier über Witsch, Joseph Caspar HA XX/1/II vom 30. 11. 1966. In: BStU, MfS, HA XX, Nr. 7467, Bl. 15.
88 Dossier des Deutschen Instituts für Zeitgeschichte über Witsch, Joseph Caspar vom 29. 10. 1962. In: BStU, MfS, HA XX, Nr. 11988, Bl. 14.
89 Angelika Hohenstein: Joseph Caspar Witsch und das Volksbüchereiwesen unter nationalsozialistischer Herrschaft. Wiesbaden: 1992, S. 83.
90 》 Unterhaltung 《 und 》 Entspannung 《. Ein Beitrag zum Problem der Unterhaltungsliteratur. Von Dr. Josef Witsch (z. Z. Wehrmacht), S. 1. Sonderdruck aus: 》 Die Volksbücherei im Regierungsbezirk Merseburg 《, Jahrgang 8, H. 1/2. (im Archiv des Autors).
91 Grünes Herz bleibt rot. In: Der Spiegel 23 (1947) vom 7. 6. , S. 3.
92 Siehe dazu: Volker Wahl: Gustav Kiepenheuer, Theodor Plievier und Joseph Caspar Witsch über alle Zonen hinweg. In: Siegfried Lokatis & Ingrid Sonntag (Hrsg.): 100 Jahre Kiepenheuer Verlage. Berlin: 2011, S. 149.
93 Birgit Boge: Die Anfänge von Kiepenheuer & Witsch. Joseph Caspar Witsch und die

Etablierung des Verlags(1948 – 1959). Wiesbaden:2009,S. 33.
94   Ebd. ,S. 33.
95   Ebd. ,S. 22.
96   Schreiben Noa Kiepenheuer an Redaktion des » Sonntag « im Aufbau Verlag vom 21. 10. 1963. In:BStU,MfS,A,Nr. 560/85,Teilabl. ,Bd. 4,Bl. 109.
97   Zur Bewertung der Mitgliedschaft siehe ausführlich:Frank Möller:Das Buch Witsch. Das schwindelerregende Leben des Verlegers Joseph Caspar Witsch. Köln:2014,S. 110 ff.
98   Lebenslauf von Josef Witsch vom 5. 6. 1934. In:BArch(ehem. BDC),RK,Witsch,Josef, 17. 7. 1906.
99   Lebenslauf von Dr. Josef Witsch, Jena, o. D. In: Thüringisches Staatsarchiv Rudolstadt, Greifenverlag Rudolstadt,Nr. 657.
100 Frank Möller geht in seiner Studie davon aus,dass Witsch auf diesem Weg in die SED kam. Er habe aber die Mitgliedschaft » immer wieder bestritten «. Siehe dazu: Frank Möller:Das Buch Witsch. Das schwindelerregende Leben des Verlegers Joseph Caspar Witsch. Köln: 2014, S. 202 ff. , Zitat S. 203. Den undatierten Lebenslauf aus dem Thüringischen Staatsarchiv Rudolstadt erwähnt Möller allerdings nicht.
101 Ebd. ,S. 114.
102 Birgit Boge: Die Anfänge von Kiepenheuer & Witsch. Joseph Caspar Witsch und die Etablierung des Verlags(1948 – 1959). Wiesbaden:2009,S. 405.
103 Stefan Creuzberger: Kampf für die Freiheit. Das gesamtdeutsche Ministerium und die politische Kultur des Kalten Krieges 1949 – 1969. Düsseldorf:2008,S. 463.
104 Nun ist es genug,Herr Rowohlt! [o. Namen]. In:PZ-Archiv 9/1950,S. 4.
105 Ebd.
106 Vgl. dazu Christian Härtel: Stromlinien. Wilfrid Bade-Eine Karriere im Dritten Reich. Berlin:2004,S. 128.
107 Schreiben von Max Wießner,Ullstein Verlag,an Wilfrid Bade vom 7. 6. 1935. In:Hoover Institution Archives,Wilfrid Bade Collection,Box 3,Correspondence 1935(K-Z).
108 Siehe dazu Birgit Boge:Die Anfänge von Kiepenheuer & Witsch. Joseph Caspar Witsch und die Etablierung des Verlags(1948 – 1959). Wiesbaden:2009,S. 366.
109 Kurt Zentner(Hrsg.) :Aufstieg aus dem Nichts. Eine Soziographie in zwei Bänden,Bd. 2. Köln,Berlin:Kiepenheuer & Witsch 1954,S. 145 – 176.
110 Ebd. ,S. 136.
111 Ebd. ,S. 210.
112 David Oels:» Dieses Buch ist kein Roman «. Jürgen Thorwalds » Die große Flucht « zwischen Zeitgeschichte und Erinnerungspolitik. In: Zeithistorische Forschungen 6 (2009)H. 3,S. 367.
113 Jürgen Thorwald:Das Ende an der Elbe. Stuttgart:Steingrüben-Verlag 1950,S. 268.
114 Ebd. ,S. 268 f.
115 David Oels:» Dieses Buch ist kein Roman «. Jürgen Thorwalds » Die große Flucht « zwischen Zeitgeschichte und Erinnerungspolitik. In: Zeithistorische Forschungen 6 (2009),H. 3,S. 375.
116 Vgl. zur Biografie Thorwalds ausführlich ebd. ,S. 380 f.

117 Vgl. zu dieser geheimdienstlichen Verbindung ausführlich Erich SchmidtEenboom: Es begann an der Isar. Jürgen Thorwald und die Organisation Gehlen. In: Non Fiktion. Arsenal der anderen Gattungen. Jürgen Thorwald 6(2011),H. 1/2,S. 35 f.
118 Zitiert nach ebd. ,S. 38.
119 Zitiert nach ebd. ,S. 44.
120 Ebd. ,S. 47.

IX 模糊的事实:有关事与人的书

1 Prof. Sauerbruch entnazifiziert. In: Berliner Zeitung vom 27. Juli 1949,S. 6.
2 Gunter Groll für die Süddeutsche Zeitung zitiert unter 》Zitate 《. In: Der Spiegel 40 (1954) vom 29.9. ,S. 4.
3 Memoiren: Solche erhöhten Wahrheiten. In: Der Spiegel 51/1952,S. 27.
4 Ernst Klee: Das Kulturlexikon zum Dritten Reich. Wer war was vor und nach 1945. Frankfurt/M. ;2007,S. 46.
5 Memoiren: Solche erhöhten Wahrheiten. In: Der Spiegel 51(1952) vom 17.12. ,S. 27.
6 Rudolf Nissen: Helle Blätter-dunkle Blätter. Erinnerungen eines Chirurgen. Stuttgart: DVA 1969,S. 171.
7 Ebd. ,S. 173.
8 Ebd. ,S. 174.
9 Ebd. ,S. 175.
10 Gedrucktes Schreiben Dr. med. Mathilde Ludendorff an Kindler und Schiermeyer Verlag vom 10.1.1952. Beilage zum 51. bis 70. Tausend von Ferdinand Sauerbruch: Das war mein Leben. Bad Wörishofen: Kindler und Schiermeyer Verlag 1951.
11 Rudolf Nissen: Helle Blätter-dunkle Blätter. Erinnerungen eines Chirurgen. Stuttgart: DVA 1969,S. 174.
12 Hauptrolle: Mannequins statt Sauerbruch. In: Der Spiegel 37(1953) vom 9.9. ,S. 32.
13 Zu den biografischen Fakten siehe Ernst Klee: Das Kulturlexikon zum Dritten Reich. Wer war was vor und nach 1945. Frankfurt/M. ;2007,S. 381.
14 Dank an Prof. Sauerbruch. In: Berliner Zeitung vom 6. Dezember 1949,S. 3.
15 Udo Schagen: Der Sachbuchautor als Zeithistoriker: Jürgen Thorwald korrigiert Nachkriegslegenden über Ferdinand Sauerbruch. In: Non Fiktion. Arsenal der anderen Gattungen. Jürgen Thorwald 6(2011) H. 1/2,S. 117.
16 Jürgen Thorwald: Die Entlassung. Das Ende des Chirurgen Ferdinand Sauerbruch. München: 1960.
17 Vgl. Janine Katins: Jürgen Thorwald: Eine Auto(r) biografie. In: Non Fiktion. Arsenal der anderen Gattung. Jürgen Thorwald 6(2011) H. 1/2, S. 24 – 26.
18 Udo Schagen: Der Sachbuchautor als Zeithistoriker: Jürgen Thorwald korrigiert Nachkriegslegenden über Ferdinand Sauerbruch. In: Non Fiktion. Arsenal der anderen Gattungen. Jürgen Thorwald 6(2011) H. 1/2,S. 113.
19 Wolfgang Eckart:》 Der Welt zeigen, daß Deutschland erwacht ist …《: Ernst Ferdinand Sauerbruch(1875 – 1971) und die Charité-Chirurgie 1933 bis 1945. In: Sabine Schleiermacher, Udo Schagen(Hrsg.): Die Charité im Dritten Reich. Zur Dienstbarkeit mediz-

inischer Wissenschaft im Nationalsozialismus. Paderborn 2008. Zitiert nach Udo Schagen: Der Sachbuchautor als Zeithistoriker: Jürgen Thorwald korrigiert Nachkriegslegenden über Ferdinand Sauerbruch. In: Non Fiktion. Arsenal der anderen Gattungen. Jürgen Thorwald 6(2011) H. 1/2, S. 108.

20 C. W. Ceram: Götter, Gräber und Gelehrte. Roman der Archäologie. Hamburg: Rowohlt 1949 [1967], S. 14.

21 David Oels: Rowohlts Rotationsroutine. Markterfolge und Modernisierung eines Buchverlags vom Ende der Weimarer Republik bis in die fünfziger Jahre. Essen: 2013, S. 264.

22 Vgl. dazu ebd. , S. 265.

23 C. W. Ceram: Götter, Gräber und Gelehrte. Roman der Archäologie. Hamburg: Rowohlt 1949 [1967], S. 85.

24 Ebd. , S. 83.

25 Ebd. , S. 84.

26 Ebd. , S. 85.

27 David Oels: Rowohlts Rotationsroutine. Markterfolge und Modernisierung eines Buchverlags vom Ende der Weimarer Republik bis in die fünfziger Jahre. Essen: 2013, S. 267.

28 C. W. Ceram: Götter, Gräber und Gelehrte. Roman der Archäologie. Hamburg: Rowohlt 1949 [1967], S. 13.

29 Ebd. , S. 65.

30 C. W. Ceram: Götter, Gräber und Gelehrte. Roman der Archäologie. Hamburg: Rowohlt 1949, S. 70.

31 C. W. Ceram: Götter, Gräber und Gelehrte. Roman der Archäologie. Hamburg: Rowohlt 1949 [1967], S. 71.

32 C. W. Ceram: Götter, Gräber und Gelehrte. Roman der Archäologie. Hamburg: Rowohlt 1949, S. 286.

33 Vgl. ebd. , S. 284.

34 Zu Werk und Biografie siehe ausführlich und instruktiv: David Oels: Rowohlts Rotationsroutine. Markterfolge und Modernisierung eines Buchverlags vom Ende der Weimarer Republik bis in die fünfziger Jahre. Essen: 2013, S. 259 – 354.

35 Ebd. , S. 268.

36 Ebd. , S. 292.

37 Ebd. , S. 325.

38 C. W. Ceram: Götter, Gräber und Gelehrte. Roman der Archäologie. Hamburg: Rowohlt 1949 [1967], S. 120.

39 Die Präferenz der männlichen Leser für wissenschaftliche Bücher, Fachliteratur und Sachbücher legt eine zeitgenössische EMNID-Studie nahe. Auszüge daraus bei Wolfgang Langenbucher: Der aktuelle Unterhaltungsroman. Beiträge zur Geschichte und Theorie der massenhaft verbreiteten Literatur. Bonn: Bouvier 1964, S. 140 – 143.

40 Zitiert nach Börsenblatt 106(1939), Nr. 156 vom 8.7.1939, S. 3865.

41 Erhard Schütz: » Ein Geruch von Blut und Schande ···« Literarhistorischer Versuch zum Roman im Dritten Reich. In: Juni 24(1996), S. 151.

42 Was liest der Landser. Soldaten der Front und der Heimat antworten. In: Deutsches

Büchereiblatt 1943, S. 105.
43　Erwin Barth von Wehrenalp: Volkstümliche Wissenschaft. In: Die Literatur 39 (1937), H. 5, S. 273.
44　Gedanken über ein Jugendbuch. Besprechung mit Dr. Soll, Scherl-Verlag am 8. Mai [o. J.]. In: Staatsbibliothek Berlin, NL 337/10.
45　Siehe Spruchkammerakten zu Karl Aloys Schenzinger, Staatsarchiv Landshut, Spruchkammer Landau Nr. 2664.
46　Karl Aloys Schenzinger: Anilin. Roman. Berlin: 1937, S. 297.
47　Ebd., S. 305.
48　Ebd., [S. 5].
49　Ebd., 375.
50　Ebd., 375.
51　Karl Aloys Schenzinger: Anilin. Roman. München 1949, S. 378.
52　Schenzinger. Berichten, was los ist. In: Der Spiegel 21 (1951) vom 23. Mai, S. 32.
53　Brief von Rechtsanwalt Fritz Höchtl an Spruchkammer Landau vom 31. März 1948. In: Spruchkammerakten zu Karl Aloys Schenzinger, Staatsarchiv Landshut, Spruchkammer Landau Nr. 2664.
54　Stellungnahme zur Klageschrift von Karl Aloys Schenzinger vom 5. April 1948. In: Spruchkammerakten zu Karl Aloys Schenzinger, Staatsarchiv Landshut, Spruchkammer Landau Nr. 2664.
55　Ebd.
56　Erwin Barth von Wehrenalp. In: Munzinger Archiv 48/1996 vom 18. November.
57　Siehe dazu Ulf Diederichs: Annäherungen an das Sachbuch. Zur Geschichte und Definition eines umstrittenen Begriffs. In: Rudolf Radler (Hrsg.): Kindlers Literaturgeschichte der Gegenwart. Autoren, Werke, Themen, Tendenzen seit 1945. Die deutschsprachige Sachliteratur I. Frankfurt/M.; 1980, S. 55.
58　Erwin Barth von Wehrenalp: Auf den Spuren des Secret Service. Berlin, Leipzig: Nibelungen-Verlag 1940, S. 10.
59　Klaus Körner: Eberhard Taubert und der Nibelungen-Verlag. Edition Luisenstadt 1997. http://www.luise-berlin.de/bms/bmstxt97/9712proh.htm (zuletzt besucht am 12. 11. 2014).
60　Vorbemerkung der Herausgeber. In: Über den Sachbuchautor/Volkstümliche Wissenschaft. Zwei Texte von Erwin Barth von Wehrenalp. Arbeitsblätter für die Sachbuchforschung Nr. 6. Historische Reihe Nr. 1. Herausgegeben vom Forschungsprojekt 》Das populäre deutschsprachige Sachbuch im 20. Jahrhundert 《. http://edoc.hu-berlin.de/series/sachbuchforschung/6/PDF/6.pdf (zuletzt besucht am 29. 10. 2014). Eine Broschüre dieses Titels, 1936 erschienen im Verlag Deutsche Kultur-Wacht, findet sich von einem Autor mit Namen Edwin Knocker. Lebens-daten oder weitere Informationen zum Autor sind im Katalog der Deut-schen Nationalbibliothek nicht verfügbar.
61　Erwin Barth von Wehrenalp: Auf den Spuren des Secret Service. Berlin, Leipzig: Nibelungen-Verlag 1940, S. 11.
62　http://www.ullsteinbuchverlage.de/verlage/econ.html (zuletzt besucht am 29. 10.

    2014)
63 Vorbemerkung der Herausgeber. In: Über den Sachbuchautor/Volkstümliche Wissenschaft. Zwei Texte von Erwin Barth von Wehrenalp. Arbeitsblätter für die Sachbuchforschung Nr. 6. Historische Reihe Nr. 1. Herausgegeben vom Forschungsprojekt 》Das populäre deutschsprachige Sachbuch im 20. Jahrhundert 《. http://edoc. hu-berlin. de/series/ sachbuchforschung/6/PDF/6. pdf(zuletzt besucht am 29.10.2014)
64 Ebd.
65 Der Spiegel 48(1960) vom 23.11.
66 http://stockpress. de/2010/09/13/wie-erwin-barth-von-wehrenalpmister-sachbuch-wurde/ (zuletzt besucht am 29.10.2014)
67 E. A. Greeven: Im Brennpunkt des Gesprächs: 》···Und die Bibel hat doch recht 《. In: Die Zeit Nr. 45, vom 10.11.1955.
68 Ulf Diederichs: Annäherungen an das Sachbuch. Zur Geschichte und Definition eines umstrittenen Begriffs. In: Rudolf Radler (Hrsg.) : Kindlers Literaturgeschichte der Gegenwart. Autoren, Werke, Themen, Tendenzen seit 1945. Die deutschsprachige Sachliteratur I. Frankfurt/M. ;1980, S. 56.
69 NSDAP-Fragebogen. In: BArch(ehem. BDC) , PK, Keller, Werner, 13.8.1909.
70 Werner Keller. In: Internationales Biographisches Archiv 17/1980 vom 14. April 1980.
71 Die Sintfut fand statt. In: Der Spiegel 53(1955) vom 28.12.
72 Werner Keller: Und die Bibel hat doch recht. Forscher beweisen die historische Wahrheit. Düsseldorf: Econ 1955, S. 409.
73 Ebd. , S. 394.
74 Ebd. , S. 395.
75 Ebd. , S. 395.
76 Ebd. , S. 395.
77 Ebd. , S. 328.
78 Ebd. , S. 395.
79 Ebd. , S. 413.
80 Christian Härtel: Ein kleiner Streifzug durch die Sachbuchgeschichte. Warum bei Ch. Links keine Lyrik erscheint. In: Christoph Links & Christian Härtel(Hrsg.) : Über unsere Bücher lässt sich streiten. Zehn Jahre Ch. Links Verlag. Berlin; 1999, S. 29 f.
81 Ebd. , S. 30.
82 Ulf Diederichs: Annäherungen an das Sachbuch. Zur Geschichte und Definition eines umstrittenen Begriffs. In: Rudolf Radler (Hrsg.) : Kindlers Literaturgeschichte der Gegenwart. Autoren, Werke, Themen, Tendenzen seit 1945. Die deutschsprachige Sachliteratur I. Frankfurt/M. ;1980, S. 52.
83 Vorderer Klappentext in: Dieter Noll: Die Dame Perlon und andere Reportagen. Berlin: Aufbau-Verlag 1953.
84 Dieter Noll: Die Dame Perlon. Reise ins Reich der Seide. In: Dieter Noll: Die Dame Perlon und andere Reportagen. Berlin: Aufbau-Verlag 1953, S. 8.
85 Ebd. , S. 69.
86 Ebd. , S. 69.

87 Dieter Noll: Penicillin. Von Wissenschaftlern, Pilzen und Patienten. In: Dieter Noll: Die Dame Perlon und andere Reportagen. Berlin: AufbauVerlag 1953, S. 100.
88 Ebd. , S. 100.
89 Vgl. Wer war wer in der DDR. Ein Lexikon ostdeutscher Biographien. Vierte Ausgabe 2006.
90 Eintrag zu Hans Knöll. In: Wikipedia. de(zuletzt besucht am 14. 11. 2014).
91 http://www. bbaw. de/bbaw/MitgliederderVorgaengerakademien/ AltmitgliedDetails? altmitglied_id = 1419(zuletzt besucht am 14. 11. 2014).
92 Werner Quednau: Robert Koch. Berlin: Altberliner Verlag Lucie Groszer 1955, S. 7.
93 Vermerk des Referats Kinder und Jugendbuch beim Amt für Literatur und Verlagswesen vom 8. 7. 1953. http://www. bundesarchiv. de/ digitalisate/drl _druck/DR _ 1 _5059/ DR_1_5059_084. png(zuletzt besucht am 15. 11. 2014).
94 Werner Quednau lässt sich mit zwei Pseudonymen in Verbindung bringen. Einmal mit Vera Weyden(im Wikipedia-Eintrag zu Quednau, zuletzt besucht am 15. 11. 2014), einmal mit Vera Reichert(im Katalog der Deutschen Nationalbibliothek). Unter Vera Reichert erschien beispielsweise 1954 der Heftroman Giselas geheimnisvolle Fahrt in einem westdeutschen Verlag.
95 Schreiben Altberliner Verlag Lucie Groszer an das Amt für Literatur und Verlagswesen vom 21. 7. 1953. http://www. bundesarchiv. de/digitalisate/ drl _druck/DR_1 _5059/ DR_1_5059_092. png(zuletzt besucht am 15. 11. 2014).
96 Lektoratsgutachten, gez. Bobrowski, vom 27. 1. 1953. http://www. bundesarchiv. de/digitalisate/drl_druck/DR_1_5059/DR_1_5059_080. png (zuletzt besucht am 15. 11. 2014)
97 Walter Ulbricht erläutert den Fünfjahrplan. In: Berliner Zeitung vom 1. 11. 1951.
98 Druckgenehmigung vom 22. 1. 1954. http://www. bundesarchiv. de/ digitalisate/drl _ druck/DR_1_5059/DR_1_5059_057. png(zuletzt besucht am 15. 11. 2014).
99 Siehe dazu den kurzen biografischen Hinweis im Druckgenehmigungsvorgang. http:// www. bundesarchiv. de/digitalisate/drl_druck/ DR_1_5059/DR_1_5059_074. png(zuletzt besucht am 15. 11. 2014).
100 Vgl. Personalien. In: Der Spiegel 52(1958) vom 24. 12. , S. 65.
101 Karteikarte F 16(der HA IX/11) zu Quednau, Werner; geb. am 17. 2. 1913. Angelegt am 1. 2. 1977. BStU.
102 Schreiben Barckhausen an die Reichsschrifttumskammer vom 4. 5. 1944. BArch(ehem. BDC), RK, Barckhausen, Joachim, 8. 4. 1906.
103 Liste der auszusondernden Literatur. Herausgegeben von der Deutschen Verwaltung für Volksbildung in der sowjetischen Besatzungszone. Vorläufige Ausgabe nach dem Stand vom 1. April 1946. Berlin: 1946.
104 Verzeichnis der auszusondernden Bücher. Herausgegeben von der Abteilung für Volksbildung im Magistrat der Stadt Berlin unter beratender Mitarbeit der Kammer der Kunstschaffenden und des Kulturbundes zur demokratischen Erneuerung Deutschlands. Berlin: Magistratsdruckerei 1946.
105 Verlagsgutachten des Verlags der Nation vom 9. Februar 1973. http://www. bundesar-

chiv. de/digitalisate/dr1_druck/DR_1_2405/ DR_1_2405_280. png(zuletzt besucht am 17.11.2014).
106 Alexander Stenbock-Fermor: Der rote Graf. Autobiographie. Mit einem Epilog von Joachim Barckhausen. Berlin: Verlag der Nation 1973, S. 463.
107 Ebd. , S. 463 f.
108 Verlagsgutachten des Verlags der Nation vom 9.3.1964. http://www.bundesarchiv.de/digitalisate/dr1_druck/DR_1_3952/DR_1_3952_402. png(zuletzt besucht am 18.11.2014).
109 http://www.hans-hass.de/4.html(zuletzt besucht am 18.11.2014).
110 Hans Hass: Unter Korallen und Haien. Abenteuer in der Karibischen See. Berlin: Deutscher Verlag 1941, S. 140 f.
111 Ebd. , S. 186.
112 Clemens Laar. Des Kaisers Hippodrom. In: Der Spiegel 25(1960) vom 15.6. , S. 54.
113 BGH, 14.12.1956-I ZR 105/55.
114 Clemens Laar: ··· reitet für Deutschland. Ein Reiterschicksal. Hannover: Adolf Sponholtz Verlag 1950, S. 5.
115 Clemens Laar: ··· reitet für Deutschland. Carl-Friedrich Freiherr von Langen. Ein Kämpferschicksal. Feldausgabe. Hannover: Adolf Sponholtz Verlag 1942, S. 5.
116 Vgl. dazu und zur aktuellen Diskussion: Erik Eggers, Michael Wulzinger: Brauner Herrenreiter. In: Der Spiegel 10(2013) vom 4.3.2013, S. 119.
117 Clemens Laar: ··· reitet für Deutschland. Carl-Friedrich Freiherr von Langen. Ein Kämpferschicksal. Feldausgabe. Hannover: Adolf Sponholtz Verlag 1942, S. 83.
118 Clemens Laar: ··· reitet für Deutschland. Ein Reiterschicksal. Hannover: Adolf Sponholtz Verlag 1950, S. 81.
119 Clemens Laar: ··· reitet für Deutschland. Carl-Friedrich Freiherr von Langen. Ein Kämpferschicksal. Feldausgabe. Hannover: Adolf Sponholtz Verlag 1942, S. 83.
120 Clemens Laar: ··· reitet für Deutschland. Ein Reiterschicksal. Hannover: Adolf Sponholtz Verlag 1950, S. 83.
121 Ebd. , S. 85.

X 小小的逃避:讨喜的世界娱乐文学

1 Wolfgang Langenbucher: Der aktuelle Unterhaltungsroman. Beiträge zur Geschichte und Theorie der massenhaft verbreiteten Literatur. Bonn: Bouvier 1964, S. 152 und 156.
2 Birgit Boge: Die Anfänge von Kiepenheuer & Witsch. Joseph Caspar Witsch und die Etablierung des Verlags(1948 – 1959). Wiesbaden: 2009, S. 96.
3 Annemarie Selinko: Désirée. Köln, Berlin: Kiepenheuer & Witsch [1951] 1961, Verlagsanzeige im Anhang.
4 Birgit Boge: Die Anfänge von Kiepenheuer & Witsch. Joseph Caspar Witsch und die Etablierung des Verlags(1948 – 1959). Wiesbaden: 2009, S. 105.
5 Zitiert nach ebd. , S. 93.
6 Ebd. , S. 95.
7 Annemarie Selinko: Désirée. Köln, Berlin: Kiepenheuer & Witsch [1951] 1961, Um-

schlag.
8 Zur Biografie siehe Renate Wall: Lexikon deutschsprachiger Schriftstellerinnen im Exil 1933 – 1945. Gießen:1995,S. 125; und Munzinger-Archiv:Annemarie Selinko.
9 Annemarie Selinko:Désirée. Köln,Berlin:Kiepenheuer & Witsch [1951] 1961,S. 2.
10 Ebd. ,S. 12 f.
11 Friedrich Sieburg 1952 zitiert nach:Der Spiegel 33(1961)vom 9. 8. ,S. 53.
12 Angelika Hohenstein:Joseph Caspar Witsch und das Volksbüchereiwesen unter nationalsozialistischer Herrschaft. Wiesbaden:1992,S. 87.
13 》Unterhaltung《 und 》Entspannung《. Ein Beitrag zum Problem der Unterhaltungsliteratur. Von Dr. Josef Witsch(z. Z. Wehrmacht),S. 1. Sonderdruck aus:》 Die Volksbücherei im Regierungsbezirk Merseburg《,Jahrgang 8,H. 1/2(im Archiv des Autors).
14 Treffbericht von Oberleutnant Treike,HA V/1/IV,23. 10. 1962. Quelle:GI Ekkehard. In:BStU,MfS,HA XX,Nr. 11988,Bl. 37.
15 Alice Ekert-Rotholz. Tonnenweise Tränen. In:Der Spiegel 11(1965)vom 10. 3. ,S. 138.
16 Was wird gelesen? In:Der Spiegel 16(1962)vom 18. 4. ,S. 86.
17 Hugo Hartung:Ich denke oft an Piroschka. Berlin:Ullstein 1954,S. 108.
18 Ebd. ,S. 218.
19 Ebd. ,S. 96.
20 Ebd. ,S. 7.
21 Ebd. ,S. 226.
22 Ebd. ,S. 113.
23 Ebd. ,S. 90.
24 Ebd. ,S. 226.
25 Lebenslauf und beruficher Werdegang von Dr. Hugo Hartung vom 11. 7. 1947. In:BArch (ehem. BDC),RK H 59,Hartung,Hugo,17. 9. 1902.
26 Ebd. ,S. 4.
27 Ebd. ,S. 4.
28 Rehabilitierungs-Bescheinigung vom 12. 7. 1947. In:BArch(ehem. BDC),RK H 59, Hartung,Hugo,17. 9. 1902.
29 Eidesstattliche Erklärung von Carl Orff vom 27. 2. 1947. In:BArch(ehem. BDC),RK H 59,Hartung,Hugo,17. 9. 1902.
30 Eidesstattliche Versicherung von Prof. Dr. med. Wilhelm Ercklentz vom 4. 4. 1947. In: BArch(ehem. BDC),RK H 59,Hartung,Hugo,17. 9. 1902.
31 Die Ausführungen von Erich Loest sowie die Studie Der ungeheure Verlust von Louis Ferdinand Helbig werden zitiert bei:Bodo Heimann:Krieg,Flucht und Nachkriegszeit in Christine Brückners Poenichen-Roman-Trilogie. In: Carsten Gansel & Pawel Zimniak (Hrsg.):Reden und Schweigen in der deutschsprachigen Literatur nach 1945. Wrocław, Dresden:2006,S. 258.
32 Was wird gelesen? In:Der Spiegel 16(1962)vom 18. 4. ,S. 86.
33 Vgl. dazu Bodo Heimann:Krieg,Flucht und Nachkriegszeit in Christine Brückners Poenichen-Roman-Trilogie. In: Carsten Gansel & Pawel Zimniak (Hrsg.): Reden und Schweigen in der deutschsprachigen Literatur nach 1945. Wrocław, Dresden:2006,

S. 260.
34 Bertelsmann Konzern. Die Bestsellerfabrik. In: Der Spiegel 30(1957) vom 24.7. , S. 36.
35 Christine Brückner: Ehe die Spuren verwehen. Gütersloh: 1954, S. 109.
36 Ebd. , S. 60.
37 Ebd. , S. 57.
38 Ebd. , S. 222.
39 Ebd. , S. 295.
40 Ebd. , S. 198.
41 Ebd. , S. 332.
42 Helmut M. Braem: Auf die Plätze. Eine Liste der Erfolgreichen auf dem deutschen Buchmarkt. Aus: Stuttgarter Zeitung [undatiert]. In: HerderInstitut DSHI 110 Grote 309.
43 Lebenslauf von Else Hueck-Dehio, S. 1 [handschr. paginiert, vermutlich von Dora von Grote verfasst]. In: Herder-Institut DSHI 110 Grote 291.
44 Ebd. , S. 2
45 Beschreibung der schriftstellerischen Tätigkeit von Else Hueck-Dehio, S. 3 f. [handschr. paginiert, vermutlich von Dora von Grote verfasst]. In: Herder-Institut DSHI 110 Grote 310.
46 Vgl. dazu Lebenslauf von Else Hueck-Dehio, S. 3 [handschr. paginiert, vermutlich von Dora von Grote verfasst]. In: Herder-Institut DSHI 110 Grote 291.
47 Else Hueck-Dehio: Ja, damals. Zwei heitere estländische Geschichten. Heilbronn: Eugen Salzer-Verlag 1953, S. 5 f.
48 Beschreibung der schriftstellerischen Tätigkeit von Else Hueck-Dehio, S. 2 [handschr. paginiert, vermutlich von Dora von Grote verfasst]. In: Herder-Institut DSHI 110 Grote 310.
49 Maschinenschriftlicher Auszug aus einem Brief Else Hueck-Dehios über ihre Dorpater Reise im Herbst 1942, S. 3. In: Herder-Institut DSHI 110 Grote 296.
50 Ebd. , S. 5.
51 Ebd. , S. 6.
52 Aus einer Verlagsanzeige. Zitiert nach Anne-M. Wallrath-Janssen: Der Verlag H. Goverts im Dritten Reich. München: 2007, S. 193.
53 Die meistgelesenen Autoren. Ergebnis einer Umfrage bei Buchhändlern. In: Neue Zeit, Nr. 113 vom 15. Mai 1949, S. 3. Übernahme eines Textes aus der Monatsschrift 》Welt und Wort 《, Bad Wörishofen, o. D.
54 Wolfgang Langenbucher: Der aktuelle Unterhaltungsroman. Beiträge zur Geschichte und Theorie der massenhaft verbreiteten Literatur. Bonn: Bouvier 1964, S. 156.
55 Mitteilung des Claasen Verlags. In: Zwischen Staub und Parfüm. Büchermarkt 1950. In: Der Spiegel 7(1951) vom 14.2. , S. 32 f.
56 Ebd. , S. 33.
57 Die Bestseller des Jahres. In: Der Spiegel 31(1952) vom 30.7. , S. 33.
58 Großdeutsches Leihbüchereiblatt 2(1940) , H. 1 , Januar, S. 8.
59 Die Bestseller des Jahres. In: Der Spiegel 31(1952) vom 30.7. , S. 32.
60 Zwischen Staub und Parfüm. Büchermarkt 1950. In: Der Spiegel 7(1951) vom 14.2. ,

附录

S. 33.
61 http://www. fischerverlage. de/verlage/fischer _ krueger (zuletzt besucht am 28. 1. 2014).
62 Zwischen Staub und Parfüm. Büchermarkt 1950. In: Der Spiegel 7(1951) vom 14. 2., S. 33.
63 Tagebuch von Joseph Goebbels vom 5. August 1939 zu 》El Hakim 《.
64 Tagebuch von Joseph Goebbels vom 6. August 1939 zu 》El Hakim 《.
65 Tagebuch von Joseph Goebbels vom 5. Juli 1939 zu 》Therese Etienne 《.
66 Vgl. hierzu Elisabeth Höhn-Gloor: John Knittel. Ein Erfolgsautor und sein Werk im Brennpunkt von Fakten und Fiktionen. Zürich: 1984, S. 54 ff.
67 Tagebuch von Joseph Goebbels vom 30. Oktober 1941 (Teil II, Bd. 2, Diktate).
68 Vgl. hierzu Elisabeth Höhn-Gloor: John Knittel. Ein Erfolgsautor und sein Werk im Brennpunkt von Fakten und Fiktionen. Zürich: 1984, S. 62.
69 Blanvalet Verlag: Geschichte und Gründung. Auf: http://www. randomhouse. de/blanvalet/ (zuletztbesucht am 12. 6. 2012).
70 Schreiben Lothar Blanvalet an Verlagsbuchhändler R. C. Schmidt vom 8. 3. 1939. In: BArch (ehem. BDC), RK, Blanvalet, Lothar, 12. 8. 1910.
71 Liesegang, [Jonny]: Familie Pieselmanns Feldpostbriefe. Berlin: 1940. Das vorliegende 73. Tausend enthält im Impressum den Hinweis 》Druck: NS-Druck Wartheland, Posen. Printed in Germany 1943 《.
72 Vgl. Jan-Pieter Barbian: Literaturpolitik im 》Dritten Reich 《. Institutionen, Kompetenzen, Betätigungsfelder. München: 1995, S. 730.
73 Ein Schnellschuss. In: Der Spiegel 30 (1954) vom 21. Juli, S. 31.
74 Biss in die Troddel. In: Der Spiegel 45 (1963) vom 6. November, S. 116.
75 Anne Golon: Angélique. München: Bertelsmann o. J. [1956], S. 169.
76 Dinah Nelken: Ich an Dich. Ein Roman in Briefen mit einer Geschichte und ihrer Moral für Liebende und solche, die es werden wollen. [Idee und Ausführung Rolf Gero]. Berlin: 1939 [1938].
77 Ebd., Vorwort [ohne Seitenzahl].
78 Zwischen Staub und Parfüm. Büchermarkt 1950. In: Der Spiegel 7(1951) vom 14. 2., S. 33.
79 Brief an die Devisenstelle beim Oberfinanzpräsidenten vom 5. 3. 1940. In: BArch (ehem. BDC), RK, Nelken, Dinah, 16. 5. 1900.
80 Schreiben der NDPD, gez. Dallmann, an Minister für Kultur, Hans Bentzien, vom 22. 3. 63 über grundsätzliche Aufgaben des Parteiverlags. In: BArch, DR 1/16217, Anlage.
81 Ebd., S. 10.
82 Stichwort Nelken, Peter. In: Helmut Müller-Enbergs u. a.: Wer war wer in der DDR? Ein Lexikon ostdeutscher Biographien. Berlin: 2006.
83 Liebe. Brot der Armen. In: Der Spiegel 21 (1953) vom 20. 5., S. 32.
84 Ebd., S. 32.
85 Der fruchtbare Boden. In: Neues Deutschland vom 27. 10. 1949, S. 3.
86 Hand in Hand. In: Der Spiegel 25 (1967) vom 12. 6., S. 22.

87 Ullstein Archiv, Deutscher Verlag, Bericht über wichtige Geschäftsvorfälle im Oktober 1944.
88 Günter Albrecht: Schriftsteller der DDR. Leipzig: VEB Bibliographisches Institut 1974, S. 598.
89 Ebd.
90 Vgl. dazu Konrad Reich: Ehm Welk. Der Heide von Kummerow. Die Zeit. Das Leben. Rostock: 2008, S. 191 - 193.
91 Ebd. , S. 268.
92 Ehm Welk: Die Heiden von Kummerow. Roman. Berlin: 1937, S. 5.
93 Zeitschrift der Leihbücherei H. 10 vom 25. 5. 1937, S. 9.
94 Ehm Welk: Die Heiden von Kummerow. Roman. Berlin: 1937, S. 188.
95 Glückwunsch des Zentralkomitees der SED zum 70. Geburtstag von Ehm Welk. In: Neues Deutschland vom 29. 8. 1954, S. 4.
96 Karl Kleinschmidt: Ein Dichter, der zum Volke fand. In: Neues Deutschland vom 29. 8. 1954, S. 4.
97 Dietrich Löffer: Buch und Lesen in der DDR. Ein literatursoziologischer Rückblick. Berlin: 2011, S. 270.
98 Unsere Reporter ermitteln die größten Bucherfolge in der DDR. Welche Bücher fanden die meisten Käufer? In: Neue Zeit vom 7. 1. 1951, S. 4.
99 Wilfried Adling: Lexikon sozialistischer deutscher Literatur. Von d. Anfängen bis 1945. Halle: 1963, S. 128.
100 Interview mit Elfriede Brüning am 5. 5. 2011.
101 Elfriede Brüning: Regine Haberkorn. Berlin: 1955 [1961], S. 340.
102 Ebd. , S. 343.
103 www. elfriede-bruening. de/buecher/sv/artikel/regine-haberkorn. html (zuletzt besucht am 5. 2. 2014).
104 Ursula Püschel: Vor dunkelroten Rosen wird gewarnt. In: Berliner Zeitung vom 26. 11. 1955.
105 Es geht um den Unterhaltungsroman. Warum nicht dunkelrote Rosen. In: Berliner Zeitung vom 10. 12. 1955.
106 Brief von Elfriede Brüning an Franz Hammer vom 23. 11. 1963. In: Elfriede Brüning: 》Ich musste einfach schreiben, unbedingt ...《 Briefwechsel mit Zeitgenossen 1930 - 2007. Essen: 2008, S. 49.
107 Ebd. , S. 48.
108 Lebenslauf Elfriede Brüning [undatiert]. In: BArch (ehem. BDC), RK B0004, Barckhausen, Elfriede, 8. 11. 1910. Die Unterlagen sind im BDC unter dem Nachnamen ihres damaligen Mannes abgelegt worden.
109 Interview mit Elfriede Brüning am 5. 5. 2011.
110 Ebd.
111 Schreiben der Preußischen Geheimen Staatspolizei an den Präsidenten der Reichsschrifttumskammer vom 23. 5. 1936. In: BArch (ehem. BDC), RK B0004, Barckhausen, Elfriede, 8. 11. 1910.
112 Brief von Elfriede Brüning an Franz Hammer vom 23. 11. 1963. In: Elfriede Brüning:

》Ich musste einfach schreiben, unbedingt ···《 Briefwechsel mit Zeitgenossen 1930 – 2007. Essen:2008,S. 48.
113 Interview mit Elfriede Brüning am 5.5.2011.
114 Bertelsmann Konzern. Die Bestsellerfabrik. In:Der Spiegel 30(1957) vom 24.7. ,S. 37.
115 Ebd.
116 Ebd.
117 Ebd.
118 Erhebung nach Dietrich Löffer:Buch und Lesen in der DDR. Ein literatursoziologischer Rückblick. Berlin:2011,S. 217.
119 Ebd. ,S. 327.
120 Alle Zahlen nach ebd. ,S. 328.
121 Vgl. ebd. ,S. 330,332.
122 Ebd. ,S. 335.
123 Handliste von Titeln, die dem Charakter der volksbildnerischen Tätigkeit des gewerblichen Leihbuchhandels widersprechen [Herausgegeben vom Börsenverein der Deutschen Buchhändler zu Leipzig]. Leipzig:[1957].

XI "文学晨曦计划":文学史家、教科书作者、教师和过去

1 Henning Brinkmann, Felix Arends: Die Lage der germanistischen Forschung und des Deutschunterrichts auf der Germanistentagung in München. 11. bis 16. September 1950. In: Wirkendes Wort 1 (1950/51) , S. 59. Zitiert nach: Gerhard Kaiser:》 Dichtung als Dichtung 《. Die langen 50er-Jahre der westdeutschen Germanistik. In:Der Deutschunterricht 5(2001) ,S. 84 f.
2 Aus:Der Deutschunterricht 6(1952) ,S. 57. Zitiert nach:Gerhard Kaiser:》 Dichtung als Dichtung 《. Die langen 50er-Jahre der westdeutschen Germanistik. In:Der Deutschunterricht 5(2001) ,S. 90.
3 Gerhard Kaiser:》 Dichtung als Dichtung 《. Die langen 50er-Jahre der westdeutschen Germanistik. In:Der Deutschunterricht 5(2001) ,S. 89.
4 Ebd.
5 Willy Grabert & Arno Mulot: Geschichte der deutschen Literatur. München: Bayerischer Schulbuch-Verlag 1959,S. 3.
6 Zitiert nach:Peter Glotz & Wolfgang R. Langenbucher(Hrsg.) :Versäumte Lektionen. Entwurf eines Lesebuches. Gütersloh:1965,S. 17.
7 Willy Grabert & Arno Mulot: Geschichte der deutschen Literatur. München: Bayerischer Schulbuch-Verlag 1959,S. 388.
8 Ebd. ,S. 390.
9 Ebd. ,S. 440.
10 Ebd. ,S. 464.
11 Arno Mulot:Welt-und Gottschau in der deutschen Dichtung unserer Zeit. Stuttgart:Metzlersche Verlagsbuchhandlung 1942,S. 129.
12 Ebd. ,S. 130.

13　Ebd. , S. 183.
14　C. H. : Schule der Täter. In : Neue deutsche Literatur 1 (1957) , S. 155.
15　Ebd. , S. 156.
16　Volker Weidermann : Ein grotesker Kanon. Standardwerk mit Lücken. In : Frankfurter Allgemeine Zeitung vom 11. 5. 2009.
17　Herbert A. Frenzel : Daten deutscher Dichtung. Chronologischer Abriss der deutschen Literaturgeschichte von den Anfängen bis zur Gegenwart. Unter Mitarbeit mehrerer Fachgenossen herausgegeben von Herbert A. Frenzel. Köln, Berlin : Kiepenheuer & Witsch 1953.
18　Birgit Boge : Die Anfänge von Kiepenheuer & Witsch. Joseph Caspar Witsch und die Etablierung des Verlags (1948 – 1959). Wiesbaden : 2009 , S. 276.
19　Brief von Joseph Caspar Witsch an Herbert A. Frenzel vom 9. 2. 1951. Zitiert nach : Birgit Boge : Die Anfänge von Kiepenheuer & Witsch. Joseph Caspar Witsch und die Etablierung des Verlags (1948 – 1959). Wiesbaden : 2009 , S. 295.
20　Birgit Boge : Die Anfänge von Kiepenheuer & Witsch. Joseph Caspar Witsch und die Etablierung des Verlags (1948 – 1959). Wiesbaden : 2009 , S. 292.
21　Zitiert nach Frank Möller : Das Buch Witsch. Das schwindelerregende Leben des Verlegers Joseph Caspar Witsch. Köln : 2014 , S. 590.
22　Vgl. dazu ebd. , S. 592.
23　Herbert A. Frenzel : Daten deutscher Dichtung. Chronologischer Abriss der deutschen Literaturgeschichte von den Anfängen bis zur Gegenwart. Unter Mitarbeit mehrerer Fachgenossen herausgegeben von Herbert A. Frenzel. Köln, Berlin : Kiepenheuer & Witsch 1953 , S. VI.
24　Heinrich Gloel zitiert nach : Peter Glotz & Wolfgang R. Langenbucher (Hrsg.) : Versäumte Lektionen. Entwurf eines Lesebuches. Gütersloh : 1965 , S. 25.
25　Peter Glotz & Wolfgang R. Langenbucher (Hrsg.) : Versäumte Lektionen. Entwurf eines Lesebuches. Gütersloh : 1965 , S. 11 – 12.
26　Ebd. , S. 12.
27　Erziehung. Lesebücher : Dunkles Geraune. In : Der Spiegel 47 (1965) vom 17. 11. , S. 144.
28　Hierzu und zum Folgenden Gespräch mit Wolfgang R. Langenbucher am 7. 9. 2012 in Berlin.
29　Erziehung. Lesebücher : Dunkles Geraune. In : Der Spiegel 47 (1965) vom 17. 11. , S. 144.
30　Peter Glotz & Wolfgang R. Langenbucher (Hrsg.) : Versäumte Lektionen. Entwurf eines Lesebuches. Gütersloh : 1965 , S. 12.
31　Hellmuth Langenbucher : Volkhafte Dichtung der Zeit. Berlin : 1937.
32　Ebd. , S. 11.
33　Meldebogen aufgrund des Gesetzes zur Befreiung vom Nationalsozialismus und Militarismus , Einlieferungstag : 23. 8. 1946. Staatsarchiv Ludwigsburg EL 902/5 Bü 3215.
34　Arbeitsblatt. Spruchkammer Crailsheim an die Militärregierung Crailsheim. Eingegangen am 5. 11. 1947. Staatsarchiv Ludwigsburg EL902/5 Bü 3215.
35　Ermittlungsbericht in Sachen Langenbucher vom 12. 1. 1948. Staatsarchiv Ludwigsburg EL 902/5 Bü 3215.

36 Jan-Pieter Barbian: Literaturpolitik im 》Dritten Reich 《. Institutionen, Kompetenzen, Betätigungsfelder. München:1995,S. 272.
37 Hellmuth Langenbucher: Die geistige Welt des Buches. In: Hellmuth Langenbucher (Hrsg.): Die Welt des Buches. Eine Kunde vom Buch. München:1938,S. 30.
38 Hierzu und zum Folgenden Gespräch mit Wolfgang R. Langenbucher am7. 9. 2012 in Berlin.
39 Personal-Nachweis, Abschrift. In: BArch(ehem. BDC), RK, Schumann, Gerhard, 14. 2. 1911; Spruchkammerakten Schumann, Gerhard. In: Staatsarchiv Ludwigsburg, EL 902/20, Bü 80282, sowie Gerhard Schumann: Besinnung. Von Kunst und Leben. Bodman: Hohenstaufen-Verlag 1974,S. 106.
40 Brief Gerhard Schumann, Mitglied des Reichskultursenats, an Staatsrat Hanns Johst vom 15. 11. 1939. In: BArch(ehem. BDC), RK, Schumann, Gerhard, 14. 2. 1911.
41 Lebenslauf Gerhard Schumann vom 22. 11. 1944. In: Joseph Wulf: Literatur und Dichtung im Dritten Reich. Eine Dokumentation. Hamburg:1966,S. 432.
42 Hans Sarkowicz & Alf Mentzer: Literatur in Nazi-Deutschland. Ein biografisches Lexikon. Erweiterte Neuausgabe. Hamburg, Wien:2002,S. 364.
43 Lebenslauf Gerhard Schumann vom 22. 11. 1944. Joseph Wulf: Literatur und Dichtung im Dritten Reich. Eine Dokumentation. Hamburg:1966, S. 432. Spruch der Spruchkammer Neustadt-Lager vom 17. 6. 1948. In: Staatsarchiv Ludwigsburg, EL 902/20, Bü 80282, Bl. 4.
44 Soldatengebet. In: Wilhelm von Scholz: Das deutsche Gedicht. Ein Jahrtausend deutscher Lyrik. Berlin: Th. Knaur Nachf. 1941,S. 598.
45 Berliner Lokal-Anzeiger vom 2. 5. 1936. In: Joseph Wulf: Literatur und Dichtung im Dritten Reich. Eine Dokumentation. Hamburg:1966,S. 298 f.
46 Schriftsteller. Gerhard Schumann. Undank rings. In: Der Spiegel 37 (1959) vom 9. September,S. 72.
47 Gerhard Schumann: Besinnung. Von Kunst und Leben. Bodman: Hohenstaufen-Verlag 1974,S. 173.
48 Ebd. ,S. 174.
49 Ebd. S. 83.
50 Ebd. ,S. 110.
51 Spruch der Spruchkammer Neustadt-Lager vom 17. 6. 1948. In: Staatsarchiv Ludwigsburg, EL 902/20, Bü 80282, Bl. 120.
52 Gerhard Schumann: Besinnung. Von Kunst und Leben. Bodman: Hohenstaufen-Verlag 1974,S. 83.
53 Ebd.
54 Ebd. ,S. 176.
55 Ebd. ,S. 111.
56 Ebd. ,S. 150.
57 Ebd. ,S. 136.
58 Ebd. ,S. 119.
59 Verteidigungsschrift im Spruchkammerverfahren. In: Staatsarchiv Ludwigsburg, EL 902/

20,Bü 80282,Bl. 73.
60 Letter of recommendation, EUCOM Hist. Div. vom 6. 3. 1946. In: Staatsarchiv Ludwigsburg, EL 902/20, Bü 80282, Bl. 25.
61 Spruchkammerakten Schumann, Gerhard. In: Staatsarchiv Ludwigsburg, EL 902/20, Bü 80282.
62 Gerhard Schumann: Besinnung. Von Kunst und Leben. Bodman: Hohenstaufen-Verlag 1974, S. 198.
63 Ebd. , S. 190.
64 Ebd. , S. 195.
65 Ebd. , S. 192.
66 Gutachtliche Äußerung über Gerhard Schumann vom 16. 1. 1948. In: Staatsarchiv Ludwigsburg, EL 902/20, Bü 80282, Bl. 48.

XII 来自灰色地带的回忆或望向前方的迟疑

1 Günter Grass: Beim Häuten der Zwiebel. Göttingen: 2006.
2 Die Debatte findet sich zusammengefasst bei: Frank Hoffmann & Silke Flegel: Autobiografie und Dichtung. Die Sommer-Debatte um Erwin Strittmatter. In: Deutschland Archiv (2008), H. 6.
3 Das hört nie auf. Gerrit Bartels über Günter Grass und seine Verdrängungsarbeit. In: Der Tagesspiegel vom 9. Juni 2013, S. 28.
4 Manfred Jäger: Nur der » Roman einer Jugend «. Zum Tode von Dieter Noll (1927 – 2008). In: Deutschland Archiv (2008), H. 2, S. 202.
5 Bestsellerliste und Buchauswahl. In: Der Spiegel 26 (1966) vom 20. 6. , S. 95.
6 Dieter Noll: Die Abenteuer des Werner Holt. Roman einer Jugend. Berlin, Weimar: 1980, S. 131.
7 Ebd. , S. 138.
8 Ebd. , S. 156.
9 Ebd. , S. 156.
10 Ebd. , S. 189.
11 Ebd. , S. 264.
12 Ebd. , S. 363.
13 Ebd. , S. 210.
14 Ebd. , S. 211.
15 Carsten Gansel: Die » Grenzen des Sagbaren überschreiten «‹-Zu › Formen der Erinnerung ‹ in der Literatur der DDR. In: Carsten Gansel (Hrsg.) : Rhetorik der Erinnerung-Zu Literatur und und Gedächtnis in den › geschlossenen Gesellschaften ‹ des Real-Sozialismus. Göttingen: 2009, S. 31.
16 Ebd. , S. 31 f.
17 Joachim Walther: Sicherungsbereich Literatur. Schriftsteller und Staatssicherheit in der Deutschen Demokratischen Republik. Berlin: 1996, S. 337, 343 u. 647.
18 Brief von Dieter Noll an Erich Honecker. In: Neues Deutschland vom 22. Mai 1979, S. 4.
19 Immer nur Band eins. In: Der Spiegel 46 (1958) vom 12. 11. , S. 59.

20 Vgl. dazu Annette Leo：Erwin Strittmatter. Die Biographie. Berlin：2012,S. 373.
21 Heimatdichter Strittmatter. In：Marcel Reich-Ranicki：Deutsche Literatur in West und Ost. Prosa seit 1945. München：Piper 1963,S. 420.
22 Immer nur Band eins. In：Der Spiegel 46(1958)vom 12.11. ,S. 61.
23 Nachbemerkung [o. Autor]. In：Erwin Strittmatter：Der Wundertäter. Berlin：Aufbau 1959 [EA 1957],S. 430 f.
24 Norman Ächtler：》 Geschundene Wesen 《. Strittmatters 》 Wundertäter 《 und das Soldatische Opfernarrativ der Nachkriegszeit. In：Carsten Gansel & Matthias Braun(Hrsg.)：Es geht um Erwin Strittmatter oder Vom Streit um die Erinnerung. Göttingen：2012,S. 98.
25 Erwin Strittmatter：Der Wundertäter. Berlin：Aufbau 1959 [EA 1957],S. 324 f.
26 Ebd. ,S. 336 f.
27 Norman Ächtler：》 Geschundene Wesen 《. Strittmatters 》 Wundertäter 《 und das Soldatische Opfernarrativ der Nachkriegszeit. In：Carsten Gansel & Matthias Braun(Hrsg.)：Es geht um Erwin Strittmatter oder Vom Streit um die Erinnerung. Göttingen：2012,S. 109.
28 Günter Grass：Beim Häuten der Zwiebel. Göttingen：2006,S. 125.
29 Ebd. ,S. 125 f.
30 Ebd. ,S. 126.
31 Ebd.
32 Ebd.
33 Günter Grass：Die Blechtrommel. Frankfurt/M. ：1964 [EA 1959],S. 265.
34 Ebd. ,S. 201.
35 Ebd.
36 Günter Grass：Beim Häuten der Zwiebel. Göttingen：2006,S. 127.
37 Norman Ächtler：》 Geschundene Wesen 《. Strittmatters 》 Wundertäter 《 und das Soldatische Opfernarrativ der Nachkriegszeit. In：Carsten Gansel & Matthias Braun(Hrsg.)：Es geht um Erwin Strittmatter oder Vom Streit um die Erinnerung. Göttingen：2012,S. 93.
38 Günter Grass：Die Blechtrommel. Frankfurt/M. ：1964 [EA 1959],S. 165.
39 Helmut Böttiger：Die Gruppe 47. Als die deutsche Literatur Geschichte schrieb. München：2012,S. 230.
40 Ebd.
41 Hans Werner Richter：Die Geschlagenen. München：Verlag Kurt Desch 1949,S. 383.
42 Ebd. ,S. 431.
43 Kurt Desch：Aus der Romanstrasse. Ein Almanach 1945-1953. Wien,München,Basel：Verlag Kurt Desch 1953,S. 52.
44 Ebd. ,S. 53.
45 Helmut Böttiger：Die Gruppe 47. Als die deutsche Literatur Geschichte schrieb. München：2012,S. 101.
46 Ebd.
47 Hans Werner Richter：Die Geschlagenen. München：Verlag Kurt Desch 1949,S. 399.
48 Ebd. ,S. 458.
49 Ebd. ,S. [5].
50 Helmut Böttiger：Die Gruppe 47. Als die deutsche Literatur Geschichte schrieb. München：

2012,S. 60.
51   Ebd. ,S. 54.
52   Heinrich Gerlach:Die verratene Armee. München:Nymphenburger Verlagsbuchhandlung 1957.
53   Vgl. hierzu und zum Folgenden Carsten Gansel:Nach 70 Jahren aus der Kriegsgefangenschaft zurück-Heinrich Gerlachs Roman Durchbruch bei Stalingrad und seine abenteuerliche Geschichte. In:Heinrich Gerlach:Durchbruch bei Stalingrad. Berlin:Galiani Verlag 2016,S. 517 – 690.
54   Vgl. dazu ebd. ,S. 652.
55   Hypnose. Zurück nach Stalingrad. In:Der Spiegel 5(1958)vom 29. 1. ,S. 42.
56   Marcel Reich-Ranicki:Der Zeuge Koeppen. In:Marcel Reich-Ranicki:Deutsche Literatur in West und Ost. Prosa seit 1945. München:Piper 1963,S. 51.
57   Ebd. ,S. 52.
58   Vgl. dazu Ernestine Schlant:Die Sprache des Schweigens. Die deutsche Literatur und der Holocaust. München:2001,S. 54.
59   Ein Antrag auf Druckgenehmigung für Tauben im Gras wurde offenbar vom Verlag zurückgezogen. Für Das Treibhaus liegt zwar auch eine Druckgenehmigung vor,eine Ausgabe im Mitteldeutschen Verlag war jedoch nicht nachweisbar.
60   Verlagsgutachten zur Ausgabe in Reclams Universalbibliothek vom 20. 9. 1976. http://www. bundesarchiv. de/digitalisate/drl_druck/DR_1_2210/DR_1_2210_209. png(zuletzt besucht am 23. 11. 2014).
61   Wolfgang Koeppen:Der Tod in Rom. Frankfurt/M. :Suhrkamp Verlag 1975 [1954], S. 157.
62   Ebd. ,S. 25.
63   Ebd. ,S. 183.
64   Ernestine Schlant:Die Sprache des Schweigens. Die deutsche Literatur und der Holocaust. München:2001,S. 67.
65   Ebd. ,S. 60.
66   Ebd. ,S. 60.
67   Ebd. ,S. 68.
68   Ebd. ,S. 70.
69   Vgl. dazu ausführlich Jörg Döring:》··· ich stellte mich unter,ich machte mich klein ···《. Wolfgang Koeppen 1933 – 1948. Frankfurt/M. und Basel:2001,S. 21 f.
70   Ebd. ,S. 337.
71   Ebd. ,S. 190 f.
72   Verlag der Nation. Verlagsgutachten [März 1955]. http://www. bundesarchiv. de/digitalisate/drl_druck/DR_1_3950/DR_1_3950_208. png(zuletzt besucht am 25. 11. 2014)
73   Verlag Philipp Reclam Junior,Leipzig. Redaktionelle Bemerkung zu Heinrich Böll,Wo warst du, Adam? Vom 18. 7. 1961. http://www. bundesarchiv. de/digitalisate/drl_druck/DR_1_3950/DR_1_3950_186. png(zuletzt besucht am 25. 11. 2014).
74   Ernestine Schlant:Die Sprache des Schweigens. Die deutsche Literatur und der Holocaust. München:2001,S. 52 – 53.

附录

75 Stephan Braese: Gruppe 47. In: Torben Fischer & Matthias N. Lorenz(Hrsg.): Lexikon der » Vergangenheitsbewältigung « in Deutschland. Debatten-und Diskursgeschichte des Nationalsozialismus nach 1945. Bielefeld: 2007, S. 112.
76 Heinrich Böll: Wo warst du, Adam?. Leipzig: Reclam 1985 [1951], S. 77.
77 Ebd. , S. 106.
78 Ebd. , S. 114.
79 Maxim Biller zitiert nach Heinz Ludwig Arnold: Aufstieg und Ende der Gruppe 47. In: Aus Politik und Zeitgeschichte 25(2007) vom 18. Juni, S. 4.
80 Heinz Ludwig Arnold: Aufstieg und Ende der Gruppe 47. In: Aus Politik und Zeitgeschichte 25(2007) vom 18. Juni, S. 4.
81 Alfred Andersch: Sansibar oder der letzte Grund. Frankfurt/M. : Fischer Verlag 1960 [1957], S. 15.
82 Ebd. , S. 60.
83 Ebd. , S. 148.
84 Vgl. dazu Hans Sarkowicz & Alf Mentzer: Literatur in Nazi-Deutsch-land. Ein biografisches Lexikon. Erweiterte Neuausgabe. Hamburg, Wien: 2002, S. 73.
85 Siehe dazu Jörg Döring, Rolf Seubert: Der berühmteste Deserteur der Wehrmacht. In: Frankfurter Allgemeine Zeitung vom 3. 7. 2014.
86 Stephan Braese: Gruppe 47. In: Torben Fischer & Matthias N. Lorenz(Hrsg.): Lexikon der » Vergangenheitsbewältigung « in Deutschland. Debatten-und Diskursgeschichte des Nationalsozialismus nach 1945. Bielefeld: 2007, S. 111.
87 Heinz Ludwig Arnold: Aufstieg und Ende der Gruppe 47. In: Aus Politik und Zeitgeschichte 25(2007) vom 18. Juni, S. 5.
88 Ernestine Schlant: Die Sprache des Schweigens. Die deutsche Literatur und der Holocaust. München: 2001, S. 73.

Literaturverzeichnis

12 5 Jahre Ullstein. Presse-und Verlagsgeschichte im Zeichen der Eule. Berlin: 2002.

Ächtler, Norman: » Geschundene Wesen «. Strittmatters » Wundertäter « und das Soldatische Opfernarrativ der Nachkriegszeit. In: Carsten Gansel & Matthias Braun(Hrsg.): Es geht um Erwin Strittmatter oder Vom Streit um die Erinnerung. Göttingen: 2012.

Ächtler, Norman: Generation in Kesseln. Das soldatische Opfernarrativ im westdeutschen Kriegsroman 1945 – 1960. Göttingen: 2013.

Adam, Christian: Lesen unter Hitler. Autoren, Bestseller, Leser im Dritten Reich. Berlin: 2010.

Adling, Wilfried: Lexikon sozialistischer deutscher Literatur. Von d. Anfängen bis 1945. Halle: 1963.

Adorno, Theodor W. : Kulturkritik und Gesellschaft I. Prismen. Ohne Leitbild. Gesammelte Schriften, Bd. 10. 1. Frankfurt/M. ;1977.

Agazzi, Elena & Schütz, Erhard: Handbuch Nachkriegskultur: Literatur, Sachbuch und Film in Deutschland(1945 – 1962). Berlin, Boston: 2013.

Albrecht, Günter: Schriftsteller der DDR. Leipzig: VEB Bibliographisches Institut 1974.

Altenhein, Hans: » Auferstanden aus Ruinen «. In: » Neuanfang 1945 «. Sonderdruck aus

Börsenblatt für den Deutschen Buchhandel(1995).
Andersch, Alfred: Sansibar oder der letzte Grund. Frankfurt/M.: Fischer Verlag 1960 [1957].
Andres, Stefan: Sperrzonen. Hamburg: Verlag Hans Bredow-Institut 1959. Andres, Stefan: Wir sind Utopia. Novelle. München: 1951.
Apitz, Bruno: Nackt unter Wölfen. Halle-Leipzig: Mitteldeutscher Verlag 1980 [1958].
Arnold, Heinz Ludwig: Aufstieg und Ende der Gruppe 47. In: Aus Politik und Zeitgeschichte 25(2007) vom 18. Juni.
Bach, Janina: Spuren des kollektiven Gedächtnisses an den Holocaust in der DDR-Literatur bis 1958. In: Carsten Gansel & Pawel Zimniak(Hrsg.): Reden und Schweigen in der deutschsprachigen Literatur nach 1945 . Fallstudien . Wroclaw, Dresden: 2006.
Ball, Kurth Herwarth & Weise, Lothar: Brand im Mondobservatorium. Das Neue Abenteuer 161. Berlin: Verlag Neues Leben 1959.
Barbian, Jan-Pieter: Literaturpolitik im 》 Dritten Reich 《. Institutionen, Kompetenzen, Betätigungsfelder. München: 1995.
Bauer, Josef Martin: Die barocke Kerze. Novelle. Leipzig: Reclam 1938.
Bauer, Josef Martin: Die Kraniche der Nogaia. Tagebuchblätter aus dem Feldzug im Osten. München: R. Piper & Co. 1942.
Bauer, Josef Martin: So weit die Füße tragen. München: Franz Ehrenwirth Verlag 1955.
Bauer, Josef Martin: So weit die Füße tragen. Frankfurt am Main: S. Fischer 1960.
Bauerkämper, Arnd: Verfechtung und selektive Erinnerung. Soldaten des Zweiten Weltkriegs und ihre Verbände im besetzten und geteilten Deutschland 1945 – 1990. In: Detlev Brunner, Udo Grashoff & Andreas Kötzing(Hrsg.): Asymetrisch verfochten? Neue Forschungen zur gesamtdeutschen Nachkriegsgeschichte . Berlin: 2013.
Bautz, Simone: Gerhard Schumann-Biographie. Werk. Wirkung eines prominenten nationalsozialistischen Autors. Gießen: 2008.
Beyeler, Marie: Frühe Erklärungsversuche deutscher Historiker. In: Torben Fischer & Matthias N. Lorenz(Hrsg.): Lexikon der 》 Vergangenheitsbewälti gung 《 in Deutschland . Debatten- und Diskursgeschichte des Nationalsozialismus nach 1945 . Bielefeld: 2007.
Boge, Birgit: Die Anfänge von Kiepenheuer & Witsch. Joseph Caspar Witsch und die Etablierung des Verlags(1948-1959). Wiesbaden: 2009.
Böll, Heinrich: Wo warst du, Adam?. Leipzig: Reclam 1985 [1951].
Bonwetsch, Bernd: Sowjetische Politik in der SBZ 1945 – 1949. Dokumente zur Tätigkeit der Propagandaverwaltung der SMAD unter Sergej Tjul'panov. Bonn: 1998.
Borchert, Wolfgang: Draußen vor der Tür und ausgewählte Erzählungen. Hamburg: 1981.
Böttiger, Helmut: Die Gruppe 47. Als die deutsche Literatur Geschichte schrieb. München: 2012.
Braese, Stephan: Gruppe 47. In: Torben Fischer & Matthias N. Lorenz(Hrsg.): Lexikon der 》 Vergangenheitsbewältigung 《 in Deutschland . Debatten-und Diskursgeschichte des Nationalsozialismus nach 1945 . Bielefeld: 2007.
Braunbuch. Kriegs-und Naziverbrecher in der Bundesrepublik. Staat, Wirtschaft, Armee, Verwaltung, Justiz, Wissenschaft. Berlin: Staatsverlag der Deutschen Demokratischen

附录

Republik 1965.
Brückner, Christine; Ehe die Spuren verwehen. Gütersloh; 1954.
Brüning, Elfriede;》Ich musste einfach schreiben, unbedingt ···《 Briefwechsel mit Zeitgenossen 1930 – 2007. Essen; 2008.
Brüning, Elfriede; Regine Haberkorn. Berlin; 1955 [1961].
Buhl, Hendrik; Eugen Kogon; Der SS-Staat. In; Torben Fischer & Matthias N. Lorenz(Hrsg.); Lexikon der 》Vergangenheitsbewältigung《 in Deutschland. Debatten-und Diskursgeschichte des Nationalsozialismus nach 1945. Bielefeld; 2007.
Burte, Hermann; Wiltfeber der ewige Deutsche. Die Geschichte eines Heimatsuchers. Leipzig; 1912.
Ceram, C. W.; Götter, Gräber und Gelehrte. Roman der Archäologie. Hamburg; Rowohlt 1949 [1967].
Ceram, C. W.; Götter, Gräber und Gelehrte. Roman der Archäologie. Hamburg; Rowohlt 1949.
Creuzberger, Stefan; Kampf für die Freiheit. Das gesamtdeutsche Ministerium und die politische Kultur des Kalten Krieges 1949 – 1969. Düsseldorf; 2008.
Daumann, Rudolf [Heinrich]; Freiheit oder Bananen. Berlin; Verlag Neues Leben 1954.
David, Kurt; Gegenstoß ins Nichts. Berlin; Verlag des Ministeriums für Nationale Verteidigung 1957.
Delabar, Walter; Dammbrüche und Untergänge. Edwin Erich Dwinger; Wenn die Dämme brechen(1950) und General Wlassow (1951). In; Hans Wagener (Hrsg.); Von Böll bis Buchheim. Deutsche Kriegsprosa nach 1945. Amsterdam; Atlanta, 1997.
Desch, Kurt; Aus der Romanstrasse. Ein Almanach 1945 – 1953. Wien, München, Basel; Verlag Kurt Desch 1953.
Diederichs, Ulf; Annäherungen an das Sachbuch. Zur Geschichte und Definition eines umstrittenen Begriffs. In; Rudolf Radler(Hrsg.); Kindlers Literaturgeschichte der Gegenwart. Autoren, Werke, Themen, Tendenzen seit 1945. Die deutschsprachige Sachliteratur I. Frankfurt/M. ; 1980.
Döring, Jörg;》··· ich stellte mich unter, ich machte mich klein ···《. Wolfgang Koeppen 1933 – 1948. Frankfurt/M. und Basel; 2001.
Dwinger, Edwin Erich; Die Armee hinter Stacheldraht. Das sibirische Tagebuch. Überlingen; Otto Dikreiter Verlag 1950.
Dwinger, Edwin Erich; Wenn die Dämme brechen ··· Untergang Ostpreußens. Überlingen a. B. ; Otto Dikreiter Verlag 1950.
Ebeling, Erich; So lachte der Landser. Humor in Uniform. Rastatt; Erich Pabel Verlag [o. J.].
Echternkamp, Jörg; Soldaten im Nachkrieg. Historische Deutungskonfikte und westdeutsche Demokratisierung 1945 – 1955. München; 2014.
Ehemalige Nationalsozialisten in Pankows Diensten. Herausgegeben vom Untersuchungsausschuss Freiheitlicher Juristen. Berlin; [1960].
Fechner, Max; Wie konnte es geschehen. Auszüge aus den Tagebüchern und Bekenntnissen eines Kriegsverbrechers. Berlin; JHW Dietz Nachf. 1946.
Fischer, Torben; Ernst von Salomon; Der Fragebogen. In; Torben Fischer & Matthias N. Lorenz (Hrsg.); Lexikon der 》Vergangenheitsbewältigung《 in Deutschland. Debatten-und Dis-

kursgeschichte des Nationalsozialismus nach 1945 . Bielefeld:2007.

Fischer,Torben:Exildebatte. In:Torben Fischer & Matthias N. Lorenz(Hrsg.):Lexikon der 》 Vergangenheitsbewältigung 《 in Deutschland . Debatten-und Diskursgeschichte des Nationalsozialismus nach 1945 . Bielefeld:2007.

Förster,Lars:Bruno Apitz. Eine politische Biographie. Berlin:2015.

Foschepoth, Josef: Überwachtes Deutschland. Post-und Telefonüberwachung in der alten Bundesrepublik. Berlin:2012.

Frank,Anne:Das Tagebuch der Anne Frank. 12. Juni 1942 – 1. August 1944. Frankfurt/M. , Hamburg:Fischer Bücherei 1955.

Franke,Konrad:Die Literatur der Deutschen Demokratischen Republik I. In:Kindlers Literaturgeschichte der Gegenwart . Autoren, Werke, Themen, Tendenzen seit 1945 . Frankfurt:1980.

Frenzel,Herbert A. :Daten deutscher Dichtung. Chronologischer Abriss der deutschen Literaturgeschichte von den Anfängen bis zur Gegenwart. Unter Mitarbeit mehrerer Fachgenossen herausgegeben von Herbert A. Frenzel. Köln,Berlin:Kiepenheuer & Witsch 1953.

Fricke,Karl Wilhelm & Engelmann,Roger:Konzentrierte Schläge. Staatssicherheitsaktionen und politische Prozesse in der DDR 1953 – 1956. Berlin:1998.

Fritz,Georg L. :Der Stuka-Franz. Roman. Aus der Reihe Der Landser. Nr. 8. Rastatt:Erich Pabel Verlag 1957.

Frohn,Julia:Literaturaustausch im geteilten Deutschland. 1945 – 1972. Berlin:2014.

Fuld,Werner:Das Buch der verbotenen Bücher. Universalgeschichte des Verfolgten und Verfemten von der Antike bis heute. Berlin:2012.

Gansel,Carsten:Die 》 Grenzen des Sagbaren überschreiten 《 -Zu 〉 Formen der Erinnerung 〈 in der Literatur der DDR. In: Carsten Gansel(Hrsg.):Rhetorik der Erinnerung-Zu Literatur und Gedächtnis in den 〉 geschlossenen Gesellschaften 〈 des Real-Sozialismus . Göttingen:2009.

Gehring,Egid:Unterm Edelweiss in der Ukraine. München:Zentralverlag der NSDAP 1943.

Gerlach,Heinrich:Die verratene Armee. München:Nymphenburger Verlagsbuchhandlung 1957.

Gerlach,Heinrich:Durchbruch bei Stalingrad. Berlin:Verlag Galiani Berlin 2016.

Glotz,Peter & Langenbucher,Wolfgang R. (Hrsg.):Versäumte Lektionen. Entwurf eines Lesebuches. Gütersloh:1965.

Golon,Anne:Angélique. München:Bertelsmann o. J.

Grabert,Willy & Mulot,Arno:Geschichte der deutschen Literatur. München: Bayerischer Schulbuch-Verlag 1959.

Graff,Sigmund:Goethe vor der Spruchkammer oder Der Herr Geheimrath verteidigt sich. Nach Johann Peter Eckermanns Gesprächen mit Goethe in den letzten Jahren seines Lebens. Göttingen:Plesse-Verlag 1951.

Grass,Günter:Die Blechtrommel. Frankfurt:1964 [EA 1959]. Grass, Günter: Beim Häuten der Zwiebel. Göttingen:2006.

Groll,Gunter(Hrsg.):De profundis . Deutsche Lyrik dieser Zeit . Eine Anthologie aus zwölf Jahren . München:Verlag Kurt Desch 1946.

Gruschka,Bernd R. :Der gelenkte Buchmarkt. Die amerikanische Kommunikationspolitik in

Bayern und der Aufstieg des Verlages Kurt Desch 1945 bis 1950. In: Archiv für Geschichte des Buchwesens 44(1995).
Gruschka, Bernd R. : Reeducation als US-Verlagspolitik. In:》Neuanfang 1945 《. Sonderdruck aus Börsenblatt für den Deutschen Buchhandel(1995).
Hamann, Hanjo; Ulrich Völkel & Stefan Wogawa(Hrsg.) : Harry Thürk . Sein Leben, seine Bücher, seine Freunde . Halle: Mitteldeutscher Verlag 2007.
Hammer, Elke-Ursel(Bearb.) : Dokumente zur Deutschlandpolitik, Sonderedition 》 Besondere Bemühungen 《 Bd. 1. München: 2012.
Handliste von Titeln, die dem Charakter der volksbildnerischen Tätigkeit des gewerblichen Leihbuchhandels widersprechen [Herausgegeben vom Börsenverein der Deutschen Buchhändler zu Leipzig]. Leipzig: [1957].
Hantke, Susanne:》 Das Dschungelgesetz, unter dem wir alle standen 《. Der Erfolg von 》 Nackt unter Wölfen 《 und die unerzählten Geschichten der Buchenwalder Kommunisten. In: Bruno Apitz: Nackt unter Wölfen . Berlin: 2012.
Härtel, Christian: Ein kleiner Streifzug durch die Sachbuchgeschichte. Warum bei Ch. Links keine Lyrik erscheint. In: Christoph Links & Christian Härtel(Hrsg.) : Über unsere Bücher lässt sich streiten . Zehn Jahre Ch . Links Verlag Berlin, 1999.
Härtel, Christian: Grenzen über uns. Populärwissenschaftliche Mobilisierung, Eskapismus und Synthesephantasien in Zukunftsromanen des 〉 Dritten Reiches 〈. In: Walter Delabar, Horst Denkler & Erhard Schütz(Hrsg.) : Banalität mit Stil . Zur Widersprüchlichkeit der Literaturproduktion im Nationalsozialismus . Bern u. a. : 1999.
Härtel, Christian: Stromlinien. Wilfrid Bade -Eine Karriere im Dritten Reich. Berlin: 2004.
Hartung, Hugo: Ich denke oft an Piroschka. Berlin: Ullstein 1954.
Hass, Hans: Unter Korallen und Haien. Abenteuer in der Karibischen See. Berlin: Deutscher Verlag 1941.
Heermann, Christian: Karl May-Heimliches und Unheimliches. In: Siegfried Lokatis & Ingrid Sonntag(Hrsg.) : Heimliche Leser in der DDR . Kontrolle und Verbreitung unerlaubter Literatur . Berlin: 2008.
Heimann, Bodo: Krieg, Flucht und Nachkriegszeit in Christine Brückners Poenichen-Roman-Trilogie. In: Carsten Gansel & Pawel Zimniak(Hrsg.) : Reden und Schweigen in der deutschsprachigen Literatur nach 1945 . Wroclaw, Dresden: 2006.
Henke, Klaus-Dietmar: Die Auseinandersetzung mit dem Nationalsozialismus in den beiden deutschen Staaten während der ersten Nachkriegsjahre. In: Ludger Kühnhardt & Alexander Tschubarjan(Hrsg.) : Rußland und Deutschland auf dem Weg zum antitotalitären Konsens . Baden-Baden: 1999.
Hermand, Jost: Der Kalte Krieg in der Literatur. In: Hans-Erich Volkmann(Hrsg.) : Ende des Dritten Reiches-Ende des Zweiten Weltkriegs . Eine perspektivische Rückschau . München, Zürich: 1995.
Herrmann, Anne-Kathrin & Fischer, Torben: Junge Generation. In: Torben Fischer & Matthias N. Lorenz(Hrsg.) : Lexikon der 》 Vergangenheitsbewältigung 《 in Deutschland . Debatten- und Diskursgeschichte des Nationalsozialismus nach 1945 . Bielefeld: 2007.
Hoffmann, Frank & Flegel, Silke: Autobiografie und Dichtung. Die SommerDebatte um Erwin

Strittmatter. In: Deutschland Archiv 6(2008).

Hohenstein, Angelika: Joseph Caspar Witsch und das Volksbüchereiwesen unter nationalsozialistischer Herrschaft. Wiesbaden: 1992.

Höhn-Gloor, Elisabeth: John Knittel. Ein Erfolgsautor und sein Werk im Brennpunkt von Fakten und Fiktionen. Zürich: 1984.

Hueck-Dehio, Else: Ja, damals. Zwei heitere estländische Geschichten. Heilbronn: Eugen Salzer-Verlag 1953.

Judt, Matthias(Hrsg.): DDR-Geschichte in Dokumenten. Beschlüsse, Berichte, interne Materialien und Alltagszeugnisse. Berlin: 1997.

Jütte, Bettina: Verlagslizenzierung in der Sowjetischen Besatzungszone (1945 – 1949). Berlin: 2010.

Kaiser, Gerhard:» Dichtung als Dichtung «. Die langen 50er-Jahre der westdeutschen Germanistik. In: Der Deutschunterricht 5(2001).

Katins, Janine: Jürgen Thorwald: Eine Auto(r)biografie. In: Non Fiktion. Arsenal der anderen Gattung. Jürgen Thorwald 6(2011).

Keller, Werner: Und die Bibel hat doch recht. Forscher beweisen die historische Wahrheit. Düsseldorf: Econ 1955.

Kirst, Hans Hellmut: Null-Acht Fünfzehn. Die abenteuerliche Revolte des Gefreiten Asch. Wien, München, Basel: Verlag Kurt Desch 1954.

Kirst, Hans Hellmut: Der Schein trügt(auch ein Fragebogen). In: Ludwig Marcuse(Hrsg.): War ich ein Nazi? Politik-Anfechtung des Gewissens . München, Bern, Wien: 1968.

Klaska, Frauke: Trümmer-und Zeitfilme. In: Torben Fischer & Matthias N. Lorenz(Hrsg.): Lexikon der» Vergangenheitsbewältigung « in Deutschland . Debatten-und Diskursgeschichte des Nationalsozialismus nach 1945 . Bielefeld: 2007.

Klaska, Frauke & Fischer, Torben: Dramen der Nachkriegszeit. In: Torben Fischer & Matthias N. Lorenz(Hrsg.): Lexikon der» Vergangenheitsbewältigung « in Deutschland . Debatten- und Diskursgeschichte des Nationalsozialismus nach 1945 . Bielefeld: 2007.

Klee, Ernst: Das Kulturlexikon zum Dritten Reich. Wer war was vor und nach 1945. Frankfurt/M. :2007. Knigge, Volkhard:» Die organisierte Hölle «. Eugen Kogons ambivalente Zeugenschaft. In: Jürgen Danyel, Jan-Holger Kirsch & Martin Sabrow(Hrsg.): 50 Klassiker der Zeitgeschichte . Göttingen: 2007.

Koeppen, Wolfgang: Der Tod in Rom. Frankfurt: Suhrkamp Verlag 1975 [1954].

Kogon, Eugen: Der SS-Staat. Das System der deutschen Konzentrationslager. München: Verlag Karl Alber 1946.

Kogon, Eugen: Der SS-Staat. Das System der deutschen Konzentrationslager. München: 1983.

Königseder, Angelika: Entnazifizierung. In: Wolfgang Benz(Hrsg.): Deutschland unter alliierter Besatzung 1945 – 1949/55 . Berlin: 1999.

Konsalik, Heinz G. : Der Arzt von Stalingrad. München: 1975 [1957].

Kramer, Sven: Tagebuch der Anne Frank. In: Torben Fischer & Matthias N. Lorenz(Hrsg.): Lexikon der» Vergangenheitsbewältigung « in Deutschland . Debatten-und Diskursgeschichte des Nationalsozialismus nach 1945 Bielefeld, 2007.

Kröll, Friedhelm: Literaturpreise nach 1945. Wegweiser in die Restauration. In: Jost Hermand,

附录

Helmut Peitsch & Klaus R. Scherpe (Hrsg.) ; Nachkriegsliteratur in Westdeutschland 1945 - 49. Schreibweisen, Gattungen, Institutionen . Berlin ; 1982.
Kumpfmüller, Michael ; Ein Krieg für alle und keinen. Hans Hellmut Kirst ; 08/15 (1954/55). In ; Hans Wagener (Hrsg.) ; Von Böll bis Buchheim ; Deutsche Kriegsprosa nach 1945 . (Amsterdamer Beiträge zur neueren Germanistik Ausg. , Bd. 42 - 1997) Amsterdam, Atlanta ; 1997.
Laar, Clemens ; ··· reitet für Deutschland. Carl-Friedrich Freiherr von Lan-gen. Ein Kämpferschicksal. Feldausgabe. Hannover ; Adolf Sponholtz Verlag 1942.
Laar, Clemens ; ··· reitet für Deutschland. Ein Reiterschicksal. Hannover ; Adolf Sponholtz Verlag 1950.
Langenbucher, Hellmuth ; Volkhafte Dichtung der Zeit. Berlin ; 1937.
Langenbucher, Hellmuth ; Die geistige Welt des Buches. In ; Hellmuth Langen-bucher (Hrsg.) ; Die Welt des Buches . Eine Kunde vom Buch . München ; 1938.
Langenbucher, Wolfgang ; Der aktuelle Unterhaltungsroman. Beiträge zur Geschichte und Theorie der massenhaft verbreiteten Literatur. Bonn ; Bouvier 1964.
Lattmann, Dieter (Hrsg.) ; Kindlers Literaturgeschichte der Gegenwart . Autoren, Werke, Themen, Tendenzen seit 1945 . Die Literatur der Bundesrepublik Deutschland I . Frankfurt/ M. ; 1980.
Lehmstedt, Mark ; Im Dickicht hinter der Mauer - der Leser. In ; Siegfried Lokatis & Ingrid Sonntag (Hrsg.) ; Heimliche Leser in der DDR . Kontrolle und Verbreitung unerlaubter Literatur . Berlin ; 2008.
Leinemann, Freya ; Erst rechts, dann links. Wie der Leipziger Schriftsteller Kurt Herwarth Ball deutsche Geschichte schrieb. In ; Siegfried Lokatis, Theresia Rost & Grit Steuer (Hrsg.) ; Vom Autor zur Zensurakte . Abenteuer im Leseland DDR . Halle ; 2014.
Leo, Annette ; Erwin Strittmatter. Die Biographie. Berlin ; 2012.
Links, Christoph ; Das Schicksal der DDR-Verlage. Die Privatisierung und ihre Konsequenzen. Berlin ; 2009.
Liste der auszusondernden Literatur. Herausgegeben von der Deutschen Verwaltung für Volksbildung in der sowjetischen Besatzungszone. Vorläufige Ausgabe nach dem Stand vom 1. April 1946. Berlin ; 1946.
Löffer, Dietrich ; Buch und Lesen in der DDR. Ein literatursoziologischer Rückblick. Berlin ; 2011.
Lokatis, Siegfried ; Lesen in der Diktatur. Konturen einer Zensurwirkungsforschung. In ; Siegfried Lokatis & Ingrid Sonntag (Hrsg.) ; Heimliche Leser in der DDR . Kontrolle und Verbreitung unerlaubter Literatur . Berlin ; 2008.
Lüth, Paul E. H. ; Literatur als Geschichte. Deutsche Dichtung von 1885 bis 1947. Zweiter Band. Wiesbaden ; Limes-Verlag 1947.
Mayer, Hans ; Einleitung. In ; Hans Mayer (Hrsg.) ; Deutsche Literaturkritik. Vom Dritten Reich bis zur Gegenwart (1933 - 1968). Frankfurt/M. ; S. Fischer 1978.
Möller, Frank ; Das Buch Witsch. Das schwindelerregende Leben des Verlegers Joseph Caspar Witsch. Köln ; 2014.
Mulot, Arno ; Welt-und Gottschau in der deutschen Dichtung unserer Zeit.

Stuttgart: Metzlersche Verlagsbuchhandlung 1942.

Nelken, Dinah: Ich an Dich. Ein Roman in Briefen mit einer Geschichte und ihrer Moral für Liebende und solche, die es werden wollen. Berlin: 1938.

Nickel, Gunther: Faction. Theodor Plievier: Stalingrad (1945). In: Hans Wagener (Hrsg.): Von Böll bis Buchheim: Deutsche Kriegsprosa nach 1945. Amsterdam, Atlanta: 1997.

Nissen, Rudolf: Helle Blätter - dunkle Blätter. Erinnerungen eines Chirurgen. Stuttgart: DVA 1969.

Niven, Bill: Das Buchenwaldkind. Wahrheit, Fiktion und Propaganda. Bonn: 2009.

Noll, Dieter: Die Dame Perlon und andere Reportagen. Berlin: Aufbau-Verlag 1953.

Noll, Dieter: Die Abenteuer des Werner Holt. Roman einer Jugend. Berlin, Weimar: 1980.

Oels, David: » Dieses Buch ist kein Roman «. Jürgen Thorwalds » Die große Flucht « zwischen Zeitgeschichte und Erinnerungspolitik. In: Zeithistorische Forschungen 3 (2009).

Oels, David: Rowohlts Rotationsroutine. Markterfolge und Modernisierung eines Buchverlags vom Ende der Weimarer Republik bis in die fünfziger Jahre. Essen: 2013.

Oettingen, Hans von: Spielbankaffaire. Berlin: Verlag der Nation 1956. Peitsch, Helmut: Nachkriegsliteratur 1945 - 1989. Göttingen: 2009.

Petershagen, Rudolf: Gewissen in Aufruhr. Autobiographischer Bericht. Berlin: Verlag der Nation 1957 [1985].

Plievier, Theodor: Stalingrad. Roman. Berlin: Aufbau-Verlag 1945. Plievier, Theodor: Stalingrad. Hamburg: Rowohlt Verlag 1947.

Plievier, Theodor: Stalingrad. Berlin: Aufbau-Verlag 1984. Plievier, Theodor: Berlin. Augsburg: 1998.

Quednau, Werner: Robert Koch. Berlin: Altberliner Verlag Lucie Groszer 1955.

Raddatz, Fritz J.: Traditionen und Tendenzen. Materialien zur Literatur der DDR. Frankfurt/ M.: 1972.

Reclam: Betr. Belegstücke für die Frankfurter Bibliothek. In: Börsenblatt für den deutschen Buchhandel. Leipziger Ausgabe 114 (1947) vom 10. April.

Reich, Konrad: Ehm Welk. Der Heide von Kummerow. Die Zeit. Das Leben. Rostock: 2008.

Reich-Ranicki, Marcel: Der Zeuge Koeppen. In: Marcel Reich-Ranicki, Deutsche Literatur in Ost und West. Prosa seit 1945. München: Piper Verlag 1963.

Reich-Ranicki, Marcel: Deutsche Literatur in West und Ost. Prosa seit 1945. München: Piper 1963.

Reinhold, Ursula; Dieter Schlenstedt & Horst Tanneberger (Hrsg.): Erster Deutscher Schriftstellerkongress. 4. - 8. Oktober 1947. Protokoll und Dokumente. Berlin: 1997.

Remarque, Erich Maria: Zeit zu leben und Zeit zu sterben. Berlin: Aufbau Verlag 1957.

Remarque, Erich Maria: Zeit zu leben und Zeit zu sterben. Köln: Kiepenheuer & Witsch 1989.

Richter, Hans Werner: Die Geschlagenen. München: Verlag Kurt Desch 1949.

Rilla, Paul: Literatur und Lüth. Eine Streitschrift. In: Hans Mayer (Hrsg.): Deutsche Literaturkritik. Vom Dritten Reich bis zur Gegenwart (1933 - 1968). Frankfurt: Fischer.

Röger, Maren: Adorno-Diktum. In: Torben Fischer & Matthias N. Lorenz (Hrsg.): Lexikon der » Vergangenheitsbewältigung « in Deutschland. Debatten und Diskursgeschichte des Nationalsozialismus nach 1945. Bielefeld: 2007.

Salomon, Ernst von: Der Fragebogen. Hamburg: Rowohlt Verlag 1951.
Sarkowicz, Hans & Mentzer, Alf: Literatur in Nazi-Deutschland. Ein biografisches Lexikon. Erweiterte Neuausgabe. Hamburg, Wien: 2002.
Sarkowski, Heinz: Die Anfänge des deutsch-deutschen Buchhandelsverkehrs (1945 – 1955). In: Mark Lehmstedt & Siegfried Lokatis (Hrsg.): Das Loch in der der Mauer. Der innerdeutsche Literaturaustausch. (Schriften und Zeugnisse zur Buchgeschichte Ausg., Bd. 10) Wiesbaden: 1997.
Sauerbruch, Ferdinand: Das war mein Leben. Bad Wörishofen: Kindler und Schiermeyer Verlag 1951.
Saunders, Frances Stonor: Wer die Zeche zahlt ⋯ Der CIA und die Kultur im Kalten Krieg. Berlin: Siedler 2001.
Schagen, Udo: Der Sachbuchautor als Zeithistoriker: Jürgen Thorwald korrigiert Nachkriegslegenden über Ferdinand Sauerbruch. In: Non Fiktion. Arsenal der anderen Gattungen. Jürgen Thorwald 6(2011).
Schildt, Axel & Siegfried, Detlef: Deutsche Kulturgeschichte. Die Bundesrepublik – 1945 bis zur Gegenwart. München: 2009.
Schilling, Robert: Schund-und Schmutzgesetz. Handbuch und Kommentarzum Gesetz über die Verbreitung jugendgefährdender Schriften. Darmstadt; 1953.
Schlant, Ernestine: Die Sprache des Schweigens. Die deutsche Literatur und der Holocaust. München; 2001.
Schmidt-Eenboom, Erich: Undercover. Der BND und die deutschen Journalisten. Köln; 1998.
Schmidt-Eenboom, Erich: Es begann an der Isar. Jürgen Thorwald und die Organisation Gehlen. In: Non Fiktion. Arsenal der anderen Gattungen. Jürgen Thorwald 6(2011).
Schneider, Thomas F.: » Und Befehl ist Befehl. Oder nicht? « Erich Maria Remarque: Zeit zu leben und Zeit zu sterben (1954). In: Hans Wagener (Hrsg.): Von Böll bis Buchheim: Deutsche Kriegsprosa nach 1945. Amsterdam, Atlanta; 1997.
Schneider, Thomas & Howind, Angelika: Die Zensur von Erich Maria Remarques Roman über den zweiten Weltkrieg » Zeit zu leben und Zeit zu sterben « 1954 in der BRD. Mit einem Seitenblick auf die Rezeption in der DDR. In: Ursula Heukenkamp (Hrsg.): Militärische und zivile Mentalität. Ein literaturkritischer Report. Berlin; 1991.
Scholz, Hans: Am grünen Strand der Spree. So gut wie ein Roman. Hamburg: Hoffmann und Campe Verlag 1955.
Scholz, Hans: Jahrgang 1911. Leben mit allerlei Liedern. In: Hans Mommsen, Hans Scholz & Jan Herchenröder (Hrsg.): Jahr und Jahrgang 1911. Hamburg: Hoffmann und Campe 1966.
Scholz, Wilhelm von: Das deutsche Gedicht. Ein Jahrtausend deutscher Lyrik. Berlin: Th. Knaur Nachf. 1941.
Schumann, Gerhard: Besinnung. Von Kunst und Leben. Bodman: Hohenstaufen-Verlag 1974.
Seghers, Anna: Das siebte Kreuz. Berlin: Aufbau-Verlag 1946.
Seibert, Peter: Medienwechsel und Erinnerung in den späten 50er-Jahren. Der Beginn der Visualisierung des Holocaust im westdeutschen Fernsehen. In: Der Deutschunterricht 5 (2001).

Selinko, Annemarie; Désirée. Köln, Berlin; Kiepenheuer & Witsch [1951] 1961.
Sieben, Richard; Abkommen und Vorschriften zum Interzonenhandel. Mit einer erläuternden Einführung. Frankfurt/M. ; Verlag für Wirtschaft und Verwaltung 1961.
Spiegel, Josef;» Opium der Kinderstube «. Comics und Zensur in der Bundesrepublik der fünfziger Jahre. In; Stiftung Saarländischer Kulturbesitz (Hrsg.) ; Von der Mangelwirtschaft zur Massenaufage . Printmedien in den 50er Jahren [Ausstellungskatalog] . Wadgassen;2007.
Stenbock-Fermor, Alexander; Der rote Graf. Autobiographie. Mit einem Epilog von Joachim Barckhausen. Berlin; Verlag der Nation 1973.
Strittmatter, Erwin; Der Wundertäter. Berlin; Aufbau 1959 [EA 1957].
The Visiting Committee of American Book Publishers; German Book Publishing and Allied Subjects. Munich; New York City;1948.
Thorwald, Jürgen; Das Ende an der Elbe. Stuttgart; Steingrüben-Verlag 1950.
Thorwald, Jürgen; Die Entlassung. Das Ende des Chirurgen Ferdinand Sauerbruch. München;1960.
Thürk, Harry; Der Gaukler. Berlin;1978.
Thürk, Harry; Die Stunde der toten Augen. Berlin; Verlag Das Neue Berlin 1957.
Tiepmar, Stefan;» Bürgerkriegsliteratur « und andere » staatsgefährdende Schriften «. Westdeutsche Abwehrstrategien im innerdeutschen Buchaustausch. In; Mark Lehmstedt & Siegfried Lokatis (Hrsg.) ; Das Loch in der Mauer . Der innerdeutsche Literaturaustausch (Schriften und Zeugnisse zur Buchgeschichte Ausg. , Bd. 10). Wiesbaden;1997.
Ulmer, Konstantin; Ein Loch im literarischen Schutzwall. Die Publikationskontroverse um die Luchterhand-Ausgabe von Anna Seghers' Das siebte Kreuz im Jahr nach dem Mauerbau. In; Siegfried Lokatis, Theresia Rost & Grit Steuer (Hrsg.) ; Vom Autor zur Zensurakte . Abenteuer im Leseland DDR . Halle;2014.
Umlauff, Ernst; Der Wiederaufbau des Buchhandels. Beiträge zur Geschichte des Büchermarktes in Westdeutschland nach 1945. In; Archiv für Geschichte des Buchwesens 17(1977/1978).
Verzeichnis der auszusondernden Literatur. Herausgegeben von der Abteilung für Volksbildung im Magistrat der Stadt Berlin unter beratender Mitarbeit der Kammer der Kunstschaffenden und des Kulturbundes zur demokratischen Erneuerung Deutschlands. Berlin; Magistratsdruckerei 1946.
Voelkner, Benno; Jacob Ow. Historischer Roman. Schwerin; Petermänken-Verlag 1951.
Volter, K. ; Moral-Spiegel. Eine Untersuchung der Tendenzen, geistige Bevormundung im Rahmen der Gesetze zu verwirklichen, an Hand eines beispielhaften Falles. Stuttgart; Freyja-Verlag 1959.
Vormweg, Heinrich; Prosa in der Bundesrepublik seit 1945. In; Dieter Lattmann(Hrsg.) ; Kindlers Literaturgeschichte der Gegenwart . Autoren, Werke, Themen, Tendenzen seit 1945 . Die Literatur der Bundesrepublik Deutschland I . Frankfurt/M. ;1980.
Wahl, Volker; Gustav Kiepenheuer, Theodor Plievier und Joseph Caspar Witsch über alle Zonen hinweg. In; Siegfried Lokatis & Ingrid Sonntag(Hrsg.) ;100 Jahre Kiepenheuer Verlage . Berlin;2011.

附录

Wall, Renate: Lexikon deutschsprachiger Schriftstellerinnen im Exil 1933 – 1945. Gießen:1995.

Wallrath-Janssen, Anne-M. ;Der Verlag H. Goverts im Dritten Reich. München:2007.

Walther, Joachim: Sicherungsbereich Literatur. Schriftsteller und Staatssicherheit in der Deutschen Demokratischen Republik. Berlin:1996.

Wehrenalp, Erwin Barth von: Auf den Spuren des Secret Service. Berlin, Leipzig: Nibelungen-Verlag 1940.

Welk, Ehm: Die Heiden von Kummerow. Berlin:1937.

Wenzel, Georg: Gab es das überhaupt? Thomas Mann in der Kultur der DDR. Gransee: Edition Schwarzdruck 2011.

Wittmann, Reinhard: Geschichte des deutschen Buchhandels. München:1999.

Wolf, Friedrich: Professor Mamlock. Ein Schauspiel. Leipzig: Reclam 1980.

Wulf, Joseph: Literatur und Dichtung im Dritten Reich. Eine Dokumentation. Hamburg:1966.

Wundshammer, Benno: Deutsche Chronik 1954. Stuttgart, Zürich, Salzburg: Europäischer Buchklub 1955.

Zentner, Kurt(Hrsg.) : Aufstieg aus dem Nichts. Eine Soziographie in zwei Bänden, Bd. 2. Köln, Berlin: Kiepenheuer & Witsch 1954.

Zuckmayer, Carl: Geheimreport. Göttingen:2002.

人名和作品索引

A

阿道夫·希特勒	Hitler, Adolf 16, 46, 77 – 79, 102, 125 – 127, 163, 234
阿尔弗雷德·安德施	Andersch, Alfred 353 – 355
阿尔弗雷德·波尔加尔	Polgar, Alfred 263
阿尔弗雷德·德布林	Döblin, Alfred 107 – 109
阿尔弗雷德·霍勒	Holler, Alfred 113 – 115
阿尔弗雷德·罗森贝格	Rosenberg, Alfred 22, 204, 314, 318
阿尔弗雷德·米勒	Müller, Alfred 187
阿尔诺·穆洛特	Mulot, Arno 308 – 311
阿莉塞·埃克特-罗特霍尔茨	Ekert-Rotholz, Alice 258, 259
阿诺尔德·鲍尔	Bauer, Arnold 22
阿诺尔德·茨威格	Zweig, Arnold 45, 273, 315, 361
阿诺尔特·布龙宁	Bronnen, Arnolt 17, 160, 201
《阿诺尔特·布龙宁的记录》	*Arnolt Bronnen gibt zu Protokoll* 201
阿希巴尔德·约瑟夫·克罗宁	Cronin, Archibald Joseph 275, 297
埃伯哈德·陶贝特	Taubert, Eberhard 234

附录

埃德加·华莱士	Wallace, Edgar 300, 301
埃德温·埃里克·德温格尔	Dwinger, Edwin Erich 17, 136 – 141, 212, 213, 360
埃尔弗里德·布吕宁	Brüning, Elfriede 245, 292 – 296
埃尔温·巴尔特·冯·韦雷纳尔普	Wehrenalp, Erwin Barth von 17, 227, 228, 233 – 236
埃尔温·格绍内克	Geschonneck, Erwin 184
埃尔温·施特里马特	Strittmatter, Erwin 299, 329, 334 – 336
埃尔泽·许克 – 德希奥	Hueck-Dehio, Else 269 – 272
埃弗拉伊姆·基雄	Kishon, Ephraim 75
埃贡·埃尔温·基施	Kisch, Egon Erwin 317
埃莉·拜因霍恩	Beinhorn, Elly 301
埃里克·米尔克	Mielke, Erich 187, 188
埃里希·昂纳克	Honecker, Erich 183, 333
埃里希·凯斯特纳	Kästner, Erich 160, 263, 273
埃里希·朗根布赫尔	Langenbucher, Erich 17, 316 – 322
埃里希·勒斯特	Loest, Erich 175, 265
埃里希·马里亚·雷马克	Remarque, Erich Maria 5, 43, 80 – 84, 123, 160, 263
埃姆·韦尔克	Welk, Ehm 6, 287 – 291, 300, 361
《艾尔哈基姆》	*El Hakim* 278
《艾菲·布里斯特》	*Effi Briest* 300
安东·迪希特尔	Dichtel, Anton 115
安东·齐施卡	Zischka, Anton 17
安杰丽卡·多姆罗斯	Domröse, Angelika 286
《安娜·卡列尼娜》	*Anna Karenina* 300
安娜·西格斯	Seghers, Anna 43, 45 – 49, 156, 204, 363
安娜玛丽·泽林科	Selinko, Annemarie 255, 256, 258
安妮·弗兰克	Frank, Anne 68
安妮·戈隆	Golon, Anne 259, 282
《安妮日记》	*Das Tagebuch der Anne Frank* 63 – 65, 90, 198
《安热莉克》	*Angélique* 280, 282, 283
安斯蒂·施琅特	Schlant, Ernestine 66, 348
安托万·德·圣埃克苏佩里	Saint-Exupéry, Antoine de 42, 275, 276
奥拉夫·卡佩尔特	Kappelt, Olaf 97, 98
奥斯卡·马里亚·格拉夫	Graf, Oskar Maria 43, 156, 263, 313
奥特马尔·科勒	Kohler, Ottmar 147
奥托·冯·俾斯麦	Bismarck, Otto von 243
奥托·罗姆巴赫	Rombach, Otto 321

奥托·施特拉塞尔	Strasser, Otto 235

B

B. 特拉文	Traven B. 277
《被出卖的部队》	Die verratene Armee 344
《突破斯大林格勒》	Durchbruch bei Stalingrad 344
《败兵》	Die Geschlagenen 129, 341, 342, 344
保尔·里拉	Rilla, Paul 108, 109
保罗·E. H. 吕特	Lüth, Paul E. H. 108, 109
保罗·达尔克	Dahlke, Paul 288
保罗·德·克鲁伊夫	de Kruif, Paul 228, 242, 243
保罗·费希特尔	Fechter, Paul 114
保罗·凯勒	Keller, Paul 297
保罗·克莱丝汀·艾丁格霍夫	Ettighoffer, Paul Coelestin 17
《堡垒》	Die Zitadelle 275
《豹》	Der Leopard 282
贝恩德·R. 格鲁施卡	Gruschka, Bernd R. 37, 40, 111
贝尼托·墨索里尼	Mussolini, Benito 16
贝托尔德·布莱希特	Brecht, Bertolt 3, 4, 43, 156, 312, 315, 317, 361
《被监控的德国》	Überwachtes Deutschland 161
本诺·弗尔克纳	Voelkner, Benno 118–120, 360
本诺·文茨哈默	Wundshammer, Benno 9
《苯胺》	Anilin 6, 223, 226, 227, 229–231
比吉特·博格	Boge, Birgit 205
比朔夫(中校)	Bischof (Oberstleutnant MfS) 184, 185
彼得·范洛延	Loyen, Peter van 191
彼得·格罗茨	Glotz, Peter 316, 317, 320
彼得·内尔肯	Nelken, Peter 286
彼得·施泰因	Stein, Peter 68
彼得·苏尔卡恩普	Suhrkamp, Peter 40, 41
《玻璃珠游戏》	Das Glasperlenspiel 58
《剥洋葱》	Beim Häuten der Zwiebel 337
伯恩哈德·克勒曼	Kellermann, Bernhard 230
伯爵夫人马丽昂·登霍夫	Dönhoff, Marion Gräfin 282
博多·冯·哈伦贝格	Harenberg, Bodo von 235
博尔·S. 布克	Buck, Pearl S. 42, 297
《不朽的遗产》	Unvergängliches Erbe 243
《布登勃洛克一家》	Die Buddenbrooks 106, 300

布丽吉特·霍尔奈	Horney, Brigitte 284, 295
布鲁诺·H. 毕尔格	Bürgel, Bruno H. 227
布鲁诺·阿皮茨	Apitz, Bruno 85 – 88, 299, 363
布鲁诺·贝阿特尔	Beater, Bruno 183, 188
布鲁诺·海德	Haid, Bruno 194

C

C. S. 福雷斯特	Forester, C. S. 277
《草中之鸽》	Tauben im Gras 346
策拉姆	Ceram 222 – 224
《朝圣者和旅行者》	Die Pilger und die Reisenden 259
《臣仆》	Der Untertan 45, 300
《痴儿西木传》	Simplicissimus 334
《赤手斗群狼》	Nackt unter Wölfen 85, 299
《穿白马甲的犹太人》	Juden mit der weißen Weste 234
《从一无所有中崛起》	Aufstieg aus dem Nichts 208
《错过的课》	Versäumte Lektionen 316

D

达芙妮·杜穆里埃	du Maurier, Daphne 297
《达科他的毁灭》	Der Untergang der Dakota 173
达维德·厄尔斯	Oels, David 50, 101 – 103, 224, 225
《贷款谋杀》	Mord auf Kredit 196
《黛丝蕾》	Desirée 255 – 258
《党卫队—国家》	Der SS – Staat 58
《德国图书贸易史》	Geschichte des deutschen Buchhandels 30
《德国文学史》	Geschichte der deutschen Literatur 308 – 311
《德意志的浩劫》	Die deutsche Katastrophe 67
《德意志洪流》	Germanische Sturmfut 175
《德语文学编年史》	Daten deutscher Dichtung 313 – 315
《堤坝冲开时》	Wenn die Dämme brechen 136, 139
迪娜赫·内尔肯	Nelken, Dinah 156, 170, 284 – 286
《大骗子费利克斯·克鲁尔的自白》	Die Bekenntnisse des Hochstaplers Felix Krull 106
迪特尔·诺尔	Noll, Dieter 240, 241, 329 – 333, 345
迪特里希·勒费尔	Löffer, Dietrich 292, 300
《第七个十字架》	Das siebte Kreuz 43, 45, 46, 49, 204, 363
《第三帝国文化辞典》	Kulturlexikon zum Dritten Reich 100
《赌场纠纷》	Spielbankaffaire 196, 198

《对德意志的信仰》	Glaube an Deutschland 126
《对希特勒的评注》	Anmerkungen zu Hitler 218
《对艺术和生活的思考》	Besinnung. Von Kunst und Leben 323
多拉·冯·格罗特	Grote, Dora von 269

E

恩斯特·冯·萨洛蒙	Salomon, Ernst von 19, 100 – 103, 126, 321
恩斯特·克莱	Klee, Ernst 100
恩斯特·罗沃尔特	Rowohlt, Ernst 40, 49, 51, 53, 85, 91, 101, 103, 201, 207, 224
恩斯特·施塔内克	Staneck, Ernst 249
恩斯特·维歇特	Wiechert, Ernst 42, 110, 137
恩斯特·乌德特	Udet, Ernst 92
恩斯特·乌姆劳夫	Umlauff, Ernst 153
恩斯特·云格尔	Jünger, Ernst 3

F

F. 斯科特·菲茨杰拉德	Fitzgerald, F. Scott 280
《发生于1965年》	Es geschah im Jahre 131
《反攻虚无》	Gegenstoß ins Nichts 171, 172
《非法者》	Die Illegalen 90
费奥多尔·米哈伊洛维奇·陀思妥耶夫斯基	Dostojewskij, Fjodor Michailowitsch 297
费迪南德·绍尔布鲁赫	Sauerbruch, Fedinand 217 – 221
费利克斯·达恩	Dahn, Felix 17
费利基塔斯·罗泽	Rose, Felicitas 116
费利克斯·格拉夫·卢克纳	Luckner, Felix Graf 301
费利克斯·吕茨肯多夫	Lützkendorf, Felix 220
费雯·丽	Leigh, Vivien 274
《风、沙与星星》	Wind, Sand und Sterne 42
《封锁区》	Sperrzonen 93, 94
弗拉基米尔·纳博科夫	Nabokov, Vladimir 282
弗拉基米尔·伊里奇·列宁	Lenin, Wladimir Iljitsch 292
《弗拉索夫将军》	General Wlassow 213
弗兰克·蒂斯	Thiess, Frank 104, 105, 321
弗兰克·默勒	Möller, Frank 206, 314, 315
弗兰克·韦德金德	Wedekind, Frank 108
弗里茨·奥斯卡·赫尔曼·库凯	Kuckey, Fritz Oskar Hermann 35, 36

弗朗茨·埃伦维特	Ehrenwirt, Franz 130
弗朗茨·布尔达	Burda, Franz 112
弗朗茨·哈默	Hammer, Franz 295
弗朗茨·欣策	Hinze, Franz 227
弗朗茨·约瑟夫·施特劳斯	Strauß, Franz Josef 123, 126 – 128, 201
弗里茨·J. 拉达茨	Raddatz, Fritz J. 46
弗里茨·阿佩尔特	Apelt, Fritz 29
弗里茨·奥托·布施	Busch, Fritz Otto 17
弗里茨·朗格	Lange, Fritz 171
弗里茨·普莱特根	Pleitgen, Fritz 189
弗里茨·乌姆格尔特尔	Umgelter, Fritz 70, 72
弗里德里希·保卢斯	Paulus, Friedrich 55, 56
弗里德里希·冯·席勒	Schiller, Friedrich von 90
弗里德里希·荷尔德林	Hölderlin, Friedrich 21
弗里德里希·迈内克	Meinecke, Friedrich 67
弗里德里希·沃尔夫	Wolf, Friedrich 8, 89, 90
弗里德里希·西堡	Sieburg, Friedrich 257
弗里德利布·费迪南德·伦格	Runge, Friedlieb Ferdinand 229
福尔克尔·魏德曼	Weidermann, Volker 313

G

盖特鲁德·冯·勒福特	le Fort, Gertrud von 310
《高加索灰阑记》	Der kaukasische Kreidekreis 3
《告别》	Abschied 45
戈特弗里德·本恩	Benn, Gottfried 17
戈特弗里德·凯勒	Keller, Gottfried 300
戈特霍尔德·埃弗拉伊姆·莱辛	Lessing, Gotthold Ephraim 90
《歌德》	Goethe 282
格奥尔格·埃尔泽	Elser, Georg 234
《格尔达·黑尔施泰特的爱》	Die Liebe der Gerda Hellstedt 118
格尔哈特·豪普特曼	Hauptmann, Gerhart 108
格哈德·舒曼	Schumann, Gerhard 321 – 326
格里特·巴特尔斯	Bartels, Gerrit 329
贡纳尔·默勒	Möller, Gunnar 260
古斯塔夫·弗赖塔格	Freytag, Gustav 297
古斯塔夫·格林德根思	Gründgens, Gustaf 39
古斯塔夫·基彭霍伊尔	Kiepenheuer, Gustav 205, 206
古斯塔夫·克努特	Knuth, Gustav 260

古斯塔夫·施勒埃尔	Schröer, Gustav 116, 117, 301

H

哈里·聪	Zohn, Harry 314
哈里·图尔克	Thürk, Harry 74 – 79, 186 – 191, 202, 363
哈珀·李	Lee, Harper 282
海因茨·G. 孔萨利克	Konsalik, Heinz G. 74, 76, 91, 142 – 145, 147, 363
海因里希-马里亚·莱迪希-罗沃尔特	Ledig-Rowohlt, Heinrich-Maria 40
海因里希·伯尔	Böll, Heinrich 92, 160, 189, 282, 350, 351, 353
海因里希·格拉赫	Gerlach, Heinrich 344, 345
海因里希·海涅	Heine, Heinrich 342
海因里希·吕布克	Lübke, Heinrich 98
海因里希·施珀尔	Spoerl, Heinrich 301, 361
海因里希·希姆莱	Himmler, Heinrich 234
汉纳·索贝克	Sobek, Hanne 282
汉内斯·赫尔尼格	Hörnig, Hannes 239
汉斯·埃里希·诺萨克	Nossak, Hans Erich 160
汉斯·策贝尔莱因	Zöberlein, Hans 125, 126
汉斯·多米尼克	Dominik, Hans 173, 227, 228, 240, 301
汉斯·法拉达	Fallada, Hans 17, 160
汉斯·冯·厄廷根	Oettingen, Hans von 156, 196 – 199
汉斯·弗里德里希·布伦克	Blunck, Hans Friedrich 301, 321
汉斯·格拉夫·冯·伦多夫	Lehndorff, Hans Graf von 282
汉斯·格林	Grimm, Hans 101
汉斯·哈斯	Hass, Hans 248, 249
汉斯·黑尔穆特·基斯特	Kirst, Hans Hellmut 38, 79, 91, 100, 123 – 129, 201, 333
汉斯·卡洛萨	Carossa, Hans 110, 310
汉斯·克内尔	Knöll, Hans 241
汉斯·卢丁	Ludin, Hanns 103
汉斯·鲁道夫·贝恩多夫	Berndorff, Hans Rudolf 218, 220
汉斯·马夸特	Marquardt, Hans 157
汉斯·迈尔	Mayer, Hans 9, 106, 108, 109, 305
汉斯·施伦克	Schlenck, Hans 264
汉斯·施图克	Hans Stuck 246
汉斯·朔尔茨	Scholz, Hans 70, 72, 73
汉斯·朔姆布尔克	Schomburgk, Hans 193

汉斯·维尔纳·里希特　　　　　Richter, Hans Werner 31, 129, 160, 341 – 344, 355
汉斯·雅各布·克里斯托夫·　　Grimmelshausen, Hans JakobChristoffel von 334,
冯·格里美豪森　　　　　　　　335
汉斯·约斯特　　　　　　　　　Johst, Hanns 301, 322
赫伯特·A. 弗伦策尔　　　　　Frenzel, Herbert A. 313 – 315
赫尔曼.布洛赫　　　　　　　　Broch, Hermann 105
赫尔曼·布尔特　　　　　　　　Burte, Hermann 112 – 115, 120
赫尔曼·黑塞　　　　　　　　　Hesse, Hermann 41, 58, 160, 297
赫尔曼·康德　　　　　　　　　Kant, Hermann 57
赫尔曼·莱因斯　　　　　　　　Leins, Hermann 40, 43, 44
赫尔曼·勒恩斯　　　　　　　　Löns, Hermann　297
赫尔穆特·德莱斯勒　　　　　　Dreßler, Helmut 42
赫尔穆特·金德勒　　　　　　　Kindler, Helmut 218
赫尔穆特·考特纳　　　　　　　Käutner, Helmut 92, 93
赫尔穆特·朗根布赫尔　　　　　Langenbucher, Hellmuth 17, 319 – 322, 360
赫尔穆特·派奇　　　　　　　　Peitsch, Helmut 23, 30
赫尔穆特·翁格尔　　　　　　　Unger, Hellmuth 243
黑德维希·考库尔茨 – 马勒　　Courths-Mahler, Hedwig 294
《黑夜老鼠来》　　　　　　　　*Nachts kamen die Ratten* 196
亨利·戈费茨　　　　　　　　　Goverts, Henry 274
亨利希·曼　　　　　　　　　　Mann, Heinrich 45, 105, 106, 160, 263, 273, 300
《红色的格拉夫》　　　　　　　*Der rote Graf* 246
《红雪》　　　　　　　　　　　*Roter Schnee* 192, 193, 194
《胡尔先生十二点来》　　　　　*Mister Hull kommt um zwölf* 196
胡戈·哈通　　　　　　　　　　Hartung, Hugo 260 – 264, 361

J

《机智的希特勒青年》　　　　　*Hitlerjunge Quex* 2292, 232
《极地重生》　　　　　　　　　*So weit die Füße tragen* 70, 130
加夫列尔·加尔西亚·马克斯　　Marquez, Gabriel Garcia 75
《家乡对抗家乡》　　　　　　　*Heimat wider Heimat* 116
杰克·伦敦　　　　　　　　　　London, Jack 300
杰特·弗罗比　　　　　　　　　Fröbe, Gert 279
《解雇》　　　　　　　　　　　*Die Entlassung* 221
金特·霍费　　　　　　　　　　Hofé, Günter 180, 192 – 197, 199
金特·魏森博恩　　　　　　　　Weisenborn, Günther 156
《金属》　　　　　　　　　　　*Metall* 223, 229, 231
《进……!》　　　　　　　　　 *Hinein . . . !* 282

435

君特·艾希	Eich, Günter 253
君特·德布勒因	de Bruyn, Günter 332
君特·格拉斯	Grass, Günter 160, 265, 269, 272, 282, 329, 337, 338, 340, 341, 354, 363
君特·葛洛	Groll, Gunter 110, 111

K

卡尔·阿洛伊斯·申钦格尔	Schenzinger, Karl Aloys 6, 223, 226 – 233, 242, 297, 301, 360
卡尔·奥尔夫	Orff, Carl 263
卡尔·楚克迈尔	Zuckmayer, Carl 41, 90 – 93, 100, 160
卡尔·弗里德里希·冯·朗根	Langen, Carl Friedrich von 250, 251
卡尔·路德维希·莱昂哈特	Leonhardt, Karl Ludwig 297
卡尔·马克思	Marx, Karl 317
卡尔·迈	May, Karl 152, 153, 293, 300
卡尔·施特恩海姆	Sternheim, Carl 108
卡斯滕·甘泽尔	Gansel, Carsten 332, 344
《卡文布鲁赫的人们》	*Die Leute von Karvenbruch* 118
康拉德·阿登纳	Adenauer, Konrad 146, 148, 206, 208, 209, 236, 285
科尔内留斯·罗斯特	Rost, Cornelius 131
科林	*Collin* 333
克拉克·盖博	Gable, Clark 274
克拉拉·舒曼	Schumann, Clara 242
克莱门斯·拉尔	Laar, Clemens 218, 248 – 250
克劳斯·居西	Gysi, Klaus 43
克劳斯·曼	Mann, Klaus 280, 313
克劳斯·皮珀	Piper, Klaus 135
克里斯蒂娜·布鲁克纳	Brückner, Christine 265 – 267
《克鲁格总统》	*Ohm Krüger* 245, 246
库尔德·于尔根斯	Jürgens, Curd 92
库尔特·W. 马雷克	Marek, Kurt W. 53, 54, 103, 108, 224, 228
库尔特·埃格斯	Eggers, Kurt 301, 310
库尔特·岑特纳	Zentner, Kurt 208
库尔特·达维德	David, Kurt 171, 172
库尔特·德施	Desch, Kurt 38 – 40, 42, 47, 124, 129, 341, 342
库尔特·费尔茨	Feltz, Kurt 9
库尔特·赫尔瓦特·巴尔	Ball, Kurt Herwarth 174, 175

库尔特·图霍尔斯基	Tucholsky, Kurt 105, 313, 317
《库默罗的异教徒》	Die Heiden von Kummerow 6, 287 – 291, 300
《库默罗的正义》	Die Gerechten von Kummerow 288

L

拉尔夫·沃尔特	Wolter, Ralf 288
《联邦德国战争与纳粹罪犯褐皮书》	Braunbuch. Kriegs-und Naziverbrecher in der Bundesrepublik 98, 168
《来自煤的颜色》	Farbe aus Kohle 228
莱娜·克里斯特	Christ, Lena 43
赖纳·马里亚·里尔克	Rilke, Rainer Maria 5
赖因哈德·格伦	Gehlen, Reinhard 212
赖因哈德·皮珀	Piper, Reinhard 131
赖因哈德·维特曼	Wittmann, Reinhard 30
赖因霍尔德·康拉德·穆施勒	Muschler, Reinhold Conrad 297
《狼子之路》	Die Wege der Wolfssöhne 175
《老人与海》	Der alte Mann und das Meer 157
勒梅尔	Römer (Präsident dt. Kulturwerk) 115
《雷吉娜·哈伯科恩》	Regine Haberkorn 293 – 295
莉泽洛特·普尔韦尔	Pulver, Liselotte 260
里夏德·弗里登塔尔	Friedenthal, Richard 282
理查德·施蒂克伦	Stücklen, Richard 162
理夏德·泽格尔	Soergel, Richard 108
利翁·福伊希特万格	Feuchtwanger, Lion 321
列夫·托尔斯泰	Tolstoi, Leo 300
卢修斯·D.克莱	Clay, Lucius D. 200
鲁道夫·彼得斯哈根	Petershagen, Rudolf 179 – 185
鲁道夫·宾丁	Binding, Rudolf 5
鲁道夫·海因里希·道曼恩	Daumann, Rudolf Heinrich 172, 173
鲁道夫·克雷梅尔-巴多尼	Krämer-Badoni, Rudolf 193
鲁道夫·尼森	Nissen, Rudolf 219
鲁道夫·珀尔内尔	Pörtner, Rudolf 235
路德维希·A.雷林格	Rehlinger, Ludwig A. 195
路德维希·艾哈德	Erhard, Ludwig 235, 236
路德维希·刚霍夫	Ganghofer, Ludwig 297, 300
路德维希·马库塞	Marcuse, Ludwig 105
洛塔尔·布兰法勒特	Blanvalet, Lothar 280 – 282
罗伯特·哈费曼	Havemann, Robert 191

《罗伯特·科赫》	Robert Koch 242, 243
罗伯特·明德	Minder, Robert 309, 316
罗尔夫·霍赫胡特	Hochhuth, Rolf 160
《罗马,邮政总局待取》	Rom, hauptpostlagernd 293
《罗马之战》	Ein Kampf um Rom 17
《洛丽塔》	Lolita 282
洛塔尔-京特·布赫海姆	Buchheim, Lothar-Günther 142
洛塔尔·米特尔	Müthel, Lothar 323
洛塔尔·魏泽	Weise, Lothar 175
洛特·哈斯	Hass, Lotte 264, 248
《洛特在魏玛》	Lotte in Weimar 58

M

马丁·尼默勒	Niemöller, Martin 323
马丁·魏克特	Weikert, Martin 188, 189
马克思-瓦尔特·舒尔茨	Schulz, Max-Walter 332
马克思·布罗德	Brod, Max 263
马克思·费希纳	Fechner, Max 36
马克斯·弗里施	Frisch, Max 160, 320
马克西姆·比勒	Biller, Maxim 353
马克西姆·高尔基	Gorki, Maxim 300
马库斯·沃尔夫	Wolf, Markus 188
马里奥·阿多夫	Adorf, Mario 148, 279
马里卡·罗克	Rökk, Marika 209
《马姆洛克教授》	Professor Mamlock 89, 90
马塞尔·赖希-拉尼基	Reich-Ranicki, Marcel 335, 346
玛蒂尔德·鲁登道夫	Ludendorff, Mathilde 219
玛戈·绍尔布鲁赫	Sauerbruch, Margot 218
玛格丽特·米切尔	Mitchell, Margaret 259, 273–275, 282
玛丽·路易斯·卡什尼茨	Kaschnitz, Marie Luise 110
曼弗雷德·冯·布劳希奇	Brauchitsch, Manfred von 193, 194, 245
曼弗雷德·托穆沙特	Tomuschat, Manfred 98
《猫儿沟》	Katzgraben 91
梅尔文·J. 拉斯基	Lasky, Melvin J. 21, 200–202
米哈依尔·亚历山大维奇·肖洛霍夫	Scholochow, Michail Alexandro-witsch 161
《米秒之争》	Kampf um Meter und Sekunden 194
《秘密报告》	Geheimreport 41, 100

《民主德国褐皮书》　　　　　　　　　Braunbuch DDR 97,98
《民族的歧路》　　　　　　　　　　　Der Irrweg der Nation 45
《魔鬼将军》　　　　　　　　　　　　Des Teufels General 90,92
《魔山》　　　　　　　　　　　　　　Der Zauberberg 108
《母亲》　　　　　　　　　　　　　　Die Mutter 91

N

拿破仑·波拿巴　　　　　　　　　　Napoleon Bonaparte 256
尼古劳斯·莱瑙　　　　　　　　　　Lenau, Nikolaus 321
《你可以安静地谈论这件事》　　　　　Man kann ruhig darüber sprechen 301
《年轻的心需要流浪》　　　　　　　　Junges Herz muss wandern 295
《农民、官僚、炸弹》　　　　　　　　Bauern, Bonzen, Bomben 17
诺阿·基彭霍伊尔　　　　　　　　　Kiepenheuer, Noa 206
《诺加亚的鹤》　　　　　　　　　　　Die Kraniche der Nogaia 132

O

O. E. 哈赛　　　　　　　　　　　　　Hasse, O. E. 148
欧根·科贡　　　　　　　　　　　　Kogon, Eugen 58-60,68
欧根妮·马里特　　　　　　　　　　Marlitt, Eugenie 301
欧内斯特·海明威　　　　　　　　　Hemingway, Ernest 157,297,321
《欧洲看向非洲》　　　　　　　　　　Europa blickt nach Afrika 233

P

《佩尔隆女士》　　　　　　　　　　　Die Dame Perlon 239
《皮塞尔一家的战地邮政信》　　　　　Familie Pieselmanns Feldpostbriefe 281
《骗子手》　　　　　　　　　　　　　Der Gaukler 186,189-191
《飘》　　　　　　　　　　　　　　　Vom Winde verweht 273,274,282
《珀迪塔》　　　　　　　　　　　　　Perdita 43

Q

《奇迹创造者》　　　　　　　　　　　Der Wundertäter 299,334,335
《潜艇》　　　　　　　　　　　　　　Das Boot 142
《强盗》　　　　　　　　　　　　　　Die Räuber 90
乔瓦尼·瓜雷斯基　　　　　　　　　Guareschi, Giovanni 297
屈尼·特雷梅尔-埃格特　　　　　　　Tremel-Eggert, Kuni 17,116
《群星俯视》　　　　　　　　　　　　Die Sterne blicken herab 275

R

让-巴蒂斯特·贝纳多特　　　　　　　Bernadotte, Jean-Baptiste 256

《人造毛》 Vistra 229,240
容尼·利泽冈 Liesegang, Jonny 281

S

塞巴斯蒂安·哈夫纳 Haffner, Sebastian 218
《三名海底猎人》 Drei Jäger auf dem Meeresgrund 248
《桑德内斯的婚礼》 Die Hochzeit auf Sandnes 269,270
《桑给巴尔或最后一个理由》 Sansibar oder der letzte Grund 354
《森林永远歌唱》 Und ewig singen die Wälder 255
《山林之王》 Der Bergkönig 246
《上行之诗》 De profundis 110
《生命的火花》 Ein Funke Leben 80
《生命之路》 Straße des Lebens 301
《生死存亡的年代》 Zeit zu leben und Zeit zu sterben 80,81
《圣经的确有道理》 Und die Bibel hat doch recht 233,235–237
《诗歌三部曲》 Poenichen-Trilogie 265
《施蒂勒》 Stiller 320
施拉克(国家安全部) Schlag(MfS) 177
《石油战争》 Der Ölkrieg 301
《始于魏克瑟尔河畔》 Es begann an der Weichsel 210
《是的,那时候》 Ja, damals 270
《斯大林格勒》 Stalingrad 43,48,49,53–58,156,300,363
《斯大林格勒的医生》 Der Arzt von Stalingrad 77,91,143,144,148
斯蒂芬·茨威格 Zweig, Stefan 160,310
斯特凡·安德烈斯 Andres, Stefan 93
斯特凡·海姆 Heym, Stefan 333
斯特凡·耶日·兹韦格 Zweig, Stefan Jerzy 87
《死亡时刻》 Die Stunde der toten Augen 75,76
《死于威尼斯》 Tod in Venedig 347
《死于罗马》 Der Tod in Rom 346–348
《隧道》 Der Tunnel 230
《所有人的富足》 Wohlstand für alle 235
《……驶往塞得港》 ...fährt doch nach Port Said 175

T

《他们想要毁灭谁》 Wen sie verderben wollen 212
《塔坦卡-约塔卡》 Tatanka-Yotanka 173
《泰拉马格纳》 Terra Magna 277

《坦嫩贝格》	Tannenberg 218
特奥·林根	Lingen, Theo 288
特奥多尔·W. 阿多诺	Adorno, Theodor W. 64, 68, 69
特奥多尔·冯塔纳	Fontane, Theodor 300
特奥多尔·豪斯	Heuss, Theodor 30, 115, 282
特奥多尔·普利维尔	Plievier, Theodor 39, 42, 48, 49, 53 – 58, 68, 156, 160, 300, 301
特龙普(国家安全部少校)	Tromp (Major MfS) 185
特吕格弗·居尔布兰森	Gulbranssen, Trygve 255
提奥多·鲍厄勒	Bäuerle, Theodor 326
提奥多尔·克勒格尔	Kröger, Theodor 297
《跳出你的影子,跳!》	Spring über deinen Schatten 285
《铁汉古斯塔夫》	Der eiserne Gustav 17
《铁皮鼓》	Die Blechtrommel 337, 339 – 341
《铁丝网后面的军队》	Die Armee hinter Stacheldraht 137
《图片中的一年》	Das Jahr im Bild 208
托马斯·曼	Mann, Thomas 5, 22, 58, 104 – 108, 273, 297, 300, 310, 312, 315, 321, 342, 347, 361

W

瓦尔特·冯·德尔·福格尔魏德	Walther von der Vogelweide 21
瓦尔特·冯·莫洛	Molo, Walter von 104
瓦尔特·拉特瑙	Rathenau, Walther 101
瓦尔特·乌布利希	Ulbricht, Walter 32, 240, 244, 288
瓦尔特·杨科	Janka, Walter 83
瓦维克·迪平	Deeping, Warwick 300
《外科医生的世纪》	Das Jahrhundert der Chirurgen 221
威廉·安德曼	Andermann, Wilhelm 226, 230, 233
威廉·弗里克	Frick, Wilhelm 230
威廉·豪夫	Hauff, Wilhelm 320, 321
威廉·肯普夫	Kempff, Wilhelm 271
威廉·莎士比亚《哈姆雷特》	Shakespeare, William *Hamlet* 90
《微生物猎人传》	Mikrobenjäger 228, 242, 243, 248
《为托尔格而战》	Der Kampf um Torge 269, 270
维尔纳·贝根格林	Bergengruen, Werner 42, 110, 297
维尔纳·博伊梅尔堡	Beumelburg, Werner 17
《维尔纳·霍尔特历险记》	Die Abenteuer des Werner Holt 329, 330, 332, 333, 345

维尔纳·凯勒	Keller, Werner 235, 236, 238
维尔纳·奎德瑙	Quednau, Werner 242–244
《维尔特费博》	Wiltfeber 113, 114, 301
维基·鲍姆	Baum, Vicky 259, 273
维科·托里亚尼	Torriani, Vico 323
维利·勃兰特	Brandt, Willy 213
维利·格拉贝特	Grabert, Willy 309
维利·魏斯曼	Weismann, Willi 161
《维亚玛拉》	Via Mala 277–279, 300
《伟大的贝尔蒙特音乐》	Die große belmontische Musik 264
《温室》	Das Treibhaus 346
《问卷》	Der Fragebogen 19, 101–103
《我的宝贝你也同去》	Und du mein Schatz fährst mit 218
《我的奋斗》	Mein Kampf 163
《我的人生冒险》	Abenteuer meines Lebens 198
《我经常想念皮萝施卡》	Ich denke oft an Piroschka 260–262
《我们称他为浪荡子》	Wir nannten ihn Galgenstrick 127
《我们坚守纳尔维克》	Wir hielten Narvik 224
《我们来自大海》	Wir kommen aus dem Meer 248
《我们是乌托邦》	Wir sind Utopia 93
《我想你》	Ich an Dich 284, 285
沃尔夫·比尔曼	Biermann, Wolf 190
沃尔夫迪特里希·施努雷	Schnurre, Wolfdietrich 343
沃尔夫冈·R. 朗根布赫尔	Langenbucher, Wolfgang R. 316–322
沃尔夫冈·博尔歇特	Borchert, Wolfgang 90–92
沃尔夫冈·哈里希	Harich, Wolfgang 22
沃尔夫冈·克吕格尔	Krüger, Wolfgang 277
沃尔夫冈·克彭	Koeppen, Wolfgang 160, 346–349
沃尔夫冈·舒尔茨	Schulz, Wolfgang 317
沃尔弗拉姆·冯·埃申巴赫	Wolfram von Eschenbach 21
沃尔克·施隆多夫	Schlöndorff, Volker 340
沃尔特·惠特曼	Whitman, Walt 280
乌尔苏拉·皮舍尔	Püschel, Ursula 295
乌韦·约翰逊	Johnson, Uwe 282
《……为德国奔腾》	… reitet für Deutschland 218, 249, 250

X

《西班牙园丁》	Der spanische Gärtner 275

《西部高炮军团Ⅰ》	*Flakkorps I im Westen* 127
西格弗里德·翁泽尔德	Unseld, Siegfried 98
西格丽德·温塞特	Undset, Sigrid 297
西格蒙德·格拉夫	Graff, Sigmund 100, 101
西蒙娜·德·波伏娃	Beauvoir, Simone de 321
《西线无战事》	*Im Westen nichts Neues* 80, 81, 123
希尔德加德·哈姆-布吕歇尔	Hamm-Brücher, Hildegard 317
《小王子》	*Der kleine Prinz* 275
《蟹行》	*Im Krebsgang* 265
《新垦地》	*Neuland unterm Pflug* 161
休·特雷弗-罗珀	Trevor-Roper, Hugh 201
休斯敦·斯图尔特·张伯伦	Chamberlain, Houston Stewart 237

Y

《雅各布·奥夫》	*Jacob Ow* 119
雅各布·利特纳	Littner, Jakob 249
《雅各布·利特纳的来自地洞的笔记》	*Jakob Littners Aufzeichnungen* 249
雅各布·瓦塞尔曼	Wassermann, Jakob 263
《亚当，你到过哪里？》	*Wo warst du, Adam?* 350, 353
亚历山大·阿布施	Abusch, Alexander 35
亚历山大·格拉夫·施滕博克-费莫尔	Stenbock-Fermor, Alexander Graf 160, 245
亚历山大·索尔仁尼琴	Solschenizyn, Alexander 189, 190
亚历山大·仲马	Dumas, Alexandre 300
亚诺什·韦伊齐	Veiczi, Janos 177
《严格保密》	*Streng geheim* 196
《盐街》	*Die Salzstraße* 133
扬-彼得·巴比安	Barbian, Jan-Pieter 319
《一个斗士的一生》	*Das Leben eines Kämpfers* 188
伊丽莎白·弗伦策尔	Frenzel, Elisabeth 314, 315
伊丽莎白·兰格塞尔	Langgässer, Elisabeth 110
伊姆嘉德·科伊恩	Keun, Irmgard 313
伊娜·赛德尔	Seidel, Ina 310, 321
伊莎贝尔·多萝茜·哈默	Hamer, Isabel Dorothy 43
《易北河畔的终结》	*Das Ende an der Elbe* 210
《银碗里的米饭》	*Reis aus Silberschalen* 259
英格伯格·巴赫曼	Bachmann, Ingeborg 160
《用洋铁罐吃饭的人》	*Wer einmal aus dem Blechnapf frisst* 300

尤利娅·弗罗恩	Frohn, Julia 155, 156
尤普·施米茨	Schmitz, Jupp 9
尤斯图斯·李比希	Liebig, Justus 226
《有关下士格里沙的争论》	Der Streit um den Sergeanten Grischa 45
于尔根·施坦格	Stange, Jürgen 195
于尔根·托瓦尔德	Thorwald, Jürgen 210–213, 221
《与芭芭拉的交易》	Geschäft mit Barbara 174
《与歌德一起上法庭》	Goethe vor der Spruchkammer 100, 101
《原子》	Atom 231
约阿希姆·巴尔克豪森	Barckhausen, Joachim 245, 246, 296
约阿希姆·富克斯贝格	Fuchsberger, Joachim 126
约阿希姆·林格尔纳茨	Ringelnatz, Joachim 263
约尔格·埃希特坎普	Echternkamp, Jörg 147
约尔格·德林	Döring, Jörg 349
约翰·克尼特尔	Knittel, John 277–279, 297
约翰·沃尔夫冈·冯·歌德	Goethe, Johann Wolfgang von 21, 90, 100
约翰内斯·R.贝歇尔	Becher, Johannes R. 30, 105, 197, 296, 361
约翰内斯·博布罗夫斯基	Bobrowski, Johannes 243, 244
约翰内斯·马里奥·西梅尔	Simmel, Johannes Mario 74, 143
约翰内斯·米勒	Müller, Johannes 271
约亨·克莱珀	Klepper, Jochen 310
约瑟法·贝伦斯-托特诺尔	Berens-Totenohl, Josefa 116, 301
约瑟夫·福申波特	Foschepoth, Josef 161
约瑟夫·戈培尔	Goebbels, Joseph 8, 14, 16, 17, 36, 200, 204, 208, 232, 234, 250, 258, 270, 276, 278, 289, 314, 319, 322, 362
约瑟夫·卡斯帕·维奇	Witsch, Joseph Caspar 80, 81–84, 203–208, 258, 314, 315
约瑟夫·马丁·鲍尔	Bauer, Josef Martin 86, 130–136, 142, 289
约瑟夫·斯大林	Stalin, Josef 282
《月球观测站的火灾》	Brand im Mondobservatorium 174, 175

Z

《在大门外》	Draußen vor der Tür 90, 91
《在痕迹消失之前》	Ehe die Spuren verwehen 265, 266, 268
《在贫瘠的土地上》	Auf schmalem Land 295
《在珊瑚和鲨鱼之中》	Unter Korallen und Haien 248
《在施普雷河河畔》	Am grünen Strand der Spree 70

附录

《在水下狩猎》　　　　　　　　Jagd unter Wasser 238
《在乌克兰火绒草下》　　　　　Unterm Edelweiß in der Ukraine 132
《泽梅尔魏斯》　　　　　　　　Semmelweis 245
《怎么会有这样的事?》　　　　Wie konnte es geschehen? 36
《当代民族文学作品》　　　　　Volkhafte Dichtung der Zeit 318
《这就是我的人生》　　　　　　Das war mein Leben 217,219,220
《这里面有音乐》　　　　　　　Da liegt Musike drin 281
《这让我难受》　　　　　　　　Det fiel mir uff 281
《这也让我难受》　　　　　　　Det fiel mir ooch noch uff 281
《良心在骚动》　　　　　　　　Gewissen in Aufruhr 179,182,183
《智者纳旦》　　　　　　　　　Nathan der Weise 90
《众神、挖掘者和学者》　　　　Götter, Gräber und Gelehrte 103,222,224,225,
　　　　　　　　　　　　　　　　228,231,364
朱塞佩·托马西·迪兰佩杜萨　　Lampedusa, Giuseppe Tomasi di 282
《追寻秘密服务的痕迹》　　　　Auf den Spuren des Secret Service 233
《自由还是香蕉》　　　　　　　Freiheit oder Bananen 171–173
《作为历史的文学》　　　　　　Literatur als Geschichte 107
《坐着电梯去罗马人的时代》　　Mit dem Fahrstuhl in die Römerzeit 235

《08/15》　　　　　　　　　　　Null–acht fünfzehn 38,91,100,123–125,128,
　　　　　　　　　　　　　　　　148

445